【国际政治前沿译丛】

丛书主编：俞可平

全球治理
——分裂世界中的联合国

〔英〕亚当·罗伯茨（Adam Roberts）
〔新西兰〕本尼迪克特·金斯伯里（Benedict Kingsbury）／主编
吴志成 张　蒂 刘　丰 刘兴华 龚苗子 王　霞 周永琳／译
杨　筱 张勇进／校

全国百佳出版社
中央编译出版社
CCTP　Central Compilation & Translation Press

作者简介

莫里斯·贝特朗（Maurice Bertrand），曾任法国国家审计法院（Cour des Comptes）高级法官。曾是联合国联合检查组成员（1968—1985 年）。他是审查联合国行政和财务工作效率问题高级别政府间专家组成员，他的著作包括 *Refaire l'ONU! Un programme pour la paix*（Geneva, 1986）。

帕特沙·波妮（Patricia Birnie），曾任位于马耳他的国际海事组织国际海事法学院院长（1989—1992 年）。此前曾担任爱丁堡大学国际公法讲师、伦敦经济学院高级讲师，研究方向为海事法和环境法。她的著作包括 *International Law and the Environment*（with Alan Boyle, Oxford 1992）。

布特罗斯·布特罗斯-加利（Boutros Boutros - Ghali），曾任联合国秘书长（1992—1996 年）。他此前曾担任开罗大学国际法与国际关系教授（1949—1977 年），埃及外交部长（1977—1991 年）。他的著作包括 *Contribution è l'étude des ententes régionales*（Paris, 1949）。

肯尼思·达齐（Kenneth Dadzie），已于 1995 年 10 月逝世，曾任联合国贸易和发展会议（UNCTAD）总干事（1986—1994 年），也是联合国秘书长关于经济和社会事务改革的特别顾问和代表。他曾在联合国秘书处和加纳外交部担任众多职务，包括加纳驻伦敦高级专员（1982—1986 年）。他也曾担任加纳在国际货币基金组织、世界银行和其他国际组织谈判组成员。

汤姆·费瑞尔（Tom J. Farer），美利坚大学法学教授、法学与国际关系双学位项目主任。他曾任美洲事务助理国务卿的特别助理（1975 年）、美洲国家组织人权委员会成员和主席（1976—1983 年）、新墨西哥大学校长（1985—1986 年）、罗格斯大学特聘教授（1971—1985 年）。他的著作包括 *The Grand Strategy of the United States in Latin America*（New Brunswick，NJ，1987）。

托马斯·弗兰克（Thomas M. Franck），纽约大学法学教授，国际问题研究中心主任，《美国国际法》杂志主编。他曾任联合国训练研究所所长（1981—1983 年）。他的著作包括 *Nation against Nation*：*What Happened to the UN Dream and What the US can Do about It*（New York，1985）。

菲莉斯·盖尔（Felice D. Gaer），美国犹太人委员会人权中心主任。她曾担任国际人权联盟执行主任、美国联合国协会欧洲项目执行主任。她曾撰写有有关人权议题的大量报告和文章，并且在美国国会相关委员会做专家证言。

迈克尔·霍华德爵士（Sir Michael Howard），文学博士，英国不列颠学会会员，曾任耶鲁大学军事和海军史教授（1989—1993 年）。他曾担任伦敦国王学院战争研究教授（1963—1968 年）、牛津大学战争史教授（1977—1980 年）、牛津大学近代史教授（1980—1989 年）。他的著作包括 *War in European History*（Oxford，1976），*War and the Liberal Conscience*（London，1978）。

本尼迪克特·金斯伯里（Benedict Kingsbury），纽约大学法学院法学教授。他曾任教于杜克大学，此前曾担任牛津大学法学讲师和艾克塞特学院研究员（1990—1993 年）。他的研究领域为国际法和人权，并且完成了一部有关国际法上的土著民族的专著。他本人是新西兰公民，著作包括 *Hugo Grotius and International Relations*（ed. with Hedley Bull and Adam Roberts，Oxford，1990），*The International Politics of the Environment*（ed. with Andrew Hurrell，Oxford，1992）。

萨利·莫菲特（Sally Morphet），自 1966 年以来一直供职于英国外交和联邦事务部研究与分析司。她主要研究南亚和东南亚，1974 年起开始关注一般性国际问题和联合国问题。她发表了许多有关不结盟、安理会和人权问题的著述。

格奥尔格·诺尔蒂（Georg Nolte），法学博士，现任海德堡马克斯·普朗克比较公法和国际法研究所研究员。曾任纽约大学法学院国际问题研究中心高级研究员。他的著作有 *Beleidigungsschutz in der freiheitlichen Demokratie*（Berlin/Heidelberg/New York，1992）。

安东尼·帕森斯爵士（Sir Anthony Parsons），已于 1996 年 8 月逝世，曾任英国常驻联合国代表（1979—1982 年），首相外交事务顾问（1982—1983 年）。他曾任英国驻联合国参赞（1969—1971 年），英国驻伊朗大使（1974—1979 年）。他的著作有 *The Pride and the Fall*（London，1984）。

哈维尔·佩雷斯·德奎利亚尔（Javier Pérez de Cuéllar），1982 年至 1991 年任联合国秘书长。1944 年至 1981 年期间，他曾在秘鲁外交部和联合国担任许多职务，包括秘鲁驻苏联、波兰、瑞士、委内瑞拉等国大使，秘鲁常驻联合国代表（1971—1975 年），联合国秘书长塞浦路斯问题特别代表（1975—1977 年），联合国负责政治事务的副秘书长（1979—1981 年）。他的著作有 *Manual de derecho diplomático*（1964）。

亚当·罗伯茨（Adam Roberts），英国人文社会科学院主席，牛津大学国际关系蒙塔古·伯顿教授，贝利奥尔学院研究员。他曾担任伦敦经济学院国际关系讲师（1968—1981）。他的著作包括：*Nations in Arms: The Theory and Practice of Territorial Defence*（2nd edn., London, 1986）；*Documents on the Laws of War*（3rd edn., Oxford, 2000）。

纳吉德拉·辛格（Nagendra Singh），已于 1988 年 12 月逝世，1973 年起担任国际法院法官，并于 1985—1988 年任首席大法官。他曾是印度宪法委员会委员（1947—1948 年），印度国防部和运输部部长，印度总统秘书。他也曾是不列颠学会通讯会员，著作有 *Nuclear Weapons and International Law*（London, 1959）。

彼得·威伦斯基（Peter Wilenski），已于 1994 年 10 月逝世，曾任澳大利亚外交和贸易部部长（1992—1993 年）。他曾担任澳大利亚驻联合国大使（1989—1992 年），也是其他政府部门和政府间组织的首脑，管理学和政治学教授，经合组织、联合国教科文组织和世界银行顾问。他的著作包括 *Public Power and Public Administration*（Sydney, 1986）。

布莱恩·厄克特爵士（Sir Brian Urquhart），福特基金会国际事务项目驻校学者。他曾是联合国秘书处成员（1945—1986 年），联合国负责政治事务的副秘书长（1974—1986 年）。他的著作有 *Hammarskjöld*（New York, 1972），*A Life in Peace and War*（London, 1987）。

缩略词

这是书中使用的主要缩略词，其中包括16个联合国专门机构（用星号 * 标注），还包括联合国维持和平或观察部队（用剑号†标注）。更多的信息请详见书后的附录E。索引中包括更多其他的简称。

ACABQ	行政和预算问题咨询委员会
ACC	行政协调委员会
CSD	可持续发展委员会
DOEM	环境事务指定官员
DOMREP	秘书长代表驻多米尼加共和国特派团
ECOSOC	经济及社会理事会（联合国）
* FAO	联合国粮食及农业组织
GA	联合国大会
GATT	关税与贸易总协定
IAEA	国际原子能机构
* IBRD	国际复兴开发银行（世界银行）
* ICAO	国际民用航空组织

ICJ	国际法院
* IDA	国际开发协会（世界银行的软贷款机构）
* IFAD	国际农业发展基金
* IFC	国际金融公司（世界银行集团的一部分）
* ILO	国际劳工组织
* IMF	国际货币基金组织
* IMO	国际海事组织（前身是政府间海事协商组织）
INSTRAW	提高妇女地位国际研究训练所
* ITU	国际电信联盟
JIU	联合检查组
MINURSO	联合国西撒哈拉全民投票特派团
ONUC	联合国刚果行动
ONUCA	联合国中美洲观察团
ONUMOZ	联合国莫桑比克行动
ONUSAL	联合国萨尔瓦多观察团
OPEC	石油输出国组织
SC	安理会
SOLAS	国际海上人命安全公约
UNAMIC	联合国柬埔寨先遣团
UNAVEM	联合国安哥拉第一支核查团
UNAVEM II	联合国安哥拉第二支核查团
UNCED	联合国环境与发展大会（里约热内卢，1992）
UNCHE	联合国人类环境会议（斯德哥尔摩，1992）
UNCLOS III	第三次联合国海洋法会议（1973—1982）
UNCTAD	联合国贸易和发展会议
UNDOF	联合国脱离接触观察员部队
UNDP	联合国开发计划署

UNDRO	联合国救灾组织
UNEF Ⅰ	联合国第一支紧急部队（1956—1967 年）
UNEF Ⅱ	联合国第二支紧急部队（1973—1979 年）
UNEP	联合国环境规划署
＊UNESCO	联合国教育、科学及文化组织
UNFICYP	联合国驻塞浦路斯维持和平部队
UNGOMAP	联合国驻阿富汗和巴基斯坦斡旋特派团
UNHCR	联合国难民事务高级专员公署
UNICEF	联合国儿童基金会
＊UNIDO	联合国工业发展组织
UNIFIL	联合国驻黎巴嫩临时部队
UNIIMOG	联合国伊朗—伊拉克军事观察团
UNIKOM	联合国伊拉克—科威特观察团
UNIPOM	联合国印度—巴基斯坦观察团
UNITAF	联合特遣部队（索马里，1992—1993 年）
UNITAR	联合国训练研究所
UNMOGIP	联合国驻印度和巴基斯坦军事观察组
UNOGIL	联合国黎巴嫩观察组
UNOMUR	联合国乌干达—卢旺达观察团
UNOSOM	第一期联合国索马里行动
UNOSOM Ⅱ	第二期联合国索马里行动
UNPROFOR	联合国保护部队（克罗地亚；波斯尼亚和黑塞哥维那；南斯拉夫联盟共和国（塞尔维亚和黑山）以及前南斯拉夫的马其顿共和国）
UNRWA	联合国近东巴勒斯坦难民救济和工程处
UNSCOB	联合国巴尔干特别委员会
UNSF	联合国安全部队

UNTAC	联合国柬埔寨临时权力机构
UNTAG	联合国过渡时期援助团（纳米比亚）
UNTSO	联合国停战监督组织（中东）
UNYOM	联合国也门观察团
* UPU	万国邮政联盟
* WHO	世界卫生组织
* WIPO	世界知识产权组织
* WMO	世界气象组织

目录

中文版序

收到本书两位主编之一亚当·罗伯茨教授的来信，嘱我为中文版序，惊喜之外，更感到荣幸。

我对联合国素无研究，但借着写序的机会，认真拜读了本书。愚以为，就本书所做研究的深度、广度和学术水平而言，在国内已出版的有关联合国的著述中，尚无出其右者。两位主编所撰写的长篇导论，将联合国的宗旨、角色、沿革、机制、贡献、缺失、困难、前景——道来，也探讨了若干有争议的问题。其他各章则分别论及联合国的方方面面，有的侧重于摆事实，有的侧重于讲道理。也正如主编在中文版序言里所说，这部著作也可以作为工具参考书来使用。一书在手，可以解答有关联合国的许多疑惑。

当然，本书也给中国读者留下了许多思考的余地。在中国学者的国际政治研究中，"大国关系"、"大国兴衰"是探讨的重点，"地区热点"是长盛不衰的话题，重大事件的定性评估也是论辩的焦点。但是，对于国际体系的演变，特别是国际组织和机制的运转过程，往往研究得不够深透。因此，本书对我们拓展学术研究的角度应有很大帮助，在方法论方面更有启发。

关于本书的主题与意义，主编为中文版所写的前言已经交代得很清楚，在此不必赘言。我只想借题发挥，讲两三个同本书主题不无关联的小故事，也许能给这个学术大餐增添些许佐料。

1982 年，我作为北京大学的硕士研究生，有幸成为英国牛津大学圣安东尼学院（St. Antony's College）的第一位来自中国大陆的访问学者，进修国际关系一年。罗伯茨教授（当时还是讲师）是我的导师，也是我学习国际关系的启蒙老师。我交给他的第一份作业，是关于当时越南占领柬埔寨所引发的东南亚国际纷争的一篇书评。拙文中有"爱好和平的世界各国应当联合起来，抵抗侵略"这样一句话。罗伯茨微笑着问我：既然有"爱好和平的国家"（peace - loving countries），就有"战争贩子国家"（war - mongering countries）喽，这两类国家怎么区分呢？谁来区分呢？我们如果写的是学术评论，就要思考这类问题。即使有的国家发动了战争，它也不一定就是战争贩子，它和它的盟国更不会承认自己是战争贩子。你眼中的爱好和平国家，在另一些人眼中就不一定爱好和平。世界上没有大国从来没有发动过对外战争。所以，"爱好和平的国家"随口说说可以，认真推敲起来，可要小心呢！

罗伯茨这番话，听来简单，却反映了研究国际政治的一个基本道理，甚至反映了建立全球性国际组织的一个基本前提。1945 年创建联合国的，是打败了德意日法西斯的同盟国家，也就是当年被公认为"爱好和平的国家"，按理说应当友好相处，共筑世界和平。然而好景不长，美国和苏联很快就组建了各自的军事集团，陷入了冷战，都将自己视为爱好和平的国家，称对方为战争贩子。这时的联合国，在维护和平方面是被"去功能化"的。而今联合国是将几乎所有主权国家都包括在内的全球性组织，各成员国的政治经济制度、意识形态纷繁多样。联合国并不预设哪个国家或哪些类型的国家是爱好和平的"好国家"、哪些国家是"坏国家"的前提。或者可以说，它的预设前提，是其所有成员国都是"好国家"（但不一定都在做好事情），所以其主权和领土完整都应受到尊重，而不应当被"打倒"，被"消灭"，被"赶到海里去"。不过，这样一个简单的道理，却并非各国决策者和国际关系的研究者都认识到并且接受的。

我在英国进修期间，赶上了英国人所称的"福克兰群岛战争"。英国和阿根廷因福克兰群岛（阿根廷称马尔维纳斯群岛）的领土纷争而发生军事对峙时，撒切尔夫人任首相的英国政府起初企图诉诸联合国的调解，以达到阿根廷从群岛撤军的要求。在英国媒体、公众中，一直到在校园里激辩的知识分子，无论是狂热的主战派，还是愤怒指责英国"侵略主义"（jingoism）的左派，都言必称联合国，援引联合国宪章，分析安理会各成员国的态度。我一边在欧洲"观战"，一边联想起地球另一边中国同一个南方邻国刚刚进行的一场自卫反击战（当时战火还没有完全平息下来）。在这场长达几年的边境纠纷中，中国的官方声明和报刊几乎从来不提联合国，好像联合国同这场国际冲突毫不相干。不难看到，中英两国对联合国及其所起作用的期待，反差十分强烈。

现在，中国对联合国的看法发生了不少变化，同联合国的关系也已经密切得多了。不过，通读本书，发现其中有关中国的内容还是有限的。也正因为如此，这部著作对于中国读者拓展国际视野，了解英国等欧洲国家对现存国际秩序的态度，是有启迪作用的。

本书导论中，提到了联合国（United Nations）的名称可能带来的疑义和误导。我认为这个问题极为重要，故先不吝篇幅引用如下：

与"联合国"（United Nations）这个概念相关、容易误导的词是"民族国家"（nation state）。实际上，"分裂国"（Disunited States）可能更为确切，即便这一表述并不令人愉快。如果"民族"（nation）这个词适当的使用，表示拥有种族、历史、文化、宗教、语言等共同特征以及对谁是他们的敌人有共同认知的一群人，那么在联合国的成员国中只有极少数"民族国家"。在这些国家中，有许多正在进行"民族建设"（nation building）的艰巨任务，而且随着时间发展可能已经产生了一种民族性的观念。与此同时，在国家内部及其之间，仍然存在许多根深蒂固的裂痕——地域、种族、民族、部族、宗教以及阶级的分裂。"民族"和"国家"远非相互关联的；分裂的民族、多民族国家、民族统一主张的国家等现象可以表明这一点。实际上，过去几百年间的许多重大战争（包括两次世界大战），部分上根源于"民族"和"国家"之间的关键脱节而带来的问题。然而，"民族"（nations）这个词的使用被认为与"state"或"country"是同义的，这一点根深蒂固地体现在当代的习惯用语之中，不仅表现在联合国本身的名称之中，也表现在"国际（international）"这个词中。总而言之，"民族"和"联合国"等词汇的运用不能表述为一种极其简单的意象——主权国家，但这不应该影响我们的判断。

当年罗伯茨指导我读书时，着重给我讲了上文的观点。他解释说，联合国之所以被称为 United Nations，是因为已经有了 United States（美国）。美国等少数国家把本国的"州"称为 states，带来了很多歧义。美国的特殊国情，使美国人不容易了解民族与国家的区别，以及民族问题的复杂性。这绝不是咬文嚼字的事情，因为把民族同国家的概念相混淆，给人们传递的信息是：一个民族就应当成立一个国家，而一个国家里只应当包括一个民族。这种思想意识，融化在许多政治家的灵魂深处。但是，如果把这种思想付诸于实践，将会带来无休止的民族独立运动，以及国家内部强制性的民族同化（即所谓"民族建设"），从而引发冲突，联合国也会无限扩大，难以治理。

罗伯茨教授于是要我以"民族与国家"为题写一篇综述性的论文。我为此读了几十本关于民族问题与国家问题的著作，对世界文化、宗教、种族的复杂性开始有所认识，从此不再把国际关系看成仅仅是主权国家之间的关系，把联合国的作用仅仅视为处理主权国家之间的问题。跨国界的全球治理，公民社会对国际事务的关注与参与，都在联合国的工作范围之内。认识到这些，感到终生受益。

从 1982 年到今天的 27 年里，联合国成员国从 157 个增加到了 192 个，今后无疑还会扩大下去。这样一个日益庞大而无中心的组织，承担着已经过重、而且越来越重的任务，经历着艰巨的改革。然而正如本书所揭示的那样，尽管联合国的作用每每遭受轻视、怀疑乃至嘲笑，一个没有联合国的世界，将使人类走向难以承受的灾难。

让我们深深感谢本书的主编、作者、译者和出版社，为我们了解联合国、研究联合国，并在有机会时贡献于联合国的事业，提供了丰富的知识和思想。

王缉思

2009 年初春于燕园

中文版前言

我们很荣幸地将这本书的特别修订版介绍给中国读者。我们不断更新版本——1988 年版、1993 年版以及现在的版本——旨在表达对联合国清晰而充分的认识，对其成就和局限进行认真而坦诚的评价，并为理解联合国的作用奠定基础，因为正是联合国才体现了理想主义与现实主义的融合，而这种富于挑战性的融合对它的运行是至关重要的。纵观联合国的历史，尽管它已经为开展一些重要活动以及管理和塑造国际关系中的变革提供了一个统一的架构，但始终伴随着相互冲突的观点和某些根本性的分歧。本书的书名**"全球治理——分裂世界中的联合国"**即是对这种情形最好的诠释。我们希望中国读者特别关注本书——不仅仅是由于中国作为联合国安理会常任理事国发挥着至关重要的作用，而且也因为中国和中国公民在整个联合国体系中正在日益扮演着关键性角色。

在本书中，我们特别邀请了一批资深学者和前联合国高级官员，共同考察联合国自 1945 年成立以来的发展状况。全书集中探讨了联合国在努力解决国际关系中存在的那些持久而艰巨的问题时所发挥的各种作用，这些问题具体涉及国际安全、裁军、人权、国际法、经济发展和环境保护等诸多领域。为了给读者展示一个全方位的联合国，本书不仅着眼于联合国主要机构的相关工作（尤其是安理会、联合国大会、秘书长办公室），而且也关注包括一些联合国专门机构在内的更广泛的联合国体系的运转情况。

本书力图以公正客观的视角来阐述联合国的基本特征，将那些在一个依然分裂的世界里体现出的长远趋势和关键发展纳入分析视野，并一一呈现给读者：

- 作为国际秩序基础的国家主权与在众多领域建立总体的国际法律和制度安排的压力之间存在的紧张关系；
- 由于欧洲海外殖民帝国瓦解以及在一些新成立或重建的后殖民国家存在的不稳定而产生的后果；
- 联合国维和与监督选举活动的扩展和多样化；
- 冷战以及 1989—1991 年期间东欧和苏联政权的解体对联合国的影响；
- 联合国介入解决地区冲突的努力，包括如 1990—1991 年的海湾战争在内的强制行动，以及由此产生的后果；
- 在包括柬埔寨、索马里和前南斯拉夫等社会严重分裂的国家中，联合国介入行动的长期发展历程；
- 在一个不平等现象仍然严重、治理难题不计其数、资源替代非常匮乏的世界上，改善经济福利、人权和环境保护的要求与日俱增；
- 改革联合国结构和运行的不懈努力，以及政治和资源上的起伏变化对联合国能力的束缚。

《全球治理》也有意成为一部有用的参考书。本书的附录在这一版中进行了全面更新，其中包括 2005 年《世界首脑峰会最终成果》的全文；《联合国宪章》全文及其所有修订内容；192 个成员国以及它们加入联合国的时间和分摊会费的最新列表，从特里格夫·赖伊到潘基文在内所有联合国秘书长名录；所有 63 项维和行动以及其他联合国外勤任务的清单；由联合国授权但不由联合国直接控制的行动列表（包括由单个国家或联盟领导的军事行动），以及一份简短的英文精选书目。

这一版与牛津大学 1993 年出版的英文第二版的区别何在呢？我们在 2008 年做了如下修订：对于全书的核心——导论，我们作了全面修订和补充；关于附录部分，除了 1973 年以来没有再作修改的《联合国宪章》外，书末的其他附录部分也全部补充了新的材料；实际上，附录 A 和 F 是全新收录的；本书的其他章节是 1993 年版的译文：我们没有对它们进行修订，因为正如它们现在呈现给读者的，它们对冷战期间以及冷战后联合国的作用提供了非常有价值的观点。

我们特别感谢南开大学吴志成教授主持本书的翻译工作；感谢他的翻译团队，尤其是张蒂女士一直就翻译进度与我们进行沟通；感谢布里斯托大学张勇进教授、牛津大学杨筱博士在翻译过程中提供的帮助，并在南开翻译团队与我们主编之间保持沟通。

亚当·罗伯茨（牛津大学）、本尼迪克特·金斯伯里（纽约大学）

2008 年 11 月 29 日

第一章 导论：1945年以来联合国在国际社会中的角色

亚当·罗伯茨、本尼迪克特·金斯伯里

自1945年创立以来，联合国一直是国际关系实践中的一项核心制度。本书对联合国在这个依旧分裂的世界上所扮演的诸多角色进行了评估①：这些角色随时间发生变化，是各种不同的理解、担忧与希望之所系。这项研究关注的是，在联合国时代里，国际社会是如何得以改善、但并未发生根本转变的。它考察了联合国在冷战后时代变化了的环境中面临的机遇与困境。在所有这些议题背后，潜藏着一种忧虑，即联合国还远没有克服过去一直困扰其在集体安全与全球组织方面努力的一系列问题。

在某种意义上，联合国主导下的国际体系在历史上堪称独一无二。

---

① 这篇导论于2008年8月经过全面的修订和更新。我们非常感谢 Julia Werzer 为这一版提供的协助。书后的附录部分也在2008年作了更新。本书的章节翻译自：Adam Roberts and Benedict Kingsbury (eds.), *United Nations, Divided World: The UN's Roles in International Relations*, 2nd edition (Oxford, 1993)。我们并没有试图修订其他章节，正如所呈现出来的那样，它们为理解冷战后联合国的作用提供了富有价值的视角。

世界由名义上平等的主权国家构成；几乎所有的国家都是一个世界性组织的成员，都同意《联合国宪章》中的一系列原则；存在着一个发挥作用的全球性组织，它有能力作出重大决策，尤其是在安全领域——正如1990—1991年海湾危机以及2001年9月美国遭到恐怖主义袭击之后几周所表现的那样；这些在人类历史上都尚属首次。不过，尽管这些独特的方面将联合国时代与先前的时代区分开来，国际社会在某种意义上仍然是"无政府的"——即使有一种范围广泛的国际制度下的秩序，但是并不存在具有政府特征的中央权威。①

联合国时代还以除国家以外的行为体在国际社会中发挥持久性的（在许多方面开创性的）作用而著称。联合国本身为非政府组织提供了政治空间，尤其是在人权和环境保护等领域，它也为所有形式的非国家组织阐明要求、追求利益提供了舞台。更一般言之，一些人认为一个跨国家的公民社会开始出现，在日渐密切和便利的跨境交往的基础上构造，并且以多党民主制的扩散或蔓延、市场自由主义以及相关的政治和社会价值为特征。② 从这种观点来看，权力已经从渐渐陷入困境的国家向跨国组织或国际制度转移；领土性作为一项核心的组织原则正在衰退；国家主权正在重塑，以适应人权、经济诉求以及内部和外部的合法性。③ 对国家利益的认识变得宽泛，国内、跨国以及国际层次上的规范的聚合正在加快，以至于这些层次本身也开始会聚起

---

① 对全球国际社会概念的考察见 Hedley Bull, *The Anarchical Society* (London, 1977); and Hedley Bull and Adam Watson (eds.), *The Expansion of International Society* (Oxford, 1984)。

② 参见 James N. Rosenau and Ernst-Otto Czempiel (eds.), *Governance Without Government: Order and Change in World Politics* (Cambridge, 1992); and Anne-Marie Slaugter Burley, 'International Law and International Relations Theory: A Dual Agenda', *American Journal of International Law*, 87 (1993), pp. 205 – 239。

③ 关于主权，参见 R. B. J. Walker, Inside/Outside: International Relations as Political Theory (Cambridge, 1993)。关于领土性和主权，参见 John Gerard Ruggie, 'Territoriality and Beyond', *International Organization*, 47 (1993), pp. 139 – 174。

来。对于那些主张国家主权正逐渐被超越、国际公民社会正从自由主义心脏地带扩展而得以建立的人而言，欧洲联盟代表了一种普遍的模式。

国际社会的确处于变迁之中，其中政治的议题和形式也是如此。特定的国家或者社会不能轻易地孤立于经济、社会和政治交往的核心制度之外。权力的性质、形式和使用都在发生变化，有些是因为相互依存，有些是因为通常与相互依存相伴的不对称性。① 存在着共享的规范和价值，联合国既是其反映，也是其规划。并非所有的国家都运行良好，国家作为国际社会的基石或许已不再像 20 世纪其他时间那样神圣。无论如何，国家仍然是实现国内秩序的主要制度，国家间体系仍然为国际社会提供了骨架式的组织框架。作为一个由国家创立并维系的组织，联合国建立在政府间架构的基础之上，尽管它有时不切实际或者不尽如人意。重塑这一架构的倡议（比如在联合国大会之外建立一个通过国民选举的议会）在未来或许会引起人们更大的兴趣。不过就目前而言，尽管联合国的结构和活动与变化中的环境和国际社会的需要存在一些紧张，但它必然继续反映出国家的基本角色以及当代国家体系的困境。

在后冷战时代（1989—1991 年以来），国际体系受到一系列错综复杂的问题的困扰，其中有许多源于国际政治中那些古老而持久的特征。尽管冷战时期的东西方分裂很大程度上已经不复存在，世界仍然由独立的主权国家组成，它们有各自的利益、政府类型以及不同的世界观。此外，还存在其他一些根本性的分裂：北方与南方（通常表现在联合国大会和人权理事会中）；地区和宗教间的仇视；在许多情况下穿透国家、跨越边界的族群之间的裂痕，这些都增加了对现存国内和国际秩序的挑战。权力依然重要，不论在联合国的决策制订过程中

---

① 参见 Carl Kaysen, 'Is War Obsolete?', *International Security*, 14 (1990), pp. 42–64。

还是在更广泛和繁杂的现实中都是如此。战争的魅影，无论是国内的还是国际的，都没有消散。如今挤满联合国日程的许多紧迫危机就是由这些分裂所导致的。

一些全球性的国际组织宣称，自己的目标是从根本上重构国际关系中不尽如人意的状况，人们不免对这些组织寄予厚望——以及由此伴随的沮丧失望。[①] 自 1864 年第一国际成立之后的几个共产国际以及 1919—1920 年的国际联盟都不例外。联合国曾经也承载了这种令人沮丧的希望，而且仍将如此。不过，它也达到了一些功效，一种制度上的持久性，乃至于一定程度的永久性，这使它不同于先前那些组织。

冷战刚一结束，一种引人注目的关于联合国在国际秩序中的地位的目的论观点流行一时。这种观点认为，过去 40 多年里，在一个东西方分裂的世界上，联合国未能有效地发挥作用；实际上，在关乎战争与和平的事情上，由于在安理会中经常威胁或使用否决权，它几乎完全无能为力。随着 20 世纪 80 年代末冷战的结束，它终于处在有所作为的位置上，或多或少如其创立者们所期望的那样，在许多危机中起到了决定性作用，包括 1991 年伊拉克试图吞并科威特之后的海湾危机中。如今，联合国有机会向前发展，如果不是成为世界政府，至少也会通向一个由中央调节、秩序井然的国际体系。[②]

这种观点一直遭到挑战。首先，联合国在冷战时期漫长的几十年中表现得比一个蹩脚的组织更令人印象深刻。正是在东西方敌对的岁月里，联合国成为世界上第一个真正的普遍性国家间组织；帮助建立了包括人权在内的广泛事务上的国际准则；确立了被证明有助于解决

---

① 有关利用国际组织来维持和平的倡议，对其历史设想与观点的模式的追溯，参见 F. H. Hinsley, *Power and the Pursuit of Peace* (Cambridge, 1963)。也可参见 J. Tel Menlen. Der Gedenke der internationalen Organisation in Seiner Entwicklung, 2 vols (The Hague, 1917, 1929)。

② 这种观点在联合国秘书长布特罗斯－加利 1992 年 6 月的报告——《和平议程》中体现出来。

许多冲突的维和和外交服务。其次，自冷战结束以来，联合国又开始面对那些已经让国际社会的一切努力付诸东流的一些问题，而且将来仍将如此。

在联合国时代，国家内部及其之间的许多分裂较之以往更为严峻——有些矛盾的是，这不是因为联合国推动了“主权国家”思想的胜利前进。在欧洲非殖民化和苏联解体之后，这类国家的总数超过过去的三倍。我们这个时代的许多冲突源于帝国终结之后的分割和纷争以及新的后殖民国家、政权、制度和边境在合法性上的不确定性。这种问题在苏联和南斯拉夫的瓦解之后尤为显著：实际上，相比较之前大多数的欧洲殖民地这些新出现的政权和边境引起争端的速度更快。这个世界由彼此独立的主权国家分割开来，而且可能仍将如此。这些国家具有制造战争的能力，而且许多国家意识到其内部的脆弱和外部的威胁。一直与国家体系相伴随的统一与分裂、合作与竞争、解放与统治、理解与误解的过程仍将持续下去，即使是以新的形式呈现出来。

一、联合国体系简况[①]

有关“联合国”一词的由来，我们可以从 1942 年 1 月 1 日的《华盛顿宣言》中找到。26 个同盟国（被称为“联合国家”）在宣言中宣称将全力与德国、意大利和日本作战；还有 1943 年 10 月 30 日莫斯科四国宣言，这份宣言多处将同盟国称为“联合国家”（这些宣言在《联合国宪章》第三条和第一百零六条中被提及）。[②] 因此，“联合国”

[①]　“联合国体系”一词并不仅仅指代联合国本身，正如《宪章》中的略述，还包括在其监督之下运行的各种附属机构和专门机构。

[②]　《华盛顿宣言》、《莫斯科宣言》以及其他战时有关联合国的文件的重印见：Royal Institute of International Affairs, *United Nations Documents 1941－1945* (London, 1946); and in Louise W. Holborn, *War and Peace Aims of the United Nations*, 2 vols. (Boston, 1943, 1948).

是在战时夸张的氛围下出现的；部分上为了与孕育它的战时同盟相区别，早期的联合国曾被普遍地称为联合国**组织**（United Nations *Organization*，UNO）。这个称谓如今已经极少提及，除非是在为了将严格意义上的联合国（通常就称为"组织"）与专门机构区别开来的少数场合。战时的同盟不仅已经成为遥远的过去，而且当人们回忆起来时，它的成员通常被称为"盟国"。由此而言，"联合国"被用来专指 1945 年创立的这个国际组织由来已久。

联合国的第一份蓝图是美国、英国、苏联及其盟友在第二次世界大战期间绘制的，反映了它们对战后国际秩序的构想。1945 年 6 月，50 个国家在旧金山集会，最终签署了《宪章》。1945 年 10 月 24 日，联合国正式成立，其基本宪法工具——《联合国宪章》至此开始生效。

尽管联合国的性质及其作用有了巨大的发展，《宪章》的一些规定已经过时或者没有太大的作用，但《宪章》本身实际上没有发生改变，除了安理会以及经社理事会的构成有所改变（参见下文）。[①] 在 2005 年的世界首脑会议成果文件中，联合国大会提议删除《宪章》的第八章（有关托管理事会的部分）以及《宪章》第五十三条、第七十七条和第一百零七条中有关"敌国"的提法。[②] 到目前为止，《宪章》还没有作出这些改动。

自 1945 年以来，联合国会员国数量稳步增长，这主要归因于持续不断的非殖民化和国家分裂的浪潮。1945 年，联合国有 51 个创始会员国；到了 1961 年 9 月，成员国数量达到 100 个；1984 年底达到 159 个；到了 2006 年 7 月，已经达到 184 个（黑山共和国于 2006 年 6 月加入——译者注）。纵观其历史，联合国的成员囊括了绝大多数国家。尽管存在着一体化的趋势，但联合国会员国中通过统一形成更大的单

---

① 《联合国宪章》及其所有修正案的文本在附录 B 中。

② "2005 World Summit Outcome"（16 Sep. 2005），UN doc. A/Res/60/1 of 24 Oct. 2005, paras. 176 and 177.

一国家的例子却实属罕见，只有坦桑尼亚（1964 年），也门（1990 年）和德国（1990 年）。

在非会员国中，最典型的例子当属从 1949 年革命到 1971 年的中国人民共和国，在此期间，中国在联合国的席位被台湾占据。从 1971 年起，联合国近乎普遍主义的主张才具有了实际意义。

截至 2002 年，主要被承认的国家是作为非联合国会员国的瑞士（从未申请联合国会员资格，但与联合国组织及其专门机构有着密切的联系）。其他没有联合国成员资格的实体包括梵蒂冈、台湾地区（1971 年被从中国代表席位上逐出）、北塞浦路斯（除了自身和土耳其之外没有被承认是一个国家）、西撒哈拉和巴勒斯坦（并没有被完全承认为国家，但得到了一些国家一定程度的承认）。科索沃于 2008 年 2 月宣布独立，但是没有立即加入联合国，因为它并没有得到普遍承认，主要是因为俄罗斯和其他一些国家的反对。

联合国成员几乎囊括了当今世界的所有国家。① 没有哪个成员国永久性地退出联合国。不过，在 1950 年期间，苏联拒绝出席安理会和其他联合国机构，以此抵制联合国拒绝接纳中华人民共和国政府为中国合法代表的行径；从 1965 年至 1966 年，印度尼西亚暂时退出了联合国。在某些情况下，特定权力机构派往联合国代表本国的外交使节没有得到承认；1992 年，安理会和联合国大会分别向南斯拉夫联邦共和国（塞尔维亚和黑山）发出警告，它将不再继续享有前南斯拉夫社会主义联邦共和国的席位，但可以继续参加某些联合国机构。它的成员资格在 2000 年末得到了重新确认。

联合国的六个"主要机构"是由《宪章》所确立的：联合国大会、安全理事会、秘书处、国际法院（ICJ）、托管理事会以及经济及社会理事会（ECOSOC）。

---

①　192 个会员国（截至到 2008 年 7 月 31 日）的名单见附录 C。

1. 联合国大会

联合国大会是负责联合国绝大多数工作的权力机构。它每年第四季度召开常会（会议持续到新的一年到来之前），也经常性地召开特别或紧急会议来讨论特定议题。联合国大会批准预算、采纳优先事项、召集国际会议、监督秘书处和大量的委员会以及附属机构的工作，并就各种问题展开讨论和提出决议。它在推动非殖民化进程中扮演了重要角色，而且开始介入到独立国家的人权监督与选举监督中。联合国大会创立的附属机构主要有：联合国儿童基金会（UNICEF）、联合国难民事务高级专员办公室（UNHCR）、联合国贸易和发展大会（UNCTAD）、联合国开发计划署（UNDP）以及联合国环境计划署（UNEP）。联合国大会的大部分工作是由在特定领域负责联合国行动或议事的常设或专门委员会完成的。联合国大会的议程也包括许多行动领域，成员国在这些领域中言胜于行。[①] 2003 年以后，联合国大会与安理会之间关系的摇摆不定令一些弱国怨声载道，因为它们担心会丧失影响力。

2. 安全理事会[②]

由 15 个成员国组成的安全理事会是由五个常任理事国（中国、法国、俄罗斯、英国和美国）主导的，其中的每一个常任理事国都有在实质性问题上否决任何决议草案的权力。十个非常任理事国（在 1965 年一项《宪章》修正案生效之前是六个）由联合国大会每两年选举一

---

① 表明象征性的决议在联合国内部对于维持联盟的重要性的有 M. J. Peterson, *The General Assembly in World Politics* (Boston, 1986), pp. 187 ff。

② 有关安理会与战争相关的各种角色的详细讨论，参见 Vaughan Lowe, Adam Roberts, Jennifer Welsh and Dominik Zaum (eds.), *The United Nations Security Council and War: The Evolution of Thought and Practice since 1945* (Oxford, 2008)。

次产生。非常任理事国至少有"第六否决权"的可能：可能否决需要九票赞成才能通过的决议。安理会主要负责维护国际和平与安全，与联合国大会不同，它可以作出对所有联合国会员国具有约束力的决定。它每年总是不断召开会议，主要讨论武装冲突以及威胁国际和平与安全的其他情形或争端。它可以公开授权进行强制性制裁、敦促停火、甚至授权代表联合国进行军事行动。自 20 世纪 90 年代初以来，安理会设立了一些国际刑事法庭、民事诉讼法庭、一个边界委员会、许多被制裁的个人和组织的名单、真相调查委员会、武器核查机构，以及相当于立法的一系列一般性规则。

安理会在联合国维和部队的制度的发展中也起到了核心作用，这一制度在《联合国宪章》中完全没有预见到。为联合国服务的国家军事部门的成员所穿戴的蓝色贝雷帽或蓝盔，已经成为一个广为人知的标志。安理会在许多国家部署了联合国维和部队，范围从小规模的观察员到大规模部队，目的包括干预、维持秩序和人道援助等。在少数情况下，联合国大会而非安理会也会动用维和部队：1956 年苏伊士运河危机之后，联合国大会建立了联合国紧急部队，因为当时安理会遭到否决票的阻挠而无法采取行动；在朝鲜（1950—1953 年）和刚果（1960—1964 年）等类似的情形中，联合国大会也作出了有关联合国部队的建议。不过，对维和的控制如今已经牢牢地掌握在安理会手中。①

在缓解或抑制许多危机中，安理会发挥了重要作用，它也为外交接触和谈判提供了高层论坛。安理会也与联合国大会一道在接纳新会员、任命秘书长以及选举国际法院法官等方面发挥了作用。

《宪章》规定安理会必须在其常任理事国一致同意的基础上开展行动，这并非不切实际的理想主义的产物：参与起草《宪章》的人们

---

① 对联合国维和的详细讨论，参见萨利·莫菲特（Sally Morphet）的一章以及附录 E。

的回忆录表明，他们清楚他们为什么这么做。① 这一规定在实践中意味着，任何常任理事国在行使否决权之前必须投票反对该决议草案，这也反映出一种现实主义的信念：至少在很多情况下，联合国行动如果遭到某个大国的强烈反对也不可能进行下去。②

在联合国的历史上，否决权的实际使用及其不断被使用的可能性，都是安理会功能的一个核心特征。从 1945 年到 2007 年底，否决权的动用如下：苏联/俄罗斯 118 次、美国 82 次、英国 30 次、法国 18 次、中国 6 次。1990 年以前，否决权年均次数超过 5 次，自此以后，年均次数仅略高于 1 次。5 个常任理事国动用否决权的模式变化如下所示：

1946—1955 年：中国 1 次、法国 2 次、英国 0 次、美国 0 次、苏联 75 次；

1956—1965 年：中国 0 次、法国 2 次、英国 3 次、美国 0 次、苏联 26 次；

1966—1975 年：中国 2 次、法国 2 次、英国 8 次、美国 12 次、苏联 7 次；

1976—1985 年：中国 0 次、法国 9 次、英国 11 次、美国 34 次、苏联 6 次；

1986—1995 年：中国 0 次、法国 3 次、英国 8 次、美国 24 次、苏

---

① 《联合国宪章》中对安理会常任理事国一致（否决权）的规定是经过广泛讨论的结果，包括在敦巴顿橡树园（1944 年 8 月至 10 月）和雅尔塔（1945 年 2 月）。根据在于，英国、美国、苏联和法国都赞成一致原则，而且它们这样做是出于保护自身的主权权利和国家利益的现实考虑。See e. g. Winston S. Churchill, *The Second World War*, vol. 6: *Triumph and Tragedy* (London, 1954), pp. 181 – 2 and 308 – 13; Harry S. Truman, *Year of Decisions: 1945* (London, 1955), pp. 194 – 5, 201, and 206 – 7; Charles de Gaulle, *War Memoirs: Salvation 1944 – 1946 - Documents*, tr. Murchie and Erskine (London, 1960), pp. 94 – 5. 在 1945 年 4 月成为美国总统的杜鲁门在他的回忆录中写道："我们所有的专家，不论是民事还是军方的，都支持这一点，而且如果没有这种否决权的安排，就不会在参议院得到通过"（p. 207）。

② 对于安理会构成以及否决权方面可能出现的变化，参见下文的讨论。

联/俄罗斯 2 次；

1996—2005 年：中国 2 次、法国 0 次、英国 0 次、美国 10 次、俄罗斯 1 次；

2006—2007 年：中国 1 次、法国 0 次、英国 0 次、美国 2 次、俄罗斯 1 次。

这些数据反映了一个事实——如果安理会的某个常任理事国确信某个提案不可能获得五分之三多数支持，它可以避免直接动用否决权。尤其是，西方国家在联合国初期屡次运用这一策略，苏联在 20 世纪 70 年代和 80 年代也是如此。在某种程度上，否决权的使用反映出，动用否决权的国家在特定议题上遭到了一定的外交孤立。推动这类决议进行投票，是表明孤立特定国家的一种外交策略。1990 年以来，否决权较少使用，而获得通过的决议数量增多。从 1990 年 5 月 31 日（当时美国否决了一项有关被以色列占领领土的决议）到 1993 年 5 月 11 日（当时俄罗斯否决了一项有关支持在塞浦路斯的维和部队的决议），是联合国历史上没有动用否决权最长的时期。1989 年以前，安理会年均通过的决议数量是 15 项，此后大约是 60 项。

由于否决权，安理会可能无法在一些有常任理事国直接介入的武装冲突中有所作为，比如在苏伊士运河（1956 年）、匈牙利（1956 年）、越南（1946—1975 年）以及中越战争（1979 年）中。从 20 世纪 80 年代中期开始，安理会在国际安全中开始发挥更为关键的作用，下文将会对此进行讨论。

3. 秘书处

联合国秘书处由秘书长领导，它大约有 8700 名工作人员，分布在纽约联合国总部以及其他联合国办事处（大部分在日内瓦）。《宪章》规定，才干是雇用他们的首要考虑，但是联合国并不总是能够不偏不倚地遵循这一原则。尽管联合国工作的性质和质量很大程度上依赖于"不露面"的秘书处，秘书长也是国际外交中的重要人物。①

自 1945 年以来，秘书长的作用得到了显著提升。哈维尔·佩雷斯·德奎利亚尔（Javier Pérez de Cuéllar）、托马斯·弗兰克（Thomas Frank）和格奥尔格·诺尔蒂（Georg Nolte）等人在本书中撰写的章节表明了秘书长是如何担负起（或者被迫承担起）那些广泛职责的：真相调查、调解国家之间的争端、应对联合国其他机构中迅速发展的危机——由于成员之间的分歧或者事件的迅猛速度，采取行动的可能性极其有限。特别值得一提的是，秘书长在发起维和行动和其他任务、指导这些行动的部署和活动过程中发挥了关键作用。

4. 国际法院

国际法院的前身是常设国际法院（Permanent Court of International Justice），于 1922 年在海牙建立。《国际法院规约》于 1945 年与《联合国宪章》同时签署，其缔约国包括所有的联合国会员国。在国家以某种方式同意其管辖的情况下，国际法院有权作出有约束力的决定。在具备资格的国际组织提出要求时，它也提供咨询意见。从 1946 年创立到 2005 年 10 月 3 日，它在有争议的案件上作出了 90 项判决，同时提出了 25 项咨询意见。

5. 托管理事会

托管理事会在国际托管制度之下负责监督联合国少数托管领土向自治政府或独立转型。1994 年 10 月 1 日，随着帕劳（Palau，太平洋群岛托管领土的一小部分，1945 年以前处于日本统治下）地位的终止，托管理事会完成了这项任务。1994 年 11 月 1 日，托管理事会停

---

① 1945 年以来联合国历任秘书长名单见附录 D。

止运作。2005 年 9 月 15 日，联合国大会发表的世界首脑会议最终成果文件中提出废止该机构（以及删除《联合国宪章》的第八章）。

托管制度的根本原则对其他非自治领土的非殖民化具有相当大的影响。不过，在联合国体系中，20 世纪 60 年代和 70 年代对欧洲非殖民化的主要压力来自于其他方面——由"第三世界"国家主导的非殖民化特别委员会以及联合国大会的第四委员会。20 世纪 90 年代，除了在帕劳群岛问题上发挥其职责外，它不再扮演积极的角色。

6. 经济及社会理事会

经济及社会理事会由联合国大会选举产生的 54 个国家组成。许多非政府组织也在协商基础上参与到了它的议事程序中。它监督经济和社会领域的许多委员会、专门委员会和专家机构的工作，协调许多联合国专门机构在这一领域的努力。

7. 联合国体系的其他部分

联合国体系已经扩展，超出了《宪章》所创立的六个联合国机构，随后联合国建立了为数众多的附属机构，也包括许多有独立规章、成员和预算的专门机构。这些机构成为联合国体系中一个独特的部分。引用《联合国宪章》第五十七条言之，它们"由各国政府间协定所成立"，"依其组织约章之规定，于经济、社会、文化、教育、卫生及其他有关领域负有广大国际责任"。与联合国相关的此类专门机构有 16 个：除了金融机构——主要的是国际货币基金组织（IMF）和世界银行集团（包括 IBRD 和其他机构），最大的四个是国际劳工组织（ILO）、粮食和农业组织（FAO）、联合国教科文组织（UNESCO）和世界卫生组织（WHO）。① 与

① 所有 16 个专门机构的名单，见缩略词。See further David Pitt and Thomas G. Weiss (eds.), *The Nature of United Nations Bureaucracies* (London, 1986); and Douglas Williams, *The Specialized Agencies and the United Nations: The System in Crisis* (London, 1987).

联合国有密切关系的其他政府间组织有国际原子能机构（IAEA）和世界贸易组织（WTO）。

8. 联合国预算

联合国预算由联合国大会审核和通过，并且在各类成员间分配该组织的开支。在2006—2007年双年度，联合国大约38亿美元的经常预算得到批准，同时还有2006年7月至2007年6月之间约47.5亿美元的维和行动开支。[①]

从会员国获取财政资助有三种主要的方式：联合国日常预算的应摊会费、维和行动的应摊会费以及自愿捐助（联合国难民署是主要由自愿捐助提供经费的机构之一）。因此，一半以上的联合国预算来自于自愿捐助，余下部分由会员国根据主要基于总的和人均国民收入作出的绑定金额交纳。一些成本（尤其是维和的成本）则直接由成员国负担。日常预算最高份额是22%（由美国承担），最低份额是0.001%（由许多成员国承担）。就维和而言，更多的捐助由五个常任理事国分担。从20世纪60年代初开始，由于一些国家的应摊会费不能到位，联合国习惯性地处于财政困难之中，到80年代和90年代初，赤字急剧上升。2001年9月，美国宣布它将最终补交欠款，当时的数额已达到19亿美元，此后美国拖欠会费的数额缓慢下降。截止2005年9月30日，联合国会员国在日常预算上的过往和当前欠款达7.43亿美元，在维和方面的过往和当前欠款达21亿美元。加上联合国其他经费上的欠款，联合国的总欠款大约是30亿美元。这种长期的拖欠状况给联合

---

① GA Res. 60/247 of 23 Dec. 2005. 在这项决议中，联合国大会首次设定了开支上限，大约是9.5亿美元。取消开支上限的条件是在联合国改革问题上取得进展。

国的管理和规划带来了不必要的困难。[①]

联合国的经费结构不仅来自会员国，也包括来自私人捐款者的资助。长期以来，联合国儿童基金会是募集私人捐款方面最成功的联合国机构。[②] 1997 年，泰德·特纳成立了联合国基金会，并且向儿童健康、妇女、人口或环境等领域的特定联合国项目资助 10 亿美元。2006 年联合国启动"中央应急基金（CERF）"，以便在面对自然和人为灾难时提供更快的人道主义援助，该基金的经费在会员国、私营公司和个人自愿捐款基础上提供。

另一项旨在将私人行为者纳入到联合国工作中来的倡议催生了"全球契约（Global Compact）"的建立，该基金会于 2000 年在纽约成立。这一平台将公司与劳工、公民社会组织、联合国机构以及政府聚集到一起，在一个全球化的世界推进人权、劳工标准、环境和反腐败等普遍原则方面遵循更加一致的手段。

联合国（尤其是 UNEP、UNCTAD、UNIDO 和 FAO 等专门机构）与私营部门之间现有以及可能的伙伴关系涵盖了经济发展、技术、卫生和教育等领域，也包括私营军事和物流公司参加到维和行动中。

二、联合国评估上的难题

国际组织的评估尤为困难。由于许多国际问题至关重要，而国家在妥善解决这些问题方面显得能力有限，人们期待由联合国这种具有综合能力的国际组织来填补的需求几乎是无限的。不同国家和组织对

---

① 联合国长期以来的财政危机在德奎利亚尔、莫里斯·贝特朗（Maurice Bertrand）和彼得·威伦斯基（Peter Wilenski）等人的几章中作了讨论。每个会员国对联合国经常预算应摊会费比例见附录 C。

② 参见 John Micklewright and Anna Wright, *Private Donations for International Development*, in：A. B. Atkinson, *New Sources of Development Finance*（Oxford, 2004）, pp. 142 – 6。

这些需求的看法不一：它们对联合国形成了各自的预期，因而用不同的标准来评估联合国。

人们常常用与联合国的实际能力不相匹配的标准来评估它。一些人用一个假想的世界政府的标准来评价联合国；或者至少把它视为用来完全消除国际生活中的瘟疫之一——战争——的一种手段。[①] 这样的预期早在联合国建立之时就已经确立。即使现在，许多人仍然以理想主义的视角看待这个组织（有时反映在宪章的语句中），认为它比组成它的国家具有更高的道德水平，尤其是因为它倡导诸如人权、不使用武力以及裁军等原则。另一些人用这些未能实现的高度理想主义预期作为对其严加斥责的出发点：联合国只说不做；在这个舞台上，各国政府伪善地宣称一套价值观，而自己实际上做的是另一套；它是在伪装之下谋求权力政治的工具，而没有取而代之。在 20 世纪 70 年代末和 80 年代初，包括 90 年代初之前，这些批评观点尤为盛行，尤其是在对联合国所抱有的理想主义曾盛极一时的国家——美国。[②] 这样的观点（不论是理想主义的还是诋毁的）对联合国的评价过于简单，假定了联合国必须用《宪章》中确立的那些高尚标准来评判，而很少区分联合国许多不同的角色。[③]

本书试图用一种适当的尺度而非无法企及的理想来审视联合国的表现；考察联合国自 1945 年建立以来发生了怎样的变化，审视冷战和后冷战时代的延续与变迁；记录它的成功之处，不仅局限于那些延续了 60 多年的纯粹事实；说明主要失败的原因；考察它可能如何解决其

[①] 参见 Clyde Eagleton, *International Government* (3rd rev. edn., New York, 1957)。

[②] 参见 Daniel Patrick Moyninhan, *A Dangerous Place* (London, 1979); and Burton Yale Pines (ed.), *A World without a UN: What Would Happen if the UN Shut Down?* (Heritage Foundation, Washington DC, 1984)。

[③] 对于这两种路径之间的关系在美国的辩论，所作的中肯分析见 Thomas M. Franck, *Nation against Nation: What Happened to the UN Dream and What the US Can Do about It* (New York, 1985)。

自身面临的问题。最重要的是，这是在探索如何思考联合国，因为它在国际关系中的地位既不同于其支持者、也不同于其批评者的看法。

人们通常倾向于把《联合国宪章》错误类比为一个国家的宪法。[①] 然而，我们不能用与政府一样的标准来衡量一个一般性的政府间组织——无论它是地区性还是全球性的[②]：它的决策制定和执行能力是有限的；它缺少界定和区分领土实体所具有的疆域，没有人民，没有与国家类似的政治组织；它的运行总是与那些它无法控制的政府和其他实体同时进行。由此带来的结果很难归于任何单一的原因。

评估联合国的一种既定的方法是编制其所取得成就的"平衡表（balance sheets）"。[③] 事实上，联合国的成绩无法整齐地记入收益和损失的栏目中：这样的尝试存在着粗糙的简化主义，受到了寻求单一的属性、原因和特征的误导。对于判断联合国有效性的实质标准，人们难以达成一致，这个问题导致了一种关注于像货币价值似的定量标准的趋向。浪费、无效和腐败等问题成为这种夸张的审查尺度的对象，以至于转移了人们对联合国组织作更根本性的评估的注意力。

要将联合国的表现与其成员国的表现分开评估是极不容易的。正如美国前国务卿迪安·腊斯克（Dean Rusk）的观察所言，联合国是一个"其成员谋求各自所认为的国家利益"的政治机构。[④] 它是由各国政府建立的，缺少了大多数政府的同意，联合国将难以作为。有一种

---

① 有关拿国家宪法（尤其是美国宪法）类比《联合国宪章》的失当的分析，可参见 José E. Alvarez, *International Organizations as Law-makers* (New York, 2005), pp. 65–74。

② 对于维持国内与国际社会的原则之间进行错误类比的问题，见 Hidemi Suganami, *The Domestic Analogy and World Order Proposals* (Cambridge, 1989)。

③ 平衡表方法的范例见，G. Niemeyer, 'The Balance-Sheet of the League Experiment', *International Organization*, 6 (1952), pp. 537–58; Sir Alexander Cadogan, 'The United Nations: A Balance Sheet', *Year Book of Word Affairs*, 5 (1951), pp. 1–11; and Juliana G. Pilon, *The United States and the United Nations: A Balance Sheet* (Heritage Foundation, Washington DC, 1982)。

④ Cited in *Harvard International Law Journal*, 17 (1976), p. 606.

普遍的误解认为，联合国正在取代国家体系，联合国可以并且应该主动采取强硬行动，而无需考虑国家的态度。相比而言，前面一种意见是必要的矫正。

当然，联合国不能完全理解为各个部分的简单加总。与所有的制度一样，不论其来源以及权力基础如何，联合国已经具备了自己的生命，形成了自身的气质。联合国架构反映了国家对各自利益的认知，各自的重点和偏好的排序，以及各自对增进利益的最佳可能性的看法。① 联合国也包含了一种有限意义的集体利益，在特定的场合有别于单个国家的特定利益。在这些方面，联合国具有特定的功能或角色，可以依据这些来评估其表现，即便是这种表现的质量很大程度上取决于成员国以及个别负责人员或者制度设计的特征。

评估面临的一个实际问题在于，联合国出版了难以计数的文件，包括涉及广泛的内部和外部议题的辩论和报告的档案纪录，在某些情况下，并没有清楚地表明影响决策的因素或者它们所处的更广泛的背景。对于诸如个人的考虑、通常在正式会议之前进行的非正式讨论，以及特定行为体采取特定立场的深层理由等问题，官方纪录所包含的信息非常有限。战略和策略上的考量、取舍、妥协、误解、机会的出现以及个人的议程等很少有官方的记载，而且从文件中也很难确定在

---

① 有关国际制度对国家行为的影响，最实质性的、方法论上最严格的分析来自于机制理论（regime theory）以及有关国际合作的著作。"机制"的范畴比正式国际制度更宽泛，包含"一系列明确或者暗含的原则、规范、规则和决策程序，行为体的预期汇聚于此"。部分上由于这方面的论述关注于特定的议题领域，联合国本身的表现所受关注之少令人惊讶。从新自由制度主义视角所作的敏锐论述见，Robert O. Keohane, *International Institutions and State Power: Essays in International Relations Theory* (Boulder, Colo. , 1989)。国际合作方面的论述也开始更多地关注服从和执行问题。参见 Oran Young, 'On the Effectiveness of International Institutions', in Rosenau and Czempiel (eds.), *Governance Without Government* (1992)。对多边体系下的国际制度，更广泛的论述见 John Gerard Ruggie et al. , 'Symposium: Multilateralism', *International Organization*, 46 (Summer 1992)。

特定议题上为何很少或者没有采取行动。①

三、联合国的不同角色

一个一般性的国际组织在某一给定的时间都有许多截然不同的角色，而且甚至是在同一冲突或问题领域；其角色也可能发生阶段性的变化；甚至可能与最初的宪制规定有显著差异。

对于国际联盟（成立于 1920 年，1946 年 4 月正式解散），人们一般是根据其"达成国际和平与安全"和避免战争的主要角色来进行评价的。② 在这个方面，它显然是失败的。不过，除了客观上无意识地告诫我们不能如何去阻止战争之外，国联还发挥了某些有益的作用。国联及其相关机构在劳工和卫生等专门领域是有效的。就国联的许多缺陷而言，不论是其成员范围的狭隘还是其在保障和平方面的安排的无效，其失败的一些教训得到了人们的汲取。这一经验有助于解释，为何《联合国宪章》比《国际联盟盟约》提供了一个更好的架构，既表现在其对原则的一般表述上，也表现在其为国际安全领域达成和贯彻决定所制定的程序上。

二战甫一结束，当联合国建立时，人们同样地认为它的首要关注是维护和平。然而，在东西方对抗的岁月里，它在这个领域所起的作用似乎不足为道。在国际安全领域，尽管有一些重大进展全部或者部分地发生在联合国框架内，但是许多都不是这样。比如，美国和苏联

---

① 除了在联合国档案中的材料，一些其他的档案也被建立起来，补充这方面的官方纪录和公开出版的回忆录，包括通过备忘录、日记、信函以及对与联合国历史事件有关的人进行访谈。这方面的例子包括，耶鲁社会和政策研究所的档案，1992 年在伦敦牛津大学图书馆西文原稿部建立的联合国职业纪录项目，以及 1992 年由北欧国家退休国际公务员协会在哥本哈根建立的项目。

② 有参考意义的评估参见 F. P. Walters, *A History of the League of Nations*（Oxford, 1960）。

之间（也包括东欧和西欧国家之间）的许多根本性议题，都是在联合
国机构之外解决的。同样的还有涉及中华人民共和国的大多数安全议
题；以及阿拉伯国家与以色列之间冲突的许多因素。在这些案例中，
更为秘密的双边或多边架构更受青睐，不受欢迎的国家被排除在外，
其中也不受一些既定的联合国原则和习惯的约束。不过，联合国在许
多安全议题上也保持着有效的介入，包括在南部非洲以及印度次大陆
的地区冲突中。20 世纪 80 年代末以来，联合国对地区安全议题的介
入显著上升。尽管联合国的行动不断增多，它仍然只是解决安全担忧
的更广泛的国际架构的一部分。

在这种背景下，并不令人惊讶的是，许多人认为联合国的贡献并
不是在主要大国的和平方面，而是在其他领域：解决特定的地区冲突，
提倡自决，支持非殖民化，制定国际法，保障人权，打击恐怖主义，
解决气候变化和艾滋病等新的全球问题，提供社会和经济发展、甚至
是全球范围内进行财富再分配的可能架构。

四、梦想与现实之间的脱节

任何有关联合国成败的认真评估都不能忽视它所蕴含的神话般、
象征性和戏剧式的重要性。也不能忽视联合国主张的高尚原则与世俗
的现实之间的矛盾，以及与它的大部分历史相伴随的争议。

在联合国试图实现的难以计数的公开主张与代表国际社会的约束和
可能性这种更为抽象的角色之间，存在着一种复杂的关系。我们在评判
联合国时，不应该仅仅根据它在特定的行动领域或者特定危机中做了什
么，也应该按照它主张特定价值观和解决国际争端的方式，这些体现在
它的存在、其《宪章》的影响、其解决的问题及其外交仪式之中。

尽管联合国主张高尚的原则，它也会表现出个人和国家的缺陷和
过失；尽管它是作出决定的机构，它在执行这些决定时也会表现得拖

沓迟缓；尽管它具有比大多数国际组织都清晰的决策机制，为了体现出相对于这些组织的优势，它也会提出许多提议；尽管它是一个惩罚违法国家的机构，它也同样能够找到挽回面子的解决方案；联合国所作出以及采取的行动和声明不应仅根据表面的价值来进行判断。

"联合国"这个概念有些用词不当，包含了强烈的神话成分，而且从 1945 年联合国成立起就如此。这个词潜在的误导在于，它暗含了存在一个国家内部以及之间的整体的主张。尽管联合国的存在本身就证明，接受国际社会的特定既定制度的一般性整体，但是它的分裂、而非统一是 1945 年以来的世界所具有的显著特征，实际上在此之前的世界也不例外。①

与"联合国"这个概念相关、容易误导的词是"民族国家"。实际上，"分裂国"可能更为确切，即便这一表述并不令人愉快。如果"民族"这个词适当的使用，表示拥有种族、历史、文化、宗教、语言等共同特征以及对谁是他们的敌人有共同认知的一群人，那么在联合国的成员国中只有极少数"民族国家"。在这些国家中，有许多正在进行"民族建设"的艰巨任务，而且随着时间发展可能已经产生了一种民族性的观念。与此同时，在国家内部及其之间，仍然存在许多根深蒂固的裂痕——地域、种族、民族、部族、宗教以及阶级的分裂。"民族"和"国家"远非相互关联的；分裂的民族、多民族国家、民族统一主张的国家等现象可以表明这一点。实际上，过去几百年间的许多重大战争（包括两次世界大战），部分上根源于"民族"和"国家"之间的关键脱节而带来的问题。② 然而，"民族（nations）"这个

---

① 法国总统戴高乐，他对国际组织的轻蔑如同他对国家的忠诚一样强烈，提起联合国时把它称为"所谓的联合国家"。

② 关于"民族"与"国家"之间的区别，参见 Hugh Seton-Watson, *Nations and States* (London, 1977); Benedict Anderson, *Imagined Communities: Reflections on the Origin and Spread of Nationalism* (London, 1983); and Edward Mortimer (ed.), *People, Nation and State: The Meaning of Ethnicity and Nationalism* (London and New York, 1999)。

词的使用被认为与"state"或"country"是同义的，这一点根深蒂固地体现在当代的习惯用语之中，不仅表现在联合国本身的名称之中，也表现在"国际（international）"这个词中。总而言之，"民族"和"联合国"等词汇的运用不能表述为一种极其简单的意象——主权国家，但这不应该影响我们的判断。

联合国从来都是制定标准和制造神话的舞台——它呼吁那些比在国际关系中通行的更高的标准，它让我们保持对一个秩序更为良好的世界的希望。在《联合国：神圣的舞台》这本在该主题上仍然最具挑战性的著作中，克鲁斯·奥布莱恩（Conor Cruise O'Brien）指出，联合国的功能是行动——这并非行政意义上的行动，而是在剧院中表演的意义上的行动。他认为《联合国宪章》以及联合国的许多活动反映了这样一种情感——通过严肃地、集体地使用适当的言辞，令人担心的事情会被避免，而让人渴望的事情会取得胜利。无论是在1962年古巴导弹危机之时、或者在1967年夏天的中东危机之时，人们仍然把这种祈祷聚焦于联合国——这个唯一神圣的场所，在当时来看，战争的灾难似乎又一次将要降临。正是这种祈祷让这个舞台变得神圣。[1]

奥布莱恩把联合国对特定的理念和原则的拥护——其中包括和平、非殖民化、多元民族主义等，视为其对国际生活的最大贡献。不过他也承认，联合国上演的戏剧在悲剧与闹剧之间来回摇摆，其中掺杂着虚伪，也包含着滑稽。

实际上，联合国总是为一些争议所困扰，所有这些并非没有启发意义。前两位联合国秘书长都是在与苏联之间几乎糟糕透顶的关系中

---

[1] Cornor Cruise O'Brien, *The United Nations: Sacred Drama* (London, 1968), p. 11. 剧院的比喻也被用于: Hernane Tavares de Sa, *The Play within a Play: The Inside Story of the UN* (New York, 1996)。

结束了他们的任期。[①] 1986 年以后，库尔特·瓦尔德海姆（Kurt Waldheim，1972—1981 年期间任联合国秘书长）被人指控隐瞒其在"二战"期间曾在德国占领希腊和南斯拉夫的部队中服役，而且甚至可能犯有战争罪行；[②] 但是并没有明显的证据表明，涉及瓦尔德海姆当选的任何决策者了解这些事情。早在 1950 年，麦卡锡主义和间谍指控让当时的联合国秘书处蒙上了阴影；[③] 联合国工作人员的间谍嫌疑时有发生。联合国多年以来的财政危机开始于 50 年代和 60 年代初的联合国紧急部队（UNEF）和联合国刚果行动（ONUC）；这种状况一直持续到 80 年代和 90 年代，许多国家（尤其是美国和俄罗斯）未能缴纳它们的会费。在政策问题上，联合国秘书长也常与相应的高级主管之间存在着显著的意见分歧，比如这样的状况在 1982 年就导致当时的联合国人权中心主任西奥·凡·波文（Theo van Boven）离职。对专门机构也有一些特殊的争议。在 50 年代初，苏联和其他国家退出了与世界卫生组织的合作。70 年代末，美国威胁永久性地退出国际劳工组织；在 1984—1985 年期间，英国、美国和新加坡退出了联合国教科文组织，并且分别在 1997 年、2000 年和 2007 年重新加入了该组织。自 80 年代以来，尤其是西方国家对许多专门机构的主管的表现存在着尖锐的批评，这些主管包括阿马杜·马赫塔尔·姆博（Amadou Mahtar M'Bow，1974—1987 年期间任联合国教科文组织总干事）、爱德华·萨乌玛（Edouard Saouma，1976—1993 年任联合国粮农组织总干事）和中岛宏（Hiroshi Nakajima，1988—1998 年任世界卫生组织总干事）。

---

① 关于赖伊和哈马舍尔德在处理苏联问题上的难题，参见 Brian Urquhart, *Hammarskjold* (New York, 1972), pp. 456 - 72; and Urquhart, *Ralph Bunche: An American Life* (New York, 1993), pp. 335 - 7。

② See Seymour M. Finger and Arnold A. Saltzman, *Bending with the Winds: Kurt Waldheim and the United Nations* (New York, 1990).

③ See generally Shirley Hazzard, *Defeat of an Ideal: A Study of the Self-Destruction of the United Nations* (Boston, 1973).

五、国家和解放运动使用武力的原则

从联合国存在开始，保持对国家使用武力的限制就是它的一项核心任务。尽管不使用武力是一项核心原则，联合国仍需要应对它的适用以及范围方面的许多难题，也涉及它如何适用于非国家组织的许多难题（在联合国支持下对武力的使用的问题将在下一章考察）。

1. 《宪章》基本原则：自卫

《联合国宪章》第二条第四款和第五十一条把国家使用武力的权利在很大程度上限定在一种情形下：即单独或集体自卫。过去，人们通常将它的意义解读为，国家在某个成员国的领土遭到攻击时（而且仅在此时）有权使用武力。这一点是出于这样一种或许有些简单的理念——容易辨认的"侵略"是战争的主要原因；而制止侵略就会制止所有的战争。然而，现实被证明是更为复杂的。在联合国时代，国家在广泛的场合使用武力，在这些场合，作恶者几乎无一例外地援引《宪章》第五十一条作为辩护。这些使用武力的场合包括：谋求领土主张；预计会有可能的攻击或未来的威胁；支持自决；制止在所谓的"势力范围"出现不利的政治发展；出于报复；保护海外国民；应对恐怖主义行为；拯救被劫持的受害者。在这些场合，《宪章》的言辞对国家的做法有所修正。①

尽管在对特定条款、而且实际上对它的整个基调的解读上存在显

---

① 关于《宪章》第二条第四款和第五十一条，以及它们对特定武力使用的意义，参见 Bruno Simma（ed.），*The Charter of the United Nations*：*A Commentary*（2nd edn.，Oxford，2002），pp. 114 – 36 and 788 – 806。See also the discussion by M. Virally and A. Cassese，in J. - P. Cot and A. Pellet（eds.），*La Charte Des Nations Unies*（2nd edn.，Paris，1991），pp. 115 – 28 and 771 – 95. 言辞与实践之间关系的考察也见：Hedley Bull（ed.），*Intervention in World Politics*（Oxford，1984），pp. 186 – 95。

著分歧，《联合国宪章》与使用武力有关的条款的确对国家行为产生了影响。它们强化了这样一种观念——即人们存在着一种强烈的假定，如果一个国家未经请求在其接受的国际边界之外使用武力，大多数情况下都不具有合法性，尤其是并没有很强的进行自卫的正当理由。[①]比如，1973 年以后，西欧国家、日本或美国没有夺取它们高度依赖、价格显著上涨的石油资源，这一事实不仅表明这样做会带来不良的物质上的后果，而且表明不干涉原则的力量。我们肯定难以确切地回答一个假设的问题：在之前什么样的时代，类似情况不会导致这些国家加以干涉？[②] 当然，2003 年美国主导了对伊拉克的介入，由此引发了有关不干涉原则在二十一世纪的新环境下是否仍然合适的激烈争论。

联合国决议的趋势是对大多数入侵和占领进行谴责，无论它们的动机或结果如何，除非在广泛地得到联合国支持的情况下。人们不可避免地会指责这种决议在政治上的偏袒，比如 1962 年联合国大会没有对印度入侵果阿作出谴责，以及在 20 世纪 70 年代不断谴责以色列和南非的武装行动。不过，联合国大会并不是一直像人们想象的那样反对西方。1979 年以后，联合国大会一再要求越南军队从 1978 年 12 月入侵的柬埔寨撤出，要求苏联军队从 1979 年 12 月入侵的阿富汗撤出。[③] 后来，它也谴责了 1983 年美国领导下对格林纳达的入侵以及

---

① 联合国的实践也表明对大规模使用武力的合法性的质疑，尤其是在反对国内叛乱的问题上，即使在得到当事国邀请时。See Louise Doswald-Beck, 'The Legal Validity of Military Intervention by Invitation of the Government', *British Year Book of International Law 1985*, pp. 198 –252.

② 尽管所谓的"基辛格主义"预示着通过干涉来保障对西方安全至关重要的供给的可能性，但是这样的干涉并没有发生，至少在 1987 年海军例外地介入海湾地区以及 1991—1992 年联合国授权的联合行动之前。后面的行动发生的背景已经发生了很大的变化。

③ 关于柬埔寨，参见 e. g. GA Res. 34/22 of 14 Nov. 1979；关于阿富汗，参见 GA Res. 2 (ES－VI) of 14 Jan. 1980. 有关联合国大会在批评使用武力问题上相对的不公平，参见 Franck, *Nation against Nation*, pp. 224 –31。

1989 年对巴拿马的入侵。① 然而，在后冷战时代，联合国大会并没有反对美国领导下的北约在科索沃的战争，在 2001 年 9 月 11 日美国遭到恐怖主义袭击后开始对美国的军事行动表现出一些同情。② 联合国大会对干涉的各种谴责反映了国际社会广泛持有的一种观点，即应该尽可能地避免使用武力，而且联合国不应该对使用武力所带来的即便是有益的后果表示支持。人们应该有对使用或者至少首先使用武力的禁忌，在一个武装过度的世界上，这种观念完全是可以理解的。

尽管联合国对大多数国家使用武力的情况表示惋惜，它并未因此而避免陷入与在国际关系中使用武力的整个问题相关的复杂状况。比如，联合国可能谴责大多数人所认为的首先或非法使用武力；但是，这一谴责可能（自觉或不自觉地）鼓励使用武力。因此，联合国对军事入侵批评，都会给随后抵抗这些入侵所作的军事反抗带来一些合法性，比如，1967 年以后以色列占领阿拉伯国家的领土、1979 年苏联入侵阿富汗、1982 年阿根廷入侵福克兰群岛以及 1990 年伊拉克入侵科威特。此外，联合国含蓄地认可了诸如从殖民领土退出等正义原则，这可能鼓励了诉诸武力的特定决策。因此，对这些原则的关注无疑并没有导致武力使用的减少。相反，它可能（不论正确与否）有助于证明特定的武力使用是正当的：联合国从 20 世纪 70 年代初开始对发展的关注，部分上是出于担心这一点会被证明是正确的。

2. 民族解放斗争

在促进和推行一致的武力使用原则方面，联合国面临着难题，这

---

① 对格林纳达的武装干涉被认为是"公然违反国际法"，参见 GA Res. 38/7 of 2 Nov. 1983；对巴拿马的入侵也有类似的表态，参见 GA Res. 44/240 of 29 Dec. 1989。

② 参见 Marcelo G. Kohen, 'The Use of Force by the United States after the End of the Cold War, and its Impact on International Law', in Michael Byers and Georg Nolte (eds.), *United States Hegemony and the Foundations of International Law* (Cambridge, 2003), pp. 221 – 26。

方面的另一个例子与国际法和国际关系中的一个古老问题有关：在何种情形下，人民有权诉诸武装斗争，反对一个现存的国家？在何种情形下，其他国家可以支持这种反抗？对于这些问题，并没有简单的一般性答案，这反映出不干涉原则与国家的其他基本要务之间存在的经久不衰的紧张关系。从传统上来看，国家小心谨慎地（尽管远非始终如一）守卫着它们对使用武力的垄断权利，并且反对大体上接受非国家组织具有使用武力的任何权利。① 然而，国家常常对其他国家的某些反叛组织加以支持，不论是出于动摇一个敌对政权，还是由于血缘关系或对反叛者的境遇或目标的同情。在冷战时期，尤其是在第三世界，这样的支持常常与许多不同类型的政治体制和学说相关，而且一般而言更多是从政治而非法律的角度加以辩护，它是东西方关系中一个显著而且常常具有破坏性的特征。② 在后冷战时代，这一特征也未消失：在前南斯拉夫和前苏联发生的冲突表明，用国际规则来限制这种武力使用存在着经久不衰的难题，这在作战者及其外部支持者之间存在着种族或其他特殊关系的情况下尤为如此。

在许多不同的背景下，联合国都面临着支持反叛组织的合法性的问题。它在 20 世纪 70 年代试图解决这一问题的重大努力曾经而且仍然存在着争议。很大程度上由于新兴的第三世界成员国的出现——这些国家对以色列、南非、罗得西亚以及在非洲和其他地方继续存在的欧洲殖民统治的批评尤为尖锐，联合国在 70 年代作出了努力，争取国

---

① 与非国家行为体使用武力有关的问题的讨论，参见 John Norton Moore（ed.），*Law and Civil War in the Modern World*（Baltimore，1974）；Michael Bothe, Karl Partsch, and Waldemar Solf, *New Rules for Victims of Armed Conflicts: Commentary on the Two 1977 Protocols Additional to the Generva Conventions of 1949*（The Hague，1982），pp. 36 - 52 and 232 - 58；and Michel Veuthey, *Gyerilla et droit humanitaire*（2ⁿᵈ edn. , Geneva，1983）。

② 对苏联的主张和行动的论述，参见 Neil MacFarlane, *Superpower Rivalry and Third World Radicalism: The Idea of National Liberation*（Baltimore，1985）。"里根主义"肯定了联合国支持反叛依靠外部支持的独裁政府的合法性，其最终表述参见 Constantine C. Menges, *The Twilight Struggle: The Soviet Union v. the United States Today*（Washington DC，1990）。

际承认一个特殊类别的非国家团体——"民族解放运动"——使用武力的合法性。由此,1970 年联合国大会批准了第 2625(XXV)号决议《关于各国依〈联合国宪章〉建立友好关系和合作的国际法原则宣言》,其中包含了意义非凡的主张:

> 每一国均有义务避免对……民族采取剥夺其自决、自由及独立权利之任何强制行动。此等民族在采取行动反对并抵抗此种强制行动以求行使其自决权时,有权依照《宪章》宗旨及原则请求并接受援助。

与联合国大会通过的其他有关自决议题的决议一样,这一表述未能确立有效标准,来决定哪些民族具有自决的适当资格,以及代表他们的哪些组织有资格获得国际援助。此外,这一表述与同一宣言中同样坚决表述的另一主张存在着完全无法解决的冲突:

> 每一国皆有义务避免在他国发动、煽动、协助或参加内争或恐怖活动,或默许在其本国境内从事以犯此等行为为目的之有组织活动,但本项所称之行为以涉及使用威胁或武力者为限。

对于支持民族解放运动的合法性的这种显然矛盾的表述并不仅限于 1970 年的这份文件。1974 年的《侵略定义》也表明在这个问题上存在着根本不同的观点。①

在外交方面,1974 年联合国给予巴勒斯坦解放组织在联合国大会中的观察员地位②,并且允许其他的民族解放运动不同程度地参与到

---

① Annexed to GA Res. 3314(XXIX)of 14 Dec. 1974. See esp. Art. 3(g)and 7. 在涉及自决问题上同样存在的紧张关系,在 1993 年维也纳举行的世界人权大会的宣言中表现出来。

② GA Res. 3237(XXIX)of 22 Nov. 1974. 1974 年 11 月 13 日,巴勒斯坦解放组织主席阿拉法特在联合国大会发表演讲:除了教皇保罗在 1965 年之外,他是第一个不代表联合国会员国在大会发言的个人。也可参见下文中的论述。

联合国的会议和委员会中。

联合国总体上对自决斗争的支持为其在后殖民世界赢得了尊重，并且成功地让许多这样的国家把联合国和独立的实现视为一体，包括津巴布韦和纳米比亚。然而，其处理问题的方式的某些方面，尤其是其对某些民族解放运动的支持，引起了美国和其他一些国家对联合国的独立性和公正性的严重质疑，特别是从 20 世纪 70 年代中期到 80 年代末。① 1975 年，联合国大会将犹太复国主义等同于"种族主义和种族歧视"的决议使其成为批评的焦点：该决议在 1991 年被撤回，这是一个令人值得注意的标志，意味着联合国大会政治中的共识与对抗之间新的平衡。②

那些积极支持自决的决议都存在着一个特别的问题，这就是它们对是否应该对自决斗争的手段加以任何限制的问题少有提及。提及更少的是战争法是否适用于民族解放运动或其他起义进行的战斗——在 1977 年由国际红十字会主办的关于《日内瓦公约》的第一附加议定书和第二附加议定书的谈判中单独讨论过，但实际效果甚微。

3. 与恐怖主义有关的原则

一些被西方国家视为恐怖主义的策略常常被一些民族解放运动和其他特定组织所使用。联合国机构对这些问题的专门讨论过于拖沓，而且是零零星星的。不过一种近似的共识还是在逐渐形成。③ 2001 年 9 月 11 日，美国遭到恐怖主义打击之后，对恐怖主义的谴责获得了额外的动力。

---

① See e. g. Moynihan, *A Dangerous Place*, pp. 181 – 205.

② GA Res. 3379 (XXX) of 10 Nov. 1975. Revoked by GA Res. 46/86 of 16 Des. 1991.

③ 联合国大会在恐怖主义问题上试图达成共识的努力包括：GA Res. 3166 (XXVIII) of 14 Dec. 1973，通过了 1973 年的《防止和惩处侵犯包括外交代表在内的受国际保护人员公约》的文件 (1977 年 2 月 20 日生效)；GA Res. 34/146 of 17 Dec. 1979，通过了 1979 年的《反对劫持人质国际公约》的文件 (1983 年 6 月 3 日生效)；GA Res. 40/61 of 9 Dec. 1985，其中"谴责在任何地方由任何人从事的恐怖主义的一切行动、方式和作法"。

恐怖主义带来的特殊问题的一个方面是由国家支持的恐怖主义组织和活动，这对联合国也不例外。《联合国宪章》体系主要适用于应对外部的国家有组织地大规模使用武力。而恐怖主义很大程度上被认为是一种非法的或者非国家的活动，由国家在各自司法范围内加以应对。如果是国家通过使用或多或少不被承认的组织对外使用恐怖主义手段，或者给恐怖主义份子提供庇护所，那么问题就出现了。一种应对方法是，国家使用武力来抵制某些（但绝非全部）被指控的恐怖主义国家：1986 年美国对利比亚的轰炸就是例证。①

在 2001 年 9 月 11 日的袭击之后，通过认可"单独或集体自卫的固有权利"，安理会同意国家或国家集团有权利使用武力对付恐怖主义行动的作恶者，以及为他们提供支持或收容的国家。② 这种对自卫权的解释代表了有关在何种条件下使用武力可以视为正当的国际思想的重大转变。然而，可能为应对一个国家支持的恐怖主义行动而发动的军事干预提供辩护的存在，并不意味着武力在任何情况下必然是一项明智或审慎的政策。

4. 国家的人道主义干涉

在冷战后时代，联合国一直与改变此前坚决禁止使用武力的强硬立场的要求作斗争。"人道主义干预"是由此引发的一个棘手问题，

---

① 1986 年 4 月，为了回应针对海外美国人进行的恐怖主义袭击，美国对利比亚的目标实施了空袭，这一行为被声称是出于自卫，符合《联合国宪章》第五十一条。这是美国驻联合国大使弗农·沃尔茨（Vernon Walters）1986 年 4 月 15 日在联合国安理会辩论中的发言。1986 年 4 月 21 日，法国、英国和美国否决了一项对美国在利比亚的武装袭击进行谴责的决议草案。*UN Chronicl*（New York），23，no. 4（Aug. 1986），pp. 46 – 7. See also Abraham D. Sofaer, Legal Adviser to the US State Department, 'Terrorism and the Law', *Foreign Affairs*, 64（1986），pp. 921 – 2. 也有其他国家对美国对事实和法律的解读提出了质疑。1993 年 6 月，美国使用类似的理由为袭击巴格达进行辩护，当时美国指称伊拉克政府牵涉到当年 4 月在科威特暗杀前总统布什的阴谋之中。

② SC Res. 1368 of 12 Sep. 2001.

的一些基本问题来检验时，这种具有吸引力的重要思想及其变种常常被证明存在着根本的缺陷。[①] 这些难题包括：确定这个体系囊括哪些疆域和国界；就体系是否有效地涵盖了特定类型的威胁（比如，恐怖主义行为、环境掠夺、国内屠杀）取得共识；让参与国确信这个体系会平等地保护它们；应对体系中权力的剧烈失衡，尤其是超级大国的存在；界定联盟的作用；确保体系会有效地进行防范，而不是简单地作事后回应；形成一个决策程序，以有效而一致地断定威胁或对和平的破坏已经出现、需要作出回应，并且决定有必要采取怎样的行动；建立一个有效的武力保障、指挥和控制体系；决定是否所有参与国都应维持常备军，以及在得到境外强制行动请求时派遣这些军队；为和平和战争时期恪守中立保留某些空间；设计一个有效的财政、补偿和责任分担体系；确保参与国不会滥用体系的保护或者它们在其中不可或缺的作用来推行针对其他国家的不必要的对抗政策；确定集体安全多大程度上依赖于一个有效的裁军和武器控制体系，尤其是关于大规模杀伤性武器。

《联合国宪章》的条款是不是相当于集体安全体系（即使在理论上）值得怀疑。它们的局限性在于无法适用于大多数牵涉安理会常任理事国或它们的盟友的冲突。在实践中，1945 年以后围绕联合国形成的体系并不是一个集体安全体系。最明显的原因在于，在冷战时期的分裂中，安理会的常任理事国无法达成一致。然而，第四十三条中的协议——有必要将成员国军队置于联合国支配之下——从未成为现实（即使在冷战结束之后也是如此）。意识形态上的不信任是一个直接的

---

① 有关集体安全体系相关的问题，最出色的分析见 Andre W. Hurrell, 'Collective Security and International Order Revisited', *International Relations* (London), 11, no. 1 (Apr. 1992), pp. 37 –55。也可参见 Leon Gordenker and Thomas G. Weiss, 'The Collective Security Idea and Changing World Politics', in Weiss (ed.), *Collective Security in a Changing World* (Boulder, Colo., 1993), pp. 3 – 18。

问题，但是从国家的立场来看，也有一种根深蒂固的不情愿——不希望看到它们的军队在没有得到其公开同意和指挥的情况下，参与到距离遥远的、有争议的以及危险的军事行动中去。

1945 年以后实际出现的国际安全安排并不是以联合国为中心，而是以双边和地区联盟为核心，后者包括 1949 年的里约条约（美洲国家间互助）、北约和华沙条约等。尽管《宪章》第八章规划了地区安全安排，它也规定安理会在这些机构进行的强制行动上行使一般的监督职责：在冷战的大多数时期，这一点没有体现在实践之中。

不过，联合国还是形成了有用的手段，来应对许多国际和国内冲突状况。这些手段并没有在《宪章》的规划中加以规定，尽管从 20 世纪 60 年代开始，《宪章》赋予了安理会相当大的裁决权，而且《宪章》分配给安理会的主要职责得到了尊重。联合国形成了一个维和部队的成熟体制；它采纳了《宪章》第四十一条中的非暴力制裁，并且对其实施和执行作出了一些创新性的规定；它授权成员国使用武力来应对特定的安全问题；在冷战之后的时期，安理会开始扩展联合国行动的范围。与联合国作用的扩展相伴随，传统上联合国的各种行动类型之间存在的界限进一步模糊。许多混合类型开始出现，涉及维和、制裁、强制、调停、人道主义援助、政治支持、选举监督以及其他国家和国际组织的协调行动等各种各样的组合。

2. 联合国的维和

联合国维和部队总体上由不同国家派遣的部队组成，在联合国的名义下执行广泛的任务，包括监督和强制执行停火、观察边境线、保障和运送人道主义援助、维持政府和公共秩序。冷战期间，它们在东西方直接敌对的核心领域没有丝毫作为——比如，在 1956 年的匈牙利、1968 年的捷克斯洛伐克以及从 1946 年到 1991 年的印度支那。截至 2005 年 12 月，联合国成立了 63 个归为维和行动的机构。其中 13

个成立于 1948 年至 1978 年之间，1988 年之后则有 15 个。这样的部队既被用于国际冲突（比如在以色列及其邻国之间，以及埃塞俄比亚和厄立特里亚之间），也被用于具有国际特征的国内冲突（比如在刚果、塞浦路斯、安哥拉、萨尔瓦多、柬埔寨、前南斯拉夫、索马里、莫桑比克、海地和苏丹）。

正如萨利·莫菲特撰写的章节所说，在冷战时期，联合国维和部队大都在冲突各方同意的基础上运作，受命仅在受到攻击，需要进行自卫时方可使用武力。然而在冷战后期，安理会给予了某些联合国维和部队在执行命令时更广泛的使用武力的权限，包括在索马里和塞拉利昂的维和部队。

一般看来，维持和平是一个与武力强制完全不同的领域。传统上维和运作的三个原则，即公平公正、所在国同意及避免使用武力，与联合国授权的军事行动运作的原则是不一样的。不过，维持和平与军事强制之间粗略的选择与世界上冲突的复杂性与多样性并不匹配。尤其在一些国家，自冷战结束后，联合国维和部队就一直在执行任务。许多情况下，维持和平与代表联合国维和部队的武力的某些使用结合在了一起。

比如 1992 年至 1995 年间在波斯尼亚和黑塞哥维那，关于武力授权的安排不同而且复杂。1992 年至 1995 年间在前南斯拉夫的维和部队被命名为联合国保护部队（UNPROFOR）是不妥当的，本质上当时它不能提供严格意义上的军事保护；而且将其归于维和部队也是不合适的，因为当时那里没有和平可以维持。1993 年 6 月 4 日通过的安理会 836 号决议授权 UNPROFOR 阻止针对六个被安理会宣布为安全地区的城镇的袭击，同时规定，"成员国，不论作为国家或通过地区组织，在安理会授权、与联合国秘书长及 UNPROFOR 紧密协作的情况下，可以采取所有必要措施，通过使用空军，在波斯尼亚和黑塞哥维那共和国之内及周边，支援 UNPROFOR 的行动……"这是 1994 年至 1995 年北约几次军事行动的基础。事实揭示：将武力威胁或使用、人道主义、维持和平相结合时存在重重困难，在联合国与北约对武力的联合授权体制方面亦是如此。问题包括以下方面：联合国官员对授权使用空中力量的不情愿；联合国与北约双方涉及决策过程的巨大数目的官员；北约使用空军后，波斯尼亚—塞尔维亚人对 UNPROFOR 人员的人质劫持；联合国人道物资被送到占领区时，UNPROFOR 与塞尔维亚人合作的需要。联合国秘书长认为维持和平与使用武力基本是不相容的。①这一观点在伴随1995 年 7 月斯雷布雷尼察与泽帕两个"安全地区"失陷的官方声明中也反映出来了。根据这一声明，联合国部队在当地仅仅是为了阻止袭击，而不是要与之对抗。1995 年 8 月至 9 月，北约对波斯尼亚与塞尔维亚目标的"任意武力打击"轰炸行动之后随之而来的是停火的达成和1995 年 11 月签订的《代顿协议》。

波斯尼亚的例子也证明，联合国在维和之事上并不拥有垄断权，有时候安理会可能选择授权非联合国的维和力量。北约领导的执行部队（IFOR）于 1995 年 12 月 15 日被安理会授权，并于当月晚些时候在波斯尼亚展开部署；1996 年它进行了裁员，并更名为稳定部队（北约驻波黑多国稳定部队）。2004 年它被欧盟驻波黑多国稳定部队所取代。在冷战后期的世界，还有许多安理会授权非联合国维和力量的案例。

在许多场合，联合国的维和行动都未能制止战争、单边主义干涉以及大规模杀戮。1967 年，联合国秘书长吴丹（U Thant）觉得有责任同意埃及政府撤出联合国紧急部队的请求，即使人们普遍认为这一行动是当年 6 月以色列与埃及之间战争的预兆。在黎巴嫩，联合国部队既没有制止该国陷入无政府状态和族群战争，也没有阻止以色列在1982 年的入侵。在塞浦路斯，旨在保持希腊族和土耳其族之间和平的联合国部队，并没有阻止外部势力介入到这场族群冲突中，最终导致

---

① 布特罗斯－加利于1995 年 1 月发布的一份报告强调，维和需要相关各方的一致同意，而且不能与使用武力结合在一起：Position Paper of the Secretary-General on the Occasion of the Fiftieth Anniversary of the United Nations', UN doc A 50/60 of 3 Jan. 1995，para. 35。

土耳其在 1974 年入侵北塞浦路斯。在 1992 年的安哥拉，在联合国监督下的选举之后重新爆发了持久的内战。1994 年在卢旺达，联合国维和部队的存在未能阻止遍及该国的大屠杀。同样的，在 1995 年的波斯尼亚，它也未能阻止发生在斯雷布雷尼察的大规模杀戮。自 2006 年起，在达尔富尔地区部署一个有效并经联合国允许的部队的努力被严重拖延了。2008 年，由于厄立特里亚拒绝与联合国特派团进一步合作，安理会撤回了在埃塞俄比亚和厄立特里亚的特派团。而厄立特里亚拒绝合作则是联合国未迫使埃塞俄比亚离开厄立特里亚的领土一事造成的，该领土已被一所国际仲裁法庭判给厄立特里亚。

尽管存在这些局限，联合国的维和行动仍然是这个组织最重要的创新之一。在与安全有关的许多问题上，成功注定是不为人所注意的。联合国的介入有助于将特定的冲突隔绝于大国竞争之外。在许多情况下，维和部队的存在稳定了冲突，但不无矛盾的是，这样可能减轻了寻求长期解决方案的压力。

3. 制裁

在《宪章》第七章之下，制裁是安理会可以用来应对冲突和对国际和平的威胁的另一种重要工具。与维和不同，《联合国宪章》第四十一条对制裁作了规定。联合国对制裁的使用（在 1990 年之前很少）得到了普遍支持，但是也存在着对其确切目的、影响和效果的担忧。①

① 参见 Margaret Doxey, *International Sanctions in Contemporary Perspective* (London, 1987); David Leyton-Brown (ed.), *The Utility of International Economic Sanctions* (New York, 1987); David A. Baldwin, *Economic Statecraft* (Princeton, NJ, 1985); Barry E. Carter, *International Economic Sanctions: Improving the Haphazard US Legal Regime* (Cambridge, 1988); Gary Hufbauer et al., *Economic Sanctions Reconsidered* (2nd edn., Institute for International Economics, Washington DC, 1990); and Patrick Clawson, 'Sanctions as Punishment, Enforcement, and Prelude to Further Action', *Ethics and International Affairs* (New York), 7 (1993), pp. 17 – 37; and Peter Wallensteen and Carina Staibano (eds.), '*International Sanctions: Between Words and Wars in the Global System*, (New York, 2005)。

联合国对罗得西亚（1966—1979 年）、入侵科威特之后的伊拉克（1990—2003 年）以及塞尔维亚和黑山（1992—1996，1998—2001年）使用了一般性的经济制裁；对利比亚（1992—2003 年）施加了航空禁运。实行武器禁运的有：南非（1977—1994 年）、前南斯拉夫（1991—1996 年）、索马里（1992— ）、利比里亚（1992— ）、海地（1993—1994 年）、安哥拉的安盟（UNITA）反抗运动（1993—2002年）、卢旺达（1994—，1995 年做了调整）、苏丹（1996—）、塞拉利昂（1997—）、阿富汗（主要是针对基地组织和塔利班，1999—，2002 年做了调整）、埃塞俄比亚和厄立特里亚（2000—2001 年）、刚果民主共和国（2003— ）、象牙海岸（1996—2001，2004— ）、伊朗（2006—）、朝鲜（2006— ）。

我们很难评估这些制裁的影响。正如这些案例中的许多所表明的，制裁具有象征性的功能，通常被用来作为传达国际价值的一种形式。它们可以作为就特定问题的严峻性对敌人进行警告的方式，以及预示更强硬的行动的手段。它们也可能出于完全不同的目的被使用，比如缓解参与制裁的国家的国内民意，从而避免军事行动或其他令人不悦的选择。在某些情况下，它们与目标国人民的人权状况的兼容性会成为严峻的问题，尤其是在一种功利主义算计的情况下——有足够多的国内遭受压迫的人民会奋起反抗他们的政府。围绕 1990 年至 2003 年对伊拉克制裁的争论包括，有证据表明制裁制度操作中存在腐败现象，以及有人声称伊拉克儿童因联合国制裁面临死亡——这些都提醒我们制裁制度存在很多问题。

4. 联合国授权的武力使用

面临需要使用大规模军力的情况时，正如第七章设想的那样，安理会自身在指挥实质性军事行动方面就显得能力不足了。它处理此类问题的主要办法就是授权成员国、各国联盟、地区性组织使用武力，而不是按照联合国命令如此这般。这种情况是慢慢出现的。冷战期间，安理会仅在朝鲜（1950 年）和英国海军支援对罗德西亚经济制裁（1966 年）时授权使用武力。

冷战结束之后，安理会开始在授权施加压力和使用武力方面发挥更积极的作用。1987 年 7 月 20 日安理会五大常任理事国一致通过了命令伊朗—伊拉克停火的 598 号决议，该事件暗示了联合国系统内更大范围东西合作的可能性；而且 1988 年停火得以实现。1990 年 11 月安理会授权使用武力，以逆转伊拉克对科威特的入侵与吞并。1992 年 12 月它授权在索马里使用武力"尽早建立一个安全的环境以便进行人道主义救济行动"。它授权了美国领导的对海地的调停（1994 年）。它还授权了法国领导的在卢旺达的行动（1994 年），意大利在阿尔巴尼亚的行动（1997 年），澳大利亚在东帝汶的行动（1999 年）。它有意克制了对 2006 年初埃塞俄比亚干预索马里的批评，并于 2008 年授权各国针对索马里领海内的海盗和武装抢劫行为采取强力措施。联合国授权的国家对武力的有限使用，也成为执行制裁、禁飞区以及对特定国家和行动的其他制约的一种通行手段。

由安理会授权但仍由国家指挥军队，这样一种安排有一些优点。它反映出并不是所有国家都同等地感觉到牵涉到每一项强制行动中这一现实。此外，军事行动需要情报收集与行动之间极其紧密的关系，一个稳步运转的决策机构，以及有经验来协作执行危险而复杂的任务的军队。这些更可能通过已有的国家武装力量、联盟以及军事关系来实现，而不是在一个由联合国指挥下的架构中。随着武装部队之间的协作关系建立起来，而且随着联合国本身的发展，联合国直接指挥下的行动也会增多：不过这必定是一个缓慢的过程。

对于联合国而言，过于直接介入到军事力量的管理中可能是有风险的：一旦发生了可怕的错误（而这些在军事行动中是难以避免的），它们对这个组织会带来恶劣的影响，而且可能威胁到它的普遍性。

如果安理会在面临使用或威胁使用否决权的情况下，在一次危机中既不能自己使用武力，也不能授权各国使用武力，将会发生什么事情？美国与其同盟国在 1950 年找到了巧妙地解决这一难题的办法，即确保在联合国大会通过所谓的"联合一致共策和平"决议。① 这在苏联重返安理会后得以通过，并从那以后阻止了安理会在朝鲜问题上任何进一步实质性决议的通过。根据"联合一致共策和平"决议，如果安理会不能履行其在维持国际和平与安全方面的职责，联合国大会有义务"立即审议该事件，以期为各成员国提供适当建议，得出集体性措施，包括发生侵害和平或侵略行为时，在必要情况下使用武力以维持或恢复国际和平与安全"。这一程序构成了《联合国宪章》筹备方面的显著变化，它意味着安理会的否决不再是联合国行动不可克服的障碍。不过，尽管"联合一致共策和平"程序已经被应用在很多事件中，尤其是召集联合国大会紧急特别会议。大多数情况下，实际情况是，当行动在安理会遭遇阻碍时，联合国大会成员国之间并不能就应当采取何种行动达成广泛共识。

关于各国进行人道干预的合法性及其他方面尚存在争议，但是联合国安理会拥有代表联合国进行授权人道干预的权力是毋庸置疑的。很多人认为，在冷战后期的一些事件中，安理会在向新的人道主义干预理论与实践迈着犹豫的步伐。在许多危机中，联合国安理会明确地主要关注于提供人道主义援助以及其他的人道主义考虑，其中包括1991 年起针对伊拉克北部的库尔德人、1992 年起在索马里和南斯拉夫以及 1993 年起在阿塞拜疆。关于伊拉克，安理会在 1991 年 8 月 5 日的第 688 号决议（仅得到 10 票支持）中表示，"坚持要求伊拉克允许国际人道主义组织直接接触伊拉克所有需要援助者"；然而，为接下来美国领导的"提供安慰行动（Operation Provide Comfort）"所作的法

---

① 联大 377 号决议，1950 年 11 月 3 日以 52 票赞成、5 票反对、2 票弃权被通过。

律辩护，来自于一种国际习惯法的观点或者是对 1990 年 11 月的第 678 号决议要求"恢复国际和平与地区安全"的宽泛解读。部分地来看，这一行动是胜利者在被打败的敌人的领土上进行的战后行动这一特殊背景下发生的。此外，伊拉克也同意联合国部队随后在伊拉克北部驻扎。在索马里，安理会确实在 1992 年基于人道主义立场授权进行干预，但没有政府给予或者拒绝这种同意，因此联合国索马里特遣部队（UNITAF）在联合国授权下于 1992 年 12 月介入，并且在 1993 年 5 月由联合国第二阶段索马里行动（UNOSOM II）继续执行，这很难被看做是人道主义干涉的传统案例——定义的部分内容包括针对在职政府的愿望进行干预。不过从总体上看存在着一种明显的趋势，即 20 世纪 90 年代初以来人道主义议题被安理会频繁提及，用来为联合国授权的军事干预提供正当理由。

5. 联合国对武力的组织和管理

随着联合国控制下的部队介入到更加复杂的任务中，人道主义任务、维和以及强制执行等清晰的区分变得模糊，联合国现有机制在控制行动上能否胜任，越来越受到人们的质疑。从 1992 年到 1994 年，与联合国在索马里、波斯尼亚—黑塞哥维那、卢旺达维和行动相关的关键人物与纽约联合国总部发生了重大分歧。联合国索马里问题特别代表穆罕默德·萨赫诺恩（Mohammed Sahnoun）于 1992 年 10 月 26 日辞职；1993 年，联合国驻萨拉热窝部队前指挥官刘易斯·麦肯泽少将（Lewis MacKenzie）强烈批评了联合国主持下的行动。[①] 联合国驻卢旺达部队指挥官罗密欧·达莱尔（Romeo Dallaire）将军对联合国未能重

---

① Simon Jones, 'General Mackenzie Slams UN's Nine-to-Fivers', report in *Independent* (London), 31 Jan. 1993.

视他 1994 年 1 月有关大规模杀戮一触即发的警告感到震惊不已。① 后勤、指挥和控制以及需要增强在纽约以及当地指挥部的人员等问题，得到了秘书处的承认：最终的应对包括 1993 年在联合国总部建立了一个"作战室"，以及后来成立了与维持和平行动部平行的外勤支助部，来保持其与所有维和行动的联系。② 不过，联合国本身进行特定类型的大规模行动的能力仍然非常有限，尤其是在当地不存在稳定的和平的情况下；而联合国部队也无法避免纪律涣散、莽撞行事、不良性行为，以及被指责有党派偏见和新殖民主义等问题。

在后冷战时代，联合国行动范围的增大使得人们再次关注《宪章》第七章中有关安理会本身应该拥有随时待命的武装力量、并由军事参谋团作出使用计划的条款。安理会应该根据第四十三条拥有永久性武力、以增强其公信力和遏制能力，这一理念在 1992 年的《和平议程》中得到了进一步的发展。③ 不过，这份报告并没有认真地讨论，国家为何在传统上对联合国拥有永久性武装这一提议感到不安。国家可能更倾向于以一事一议的方式向联合国行动提供军事力量，让它们对事件有更多的控制。国家仍然疑心重重地守护着它们的权力，包括决定在哪些情形下应该使用或不使用其军事力量的权力。

在任何危机发生之前，向联合国永久性地大规模派遣部队仍然是不现实的。不过，在对可能供联合国使用的国家军事单位进行编号、准备和训练等方面，已经取得了一些进展。这一发展与布特罗斯－加

---

① General Roméo Dallaire, cable to Maj. – Gen. Maurice Baril, Military Adviser to the Secretary-General, UN HQ, 11 Jan. 1994. See also Dallaire with Brent Beardsley, *Shake Hands with the Devil: The Failure of Humanity in Rwanda* (Toronto, 2003).

② See Marrack Goulding, Under-Secretary-General for Political Affairs, in his Cyril Foster Lecture at Oxford University, 4 May. 1993, 'The Evolution of United Nations Peacekeeping', *International Affairs* (London), 69. no. 3 (July 1993), pp. 460 and 463; his subsequent book, *Peacemonger* (London, 2002), pp. 333 – 44; Paul Lewis, 'UN is Developing Control Centre to Coordinate Growing Peacekeeping Role', *New York Times*, 28 Mar. 1993, p. 10.

③ Boutros-Ghali, *Agenda for Peace*, June (1992), para. 43.

利 1993 年的一项谨慎提案大致是相符的，这一提案指出，可以根据行动能力的标准打破以国家为依据的军队结构，以供联合国备用。①

在联合国历史上的许多时候，关于让联合国军事参谋团具备活力的问题，已经有非常详尽的讨论，它是根据《联合国宪章》第四十七条设立的，由五个常任理事国的军事代表组成。尽管该参谋团定期会晤，但是它的无效人所共知。这通常被认为是冷战导致的结果，但是即便在 20 世纪 90 年代常任理事国之间的关系得到改善之后，情况仍然如此：对于由这样一个跛足的参谋团来指挥强制执行或者甚至是维和行动，西方国家尤其表示怀疑。目前来看，实现《宪章》中有关重大军事行动由联合国统一指挥的构想还为时过早。尽管参谋团成员在 1990—1991 年的海湾危机中有过非正式的磋商，但复兴这一机构的前景并不乐观。"威胁、挑战与变革"高级小组在其报告中建议删除第四十七条与其他条款中的相关内容，理由是它对于军事参谋团发挥其 1945 年时应有的作用已不再适用。② 相应的，它建议通过将秘书长的军事顾问提供给安理会来满足安理会对军事建议的需求。③ 按照这一建议，各国元首与政府首脑在 2005 年世界首脑会议成果中决定"要求安理会考虑军事参谋团的组成、任务与工作方法"。④ 但是却没有什么结果。

尽管相对于那些对"二战"之后联盟迅速分崩离析感到担忧的人

---

① Boutros-Ghali, statement at New York University, 22 Jan. 1993, p. 3; and speech in Washington DC on 25 Mar. 1993. 对这种路径的强调也见 Under-Secretary-General Goulding, 'Evolution of UN Peacekeeping', p. 460。这些提案比《和平议程》（尤见 para. 43）中雄心勃勃的建议更为中肯。

② *A More Secure World: Our Shared Responsibility-Report of the High-level Panel on Threats, Challenges and Change*, (New York, UN, December 2004), para. 300. 这一建议也得到了科菲·安南的赞同：Kofi Annan, *In Larger Freedom: Towards Development, Security and Human Rights for All-Report of the Secretary-General* (New York, UN, Mar. 2005), para. 219。

③ High-level Panel, *A More Secure World*, para. 259.

④ '2005 World Summit Outcome' of 16 Sep. 2005, para. 178.

而言，联合国已经更加积极地参与到军事和其他维持和平的行动中，其主要的活动仍然与《宪章》中的设想有着显著的区别。布特罗斯—加利的《和平议程》（1992 年）报告提出了联合国在国际安全事务（包括维和）中扮演核心角色的前景，但是也不同于《宪章》所勾画的蓝图。尽管他在其中提出的许多想法——包括增加维和行动、预防性地部署部队来制止入侵征兆——已经对联合国行动产生了一些影响，现实可能比这种构想更为艰巨和复杂。国家之间认知和利益的差异使得安全议题上的统一行动难以预料、异常艰难，这在冷战时期非常显著，现在依然如此。只有在和平能够维持的情况下，维和才能实现。在一些情况下，试图强加和平的成本太过高昂。特别是在内战冲突中，维和和强制行动几乎是不可能的：尤其是在族群之间的仇恨变得根深蒂固、不存在能够将作战人员分割开来的地理界线、使用的各式武器很容易得到并且难以控制的情况下。

《宪章》中的构想并未专门涉及破坏国内秩序和爆发族群战争的问题。从联合国的早期开始，国家已经把联合国视为解决诸如此类的难题的便利场所。在某些案例中，联合国对于取得政治解决方案作出了贡献，包括在 1991 年以后的萨尔瓦多以及 1997 年以后的危地马拉。但是，这类问题的复杂性让联合国的每次介入都风险重重，并且一再迫使其就是否介入以及如何介入的问题做出不尽如人意的选择。

联合国行动的纪录过于零散，无法构成一个值得信赖的集体安全体系。确实，联合国 60 多年来的经历表明将其称为"选择性安全"①是恰当的。这个称谓用来描述联合国在安全方面的角色是恰如其分的，不仅因为安理会内的大国在他们准备针对哪件事情采取行动时是有选择的，而且争端或武装冲突当事方在是否将冲突提交安理会解决上也

---

① 参见 Adam Roberts and Dominik Zaum, *Selective Security*: *War and the United Nations Security Council since 1945*, Adelphi Paper no. 395 of International Institute for Strategic Studies, London（Abingdon, 2008）。

是有选择的，所有成员国在是否为具体行动提供部队上亦是有选择的。在某些情况下，联合国根本无所作为，而在另一些情况下，联合国甚至没有被要求去作为。

当联合国在特定的危机或战争中有所作为时，使用的许多方法都是值得质疑的，既因为议题的艰巨性，也因为国家不愿陷入过深或者承担更大风险。尽管有一些重大的例外，目前存在着这样一种倾向——在得到当事方（维和、观察员以及人道主义行动）同意的情况下，更愿意选择远程控制（经济制裁、禁飞区、武器禁运、停火）和有限介入。与联合国控制下的行动有关的另一个深层问题是，它们介入的授权和规则过于僵化。联合国部队的任务必须事先得到国际同意，这严重地削弱了它们在快速变化的情形中的灵活性，招致了来自内部和外部的批评。

七、安理会构成和权力可能出现的变化

长久以来，《联合国宪章》中有关安理会构成、程序和权力的规定一直饱受诟病。在后冷战时代，由于安理会实际上行使着相当大的权力，在这些问题上应该加以辩论也是自然而然的。本书的许多章节讨论了安理会的成员和权力这个令人困扰的问题，尤其是彼得·威伦斯基的一章。一个关键的难题在于，如何找到一种不会削弱或者甚至能够增强安理会进行有效决策的能力的改革方案，并且就此达成一致。本节将探讨处于争论核心的安理会改革的四个问题：第一，修改《联合国宪章》内在的困难；第二，关于安理会的组成及可能的扩大所存在的争论；第三，对否决权的现有设置进行根本改变是否必要，是否可能；第四，现存或被建议的以抑制安理会权力为目的的约束机制。

1. 修改《联合国宪章》的困难

涉及大量增加常任理事国，正式减少或废除常任理事国的否决权的任何实质性变化都将难以实现。《联合国宪章》的修正程序要求获得可能权力受到不利影响的国家的同意。《联合国宪章》第一百零八条规定，所有修正案必须被联合国大会三分之二的成员国采纳；必须符合各自的宪法程序，被联合国大会三分之二的成员国批准，包括所有安理会常任理事国。换句话说，五个常任理事国中任何一个都有权否决这样的《宪章》修正案。中国对那些将使其地域内的两个大国，即日本与印度，进入安理会常任理事国的提议尤其不满。

除开这些毋庸置疑的困难，联合国安全理事会组成的变化并不是不可能的：1965年，通过对《宪章》二十三条的修正，非常任理事国由六个增加到十个。自此以后，要求进行实质性变化的压力越来越大，尤其是涉及增加安理会常任理事国的数量方面。

2. 安理会的构成

有关安全理事会构成的批评包括以下方面：对于60多年来一直保持不变的二战盟国特殊位置的疑问；对三个大国——法国、英国与美国——主持了安理会大部分事务的忧虑；对"交费而无代表"的愤怒，尤以德国与日本为最；认为南方国家代表过少的强烈想法，以印度和其他一些亚洲、非洲和拉丁美洲国家为最；对于安理会非常任理事国成员，以及联合国大会大多数成员的意见无关紧要的失望。如果安理会采取了不受欢迎或不明智的措施，这些批评可能变得更加严重。

随着时间的推移，情况的变化，对一个国际组织的主要决策机构进行改革的压力越积越大，这是很自然的。此种改革能否产生更好的决策程序必然是不确定的。1922年至1936年间发生过一个失败的先例，国际联盟理事会的非常任理事国成功的由4个增加到11个——但这次改革与提高联盟运作效率的关系微乎其微。

五个常任理事国的成员资格既担负着高昂的成本，也拥有巨大的特权。在联合国执行的有问题的任务中，它将有直接为失败承担责任的风险。成员资格也意味着在维和部队的成本中承担更大的份额；[①] 以及在某些情况下继续在安理会中投票同意向危机重重的地区派遣部队的压力。这种权力也会得到回报，英国和法国固守它们作为"五常"成员的地位可以表明这一点。然而，英国和法国能力的过度扩展（在 19 世纪很常见）可能以联合国的色彩重新表现出来。

有关安理会组成改革的一个主要观点是，使其更广泛的代表 21 世纪的地缘政治现实。威胁、挑战与变革高级小组在其建议的两种模式中反映了这一思想，将安理会从 15 个成员国扩大到 24 个。两种模式都未设想增加拥有否决权的成员数量（五个）；两种模式都设想了一种新的选举非常任理事国的体制，以四个主要地区为基础：非洲、亚洲、欧洲与美洲。模式 A 设想有六个新的常任理事国成员，三个新的三年任期的非常任理事国成员。模式 B 设想未增加新的常任理事国，但是增加了八个新的四年可连任任期的非常任理事国成员，和一个新的两年任期的非常任理事国成员。[②] 这些建议在 2005 年秘书长的报告《大自由》[③] 中频频得到赞同。最终双方观点的碰撞，以及五大常任理事国之中一个或更多使用否决权的可能性，使得折中方案成为不可能：美洲国家和所谓的四国小组（包括巴西、德国、印度与日本）主张增加常任理事国成员；而"团结谋共识"联盟则完全反对任何涉及新的常任理事国的提案。在这种背景下，2005 年世界首脑峰会可以达成共

---

①　发达国家在维和上的份额与日常预算的比例相同，欠发达国家的份额是其日常预算比例的 20%，最不发达国家是其日常预算比例的 10%。常任理事国负责余下部分：美国承担维和开支的 30.38%，法国承担 7.29%，英国承担 6.1%，中国承担 0.94%，重新分配给前苏联的 11.44% 存在很大的困难。

②　High-level Panel, A More Secure World, paras. 244 – 56.

③　Annan, In Larger Freedom, paras. 167 – 70.

识的便只有使安理会"具有更广泛的代表性、更加有效率、更加透明，因而进一步加强其效力与合法性，以及其决策的执行"。①

2005 年世界首脑峰会前后这一段时间里，国际上就安理会构成一事的讨论在很多方面都不尽如人意。② 经过这件事，如何在安理会改革这个关键问题上落实一项改革计划出现了相当大的不确定性；同时，一些国家对于联合国过度受制于五个常任理事国的批评也增加了。

3. 否决权体制

否决权体制给予了五个国家特权，这是注定会引起争议的；在冷战时期，国际上普遍认为这一体制阻碍了联合国发挥其职能，尽管冷战之后其程度要轻。但是，否决权有弱点亦有优点：它把主要大国保持在联合国的框架内，否则这些国家首先可能不加入联合国或者抛弃联合国；它可能使联合国免于恶化其主要成员之间的冲突，免于参与具有分歧或不可完成的任务；它为培养五个常任理事国的责任感及相互协商的习惯作出了贡献；它减少了权力政治与《联合国宪章》法律之间出现严重分歧的风险。简而言之，否决权可被视作使联合国决策程序相对于其前身国际联盟与其他一些地区性组织而言更优越的因素之一。

与此同时，其他国家在强制行动上也具有某种否决权。首先，在安理会中有所谓的"第六否决票"——安理会成员国可以拒绝通过所需的九票支持来挫败一项决议。其次，尽管《宪章》中有规定，国家如果不愿意就可以不加入到强制或维和行动中。在涉及使用其军队的问题上，它们绝非联合国的棋子。

---

① '2005 World Summit Outcome' of 16 Sep. 2005, para. 153.

② 有关包括 2005 年世界首脑峰会准备阶段中对安理会进行扩大的组织变化之危机与紧迫气氛的批判性分析，参见 Mats Berdal, 'The UN's Unnecessary Crisis', Survival, 47, no. 3 (Autumn 2005), pp. 7–32。

临近 2005 年世界首脑峰会时审议的提案中无一涉及废除五个常任理事国否决权，或授予新的常任理事国否决权。在否决权仍然广受国际批评的同时，却不可能出现增加否决权拥有国或完全废除否决权的《联合国宪章》修正案。真正可能的是在实施中的一些变化。诚然，冷战后期否决权使用的减少隐然暗示，安理会在工作中进行更加显著、深入的变化是可能的。

4. 对安理会的制约

在联合国安理会的历史上，已经取得了许多实践上的变化，而不是在《宪章》上的修订。[①] 进一步的变化可能包括：强化现有的安排，使得非常任理事国的选举更好地反映对联合国工作的贡献以及平等的地域分布；建立安理会与主要大国及利益相关各方之间更为经常性的磋商。这样的变化（尽管在联合国决策程序负荷过重的情况下很难实现）或许至少可以迎合特定国家感到被排除在对它们有重大影响的决策之外的强烈担忧。[②] 除了这些实践中的变化，其他各种各样的制约长久以来一直束缚着安理会的行动自由。

正如国家政府的权力需要服从于内部和外部的制约，联合国本身、甚至是安理会也并非绝无错误的。联合国面临着类似的宪制难题，既要维持和强化安理会的有效性，同时还要确保对其足够的控制。安理会受制于成员国普遍的审慎，以及实际可能如何的现实制约。其他早已确立的控制（其中的许多也制约着安理会的有效性）包括：安理会的构成和投票规则，安理会不能在没有得到出兵国公开同意的情况下

---

① 俄罗斯于 1991 年 12 月/1992 年 1 月继承了苏联在安理会中的席位，这是一个非常平稳的例子：《宪章》第二十三条没有加以修正。

② 一种提议是，在联合国大会中设立一个 "《宪章》第七章咨询委员会"，以在安理会和联合国大会之间保持清晰的界线，参见 W. Michael Reisman, 'The Constitutional Crisis in the United Nations', *Journal of International Law*, 87 (1993), p. 98。

使用武力，对有效的强制制裁的限制，以及通过联合国大会进行的预算约束。

设法对安理会在许多情形下进行的有争议的行动加以控制仍然存在着难题：有时安理会对怎样的行为构成对和平的威胁或破坏持异常宽泛的态度，因而授予其自身在《宪章》第七章中的广泛权力；有时安理会授予了非常广泛的权力，比如 1990 年 11 月 29 日的第 678 号决议授权对伊拉克使用武力，"以维护国际和平和地区安全"；或者有时安理会通过决议作出主张，来确定特定的基本法律权利和义务。

安理会行动的司法审查的问题在 1992 年利比亚以及 1993 年波黑诉诸国际刑事法院的案件中被无关地提出来，但是法院在这个领域不敢冒险。① 前南问题国际法庭在塔迪奇一案及欧洲联盟在一系列案件中也面临这一问题。前南问题国际法庭认为安理会的权利不是无限制的，《联合国宪章》的内容与精神都不认为它是不受法律约束的。② 欧洲原讼法庭甚至进一步声明，安理会决议的合法性需由该法庭按照强制法（间接的）进行司法审查，而强制法对所有国际法主体，包括联合国的机构，都具有约束力。③

国际法庭在实践中的这些发展显示出，它们不愿认为安理会可以

① Questions of Interpretation and Application of the 1971 Montreal Convention arising from the Aerial Incident at Lockerbie, (Libya v. USA and Libya v. UK), Provisional Measures (Orders of 14 Apr. 1992), ICJ Reports, 1992, pp. 3 and 114; Case Concerning Application of the Convention on the Prevention and Punishment of the Crime of Genocide (Bosnia and Herzegovina v. Federal Republic of Yugoslavia (Serbia and Montenegro)), Order Indicating Provisional Measures of Protection, 8 Apr. 1993, ICJ Reports, 1993.

② Prosecutor v. Duško Tadić, Decision on the Defence Motion for Interlocutory Appeal on Jurisdiction, 2 Oct. 1995, para. 28.

③ Case T – 315/01, Yassin Abdullah Kadi v. Council of the European Union and Commission of the European Communities, 21 Sep. 2005, para 226; Case T – 306/01, Ahmed Ali Yussuf and Al Barakaat International Foundation v. Council of the European Union and Commission of the European Communities, 21 Sep. 2005, para. 277; and Case T – 49/04, Faraj Hassan v. Council of the European Union and Commission of the European Communities, 12 July 2006, paras. 92 and 101 – 4.

不受法律约束。不过，它们并未暗示国际法庭有能力或愿望，以任何普通或系统的方式重审安理会的法令。安理会行动自由性的主要限制来自于其自身的法律法规，以及其决议需要获得充分基础并得以有效执行时对各国合作的依赖。

八、联合国中的平等与主导

《联合国宪章》中写入了国家之间主权平等的原则。在联合国时代，国际组织承认这一原则在全世界范围内的适用性，这在历史上没有先例。几乎所有之前的国家间体系都包含着很强的宗主权和其他类型的正式或非正式统治关系的成分。① 在联合国时代，许多这样的成分在事实上仍是国际关系中的特征。不过，承诺主权平等的力量增加了反抗不平等和统治的合法性，并且塑造着这些关系的结构。

对统治的认知是辞令上的内容，需要仔细地加以分析。这个问题的复杂性表现在，两个国家相互之间可能视另一方处于统治地位，一些被谴责居于统治地位的国家自认为本质上是反对帝国主义的，政府常常利用对统治的谴责作为对其他国家施加压力的正当理由。

联合国体系本身被不适当地用作一种统治工具，这种观点在组织的历史上一直很流行。在早期，联合国不断地被指责在整体上，尤其是在联合国大会被美国所控制，这种指控主要来自苏联及其盟友。20世纪 60 年代第三世界在联合国大会中兴起并获得多数席位，而苏联经常支持第三世界的立场，由此导致了一种完全不同的认知，尤其是在美国，认为联合国是一个对西方有偏见的组织。从大约 1987 年起，由于安理会的经常性合作开始确立，一种新的认识开始出现，即一个积

---

① 参见 Adam Watson, *The Evolution of International Society: A Comparative Historical Analysis* (London, 1992)。

极的安理会受到美国及其盟友的主导。一些第三世界国家表示担忧联合国可能变成一种新式的帝国主义的外衣。一般而言，对联合国总体上被特定国家所主导的认知陷入了一种显然的、过分的简单化。

这些认知中的每一种都伴随着"双重标准"的指责，即联合国的行动会支持占主导的国家的利益，忽视其他同等重要甚至更重要的价值。这样的指责在苏伊士运河危机时期已经非常盛行。[①] 此后一直持续下来，而且几乎成了政治中一个难以避免的特征。在这样一个所作的决策既涉及一般的原则也涉及艰巨的现实的组织中，要取得实质上的一致性格外艰难，即使是在程序性标准平等地适用的情况下。

对于联合国被特定国家主导的认知可能带来严峻的后果。它们导致了拒绝对联合国预算的各个部分的投入，漠视联合国大会的决议，不支持安理会强制计划的情况的发生。

《宪章》也对权力等级作了一些迁就，最明显的是在关于安理会五个常任理事国的条款中，也包括涉及托管领土的条款。不平等（即使不是霸权）是国际生活中的一个基本特征，如果它没有反映在联合国的实践中，就显得非同寻常了。尽管联合国过去的实践并没有总是支持国家之间实质性的平等，但它大体上接受独立国家之间主权平等这一核心理念。为了应对大规模侵犯人权、不断发生的内战、失败国家等问题，安理会开始倾向于更深入地侵入传统上国家所拥有的特权。在联合国支持下出现新型的统治的可能性，是潜在的目标地区的政府感到担忧的一个来源。

大国有很多利用联合国的结构来增强其影响力的方法。方法之一与联合国宣扬国际原则的角色有关：联合国提供了一个平台，在获得国际社会大多数成员支持的情况下，可以将一个国家的利益合法地转

---

① 一种说明见 L. C. Green, 'The Double Standard of the United Nations', *Year Book of World Affairs*, 11 (1957), pp. 104 – 37。作者的主要目的在于，指责美国和印度对英国在1956 年苏伊士运河危机中的角色的批评存在双重标准。

换成国际利益。① 方法之二比较粗暴，适用于缴纳联合国会费较多的国家，利用威胁或真正的停止缴纳会费来达到目的。②

一直以来，美国与联合国的关系特别复杂：它对该组织既有支持又有批评。美国曾试图领导联合国，也曾在特定事件上不与联合国合作。③ 美国对联合国的主要关注在于美军由联合国或其他方面支持进行海外军事行动的显著程度。美国一直以来尤其担忧美国的军事行动受制于其他国家和组织，而这些国家和组织却无须承受如此繁重的军事负担。

国际刑事法院乃依据 1998 年的《罗马条约》而建立。美国与之相关的政策提供了一个大国为自己及其他某些国家寻求特权的例子。美国——强烈反对以下观点，即国际法院至少在理论上拥有控告美国维和人员的权力——并不满足于已经达成的确保不向国际刑事法院移交美方人员的双边豁免协定，而且还通过 2002 年安理会的一项决议来寻求保护。该决议规定，在 12 个月的期限内，非罗马条约签署国的维和人员可以免除国际刑事法院的审判。④ 虽然该决议（2003 年）被修订过，但是之后由于国际社会对伊拉克与关塔那摩监狱事件日益高涨的反对，它不可能再被修订。因此，作为一个实列，美国对国际刑事法院的政策不仅体现了安理会如何被一些国家，尤其是常任理事国利用，用以实现本国目的，而且也表明了一个主要强国怎样孤立自己并失去影响力，如果它试图获得可能招致他国批评和不满的特权。

实力较弱小的国家为了制衡霸权倾向做了很多努力，在联合国内结盟就是其中之一。1960 年出现的由第三世界国家组成的 77 国集团

①　Ian Hurd, *After Anarchy*: *Legitimacy and Power in the United Nations Security Council* (Princeton, NJ: 2007). 有关联合国在倡导国际原则方面的作用将在第十节讨论。

②　关于安理会被作为霸权国际法的工具利用的不同方面，可参见: José E. Alvarez, *International Organizations as Law-makers* (New York, 2005), pp. 199 – 217。

③　关于美国在国际制度中经常扮演的角色，参见 W. Michael Reisman, 'The United States and International Institutions', *Survival*, 41, no. 4 (Winter 1999 – 2000), pp. 62 – 80。

④　SC Res. 1422 of 12 July 2002.

就是一个例子。到 2006 年其成员国已达到 131 个国家，其主要目的在于通过协调谈判立场来增加其要求的分量从而提高成员国的共同经济利益。尽管该组织随着时间变化在国际经济谈判中逐渐变得分散，但是 77 国集团在许多涉及联合国大会和人权理事会工作的政治事件上保持了一致。然而这么大的联盟基本建立在最小公分母原则的基础上，因此很难被用来追求单独某个国家的利益。类似的，地区性组织比如欧洲联盟和非洲联盟的目的之一就是向外界传递一幅统一的画面；在联合国内这样的地区性组织很显然是增强其成员国谈判地位的一个工具。地区性军事联盟在有些时候可以达成同样的目的。1999 年紧随俄罗斯与中国威胁否决任何授权使用武力的草案之后，北约对科索沃进行了干涉。这显示出在安理会不能同意某一具体问题时，地区联盟是如何绕过安理会的。

安全理事会是联合国一个主要平台，在这里平等与统治不断斗争。科索沃事件让人们看到某些大国——此事之中为俄罗斯与中国——可以利用安理会来尝试为美国的权力使用施加某些限制。这是其一般程序的一个例子，即在无须成立正式军事联盟的情况下，拒绝对大国的计划给予支持——该程序有时候被称为"软制衡"。① 软制衡的另一个例子发生在 2003 年美国武力干预伊拉克前的筹备阶段：许多国家以安理会为平台，试图限制美国日益增长的单边主义外交政策。然而在其他时候，包括 2003 年后期对伊拉克占领的管理上，美国还是从安理会为其行动赢得了一定程度的合法性。②

本书对联合国角色的描述表明：将联合国理解为被大国，或者尤其是美国主宰的一个工具过于简单了。联合国无疑是大国在其中追逐本国利益的一个组织，但它也是其他国家可以在其中有效组织起来的

---

① 参见 T. V. Paul, 'Soft Balancing in the Age of U. S. Primacy', *International Security*, 30, no. 1 (Summer 2005), pp. 60 – 70。

② SC Res. 1483 of 22 May 2003, on Iraq。

一个机构。而且，《联合国宪章》对各国平等的追求，尽管在实践中实施起来困难重重，却意味着大国在特定情况下谋求主导地位是很难得到支持的，并且也不大可能使其主导转化成普遍模式。

九、和平变化

评价联合国的一个核心议题是它在实现和平变化方面所作的贡献。正如在国联时期一样，在联合国建立之时人们普遍认为，简单地维持和平而不提供和平变迁的机制的尝试是一种墨守成规的处方，而且最后只能以失败告终。考虑到从 1945 年以来世界所发生的变化——欧洲的非殖民化进程、老的强国的衰落以及新的强国的出现或复兴、经济实力来源和性质的转变、军事技术的迅猛发展、1989—1991 年东欧和苏联政权的瓦解——值得惊讶的是很多可能导致战争爆发的重大变化并未引起战争。尽管并非所有的变化都是和平的，但是我们已经取得了大量的和平变迁。并非所有的荣誉都归功于联合国，不过其中的一些的确要归功于它。

国际秩序的总体结构由联合国以及与之相关联的一些原则和言辞具体表现出来，这为意识形态和政治体制中的变化提供了一个比较有利的可能。这样的变化有着深刻的原因，与联合国并不相关。然而，在戈尔巴乔夫时代，合作性的国际秩序的框架使得苏联领导人比较容易不再把意识形态分歧作为国际关系的主要特征。在戈尔巴乔夫的外交政策中，相应的强调了加强联合国的作用，这在他 1987 年 9 月全面的提议中体现出来。① 即使在 1991 年 12 月戈尔巴乔夫政权和苏联垮台

---

① Mikhail Gorbachev, 'Reality and the Guarantees of Secure World', *Pravda* (Moscow), 17 Sept. 1987. 在这篇长文中，苏联领导人表示，除了其他事项外，建立"一种在联合国支持下的机制，来确保广泛地服从，以缓解国际冲突、限制军备、监督冲突地区的军事态势"。他也建议广泛地使用"联合国军事观察员和联合国维和部队，使武装冲突中的各方脱离接触、监督停火和停战协定"：这也意味着在随后的许多年里会强加对武力的使用。也参见其 1988 年 12 月 7 日在联合国大会的演讲。

之后，这一强调在某些方面得到了后来的俄罗斯领导人的继续推行。①

尽管出现了和平变迁，一些更加重要的变化还没有出现：最为显著的是在得利者与失利者、内部与边缘、北方与南方之间的国际正义领域。联合国已经做了许多工作，来推动满足人们期待的革命，给予更多的人发言权和力量，以及实现有时并不一致的全球正义需求。这些需求被其支持者们转化为更高的标准，作为联合国表现的尺度和批评，尤其是在 20 世纪 70 年代国际经济新秩序的观点高涨之时。国际社会内部对这些需求（以及其中一些的合法性）的根本分歧在联合国体系内外都没有获得解决。20 世纪 80 年代和 90 年代向新自由主义的"华盛顿共识"的意识形态转向，而后来国家管制和安全网与市场结合在一起作为繁荣的驱动因素，这些缓解了由联合国政治机构作为和平经济变化的主要监管者的需求。承认这个领域的和平变化的原则性障碍超出了联合国的能力，这一点表现在了 1992 年关于联合国贸易和发展会议（UNCTAD）未来方向的《卡塔赫纳协议》中。对国民经济政策的全球协调和指导日益由没有正式条约结构的非全球性机构进行，比如八国集团和巴塞尔中央银行委员会，或者是由最强大的经济方面的正式组织进行，比如世界贸易组织和国际货币基金组织。联合国的工作仍在继续，不过是为正义等其他需求以及性别平等、宗教自由、生育权、移民、气候变化和传染性疾病等议题提供重要的全球性论坛。这些领域的倡议激起了可能有助于产生长远共识但经常暴露尖锐分歧的争论。

---

① 比如叶利钦总统 1992 年 1 月 31 日在安理会首脑会议所做的发言。在面临经济困难以及解决与邻国冲突的压力的情况下，俄罗斯后来在联合国维和经费攀升问题上更加审慎，对联合国的能力也更加怀疑。

十、倡导国际要务和原则方面的作用

尽管有种种不足，联合国作为一个国际标准的倡导者并没有丧失其重要性。这是一个复杂的角色，对于维持一个值得信赖的国际秩序，以及国际社会内部共有价值的沟通、巩固和发展，这都是至关重要的。这种作用建立在《宪章》原则持久有效的基础上，但是它也向新的方向发展，有助于制定国际议程。

1. 《宪章》原则的延续

即使在今天，联合国倡导的国际原则和标准的主要项目仍然停留在 1945 年的《联合国宪章》之中。《宪章》明确承认，维持国际和平与安全不仅事关国际秩序，而且关乎国际正义。[①]《宪章》（或者至少是宪章规定）应倡导如下原则：主权平等、国家的领土完整和政治独立、各民族的平等权利和自决、不干涉除《宪章》第七章之外的内部事务、和平解决争端、禁止威胁或使用武力、善意履行国际义务、国际合作、不加区别地尊重和倡导人权及基本自由。[②] 这些原则是由少数国家在不同国际形势下草拟的，人们对它们的解读不可避免地会产生分歧。不过，占主导的外交观点认为，《宪章》的原则为国际关系中的行为提供了可供效仿的基础，而且我们需要的并不是重新考虑这些原则，而是像联合国所作的那样，阐释这些原则以及在需要的情况

---

① 《宪章》序言提及，"在正义……得以维持的条件下"；第一条第一款提及，"正义原则"，第二条第三款一般性地提及了正义。See also Rosemary Foot, John Gaddis, and Andrew Hurrell（eds.），*Order and Justice in International Relations*（Oxford，2003）.

② 关于公开宣言的传统（最卓越的代表是联合国）作为一种国际伦理话语形式的论述，参见 Dorothy V. Jones，'The Declaratory Tradition in Modern International Law'，in Terry Nardin and David R. Mapel（eds.），*Traditions of International Ethics*（Cambridge. 1992），pp. 42 – 61。

下发展新的原则。本书中由已故的纳吉德拉·辛格（Nagendra Singh）所写的一章表达了这种观点。

然而，在某些原则之间的确存在着根本性的紧张关系，比如在领土完整与自决、或者不干涉与人权之间。① 在一些修正主义的压力非常强的地方，出现了对秩序和正义的价值之间关系的争议。这尤其表现在和平解决和不使用武力原则与人权和自决原则之间关系的辩论。对于《宪章》规定的原则所体现的国家中心的本质，也出现了许多批评意见，有时是因为对以《宪章》中的规划作为全球秩序的基础的根本不满，不过现在越来越多的是为了增加一些关注财富或权力再分配、让非国家团体（尤其是"民族"）拥有权力、或将重心转向民主、发展或生态考虑等新的原则。②

对《宪章》中的原则的另一种观点认为，它们存在着不可救药的理想主义。不过在许多方面，《宪章》无疑是一份经过冷静思考的文件。③ 比如，它对裁军的论述极其谨慎，它并没有提及被主张已久但大有问题的"国民自决"原则，而是使用了"各民族的平等权利和自决"这个更加模糊的表述，这一表述在两战之间的欧洲历史上很少出现。④ 在一定程度上，《宪章》预料到了人们对经济和社会事务以及人

---

① Contrast e. g. H. Lauterpacht, *International Law and Human Rights* (London, 1950), with J. S. Watson, 'Autointerpretation, Competence, and the Continuing Validity of Article 2 (7) of the UN Charter', *American Journal of International Law*, 71 (1977), p. 60. 也可参见《关于各国内政不容干涉及保护独立与主权宣言》——GA Res. 2131 (XX) of 21 Dec. 1965。

② Richard A. Falk, Samuel S. Kim, and Saul H. Mendlovitz (eds.), *The United Nations and Just World Order* (Boulder, Colo., 1991); and the discussion in Simon Chesterman, Thomas M. Franck, and David Malone, *Law and Practice of the United Nations* (Oxford: 2008).

③ 值得一提的是以下评论: Ian Brownlie, 'The United Nations as a Form of World Government', *Harvard International Law Journal*, 13 (1972), p. 421。

④ 关于自决思想和实践在联合国框架下的发展，参见 A. Rigo Sureda, *The Evolution of the Right to Self-Determination* (Leiden, 1973), and Michla Pomerance, *Self-Determination in Law and Practice: The New Doctrine in the in the Unites Nations* (London, 1982); Karen Knop, *Diversity and Self-Determination in International Law* (Cambridge, 2002). and Mortimer (ed.), *People, Nation and State*。

权关注的增长、区域性安全组织的出现以及非殖民化的进程。

除了这些对《宪章》实际规定的不同解读，对其总体的基调也有不同的观点。一些人倾向于对《宪章》规定的解读和重新解读中出现的所有类型的问题找到一种解决方案，沉浸在比如美国等法律—宪政主义国内政体中的那些人尤其如此。这种倾向常常与如下观点吻合，即联合国的扩展和多元化是建立在一种不断进步的基调上的，并且是由对《宪章》的原始语言不断进行有目的的解读来支撑的。《宪章》蕴含了一种动态组织的架构，不过它并不是国际社会的一部完备宪法。《宪章》的根本原则并没有涵盖对国际公共秩序所有问题的解决办法，更不用说国际正义的所有议题。因此，联合国既关注于阐发既有的原则，也关注于制定新的标准，这一任务由它与许多其他国际机构共同完成。

2. 设定国际议程

联合国在设定国际议程以及推动和实现新的政策需求方面发挥了重要功能。它推动了对许多议题的全球关注，包括种族歧视、酷刑和失踪、儿童权利、文盲、贫困的国际因素、与难民有关的问题以及文化遗产的保护等。它也深深地卷入了广泛的环境议题中：本书中帕特莎·波妮（Patricia Birnie）的一章既指出了联合国的贡献，也指出了许多联合国附属机构和专门机构在环境政策领域同时进行的、有时缺乏协调的行动的问题。联合国在诸如控制毒品的生产、贸易和消费等领域发挥了作用，在这些领域，如果相伴随地对那些本来有争议的措施共同给予合法性，国家所采取的政策和行动的国际协调会更为有效。① 更一般而言，联合国赋予一些主张和理念以合法性，比如关于

---

① 参见例如 Ethan A. Nadelmann, 'Global Prohibition Regimes: The Evolution of Norms in International Society', *International Organization*, 44 (1990), pp. 479 – 526; Peter Andreas and Ethan Nadelmann, *Policing the Globe: Criminalizqtion and Crime Control in International Relations* (Oxford: 2006)。

发展援助、在深海和外层空间等"人类共同遗产"以及殖民主义不可接受等理念。对于一些在特定的国际争端和危机中达成的妥协方案，联合国也可能给予其合法性——安东尼·帕森斯（Anthony Parsons）的一章阐述了这一点。

联合国、地区性标准设定机构以及负责执行它们的组织推动了国家的公开声明趋向于一种对人权的共同的国际舆论。汤姆·费瑞尔（Tom Farer）和菲莉斯·盖尔（Felice Gaer）关于联合国与人权的章节对这一发展作了编年史式的考察。他们承认，人权话语的趋同并不总是反映在了国家的国内实践中。尽管在这个问题上存在着许多权威性的共识，但是不同的社会对于人权的性质、内容以及重要性仍然会有非常不同的认识。[①] 不过，大多数国家对人权重要性的认识日渐增强，这在很大程度上是联合国所推动的广泛行动的结果：国际标准和制度已经为国内人权活动、抵制政府压迫以及为国际压力提供了基础。

联合国越来越多地参与到另一个重要的法律与法规的领域——战争法，在联合国内更普遍地被称做适用于武装冲突的国际人道主义法。尽管这个法律体系的起源早在联合国成立之前，联合国大会与安全理事会却一直以来都深入地参与了调查侵犯人权、号召执行该法律，以及制定新的协议等等。1993 年与 1994 年安理会为前南斯拉夫与卢旺达成立了国际刑事法庭，之后联合国在与相关国家协调一致的基础上，于 2002 年和 2003 年为塞拉利昂和柬埔寨帮助组建了特别法庭。联合国负有与国际刑事法庭相关的一系列责任。它对战争法的广泛参与是《联合国宪章》未预料到的，在联合国刚成立的 20 年间也毫不明显。但是这一法律体系现在被视为规定了与联合国相关的一些重要国际原则。

---

① 参见 R. J. Vincent, *Human Rights and International Relations*（Cambridge，1986）and Benjamin Goold and Liora Lazarus（eds.），*Security and Human Rights*（Oxford：2007）。在人权的性质和地位问题上，截然不同的观点体现在 1993 年维也纳世界人权大会上，费瑞尔和盖尔的一章对此作了讨论。

　　尽管非常有限，已经有迹象表明联合国与促进多党民主制之间可以有更加紧密的联系。自 20 世纪 80 年代末开始，它已经介入到许多独立国家的选举监督行动中，包括在尼加拉瓜、海地、萨尔瓦多、安哥拉、柬埔寨和莫桑比克。虽然这些行动中有一些与国际和平与安全有关，而且在安理会的支持下进行，值得注意的是，联合国大会中对这些活动的反对比以前更少了。布特罗斯－加利和科菲·安南非常重视民主及其对经济发展和国际和平的重要意义。① 不过，许多国家仍然强调不干涉国内事务的原则，在对特定的民主模式的普遍诉求方面也没有共识。此外，正如从前南斯拉夫和前苏联分离出来的许多国家的发展所表明的，从独裁转向民主体制、在面临严峻的族群分裂的情况下建立民主结构的巨大困难，并不是联合国和其他的国际机构在现实中能够应对的。不过，对于新出现的民主国家以及已有的脆弱的民主国家而言，支持民主的口号和国际观察的合法化作用以及选举援助和选民教育等实际贡献非常重要。②

　　尽管联合国的标准设定有时是有益的，但也会出现深深的缺陷。维持联盟的必要性可能导致不一致的妥协，或者产生"世界新闻和传播新秩序"等空洞要求。③ 有些时候，联合国会推崇那些无法界定、相互矛盾或者根本上存在激烈争论的原则。其中的一个例子是，在1945—1946 年纽伦堡国际军事法庭（审判德国战犯）的章程和判决所认可的那些原则。1946 年 12 月 11 日，联合国大会全体一致通过了一项简要决议，支持纽伦堡原则。但是，国际法委员会和其他机构试图

---

　　① Boutros-Ghali, *Agenda for Peace*, paras. 9, 81-2; Annan, *In Larger Freedom*, paras. 128 and 148－52.

　　② 参见 Larry Diamond, Juan Linz, and Seymour Martin Lipset（eds.）, *Democracy in Developing Counties*, 4 vols.（Boulder, Colo. , 1989－92）。

　　③ UNESCO General Conference, XXIst Session, Res. 4. 19（1980）. See generally Peterson, *The General Assembly in World Politics*. 这一辩论的某些方面在互联网治理和 2005 年信息社会世界峰会得到了重复。

将这些原则成为国际法的努力并没有得到国家的普遍支持，部分原因
在于，在命令被认为不合法的情况下，一些国家反对承认不服从上级
命令的合法性。不过，随着 20 世纪 90 年代前南斯拉夫国际刑事法庭
（1993 年）、卢旺达国际刑事法庭（1994 年）、国际刑事法院（1998
年）的建立，纽伦堡原则最终得到了升华和落实。这些规约中的每一
项都包含了对上级命令以及一些关键原则精心草拟的条款，这些条款
在上述机构的司法判决中得到了进一步发展。①

　　在许多情况下，联合国在辞令上对颠覆性原则的主张有些鲁莽的
判断。在这方面，联合国的基调中有一些极其简化的内容，需要从内
部以及外部加以质疑。仅举一例而言，过去的一些年里联合国越来越
致力于全面彻底裁军的目标，联合国大会也分别在 1978、1982 和 1988
年举行了裁军问题特别会议。然而，对于雄心勃勃的裁军呼吁（至少
从 1899 年开始就成为国际生活中的一个持久特征）为什么总是以失败
告终，我们都没有看到联合国支持下进行的分析。尤其是，通常倡导
的全面彻底裁军的思想可能带有某些内在的缺陷（而非单纯面临外在
的"障碍"），这一点很少为人们所注意。对于联合国而言，全面彻底
裁军成了它所倡导的幻想，而不是严谨分析的议题。这种裁军方式有
许多潜在的成本，迈克尔·霍华德（Michael Howard）在他写的一章
中尤为怀疑这种方式。首先，它可能导致国家之间在口头上的敌对，
因为它们相互之间会谴责对方未能采取裁军。其次，通过提出一种与
军备相对立的神话式的替代方法，它可能分散了人们在控制和限制军
事力量这个急迫问题上寻求其他可能更富有成果的方法的注意力——

---

① 对纽伦堡承认的国际法原则的肯定有：GA Res. 95（I）of Dec. 1946。国际法委员会
对纽伦堡原则的表述见，*Yearbook of the International Law Commission*（1950），vol. 2，pp. 374 -
8。联合国大会对这一表述所做的不承担义务的回应见，in GA Res. 488（V）of 12 Dec. 1950。
有关这个问题后来的历史参见 *Yearbook of International Law Commission*（1954），vol. 2，pp. 150
-2；and GA Res. 897（IX）of 4 Dec. 1954。有关前南斯拉夫问题国际法庭的规定：SC
Res. 827 of 25 May 1993；有关卢旺达问题国际法庭的规定：SC Res. 955 of 8 Nov. 1994。

包括联合国推行的武器控制和战争法问题上的许多方法。第三，它存在着像国际联盟在 20 世纪 20 年代和 30 年代对裁军的承诺那样的风险——也就是说，它不仅会毫无结果，而且会削弱一个深深地致力于这种方法的国际组织。① 在后冷战时代，有迹象表明联合国及其裁军事务署对裁军不再持像以前那么宣传化的态度。不过我们并不清楚对于军备限制在国际政治中的地位是否已经形成了一种一致的看法。②

联合国倡导的其他原则在实践中也被证明是有问题的。在后冷战时代，分裂的联邦制国家所出现的危机带来的问题在于，主张把那些从不同的国家间关系的背景下推导出的特定重要原则立即不加区别地应用是否适当。在当今的国际关系中，不接受使用武力改变的边界是一项基本原则，在南斯拉夫危机后立即得到了国际社会的引用。③ 这一危机被认为适用于此原则，既因为危机的特征是国家之间的冲突，也因为它会给以种族立场为由成功攫取领土留下危险的先例。不过问题在于，在分裂的联邦国家的特殊背景下如此强烈地宣称这一法律原则是否明智。特别是就南斯拉夫这个例子而言，其有些现存"边界"并没有物质上的存在，并且缺乏逻辑和合法性，存在着根深蒂固的种族问题和地区分裂，任何除大规模冲突升级之外的可以想象的后果都意味着，那些试图以武力改变边界的人取得了某种事实上的成功。

联合国时代的经验表明，问题不仅在于原则的不平等适用，而且

---

① 对"全面彻底裁军"所作的批评性考察，参见 Hedley Bull, *The Control of the Arms Race* (London, 1961)；and John W. Spanier and Joseph L. Nogee, *The Politics of Disarmament* (New York, 1962)。See also R. B. Byers and Stanley Ing (eds.), *Arms Limitation and the United Nations* (Toronto, 1982).

② 参见 Boutros-Ghali, 'New Dimensions of Arms Regulation and Disarmament in the Post-Cold War Era: Report of the Secretary-General on the Occasion of Disarmament Week, 27 October 1992', UN doc. A/C. 1/47/7, issued by UN Dept. for Public Information, Oct. 1992。

③ 也参见欧洲安全和合作会议国家在 1991 年 9 月 3 日的宣言，1991 年 9 月 25 日联合国安理会第 713 号决议以及安理会后来的许多决议，北大西洋理事会 1991 年 11 月 7—8 日罗马会议后发表的有关南斯拉夫局势的声明，以及 1992 年 8 月 26 日关于前南斯拉夫社会主义联邦共和国问题的伦敦会议通过的原则声明。

在于试图将同样的原则用于截然不同的形势、区域和国家。一个全球性组织本质上应试图建立和适用普遍标准。普适化的倾向不断地面临着差异性，不管是在控制有害排放方面的高科技和低科技国家之间，在政府和社会对妇女地位问题上的世俗民主制国家与非民主的神权政治国家之间，还是在开采公海渔业能力方面的海洋国家与陆地国家之间。联合国形成了为数众多的例外，允许发展中国家、受到特殊影响的国家或者有特别需要的国家有差别地适用一般性原则，而且许多原则本身也是被小心谨慎地加以限定。

在阐明有效的原则以应对国际生活中最基本、最主要的裂痕方面，联合国尤为步履维艰，这可能是北方国家相当富裕的社会与南方国家相当贫穷的社会之间的裂痕。[1] 那些规划《联合国宪章》的人们对经济混乱与战争之间的联系有清醒的认识，他们非常强调经济和社会的进步；[2] 在经过很长时间对这个问题沉默无言之后，安理会从 20 世纪 90 年代开始从言辞上回到了发展与国际和平之间的联系这一主旨上，尽管并没有取得直接的结果。从 60 年代中期开始，联合国大会逐渐从权利或者权益的角度来宣扬一种发展的意识形态。不过，相对于其他领域而言，在这个领域里，联合国的言辞与大部分南方国家实际上取得的进步之间，存在着巨大的鸿沟。正如肯尼思·达齐（Kenneth Dadzie）的一章所表明的，人们对联合国能够在发展问题上发挥核心作用的期待，已经改变为一种对其实际和潜在作用以及发展过程本身的性质更为谨慎和不同的态度。联合国在言辞上以及项目上对发展的承诺仍在继续，尽管它逐渐证明无法将这一承诺与联合国的其他重心融为一体。人们对于针对国家的人权以及国家指导下的发展之间的实

---

① 关于联合国辩论有参考意义的政治史，参见 Peter Marshall, 'The North-South Dialogue: Britain at Odds', in Erik Jensen and Thomas Fisher (eds.), *The United Kingdom-The United Nations* (London, 1990), pp. 159 – 208。

② See esp. UN Charter, Preamble and Chaps. IX and X.

际关系进行的长期辩论从来没有得到有效的解决，只是表面上同意它们之间相互依赖。同样，对于环境与发展之间关系产生了"可持续发展"的口头承诺，但是它们截然不同的议程之间并没有得到调和。北方国家不愿意作出必要的牺牲，以援助南方国家迫切需要的发展，这一点在整个联合国时代仍然没有发生很大的改变，但是联合国已经对改善人们对这个问题的认识作出了贡献。

联合国关于此事的言论与行动由科菲·安南在 2005 年进行了概括：

过去的 25 年里，我们见证了全世界曾经历过的极度贫困的急剧缩减。以中国和印度的进展为代表，世界范围内足有数亿成年人与儿童免于遭受极度贫困之苦，并开始享受日渐改善的食品、医疗、教育和住房服务。

然而，与此同时，许多国家变得愈加贫困，毁灭性的经济危机使数百万家庭陷入贫困。在世界大部分地区急剧扩大的不平等意味着经济发展带来的好处并未被平等地享受。如今，超过 10 亿人———即每六个人中有一个———每天生活开支仍然不到 1 美元，在长期饥饿、疾病与恶劣环境面前缺乏维持生命的手段。[1]

尽管在与它倡导的原则以及在其他领域进行的活动等问题上存在着诸多矛盾，联合国并没有丧失其合法性。它也并没有丧失授予合法性所需的重要能力。[2] 对于那些地位不确定的新生国家、一些国家内部的特定政权以及特定的非国家实体（比如巴勒斯坦解放组织、1990

---

[1] Annan, *In Larger Freedom*, paras. 25 and 26.
[2] 有关联合国在给予合法性方面重要角色的早期研究，参见 Inis Claude, 'Collective Legitimization as a Political Function of the United Nations', *International Organization*, 20 (1966), p. 367。

年纳米比亚独立以前的西南非洲人民组织）① 而言，参与到联合国的活动中有助于让它们获得合法性。

联合国在对国家和政府的承认问题上具有重要作用。它的纪录并不完美——比如从 1949 年到 1971 年之间把共产主义的中国排除在联合国之外。不过，对于某一国家的存在，以及某一政府代表某个国家的国际共识很大程度上应归功于联合国作为一个政府间组织的角色，它接纳（或拒绝接纳）国家为其成员，并且审核代表这些国家的外交使节。当联合国接纳了成员国，它不仅给予它们以承认，而且含蓄地给予了它们某种不受外部攻击的保证。不过，从它们的实践来看，联合国成员国似乎并没有完全尊重承认新生国家的传统标准，其中包括一个国家是否实际存在以及它是否凝聚为一个政治和社会实体等方面的考虑。

对于有效地维持国际社会而言，联合国在倡导原则和给予合法性方面的功能仍至关重要。然而，如果国际社会要进一步发展，更加强调标准的有效执行应该成为最高要务。② 正如弗兰克·伯曼（Frank Berman）所言：

> 看来，问题并不在于发现法律究竟为何，或者如何在特定案例中使用它，甚或是既存的规则是否"令人满意"，而在于如何从根本上确保或迫使人们服从法律。或许我们已经经历了一个制

---

① 得到非洲统一组织或阿拉伯国家联盟承认的民族解放运动在"关于国家在其对国际组织关系上的代表权"的联合国大会上"依据联合国的实践"被给予观察员地位—— GA Res. 3247（XXIX）of 29 Nov. 1974。许多其他的决议和行政决定也授予这样的组织以地位：比如，非洲国民大会（ANC）、巴勒斯坦解放组织、阿扎尼亚泛非主义者大会（PAC）以及西南非洲人民组织（SWAPO）被允许签署 1982 年的《联合国第三次海洋法会议最后文件》，尽管不是签署与之附随的协定。

② 关于人权领域的执行问题，有价值的著作参见 Philip Alston（ed.），*The United Nations and Human Rights: A Critical Appraisal*（Oxford, 1992）。

定新法的伟大阶段，到达了一个并不关注新的实质性法律、而是
关注如何让现存法律更加有效的阶段。①

十一、言辞和改革的问题

尽管联合国在信誉方面成就卓著，它也存在着根深蒂固的缺
陷——特别是在它的制度特质以及组织结构之中。这些缺陷中的一些
已经对联合国的表现产生了负面影响：实际上，有时联合国可能激化
了它本来试图解决的问题。

制度特质方面的缺陷有许多种类。用口头的客套话来掩盖真实存
在的差异，这种存在已久的外交惯例在联合国框架内过度盛行。诉诸
言辞手段来使问题复杂化这一同样古老的习惯，在联合国大会以及这
个体系中的其他部门中也具有显著地位。这种言语风格可能阻碍分析，
制约有效决策。有一种过分说教式的宣扬的趋向，夸大决议和文件的
重要性，而不是对其背后的真实事实作严肃的考虑。联合国的很多机
构特别是在安理会，经常有脱离现实的情况出现：有时候，与会者们
似乎假定，纽约的严肃决定能够而且实际上会转化为有效的行动。

在联合国体系内部，并没有一种对这个组织在国际关系中的总体
地位进行反思性的辩论的传统，而学术界对重大的联合国争论的贡献
也相对有限。对于过去常常有一种过于简单化的看法，由此强化了当
前的狭隘主义倾向。一种狭隘的国际主义也是联合国体系的特征之一，
它使用的言辞似乎说明所有民族和国家的想法都是相似的，它们有同
样的关注和同样的利益。而这个组织自身的实际经验常常证明相反的
情况。同样地，在面对证据充分的或政治上的批评时，它常常置之

---

① 弗兰克·伯曼（英国外交与联邦事务办公室法律顾问）所写的序言：Hazel Fox and
Michael Meyer (eds.), *Effecting Compliance* (London, 1993), p. xii。

不理。

在其组织结构和正式程序方面，改革的紧迫性如今得到普遍的承认，并且在联合国体系内外仍然存在着对其精简化和合理化的迫切需求。① 在本书中，莫里斯·贝特朗在对组织的失败进行中肯评价的基础上勾勒了联合国改革方面所作的努力的历史；彼得·威伦斯基对联合国在后冷战时代之初出现的改革问题作了充分的论述。这些以及其他一些章节的论述表明，在组织结构、程序以及实践等方面所作的调整和改变是一个有机的过程。它涉及务实地用先例和习惯法的内容来应对旧有的框架或途径无法解决的问题。许多这类改变并没有在"改革"这一旗号下出现。

在科菲·安南任联合国秘书长期间，出现了进一步改革的压力。他于 2005 年 3 月在自己的报告《大自由》② 中概述了自己认为必须进行的一些改革。6 个月后，各国元首和政府首脑在纽约的联合国世界首脑会议上同意接纳他的一些建议。③ 结构上的变化包括两个新组织的成立：人权理事会和建设和平委员会。

人权理事会成立于 2006 年。④ 它的成立是为解决其前身人权委员会一些众所周知的缺陷：应对侵犯人权事件的低效率。其部分原因是侵犯人权的正是人权委员会的委员国。建议中原本可能使理事会更加高效的地方，比如委员的选举须由三分之二的多数通过，在协商中被舍弃了。被通过的含有潜在显著创新之处的建议包括：对各国人权义务完成情况的普遍定期审查；严重和蓄意侵犯人权的情况下，联合国大会暂时取消该成员国在理事会的职务的可能；略小的成员国规模；

---

① 例如 Commission to Study the Organization of Peace, *Strengthening the United Nations* (New York, 1957)。

② Annan, *In Larger Freedom*, paras. 153 – 219.

③ '2005 World Summit Outcome' of 16 Sept. 2005, paras. 146 – 78.

④ GA Res. 60/251 of 15 Mar. 2006.

更加频繁而为期更长的会议。理事会前几年的工作让人怀疑该理事会能否克服针对其前身的那些批评。这导致一些西方国家和人权活动组织反对将联合国人权事务高级专员纳瓦尼特姆·皮莱（2008 年继其法官同事路易斯尔·阿尔布尔之后出任此职务）的工作纳入人权理事会监督之下。这在监督上留下了某种漏洞，至少在秘书长潘基文继续科菲·安南的政策的前提下是这样。该政策认为高级专员保持与秘书长的独立对双方均有益处。

建设和平委员会成立于 2005 年。[①] 其目的是填补联合国结构组织方面的漏洞，方法是成立一个机构帮助摆脱冲突的国家完成冲突后的恢复和机构建设——这些任务越来越多地被纳入联合国不断扩大的职责范围。其 31 个成员国包括为联合国捐款和派军最多的国家，并且有新的结构能为不同情况召集相关的不同国家。这有助于为建设和平基金吸引大量资源，并且在 2007 年首次应用于布隆迪和塞拉利昂时取得了一些令人鼓舞的成绩。尽管不久之后，更棘手的事件对其提出了新的挑战。

2005 年世界首脑会议上达成进一步改革的目标是提高联合国秘书处的效率、效力与负责机制。由于涉及联合国在伊拉克石油换食品计划管理中的薄弱与腐败，导致改革的压力增加。[②] 在 2005 年商定的一揽子改革计划中，成员国同意建立一个道德操守办公室（目标是确保工作人员最高标准的道德操守），同意加强对联合国的审计和监督制度，同意促进问责制。负责调查联合国石油换食品计划的独立调查委员会在其主要建议中，提议设立首席营运官。该官员有权管理所有方面的事务，因此可以免去秘书长作为联合国首席行政长官的一部分内

---

① SC Res. 1645, and GA Res. 60/180, both of 20 Dec. 2005.

② 参见 Paul Volcker, *The Management of the United Nations Oil-for-Food Programme* (New York, 7 Sep. 2005)。

在职务。① 但是这一建议未被采纳。

十二、结论

我们在看待联合国的作用时，不能孤立于国际关系中的其他方面。《宪章》规定中富有智慧的部分是它把联合国融入一个更加广泛的国际体系的结构之中。②

古老的外交制度和权力均势仍然是国际体系的根本特征，它们在联合国时代的运行仅有细微的差别。几个世纪以来，国家设计出各种各样的方法，来促进它们之间的利益的和谐，缓解冲突，或者至少防止争端导致全面战争。的确，这些方法远非完美——在 20 世纪发生的两场世界大战可以证明。但是，联合国扮演的许多功能可以（而且有时的确）由其他实体来履行。如果说联合国能够成功地调解某些冲突，在其他的冲突中同样也启用了其他的调停者或仲裁者：比如，在 1979—1984 年期间，教皇的调停解决了阿根廷和智利之间由来已久的毕哥水道之争。③ 如果说联合国维和部队可以被用于某些冲突，非联合国部队也可以帮助解决其他长期存在的问题：比如，在达成《兰开斯特宫协定》一年之后，英联邦军队于 1980 年在津巴布韦监督了选举和权力交接。如果联合国为国际法的发展作出了显著贡献，应当记住，这套法律远比联合国历史悠久，它深深地植根于国家间利益的交织，

---

① Volcker, *Management of UN Oil-for-Food Programme*, p. 63.

② 在 *International Law is a Divided World* (Oxford, 1986) 一书中，安东尼奥·卡塞斯 (Antonio Cassese) 提出了有关国际法的传统的"威斯特伐利亚模式"和新的"联合国《宪章》模式"(pp. 396 - 407)，但是他发现当前"国际法具有'两种灵魂'，而且第二种似乎无法取代第一种"(p. 4)。

③ 对于教皇在阿根廷与智利之间调停的简要概述，参见 *Keesing's Contemporary Archives* (1984), p. 32781；and (1985), p. 33517. 也可参见 E. Lauterpacht in *Mélanges Virally* (Paris, 1991), pp. 359 - 71。

在联合国内外都得以发展，而且即便联合国有一天消失了，它也将继续存在。① 如果说国家偶尔会为漠视联合国的原则和程序付出高昂的政治代价，在另一些场合，对国家行为所施加的政治约束完全独立于联合国。

许多国家和国家集团之间的国际关系达到了一定程度的稳定，这并没有依赖于联合国的手段，但这些与联合国体系是一致的，有的甚至是联合国体系所预期的。许多政府依靠单独地或集体地掌握军事力量，而不是依赖于任何良性的联合国框架。

许多值得注意的区域和次区域组织的发展也是联合国时代的特征之一，不论这些组织是政治的、经济的还是军事的。《联合国宪章》第八章赋予了这类组织以重要地位，不过它们的作用是多种多样的。利用区域性组织来处理争端的理由包括，让本地区的大国参与进来、负担分担、减轻联合国的负荷以及避免地区外的大国介入。其可能具有的缺陷包括，本地区存在霸权、缺乏区域合作和资源、邻近性会产生脆弱性以及在一个地区存在众多组织会产生选择、敌对和混乱等问题。正如布特罗斯－加利、科菲·安南和潘基文（Ban Ki-Moon）都曾指出的，区域性组织将会发挥更大的作用，但是在大多数情况下，它们很难取代联合国的作用。②

在其 60 多年的历程中，联合国已经成为国际关系中确立的一部分。它参与到大量的行动之中，其中的许多对于国际社会的运行至关重要。我们最好不要把联合国看做是一种完全重构或者取代主权国家体系的机制，而是改进由于这个体系的不完善所造成的一些问题以及

① 关于联合国框架之外法律发展的生命力的证据，我们可以提到的事实有四次关于保护战争受害者的日内瓦会议，这些会议在国际红十字会而非联合国的支持下召开，截止 2008 年 8 月有 194 个缔约方。有关国际私法的海牙会议、OECD 以及区域性政府间组织的著述也可以在此引述。

② Boutros-Ghali, *Agenda for Peace*, paras. 60 – 5; and Annan, *In Larger Freedom*, paras. 213 – 15.

在许多不同领域控制和管理迅猛变化的问题的工具。在那些最适合在多边基础上或者并非某个特定国家、而是一群国家代表来解决的行动领域，联合国找到了自己的位置。就联合国在国际社会转型中所起的作用而言，它并不是通过创立一种新的、概念上简单的超国家结构，而是通过参与到一个更加广泛的过程中，在这个过程中，不同问题被分配到不同的（尽管是重叠的和变化的）层次上来加以解决。

"幔帐已经燃起，人类的伟大旅程再一次行进起来。"在 1918 年规划国际联盟的蓝图之时，简·克里斯蒂安·斯穆茨（Jan Christian Smuts）如是说。[①] 人们常常把这样的观点视为不过是让国际组织引人注意的夸张言辞而已。但是，在我们这个仍然分裂的世界上，我们仍然需要这个在某些方面（尽管不完美）体现了普遍的国际社会以及人类的普世主义这两种同胞理念的机制。

---

① Jan Christian Smuts, *The League of Nations: A Practical Suggestion* (London, 1918), p. 71.

第二章　国际安全中联合国作用的历史发展

迈克尔·霍华德

"国际安全"概念意味着在安全领域超越主权国家特定利益的一种共同利益。伴随着对这种共同利益的认知，人们渴望创立一种共同体式的框架来取代单边国家安全措施的需要。这样的雄心壮志激励着战胜国在威尔逊总统的坚定领导下，于1919年创建了国际联盟——其集体行动为每一个成员国提供安全保障。国际联盟追求实现这一目标的失败被二战中盎格鲁—撒克逊的领导者们看做是再次尝试而不是抛弃这一理念的理由。

一、《联合国宪章》体系

最初，国际安全新框架的创立就被视为联合国的首要任务。罗斯福总统曾特别赞扬联合国的成立是国际新秩序的开端："它意味着——而且应该意味着——一个体系的终结，因为在这个体系中充斥着单边行动、排他性联盟、势力范围、均势以及所有那些几个世纪以来曾多次尝试而又屡遭失败的权宜之计。"①

毫无疑问，这也是联合国创建者们的初衷。早在 1943 年 11 月，英国、美国、苏联和中国的代表就公布了《关于普遍安全的宣言》，在宣言中，它们认识到"有必要在尽早的可行之日建立一个广泛的国际组织……以维护国际和平与安全"。② 当起草《宪章》时，序言部分要求各个签约国承诺"集中力量，以维护国际和平与安全……非为公共利益，不得使用武力"。而且，《宪章》的第一条明确地规定了联合国的首要宗旨：

> 维护国际和平与安全；并为此目的：采取有效集体办法，以防止且消除对于和平之威胁，制止侵略行为或其他和平之破坏，并以和平方法且依正义及国际法之原则，调整或解决足以破坏和平之国际争端或情势。

在第一条的后半部分中，《宪章》又特别指出"促成国际合作，以解决国际间属于经济、社会、文化以及人类福利性质之国际问题，增进并激励对人权的尊重"。也许是对 20 世纪 30 年代国际联盟的失败仍心有余悸，《宪章》中没有使用"集体安全"的字眼，但"集中力量以维护国际和平与安全"这样的语句却表达了同样的用意。

《宪章》中隐含的一些理论假设值得我们仔细解读。首先，《宪章》不包含任何"超国家主义"意味。主权国家仍然是国际秩序的坚强基石，《宪章》体系的运作要依赖其成员国的善意。第二，人们认为国家之间应存在基本的文化和意识形态上的相容性，以至少确保能

---

① Quoted in Brain Urquhart, "The Role of the UN in Maintaining and Improving International Security" (Alastair Buchan Memorial Lecture), *Surival*, 28, no, 5 (Sept. – Oct. 1986), p. 388.

② US Department of State, *Towards the Peace Documents*. (Publication 2298, 1945), p. 6.

达成共识。第三，部分签约国应具有这样的意愿，即无论它们将会多么强大或未来环境如何变化，它们都绝不会单方面使用武力来维护自身的利益。最后，也是最重要的一点是，它们应出于共同和普遍的利益来维护现状。对于可能出现的变革，也须达成广泛共识。事实上，战后的世界在某种程度上就被构想成了一个平静的时代。

《宪章》的安排类似于 1814 年的情况，因为它也构想了一种战胜国之间的长期联合，希望以此来维护由它们的胜利而创建的国际秩序。在某种程度上，它与 1918 年的情景也有相似之处，即它同样意识到许多新成立的国家应该成为这个俱乐部的一员。但俱乐部的执行权却牢牢掌握在那些有掌控能力的国家手中。安理会基本上是一个共管性质的机构，它由主要的战胜盟国组成，它们将担负起共同维护世界秩序的责任。联合国大会可以就某种情势进行辩论，提出建议或向安理会提请关注，但它不拥有决定行动的权力。它是一个最高法院，而不是议会。《宪章》的第三十九条把采取行动的权力完全赋予了安理会："安理会应断定任何和平之威胁、和平之破坏或侵略行为之是否存在，并应作成建议或抉择……以维持或恢复国际和平及安全。"

第七章是整个《宪章》的核心，"对于和平之威胁、和平之破坏及侵略行为之应付办法"——正是国际联盟所缺少的"牙齿"。安理会被赋予权力，在其认为是适宜之时提请联合国成员国实施制裁以避免发生战争；如果这些措施不能行之有效，则安理会得"采取必要之海陆空行动，以维持或恢复国际和平及安全"。成员国应担负起为联合国提供所需军队和便利的责任，以及应将"其本国空军部队提供给国际共同执行行动以供调遣"。（显然，轰炸是可预见的击退和惩罚侵略者的最有效的办法。）军事参谋团，由常任理事国的总参谋长组成，向安理会提供意见和协助。

二、联合国实践和理论中的变革

　　该体系的崩溃发生在它就要面临真正的考验之前。由于联合国军事参谋团不能就需要什么类型的部队以及每个成员国应该提供多大规模的分遣部队达成一致，它很快就变成了一个空架子。1950 年，为了应对朝鲜战争，《宪章》中描述的议事日程得以付诸实践，然而其真正可行的原因却是由于当时安理会拒绝恢复中华人民共和国的代表席位，并将其给予了蒋介石政府的常驻代表，所以苏联正处于抵制安理会阶段。当苏联人恢复了其在安理会中的地位时，他们就有效地阻止了进一步的行动。1950 年 11 月 3 日，苏联的否决票遭到了来自西方大国的阻挠，西方大国通过制定"联合一致共策和平"决议中的某些条款为联合国大会赋予了新的职能，他们的观点得到了大多数成员国的支持，而西方大国也自认为会赢得更多的支持。"联合一致共策和平"的决议中规定：

　　　　特决议安全理事会遇似有威胁和平、破坏和平、或侵略行为发生之时，如因常任理事国未能一致同意，而不能行使其维持国际和平及安全之主要责任，则大会应立即考虑此事，俾系破坏和平或侵略行为，并得建议于必要时使用武力，以维持或恢复国际和平与安全。当时如为闭幕期间，大会得于接获请求后 24 小时内举行紧急特别届会。紧急特别届会之召集由安全理事会依任何七理事国之表决请求为之，或由联合国过半数会员国请求为之。

　　所有的大会成员国都被要求保留军队以为联合国的行动做准备，即使没有收到联合国安理会的正式征调，这些军队也应能保证随时可被调用。①

虽然苏联从来没有承认过这项应急性决议的合法性，但决议还是含蓄地确认了在《宪章》中表达过的理念，即国际安全应该由大国之间的普遍一致来维护，然而正如 1815 年之后的国际形势所证实的那样，这项权宜之计也是行不通的，取而代之的情形是：当其再次应用时，多数票轻易地就否决了持异议的少数派。但是，具有讽刺意味的是，其再次适用之时 ——也是其最为成功的时刻——发生在六年之后针对的却是联合国的两个创始会员国英国和法国，当时的情形是英法两国已经否决了安理会对于它们 1956 年进攻埃及的任何行动决议。大会随即呼吁两国立即停火并从苏伊士运河撤军。英国和法国勉强同意了，与其说这是出于对联合国拥有的联合力量的尊重和敬畏，倒不如说是迫于美国有效的经济操控力。但是另一项大会所作出的几乎同时同性质的旨在提请苏联从匈牙利撤军的协议，却遭到了不予理睬的结果，而且也没有任何进一步的行动。这并不仅仅是因为英法在某种程度上较之苏联更容易说服。它真正的原因在于一旦事情牵涉到了苏联，联合国就不敢挑战任何说服以外的行为，而苏联人也深谙此理。

1956 年的教训是显而易见的。首先，只有当两个超级大国表示同意或其中一个对此并不介意的情况下，联合国才能对侵略行为采取行动；其次，只有两个大国牵涉其中。所以多年以来情况依然没有改观。无论大会通过什么样的决议，联合国都不太可能对苏联入侵阿富汗，抑或美国入侵尼加拉瓜等行为采取任何行动。无论产生什么样的集体安全行为，超级大国都能有效地加以抵制，而任何一个得到超级大国强有力支持的国家也会同样对此加以抵制。

在随后的几年里，一些意义深远的深层次进展逐渐浮出水面。至

① GA Res. 377（Ⅴ）of 3 Nov. 1950. See also H. G. Nicholas, *The United Nations as a Political Institution* (3rd edn. , Oxford, 1967), p. 53.

少联合国大会已经准备要以"联合一致共策和平"来抵制美国，就像它曾经对苏联那样，尽管程度有所不及。在大会成立的最初十年中，大多数国家都对苏联带有一种固有的仇视，而随着来自第三世界的新成员的大量涌入，它们对美国普遍产生了一种或多或少的潜在敌意。有鉴于此，美国本不应再期望联合国大会能自动支持其政策，然而实际情况却是：即使苏联逐步发动或利用群情激昂的多数国家来反对美国，联合国大会也不会通过反对世界上最强大国家的决议。这样的结果使大会陷入了一种夸夸其谈而又无所作为的境地，成员国愈是毫无作为，它们就愈发地慷慨陈词。由于大会的无能以及安理会陷入僵局，更多的责任自然落在了整个《宪章》体系中的第三部分即秘书处和秘书长的肩上，尤其是秘书长几乎已经成为整个组织缺陷的替罪羊。

比联合国权力平衡和结构变化更为重要的是其关于国际社会本质假设的变化。我们已经亲眼见证了联合国的创建者们是如何构想一个本质上是静态的世界体系：一个通过和平变化而高速发展的世界，但是在这样的世界上，和平与安全意味着维持一种现状，只有那些"侵略者"（即不论动机如何的罪犯们）才会试图将其打破。朝鲜战争（1950 年）即是如此，而苏伊士运河危机和匈牙利事件（1956 年）则不属此类，它们是主要大国为了维持受到威胁的地区现状而采取的单边行动，那些主要威胁来自于一些极具破坏性和显然不可逆转的变革。苏联成功地恢复了现状，英国和法国则失败了。但是，在这个正处于50 年代转型期的世界，40 年代末的殖民体系成为大多数国家想要竭力维护的最后一件事情，对于那些新成立的国家——甚至更多仍在为拥有国家地位而奋斗的民族来说——这个世界是动态的，而不是静态的。它们认为，对和平的追求不在于维护秩序，而在于保护正义。某些事业需要努力为之奋斗，必要时要为之而战，而不是被动地维持原状。

以上观点与《宪章》中勾勒的世界形势之间的充分协调体现在1978 年 6 月举行的裁军特别联大最后文件的宣言部分。宣言重申了

《联合国宪章》"关于尊重主权、不对任何国家的领土完整或政治独立以武力威胁的原则",但也加入了"不得妨碍殖民地和外国占领地的人民为争取民族自决和独立而进行的斗争"原则。①

这里,我们愿意阐明自己的观点,我们反对使用武力,但同时我们重申支持正义战争的原则。企图以武力来阻止国际现实中的正义变革的行为在某种程度上就等同于企图改变现状的行为——即使这是两个从和平的本质上就根本不能协调的冲突性的概念。

三、国际和平与安全的条件

在这样一个世界里,国际和平与安全到底意味着什么?在维护国际和平与安全的过程中,联合国能扮演什么样的角色?我们认为,国际和平与安全无疑应该具备两个条件:第一,预防武装冲突以及和平解决主要大国之间的争端;第二,地区间冲突和国内冲突能够经过调停得以遏制,以防止冲突升级至影响全球的稳定。下面将按顺序逐一验证这两个条件。

1. 大国关系和军备控制

主要大国之间的关系必然首先体现在它们之间的直接交往上,即使有许多其他因素通过调停和斡旋的方式也能使它们之间的关系得以顺利发展。1945 年,联合国的创立没能阻止超级大国彼此继续直接处理那些对它们来说至关重要的事情。而当它们之间的谈判由于互相猜疑而变得恶化时,联合国也没能阻止它们转而利用那些古老的权宜之计来寻求安全。而这些权宜之计中的结盟、扩充军备和均势等正是联

---

① Quoted in *The United Nations and Disarmament 1945 – 1985*（UN Department of Disarmament Affairs, New York, 1985）, p. 6.

合国曾试图取而代之的。事实上，这些手段在《联合国宪章》的第五十一条中已经合法化了，该条款规定"联合国的任何会员国受到武力攻击时，其拥有单独或集体自卫之自然权利"；但是，这被认为是一种纯粹的带有暂时性质的应急之策，"直到联合国安理会采取必要的办法，以维持国际和平与安全"。不过，这些措施的暂时性质很快就被忽略了，所以许多国家相继制定了此类条款以寻求维护它们的安全，增加自身的权力。

然而，1945 年之后世界范围内达成的安全协议确实与联合国的原则较为一致，尤其是更为强调集体防御原则以及防御是使用武力的唯一合法性基础的原则。1949 年的《北大西洋公约》和 1955 年的《华沙条约》就是明显的例证，它们都使用了《联合国宪章》条款中几乎相同的语汇。两个条约都以接受《联合国宪章》中第二条第三款和第二条第四款中的有关解决争端和不使用武力的原则为开端。同时，这两个条约又都响应了《联合国宪章》中第五十一条和第五十二条中关于自卫和区域安排的规定。例如，《北大西洋公约》的第五条中写道（与《华沙条约》的第四条几乎如出一辙）：

各缔约国同意对于欧洲或北美之一个或数个缔约国之武装攻击，应视为对缔约国全体之攻击。因此，缔约国同意如果此种武装攻击发生，每一缔约国按照《联合国宪章》第五十一条所承认之单独或集体自卫权利之行使，应单独并会同其他缔约国采取视为必要之行动，包括武力之使用，协助被攻击之一国或数国以恢复并维持北大西洋区域之安全。

此等武装攻击及因此而采取的一切措施，均应立即呈报联合国安全理事会。在安全理事会采取恢复并维持国际和平及安全之必要措施时，此项措施应即终止。①

许多集体军事干预行动，包括 1965 年的多米尼加行动和 1968 年的捷克斯洛伐克行动，都曾普遍地援引了地区安全协议和《联合国宪章》语汇。所有这些虽然仅仅是口惠之词，但都证明了《联合国宪章》原则还是被认为与现实世界中的国际事务息息相关。

维持超级大国之间和平关系的一个重要因素——普遍认为——是对其实施军备控制。虽然人们很少批判地加以验证，但事实上军备控制已经成为国际政治话语中不言而喻的问题，它指的是国家的军备水平越低，国家之间的关系就越好。严格说来，联合国建立之初，军备控制并不认为是必不可少的。30 年代的战争教训在人们的脑海里依然记忆犹新。"力量的联合"意味着应该有力量可以用来联合。1943 年的四国宣言在涉及到战后军备控制的问题上，缔约国只是就达到一个实际可行的普遍协议展开合作。②

在《宪章》第二十六条中，安全理事会应负责"拟定具体方案，提交联合国会员国，以建立军备管制制度"。同时，《宪章》第十一条，大会被授权"得考虑关于维持国际和平及安全合作之普遍原则，包括裁军及军备管制之原则，并得向会员国或安全理事会或兼向两者提出对于该项原则之建议"。

令人感到惊奇的是，在这些谨慎和较为实际的指导方针发展成为冠冕堂皇的决议的过程中，联合国是如何实现其所谓的进步抑或退步的。在两个超级大国的支持下，联合国大会于 1959 年通过了这些旨在

① The text of the 1949 North Atlantic Treaty is in United Nations Treaty Series, vol. 43, p. 243. The text of the 1955 Warsaw Treaty is in ibid., vol. 219, p. 3. Texts of both may also be found in T. B. Millar (ed.). Current International Treaties (London, 1984), pp. 440 and 464. The Warsaw Treaty was annulled on 1 Apr. 1991.

② See n. 2 above.

支持"在有效的国际控制下实现普遍和完全裁军"的决议，自此这些决议一直成为联合国议程中的重要部分。事实上，这是由于《宪章》起草时发生了两件令人始料未及的重大事件的结果，即核武器的爆炸和冷战的开始。

核武器控制曾一度被认为是一个程度上有别于我们所熟知的常规武器控制的问题；同时，有鉴于核武器本身的独创性以及美国对其的独占性，核武器控制也是一个更为重要和可操作化的问题。联合国大会的第一份决议就是在 1946 年 1 月召开的大会上成立了有广泛职能的"原子能委员会"。除了其他一些事项之外，该决议规定该委员会的主要工作是在必要的范围内控制原子能以及确保其仅为和平目的而使用；摒弃国防军中原子武器"以及其他一切为大规模破坏之主要武器"；并且"以检查及其他方法，有效保卫遵守国家免受破坏及规避行为而生之危险"：所有这些事项从那时起就一直出现在国际议程上。①

为了应对这些挑战，美国很快就出台了一份虚幻而又貌似慷慨的"巴鲁克"计划。它提出建立一个国际机构——事实上，由于它不受常任理事国否决权的制约，是一个超国家机构——来控制核武器的整个生产过程，包括从铀矿的开采到实验室阶段直至制造原子弹；这个机构拥有在世界各地实施检查和执行的全部权力。然而，美国自己却拒绝放弃所拥有的核武器，直到这种监督机构能真正建立并能正常工作。苏联认为此项计划就是美国要永远维护其对核武器的恒久独霸权的一个无耻的诡计而已，并针锋相对地提出了自己的议案。议案要求所有的国家承诺不生产、使用、储存核武器的义务，并销毁现存的一切核武器。国际观察只应针对那些声称现在拥有核武器的国家。同样，美国也把这份提案看做是裁减其军备的公然企图，根本不能保证苏联

---

① US Department of State, *The International Control of Atomic Energy*: Growth of a Policy (Publication 2702, 1946), p. 127.

人自己不会建立自己的核武器。①

随着冷战的深化，双方继续固执己见。美国想利用其在大会中的多数支持来使联合国采纳巴鲁克计划。苏联转而开始进行私下宣传，并组织了强大的和平攻势（包括毕加索画的和平鸽），要求完全禁止核武器以及全面削减常规武器的 1/3。由于苏联提出这个提案的时间是在 1948 年 9 月，恰逢柏林封锁期间，当时西方强国正绞尽脑汁地要纠结足够的军力以平衡苏联在常规武器上的优势，所以这些也只被看做是一个宣传手段而已。和平攻势在 1950 年 3 月的斯德哥尔摩和平大会上达到了高潮，它要求"无条件地禁止原子武器、恐怖武器和大规模毁灭性武器"。② 就像 1918 年托洛茨基在布列斯特—立托夫斯克的行为一样，苏联在和平大会上越过了政府领导人而直接向其国家的人民宣传呐喊。至此，裁军还不是一个可以进行严肃认真谈判的事情，而是陷入了你争我夺的宣传战中。

20 世纪 50 年代，局势有了缓慢的发展。拥有自己的核武器使苏联可以以一种轻松的心情来参与实际谈判，而斯大林死后掌握政权的领导者也开始寻求与西方重建一种较为合理的关系。更为重要的是，双方所拥有的核武器不断发展使得核战争的前景变得令人万分恐怖。同时，由于少量的核裂变原料就可以造成极大的破坏性，这使得国际核查变得难上加难了。所以，即使两个超级大国之间重开正式谈判，它们也不会把注意力过多集中于实现销毁核武器的最终目标上，而是更多地关注一些预防性的初步措施，诸如：控制或停止核试验，削减核原料的生产，防止核武器的扩散，以及预防突然袭击的发生，等等。

在联合国的支持下，这些问题在 1952 年建立的裁军委员会上首次得以展开讨论，该委员会的宗旨在于既削减核武器又削减常规武器，

---

① Bernhard G. Bechhoefer, *Postwar Negotiations for Arms Control* (Washington DC, 1961), pp. 41 ff.

② Ibid. , pp. 155 – 62.

虽然迄今为止这两类事项仍然分别加以考虑。委员会草拟:

> 条约草案（或条约）应包含此类提案内容:调控、限制及均衡裁减一切军事力量及军备;废除主要的大规模毁灭性武器;对原子能实行有效管制,确保禁止原子武器并保证原子能仅用于和平之目的。①

但是,由于涉及的问题越来越技术化,而且讨论也趋于严肃化,所以委员会内部的谈判就演变成为超级大国之间的双边对话,例如,1958 年"关于突然袭击的会议"中的重要谈判就是在联合国框架之外展开的。这些发展变化当然不受由越来越多的不结盟国家组成的联合国大会的欢迎,这些国家对于自己被排除在重要的讨论之外感到深恶痛绝。1958 年 11 月,大会通过了一项由印度和南斯拉夫提出的议案,议案的内容是扩大裁军委员会,其成员应包括安理会的所有成员国。这样,美苏之间有效的双边谈判自然就难以为继了。②

因此,自 1959 年起,一个持续了 30 年的模式逐渐形成。由于联合国大会由那些不满被强国排除在外的第三世界国家所控制,于是它们开始利用裁军问题作为对付超级大国的武器。那一年,应苏联的请求,一项关于"在严格的国际监督下实现全面彻底裁军"的事项被列入大会的议事日程。十年后的 1970 年,联合国宣布 70 年代为"第一个裁军十年"。1976 年,联合国大会召开了"关于裁军问题的特别会议",这次会议的目的在于"为国际事务的发展指明新的方向,利用面向未来的裁军议程的全球战略手段,使各个国家远离核武器和常规武器的军备竞赛"。这次会议于 1978 年 5 月 23 日至 6 月 30 日召开。

---

① Bernhard G. Bechhoefer, *Postwar Negotiations for Arms Control*（Washington DC, 1961）, p. 166.

② Ibid., p. 461.

1979 年联合国又宣布 80 年代为"第二个裁军十年"。1982 年 6 月至 7 月召开了第二次裁军特别会议。根据联合国官方年鉴的记载，140 个国家参加了这次会议，并阐述了它们的观点。另外，来自 450 个非政府组织的 3000 名代表也出席了这次会议，其中 53 个非政府组织和 22 个研究机构的代表在会上作了发言。"另外，联合国还收到了几千份来自世界各地的各种组织、团体、个人呈交的有百万签名的书信和请愿书。"令人感到遗憾的是，除了开展世界裁军运动之外，联合国大会"没能就任何一项具体行动议程达成一致意见"。但是，这次会议同意再召开一次特别会议。1988 年，又一次特别会议准时召开，但同样没有取得任何成果。①

埋头研究那些出于善意行为而制定的文件实在是一种令人沮丧的经历。鉴于超级大国之间越来越多地在联合国框架之外展开它们的双边关系，或者通过诸如"战略军备限制对话"的方式成功地达成各种协议，那么这些文件究竟对超级大国之间关系的走向能产生多大的影响，就很难做出判断了。然而，应该公正地说，联合国的行动还是维护了一种环境，在这种环境中，置身其中的超级大国及其联盟难以轻易地放弃达成有关武器协议的努力。

这种努力最终还是有所成效。美苏两国相继签署了一些双边协定：如 1987 年 9 月签订的《关于成立减少核威胁中心协议》；1987 年 12 月签署的《消除中程导弹条约》；批准《极限禁试条约》和《和平核爆炸条约》；1990 年 6 月的《销毁化学武器协定》；1991 年 7 月的《削减战略武器条约》。同时，在 1986 年 9 月举行的 CSCE 斯德哥尔摩安全大会形成的最后文件中，制定了影响广泛并使人重建信心的军控措施，1990 年 11 月欧洲还通过了《常规武器条约》。然而，公平地

---

①　*The United Nations and Disarmament* 1945 – 1985，pp. 5 – 8；and *The United Nations Disarmament Yearbook* 1988，pp. 37 – 105.

讲，这一系列协议的达成应该归功于米哈伊尔·戈尔巴乔夫和爱德华·谢瓦尔德纳泽带来的苏联在政策上的巨大转变，而不是联合国大会的压力所致。

另一方面，联合国产生的这种环境给美苏双方都带来了一种恒久的吸引力，促使它们放弃那些浮华而不切实际的宣言式政策，转向达成一些谨慎、扎实而循序渐进式的协议。这种环境的另一个特点是超级大国之间关于军控问题的谈判被认为是更为重要的，结果导致对目前或潜在的冲突爆发区域的讨论缺乏足够的重视，例如，中非、南非、中东以及这一章中所讨论的其他地区。当联合国大会花费大量的时间和笔墨用以讨论那些关于裁军的不切实际的计划时，却没有对那些国家间的公开的侵略行径采取任何行动，比如，1980 年伊拉克攻击伊朗，1982 年以色列入侵黎巴嫩，1975 年印度尼西亚强占东帝汶等。只是在 1990 年，面对伊拉克对科威特的公然入侵，联合国确实采取了行动，但当时的情况也有其特殊性。当时的情形是：主要西方大国的利益都纠缠其中，苏联和中华人民共和国又几乎是美国的受益者，而大部分中东国家又对萨达姆·侯赛因如此突然而又残暴地扩展自己的权力心存恐惧。联合国第一次如他的创建者所期望的那样采取了行动。这的确是一个令人振奋的事例，但如果我们据此就认为此类情况会经常发生，那就无异于自欺欺人。

2. 遏制地区冲突

联合国的另一个作用在《宪章》中涉及不多，与其说是继承了国联的传统，倒不如说是更多因袭了 1914 年以前的维持欧洲秩序的大国协调一致的原则：这种作用体现在通过维持和平、调停以及斡旋来遏制地区冲突。本书的其他章节将会专门讨论这个问题，但此处加以简要介绍亦未尝不可。

以现有形式出现的联合国维和部队，最初并没有包括在《联合国

宪章》的构想中。作为观察员、调停者和缓冲部队，它是在应对无数
国家之间或国家内部冲突的过程中才逐渐发展起来的，这些冲突包括：
以色列及其邻国之间的冲突（自 1948 年起），印巴冲突（自 1949 年
起），印度尼西亚的西伊里安省（1962—1963 年），刚果（1960—1964
年），也门（1963—1964 年），塞浦路斯（自 1964 年起）。① 值得注意
的是，这些维和行动都发生在后殖民地区域，这是由于一方面这些地
区在政权的合法性或边界问题上都存在着大量的不确定因素，另一方
面大国对这些地区的维和行动，即使不同意也至少不会强烈反对以至
于对联合国的努力带来致命性的打击。

　　维和、调解、斡旋理所当然是最为重要的活动。特别体现在中东
地区，正是由于联合国的介入，才使得中东的紧急情势屡次得以缓解，
没有演变成为重大的冲突。但是，这些行动的成效局限于联合国成立
的头 40 年中。关于这一点，在联合国秘书处有 40 年维和行动经历并
曾亲身负责处理这种行动的布莱恩·厄克特先生在 1986 年伦敦国际战
略研究所纪念阿拉斯泰尔·巴肯的演讲中对此有所解释。他解释说，
联合国的介入可以防止冲突蔓延，却很少能解决冲突。导致这种情况
的原因在于安理会，由于安理会的内部意见分歧，导致其不能形成
"包容性"的国际框架来协助冲突方解决它们之间的分歧，以及提供
必要的保护性机构……缺少这样的国际框架，在面临极端暴力的根深
蒂固的复杂情势时，各方就不可能公开地以自身的力量来缓解这些
情势。②

　　80 年代中期以来，联合国为建立这样的国际框架付出了巨大的努
力。这些努力都被记录在本书中布特罗斯－加利的《和平议程》，以

---

　　① On UN peacekeeping forces see the four volumes by Rosalyn Higgins on *United Nations
Peacekeeping* (Oxford, 1969 – 81). See also the chapter by Sally Morphet below, and (for a list of
such forces) Appendix E below.

　　② Urquhart, 'Role of the UN', p. 393.

及布莱恩·厄克特和莎利·莫菲特所撰写的章节中。虽然维和行动在数量和目标上都有很大的拓展，但是仍有严重的障碍横亘在面前。在联合国所遭遇的情况中，没有比 1991 年南斯拉夫内战的情形更为暴力、复杂以及难以缓解的了。它与黎巴嫩的情况十分相似，因为它也是由于一个多文化国家的分裂造成的；但是在战争的规模以及由此而引发的种族仇恨上，它却远远超过了那次冲突。"可维持的"和平只是在有限的区域内短暂出现过，而联合国介入也只是在有限的程度上缓解了人道主义危机。"和平的建立"包括执行与军事占领难以区分的平息战争行动，和随之而来的无限期的维持秩序的义务。直到本书成书时为止，还没有任何一个联合国的成员国表现出意愿来承担这样的责任。

四、结论：建立一个有效的全球性机构的障碍

由于主要成员国之间的意见分歧，联合国或者说组成联合国的国家没能建立起其创始者所期望的国际安全框架。正如厄克特所指出的那样，正是由于这样的失败使所有有关裁军问题的华丽语言和规劝行动都失去了价值。"现在人们已经很少提及《联合国宪章》的原始理念是**联合国的集体安全体系可以带来安全感和相互间的信任，因为按**照这样的理念，裁军和军备控制行动就能够在安理会的支持下得到发展"。① 这也清楚地表明，除非建立这样的安全意识，否则由联合国大会提请的要求和建议将依旧是完全无效的——无论其数量有多少，重复过多少次，或者其意愿多么良好。

联合国曾经有过非凡的成就，这些将在本书的其他章节中加以讨论。它不仅保留了已经存在的国际性合作团体——世界卫生组织，国

---

① Urquhart, 'Role of the UN', p. 393.

际劳工组织，国际法院等——而且还建立了更多类似的组织。它促进了整个世界从以欧洲为中心向真正的全球体系的转变，并且以一种非常有序和相对平和的方式来实现这种转变。它已经为世界政治提供了一个中心舞台，并将一如既往地做下去，因为在这个舞台上，它最小的和最不起眼的成员国也能感受到自己是这个世界的一分子。但是，它没能成功地完成其首要任务。没有建立起使每个国家都能从整个集体的力量中获得安全保障的世界新秩序，它仅仅是映射出这个世界的无序、恐惧和纷争，并竭尽全力加以缓和。

冷战的结束能否最终恢复联合国的能力，使其可以成功地履行《宪章》赋予它的职责，抑或超级大国之间对抗的消失是否反而暴露出建立全球性国际安全机构的深层次障碍，虽然目前看来后者可能性似乎更大，但我们仍将拭目以待。

第三章　冷战后的联合国与国际安全

布莱恩·厄克特

　　到 1990 年，联合国特别是安理会似乎开始或多或少地按照其创始人的意图运作了。五个常任理事国为解决重大问题开始频繁地开展共同合作，而其成果也十分引人注目。以安理会五个常任理事国拟定的有关决议为基础，伊朗—伊拉克战争于 1988 年 8 月结束；① 根据由秘书长协商的有关方案，苏联军队在 1988 年至 1989 年撤出阿富汗；以 1978 年联合国决议为基础，纳米比亚最终于 1990 年 3 月获得独立；② 1989 年古巴军队开始阶段性地撤离安哥拉；联合国在中美洲进行的维和与调停工作也日见成效。

　　随之而来的两个主要发展态势却对联合国是否确实在按照其设计者的意图运作提出了质疑。其一是 1990 年伊拉克吞并科威特的行径，以及其后安理会本身或通过安理会所采取的旨在抵制伊拉克侵略、恢复该地区和平的措施。其二是在一些国家或前主权国家的边境内，通

---

①　SC Res. 598 of 20 July 1987.

②　SC Res. 435 of 29 Sept. 1978.

常是在种族之间，大规模暴力事件日益频发。联合国针对此类事件采取有效行动的权威与能力正在前南斯拉夫、索马里，也许很快将在其他地区经受考验。

　　这两个发展态势呈现出关于联合国性质和作用的一些基本议题，这也是本章要探讨的。第一个发展态势，即 1990 年至 1991 年的第一次海湾危机对《宪章》第七章（对于和平之威胁、和平之破坏及侵略行为之应付办法）所提出的行动方式的可行性提出了质疑。第二个发展态势，即本质上属于国内暴力的事件——对联合国在和平与安全方面提出了一个更具有广泛意义的问题：该组织的基本功能是不是遏制侵略、终止国家间冲突，或者现在是否还包括处理国内大规模暴力事件、践踏人权——换句话说，该组织是否还能广泛地担负起维护正义、法律和秩序的职责？

　　联合国的信誉在前南斯拉夫正经受着考验，而其结果却难以令人满意，这种情形同 1992 年选举后的安哥拉如出一辙。在柬埔寨和索马里，联合国的信誉也可能会遭到严重损毁。由于目前安理会旨在解决冲突的许多决议既缺乏法律力量又缺乏政治力量，从而使其难以得到遵守，或者缺乏有效的实施手段。后冷战时代短暂的蜜月期之后，联合国再度面临着关键时刻无法执行决议的难题，不同的是这次不是冷战产生的障碍所致。这种趋势如果不能加以扭转，那么这一世界组织作为维护和平与安全机构的信誉和地位将越来越多地遭到质疑。

一、应对侵略的行动

　　1990 年 8 月 2 日萨达姆·侯赛因（Saddam Hussein）入侵科威特时，安理会以前所未有的速度和果断作出了反应。8 月 2 日至 11 月 29 日期间，安理会根据《宪章》第七章就科威特危机的若干方面通过了

12 项决议。① 联合国实施制裁;② 海上禁运;③ 并于 11 月 29 日最终决定,如果伊拉克直至 1991 年 1 月 15 日仍不遵守其决议,则授权使用武力。④

虽然安理会在应对侵略方面以前所未有的紧迫感和决心而受到广泛赞誉,但它却并没有严格按照《宪章》第七章行事。第四十六条与第四十七条清楚地表明,根据第七章所采取的强制执行措施必须由安理会及其军事参谋团来控制。因此早在 8 月 25 日,当安理会要求海湾地区拥有海军力量的国家监督海运的时候就已开始违背《宪章》第七章的具体条款了。11 月 29 日的 678 号决议更是脱离了《宪章》相关条款,它授权"同科威特政府合作的会员国⋯⋯可使用一切必要的手段(即使用武力),如果伊拉克 1991 年 1 月 15 日还不撤离的话"。与此类似的违反《宪章》第七章行动方针的事件在朝鲜战争(1950—1953 年)中同样发生过,并且也是由美国控制军事行动的。⑤

这种违背《宪章》的趋势始于 1990 年至 1991 年的海湾危机,并行之有据。因为在冷战 40 年间,安理会没有对类似危机以《宪章》所建议的方式作过任何必要的准备工作。自 1948 年以来,军事参谋团未举行任何具有实质性意义的会议,也没有作任何筹备性的筹备工作或应急计划。安理会也没有根据《宪章》第四十三条与会员国缔结任何关于为其提供武力支持的协议。因此,当 1990 年 8 月安理会谴责伊拉克的侵略行径时,它不是在维护该地区其他国家的安全的立场——特别是沙特阿拉伯的安全——上来反击伊拉克可能的袭击。

----

① 第一项是 SC Res. 660 of 2 Aug. 1990,该决议谴责同一天早些时候发生的伊拉克入侵科威特事件。

② SC Res. 661 of 6 Aug. 1990.

③ SC Res. 665 of 25 Aug. 1990.

④ SC Res. 678 of 29 Nov. 1990.

⑤ SC Res. 84 of 7 July 1950.

相反，保护沙特的行动却是在美国领导下展开的。这一行动的正当性主要来自《宪章》第五十一条，该条款规定了单独或集体自卫之权利。当这一涉及大规模军队部署的行动开始展开时，它被命名为"沙漠盾牌行动"（Desert Shield），因此人们认为这是一场自卫的行动，联合国制裁与禁运的目的也只是迫使伊拉克最终从科威特撤军的手段而已。然而，当后来美国军事集结的规模庞大到拥有进攻能力，而制裁似乎对萨达姆·侯赛因侵略科威特几乎没有影响时，对抗伊拉克侵略行为的主要手段就从制裁转变为使用武力。

从制裁转向武力的做法当时引起了极大争议，特别是执行行动可能由美国而不是由安理会指定的指挥机构来领导。另外，第七章的目标是尽可能采取非暴力行动。第四十二条表明："安全理事会如认为第四十一条规定之办法为不足或已经证明为不足时，得采取必要之空海陆军行动，以维持或恢复国际和平及安全。此项行动得包括联合国会员国空海陆军示威、封锁及其他军事举动。"

沙漠风暴行动（Operation Desert Storm）实施前，安理会不曾作出任何正式决议来说明制裁措施的局限性。现在看来，即便是严格执行了这些制裁措施，都不可能短期内迫使一个独裁、无道德的领导人在任何程度上改变其行为。萨达姆·侯赛因也可能曾经认为安理会威胁使用武力只不过是虚张声势，不可能成为现实。因为当他 1980 年入侵伊朗时，安理会就曾坐视不管，既没有要求撤军也未施加制裁。他对安理会应对侵略的决心的估计当然受到此次经历的影响。

美国及其盟国于 1991 年 1 月 16 日至 17 日开始实施重大军事行动，即沙漠风暴行动，对伊拉克与科威特境内的伊军事目标进行空中打击。大规模的联合陆地进攻始于 2 月 24 日。联军接管科威特全境和伊南部部分地区后暂停联合进攻打击行动。

战后，萨达姆·侯赛因被要求执行具有重大意义的停火决议（第

687 号决议)。① 该决议要求摧毁或清除所有大规模杀伤性武器,包括化学武器、核武器及射程在 150 千米以上的导弹。同时要求赔偿和归还科威特的所有财产,并且在这些及其他条款实施之前仍维持对伊拉克的制裁。与此同时,国际社会为保护伊北部库尔德人及南部什叶派教徒免受伊拉克中央政府的任意摆布做出了国际努力,制裁措施也为此奠定了基础。"安全领空"、"禁飞区"、一支联合国护卫队和大量的救济行动是沙漠风暴行动的一系列复杂的后续行动。伊拉克对联合国及某些联合力量施加的许多条件进行了抵制,而后者则以 1993 年 1 月 14 日和 18 日对伊目标的空中打击作为回应。

联合国于 1991 年 1 月至 2 月对于萨达姆·侯赛因入侵科威特的冒险行动所作出的强有力回应也许充分地向未来的侵略者显示了其威慑力。然而,如此明显的侵略事件在可预见的将来是不太可能再次发生在这样的战略敏感区的。而这一回应的长期影响由于萨达姆·侯赛因还牢牢地掌握着伊拉克政权会将不可避免地遭到削弱。无论如何,这一事件还是凸显出联合国作为集体安全实现手段的能力。

从目前的国际领导与军事格局的现状来看,没有美国的领导和军事参与,实施沙漠风暴这种规模与强度的行动是不可能的。这一现实业已引发了一些人消极地解读安理会在科威特事件上的作为。同时,在某种程度上由于不恰当的使用"新世界秩序"一词,这种现实也引发美国政府对美国未来角色的定位产生了种种猜测,因为相对于世界其他国家而言,美国是唯一仅存的超级大国。

就安理会而言,似乎它本身还少有或几乎没有意愿使《宪章》第七章的条款成为现实。因为,目前既没有激活军事参谋团的意向出现——即便仅仅让它充当一个临时性的应变角色,也没有任何迹象表

① SC Res. 687 of 3 Apr. 1991,"所有决议之母"。它是继 1991 年 3 月 2 日第 686 号决议之后的一项决议,概括了伊拉克可采取的必要措施,这些措施将确定地消除敌对状态。

明会有某一个政府就布特罗斯－加利倡议"各国政府根据第四十三条达成协议为安理会提供军事力量"的相关呼吁作出回应。①

另一方面，第七章，即关于强制执行决议的一章——冷战期间只是在少数情况下被部分地应用过以实施制裁——而在后冷战时代则被过多地轻易援引。这一趋势逐渐引起了发展中国家的极大关注，它们将其视为一个新的超级霸权力量出现的先兆。正因为如此及其他一些原因，有关安理会结构和目前常任理事国过时的设置日益成为迫切的政治议题。

尽管布特罗斯－加利在《和平议程》中提出了建议，但目前似乎既无人关注改革联合国和安理会，进而使其能更好地依据第七章条款应对新近出现的严重的侵略行为，又不能真正赋予该组织一定的能力使其能够处理更加棘手的挑战。因此，对重大的侵略行为和对社会秩序的灾难性破坏的遏制很大程度上仍是美国及其一两个盟国的军事力量所能及的。同时，应对未来紧急事件中的决定因素将会体现特定情况下美国及其盟国的利益和关注点。虽然联合国无法保证对任何地区发生的侵略行为都能够或将会采取强有力的行动。但是，联合国仍能采取一些不太激进的措施，如中断外交关系与交流以及实施制裁等手段。例如，1992 年 5 月，尽管对于在前南斯拉夫地区采取大规模军事干预的行动少有支持，安理会仍对塞尔维亚和蒙特尼哥罗实施了严厉的制裁，1993 年制裁更加严厉。②

二、种族与国内冲突

目前对于各国政府特别是安理会成员国来说，应对侵略并非当务

---

① Boutrous Boutros-Ghali, *An Agenda for Peace*, June 1992, para. 43.
② SC Res. 757 of 30 May 1992; SC Res. 820 of 17 Apr. 1993.

之急。更加迫切的是如何处理一国境内或原来的国家境内的大规模暴力、人道主义危机、政权更迭和践踏人权等几乎每天发生的问题。冷战结束以来，除伊拉克与科威特外，屠杀与破坏浪潮更多地发生于一国境内，有时在种族之间，而非主权国家之间。这种情况提出了关于国家主权与国际责任之间的平衡以及联合国基本使命的性质等一些根本性的问题。联合国的成员国——其中许多国家都存在着自身的种族问题——当然不愿意面对这些原则性问题，同时他们也不愿意创建新的法律标准并为国际干预首开先例。因此，近来爆发的种族暴力与国内战争大多是在特例的基础上进行处理的。

1. 伊拉克北部库尔德人

在这点及其他问题上，伊拉克是个例外。沙漠风暴行动之后，伊拉克库尔德人的困境使得第 688 号决议得以通过，该决议从表面上为联合国干预国内事务确立了新的标准。该决议：

> 要求秘书长……在伊拉克加紧人道主义努力，并立即报告……伊国内贫困人口特别是库尔德人的生存状况，这些人处于伊政府各种形式的压迫之下；
> 进一步要求秘书长运用所有可支配的资源，包括联合国相关机构的资源，立刻解决伊拉克难民和流亡人口的生存需求；
> 要求伊拉克与秘书长合作达到以上目的。①

随着盟军撤出伊北部后，一个新的国际机构，即一支非武装的联合国"卫队"应运而生了，它为当地提供了有形的国际驻军并为苦难的库尔德人提供了保障。在经历了最初的质疑之后，作为介于一支联

---

① SC Res. 688 of 5 Apr. 1991.

合国军事部队与纯粹的人道主义行动之间的折中性机构，事实证明它还是较为成功的。然而，它却是在一种异常的环境中运作的，这一机构所处的国家伊拉克仍处于《宪章》第七章下出台的联合国制裁和一系列强制性决议之下，而美国驻土耳其强大的空中力量几分钟之内就能抵达伊拉克。无限的承诺这种老问题驱使着联合国要竭尽全力地帮助伊拉克的库尔德人。在最初的危机平息之后这样的努力究竟还应持续多久呢？

2. 南斯拉夫与索马里

在南斯拉夫与索马里却不存在作此类安排的基础。自 1992 年以来，两国发生的暴力灾难便牢牢占据联合国日程的首要位置。这两国的局势根本不可能用国际组织用以缓和暴力恶性循环的常规做法来平息。在两国局势中，有关地区组织都未能了解问题的所在并将其提交联合国安理会。同样，尽管作出了广泛努力，联合国代表也未能于数月之内使冲突方遵守停火协议的安排，更不用说建设性地参与到调解过程中了。在这两个地区，传统的维和力量无法控制混乱的局面。各种形式的人道主义援助均因受到持续暴力的威胁、侵袭而归于失败。

在南斯拉夫，就成本问题进行了大量的辩论和争吵之后，终于在1992 年早期派遣一支联合国维和部队到克罗地亚执行任务，虽然它的总部设在了波斯尼亚拥有独立地位之前的首府萨拉热窝。① 联合国维和部队到达之时正值欧洲在外交上承认波斯尼亚—黑山，同时在这一新被承认的共和国爆发了意料之中的种族冲突。在处理这样的局势上，一支联合国部队是难以胜任的。秘书长将情况如是告知安理会。屠杀与毁灭仍在继续，并没有因 5 月底安理会对塞尔维亚的制裁及在欧共

---

① 在 SC Res. 743 of 21 Feb. 1992 决议下建立了联保部队（UNPROFOR）。随后，在 SC Res. 758 of 8 June 1992 决议下，其职责扩展到向波斯尼亚和黑山提供人道主义援助。

体与联合国支持下制定协商解决方案的大量努力而有所缓减。进一步的军事派遣来自于北约国家，于1992年下半年抵达，旨在为人道主义救援行动提供保障。1992年与1993年就实施更加强有力的措施进行了讨论，但仅取得有限共识。

安理会起初对索马里问题缺乏主动性，只是在数月之后即1992年4月才决定派遣小规模的维和部队。① 与此同时，秘书长的代表试图与非洲统一组织（OAU，简称非统组织，于2001年成立非洲联盟——译者注）合作，共同推进民族和解进程。这支小规模的维和部队三个月之后才抵达索马里，而人道主义救援行动则日益受到武装团伙的破坏，寻求和解的努力未能有所进展。当地的混乱与饥荒被生动地报道于世界各地的电视荧屏，这种情形最终引起了更加强烈的反响。

1992年12月美国总统大选之后，应加利请求，美国自愿派遣了一支军事远征军前往索马里，并邀请其他国家加入。此次行动由安理会根据《宪章》第七章给予的"授权"，其目的旨在"推动索马里救济品发放、和解及政治解决的进程"。② 由美国指挥，并由除美国之外的多个国家的部队参与的"恢复希望行动"（Operation Restore Hope）于1992年12月9日开始在索马里的干预行动。在必要的情况下，该行动有权使用武力。这是一次典型的武装警察行动，它可能会成为未来经常使用的一种干涉形式。1993年5月初美国司令正式将责任移交给联合国第二次索马里行动（UNOSOM II）的指挥官。

---

① SC Res. 751 of 24 Apr. 1992 决议决定在索马里开展军事行动（UNOSOM），授权派遣50位联合国观察员在摩加迪沙监督停火，并原则上同意在索马里建立联合国安全部队为人道主义援助提供保护。随后的决议（SC Res. 767 of 27 July and 775 of 28 Aug.）规定了联合国索马里军事行动的各项任务并授权增强其力量。第一批观察员7月份才抵达索马里，第一个安全小组1992年9月14日抵达。

② SC Res. 794 of 3 Dec. 1992.

三、未来的问题

南斯拉夫与索马里的悲剧引出了关于国际体系功能的重要问题。这里提出的问题是尤为棘手的，因为地区组织、即便是所谓强大的欧洲组织在两次事件中都已被证明没有能力进行有效而及时的干预行动，甚至无法达成一致的政策与处理方法。成员国之间政策的相互冲突削弱了其在主要冲突方眼中的信誉和公正性。目前，它们明显缺乏采取预防措施、进行有效维和，或实施和平行动的经验与能力。因此，遏制破坏与灾难恶潮的责任就落在了联合国身上。

1. 联合国介入的一种新模式

由于《宪章》第二条第七款约束了联合国不得干预任何国家内管辖之事件，因此传统上联合国不愿介入明显属于内部或国内管辖的事务，在这方面其行动是滞后与犹豫不决的。而该组织本身的财政状况，以及其最大的会费分摊国们既不愿意增加行动成本又不愿意让自己过多地牵涉其中的现实，都进一步加重了联合国行动上的犹豫不决。随着联合国的承诺增多，其维和费用比以往任何时候都多得多，并超过了常规预算。[①]

除了最直接的效率与成本问题，目前的发展态势提出了关于联合国职责的性质，即该组织实施干预行动的权利——与义务——及其这样做的能力的基本问题。目前尚不存在现成的法律模式为这些问题提供全面的答案。因而，该世界组织将必须在不断摸索过程中前行，从其自身行为及可获取的案例和法律规范中汲取精华，这些可能有助于

---

① 所谓维和行动成本的"年度化"，即每个维和行动在其不同的预算周期中每 12 个月的开支是 30 亿美元——超过之前的最高年度数字四倍——见 1992 年秘书长年度报告，UN doc. A/47/1 of Sept. 1992，para. 18。

未来构建一个更加有效的国际机制。这一机制应该是广泛与公正的，并且有其成员国力所能及的支持和参与。

目前联合国控制危机的主要机制是维持和平。《联合国宪章》中并未涉及维和，最初它是作为填补去殖民化所带来的权力真空和减少摩擦及缓减冲突烈度的一种手段在战后去殖民化时期发展而来的，它为努力促成解决巴勒斯坦、克什米尔、刚果、塞浦路斯及其他地区的后殖民主义冲突局势而达成长期的解决方案创造了条件。此后，特别是在中东地区，维和被证明是冲突后隔离各方并在它们之间建立缓冲地带的有效方法。当联合国在处理一国境内的冲突（刚果、塞浦路斯），或者当联合国应对的局面是缺乏政府授权同时大多数战斗是由不受联合国决议约束的非正规军参与的情况下（南黎巴嫩、波斯尼亚—黑山），维和行动就最具争议。

冷战结束以来，对维和行动的需求及其本身的规模逐渐扩大，1987年以后的六年中发起的维和行动较前40年都多。目前，这些行动的主要内容包括解除派系武装、遣返难民、临时的行政管理（如柬埔寨）、协助人道主义救援以及组织和监督选举。冷战结束以来，这些新的行动较其之前有一个无法比拟的优势——安理会所有成员国的一致支持。

然而，维和的极大成功仍然引发了新的问题。联合国担负新任务的能力是否有极限？同时，如近年来的一些事实所表明的那样，对于新行动的财政支持有无限度？这些重大问题必须加以认真对待。除了财政上的问题，应该有可能通过利用所有成员国的资源及其一小部分防务预算和装备建立某种机制，这种机制使得联合国有能力在局势所需的世界任何地方展开有效行动。如果该组织想要赢得所有成员国的尊重和信任，它就必须被大家认为是有能力采取普遍性行动，而不是仅仅在其最强大的成员国利益牵涉其中时才会有选择地采取行动。也许应该补充说明的是：维和的成本常常被夸大。1992年的维和费用尽管高于以往，但仍不及美国一架隐形轰炸机的开支。

有的建议提出地区组织应承担起更多任务。《宪章》的最初意图无疑是区域性组织应该来处理本地区内的冲突，如果可能的话。然而，各种难题也随即出现了。某些地区并没有构成广泛性或被普遍认可的地区组织。现有的区域性组织在许多地区冲突中被认为偏向一方或另一方。因此，目前的区域性组织还没有能力、经验或资源来开展大规模的维和行动。能弥补至少其中某些缺陷的办法就是与联合国进行更好、更系统的交流和更加密切的联合行动，如目前中美洲、欧洲、非洲所进行的那样。

传统的维持和平行动除了自卫外禁止使用武力，同时它的开展有赖于冲突双方事先达成停火和合作协议；但事实证明，对于打破诸如南斯拉夫、索马里等地的暴力循环，它并不是一种合适的方式。因为在这些地区，挑起事端的往往是非正规军队，他们既不是协议方也并不尊重联合国传统维和所秉承的合作、非武力精神。

索马里的局势以及美国滞后的干预行动表明，联合国需要采取第三种类型的军事行动，它介于维持和平与大规模执行和平行动之间。这种行动的目的在于终止肆意的、失控的暴力行为，同时通过保障相当程度的和平与秩序使人道主义救援工作得以开展，而且冲突的斡旋与解决进程可以着手进行。此类武装警察性质的行动将启用训练有素却规模较小的部队，同时此种行动不应有严格意义上的军事目标。与维和部队不同的是，这支部队可能会冒一定的参与战斗的风险，如果必须要使用一定限度的武力的话。暴力冲突发生的几率将会因惩戒力量的有力展示而降低。

目前世界范围内的暴力冲突趋势日益表明，联合国需要拥有开展此类行动的能力。这其中涉及了重要的政治、法律与实际问题。要着手制定新的联合国介入原则以及接触原则，并就此取得广泛认同，但最初无论如何还是要具体问题具体分析。需要建立人事、培训、规划和指挥机构。必须拥有一支来自世界各国的训练有素、指挥得当的军事代表团以备应急之需。应鼓励各国政府根据《宪章》第四十三条达成协议，同时，当除强力干涉之外的其他措施都无法打破暴力循环时，此类代表团应能随时待命供联合国支配。当旧的军事服务形式已不能满足需要时，这种灵活的国际任务能为国家军事服务提供一种鼓舞人心的新维度。只要拥有了必要的领导能力和政治意愿，联合国没有理由建立不起这样一支规模与开支均相对有限的军事力量。布特罗斯－加利在《和平议程》中关于"执行和平部队"的建议中提出了这一问题。① 但是目前，成员国政府没有给予明确的回应。

2. 一个和平与安全的体系

若使集体安全、维持和平与执行和平在未来能更加有效地运作，就需要建立一个更加统一的行动模式。迄今，联合国特别是安理会对国际和平与安全的威胁的回应是任意和有选择的。每次事件从一开始就是以随机应变的方式采取临时措施来处理的，而且常常是在重大灾难已经发生之后。过去这种十分不系统、不连贯的行动方式可能是出于充分的政治及其他原因。但是，现在这些原因大多已不复存在了。

问题是，在后冷战时代新的国际环境下，世界各国能否在警醒的意识、一致的共识、共同的利益、普遍接受的原则、集体行动和国际法的基础上有能力在联合国内为建立和维护一个和平、安全与稳定的国际体系付出努力并支付相应的费用。这一体系的基本功能在于持续关注世界各地的和平、安全与稳定状况，通过和平解决、调解纠纷、预先制止或防止冲突，保障对弱者的保护，并以权威性的方式处理侵略者或潜在的侵略者。诚然，这是一个很高的要求，但我们也应认识到，除非国际和平与安全状况得到大幅改善，否则实现这个目标将会

---

① *Agenda for Peace*, paras. 44 and 45.

是十分困难的，而如果国际和平与安全状况难以实现大幅改善，那么就必须调动必要的人力、物力来应对所谓的全球问题，因为这些全球问题将关乎下个世纪人类的总体生存状态，即便不是命运的安排。

　　我们有可能正迈入一个世界极不稳定的时期。冷战的结束使许多长期以来就已存在的、被隐藏起来的敌对关系和宿怨重新凸显。许多地区的国家主权与国家边界开始瓦解。因此，针对人道主义危机、大屠杀和侵犯人权而进行国际干预的需求与日俱增。世界范围内瞬息万变的信息交流，激化了贫穷的蔓延和深刻的经济不平等。人口压力、大规模的经济移民、自然与生态灾难以及对人类至关重要的自然资源日益稀缺，所有这些因素都使未来变得更加不稳定。在这种情况下，一个国际和平与安全体系的功能至多只是流于表面，除非与之相伴的是一种能为和平与安全创造长期条件，并为消除冲突的根源而付出坚定的努力。

　　一个可靠的国际安全与稳定的体系——正如我们在一个秩序运行良好的国家中所依赖与期望的那样——不仅能对已发生的危机做出有力回应。它同样能够为维护和平与稳定创造条件，并同时具备预见和避免冲突与分裂的能力。

　　为和平与稳定创造条件是联合国体系中大部分组织以及联合国本身的基本职能。这一职能急需进行重构、调整与合理化。略微列举几项必要措施就足以说明问题。

　　（1）军控。未来和平与安全最为明显的条件是控制和减少武器交易。非常具有讽刺意味的是，安理会五个常任理事国近来表现出的军控热情被认为是和平的最大希望，然而，它们却同时也是世界五大军火出口国。军火交易中卷入的巨额资金及对军火几近于全球性的依赖使其像毒品交易那样特别难以控制和削减。但如果不减少武器流通，暴力与冲突的基本诱因将仍然存在。

　　目前国际社会已经向正确的方向迈出了步伐。1991 年，联合国大会决定建立常规武器登记册。① 它是逐步建立起来的，目前只有少数几个政府同意提供信息。登记册主要涉及常规武器，其中还记载国际武器转移的数据和在自愿选择基础上提供通过国家生产渠道的军火持有与采购方面的信息。以限制武器购买作为提供外国援助附带条件的这种做法也引发了广泛的关注。有人已经开始研究军用向民用经济转变的问题。然而，截至目前，既没有政府提出重要的倡议也没有广泛的公众舆论支持旨在实现军控、裁军和人类社会非军事的意义重大的行动。

根据安理会 687 号决议，对伊拉克大规模杀伤性武器的核查与拆除过程中所涉及的问题生动地表明，即使相对较小的国际军控行动也是相当复杂的。

（2）经济、社会与环境问题。一个划分为少数富人与大多数绝望的穷人的世界永远不会稳定，特别是在信息与人口爆炸式增长的时代。这远不只是道德问题，大众的贫困与绝望更可能被老练的煽动者以意识形态或激进宗教的名义加以利用，而现代技术则极有可能带给潜在的恐怖分子更多的便利，这会成为舒适的工业化世界所面临的、难以克服的挑战。尽管穷国向富国移民的现象日渐凸现，但自冷战结束以来那些旨在消除贫困或实现可持续发展而开展的国际型和双边型项目已经大大失去了动力。如果相当程度的稳定可以在下个世纪得以实现的话，那么就必须对最为紧迫的经济、社会和环境问题给予更多关注和采取更多的行动。

民主缺失、严重践踏人权、侵略倾向及其他不负责任的国际行为之间的相关性早在伊拉克侵袭科威特之前就已经清楚地显现出来了。传播民主、尊重人权是一个更加稳定、更少暴力的人类社会所不可缺

---

① GA Res. 46/36 L of 9 Dec. 1991. 也可参见 GA Res. 47/521 L of 15 Dec. 1992 决议中的联合国后续决定。

少的因素，同样也是国际社会应关注的必不可少的一部分。在国际和平与安全的"隐蔽日程"上仅有一些最为显著的议题，而为解决这些问题所作出的巨大努力是未来任何国际体系维护和平的重要基础。

3. 各种因素能否整合为一个有机整体?

构建一个国际和平与安全体系的许多因素已经存在。然而，至今它们没有被作为单一体系的一部分加以一致运用。《宪章》本身就含有和平解决争端、处理威胁、破坏和平的行为以及侵略行径的条款；而1945年以来安理会与秘书长在这一领域的职责和活动大大增加了。不同规模与效能的地区组织；具有特定目的的联盟和特别小组；各种军事手段层出不穷，包括一些《宪章》中根本没有囊括的，如联合国军事观察员或维和等形式不断涌现。

随着冷战的结束，束缚联合国机构的障碍得以消除（至少暂时消除），同时新的问题与挑战也随之出现，则现在的问题在于政府是否有能力、有远见并能拨出相对小额的费用将这些因素结合起来，构成一个坚实、可靠的国际和平与安全体系。

构建这一体系的步骤和阶段是显而易见的。一些具体机制以及新标准与规则的构建——例如，在国际干预行动中所应用的手段——将会十分自然地成为激烈争论的主题，而且其建立需要时间与付出努力。重要的是，此类讨论和行动应立即开展并能有所成果。与此并行的任务是处理正在发生的具体危机，它应有助于提供经验、动力和新思路。

任何安全体系的首要因素是警醒、信息和评估。秘书长和秘书处一贯坚持对世界局势及国际和平与安全的可能威胁予以持续的关注。迄今为止，所面临的问题是缺少资源和手段来获取第一手信息，其中最为重要的问题在于各国政府、甚至安理会内部显然都无意听取警告和采取预防措施。在这种情况下，进行大幅改革的条件已经势在必行。

自1990年以来，安理会前所未有的活跃，而安理会与秘书长的关系则较冷战时期更加密切与合作。随着 1992 年布特罗斯－加利重组秘书处，信息收集与评估开始占据了这一政治部门中应有的位置。从政府与非政府渠道更好地获取信息能使秘书长既能采取一些初步措施——发现事实、斡旋等——又可以就一些潜在的冲突提请安理会注意。这些安排得以成功的关键在于两个因素：敏锐、客观评估信息及进展的能力（伊拉克—科威特战争的经历提供的是不能以此为之的反面教材），以及安理会的响应度（其中包括在灾难发生前它采取预防性措施的自主性）。而提高警觉与实施更为有效的预防措施的条件比以往任何时候都要好。只有时间能检验秘书长与安理会是否能充分利用这些条件。

现在人们比以往任何时候都更加强调预防性行动的价值。目前这种合作性的国际环境的确能使这类行动——外交的、经济的、政治的，甚至军事的——更加有效。这很大程度上取决于如何协调各种预防性行动，从而使其进一步形成统一的政策。南斯拉夫的案例就充分表明，即便是在后冷战时代，这一点也不像看起来那么简单。如果安理会，甚至联合国大会能在采取和协调预防措施以避免冲突、缓和危机方面发挥重要作用，那么国际情势就有可能更为有利。其中与地区组织进行更加密切的合作是联合国的努力中必不可少的一部分。更多地利用国际法庭来处理国际纠纷的裁定问题同样是一种有益的预防性手段。即便是在冷战期间也能行之有效的秘书长的斡旋职能，是一个十分重要的预防性机制。在目前的国际局势下，斡旋过程中秘书长受到的牵制较少，并有望得到更大的支持。联合国将更多地关注缓减和解决种族与少数民族问题的具体手段，因为它们似乎有可能是未来暴力与灾难的主要根源。

现在更有可能将维和的不同手段作为冲突爆发前的防范措施。向局势紧张地区派遣军事观察员或小规模的维和部队，甚至在必要的情况下站到冲突的一方都能够提供一种警告、一种国际关注的信号和一种及时准确的信息来源（例如 1992 年 12 月一支预防性维和小组被派往马其顿）。将维和作为警戒线表面看来很有吸引力，但需要深思熟虑。可以理解，在军界这一理念并不是特别受欢迎。只有拥有坚强的保障，即警戒线被跨越的情况下能够采取及时有力的行动，才能够允许将维和作为警戒线。

如果将预防性措施作为一系列国际行动和措施的一部分，那么它将发挥更大作用。如果大家都知道特定的行为必然带来特定的国际后果的话——如经济压力或制裁——那么安理会过去就已经采取了这样的行动并且将来仍有能力这么做——则国际预防性行动的影响力将大大提高。

预先缔造和平（按照联合国的表达）与维持和平的措施可能仍将是安理会和秘书长开展行动的中流砥柱。然而，如果它们被证明是无效的，那么其失败就应系统地与从第六章（争瑞之和平解决）向第七章（对于平之威胁、和平之破坏及侵略行为之应付办法）过渡的各种行动联系起来。冷战期间显然缺乏这种系统联系的意识，但它却能极大地增强安理会和秘书长在解决争端中的砝码。近年来，安理会日益着眼于根据第七章采取行动，这使得联合国开始远离由于决议无法得到执行或不受尊重而严重地损害了安理会的威望与效力的时代。

若使这种系统方法更加行之有效，就需要付出更大的努力，其中包括有效的信息评估、人员配备、应急计划、随时待命的军队、资源和后勤以及合理的培训项目。国际社会对于与维持和平有关的事项已经给予了更多的关注。但是目前，对于执行《宪章》第七章所述之执行措施而应做的准备性工作却少有关注，这些措施包括——禁运、制裁、强制执行和平、遏制和强制性行动。如果大家可以形成这样一种认知，既联合国可以随时调动与使用以上这类措施，那么在许多时候这种认知可能会演变成一种威慑，从而使这些手段几乎不必真正在实践中应用。

我们需要关注经济制裁问题。作为国际体系的聚焦点，制裁似乎很有用：但其在改变行为当中的效力则更多地受到置疑。它们拥有杀伤力，却不一定改变目标政府的行为。或许，即使制裁对狂妄的独裁者不起作用，它们仍是升级至真正使用武力过程中的一个必要步骤。因此，我们需要更加认真地研究制裁的历史，包括其高度敏感的人道主义意义。

缺乏联合国机制或资源来采取强制行动的事实表明需要以美国为首的盟军来实现安理会在海湾地区以及在索马里的目标。这是否意味着安理会永远不具实现《宪章》第七章中最为重要条款的能力？构建这种能力显而易见的起点是军事参谋团，它也在一定程度上充分反映了自 1945 年以来军事与经济权力的变化，但是目前安理会五个常任理事国似乎无意根据《宪章》第七章来利用军事参谋团的能力（尽管它是 1945 年《联合国宪章》最为伟大的创新之一）。至少在管理工作和紧急计划方面军事参谋团可以为安理会提供一定帮助。尽管《宪章》第四十三条规定，会员国应依照特别协定为安理会供给所必需之军队等，但由于这一条款始终未从冷战的沉睡中苏醒过来，因此联合国将会继续缺乏由其自身来开展武装警察行动的能力。

联合国近来的经验展示了一个很好的观点，即有必要建立一支可直接从世界范围招募志愿者并能立即供联合国支配的精英部队。[①] 迄今为止，安理会还没有能力在危机爆发早期、局势还未崩溃和变得失控之前派遣一支有力的军事力量。事实上，联合国第一任秘书长特里格夫·赖伊（Trygve Lie）早在 1948 年第一次阿拉伯—以色列战争初期就曾建议派遣此类军队以实现以上之目标。

建立这样一支力量会遭遇无数的反对意见。然而，却有一个无法抗拒的支持性理由呈现在我们面前。这支部队会赋予安理会（和秘书长）派遣军事力量与决策的能力，从而可以在关键时刻避免发生更大的灾难。如果安理会要维持在其广泛参与的低度冲突中的信誉和地位，

---

① 参见 Brian Urquhart, 'For a UN Volunteer Military Force', *New York Review of Books*, 10 June 1993, pp. 3 - 4, 以及之后几期的评论。

那么它急需拥有能迅速开展强制执行和平行动的能力。

后冷战时代，发达国家和发展中国家间观念与利益的差别——所谓的"北—南"问题激化了。海湾危机期间及之后，五个常任理事国的主导地位，尤其是美国，引起发展中国家的广泛批评与不满。否决权使得安理会不能采取任何违背安理会五个常任理事国中任何一国利益的集体行动，这个事实暴露了全球集体安全体系在概念上的大漏洞。安理会的改组应致力于解决而非激化这一问题。在针对某些国内局势、人道主义或人权问题而开展的干预行动中显现的新趋势使得认真而审慎地处理北—南问题比以往都更加必要。一个较为完善的国际安全体系要成功运行的话，就必须考虑这一问题。

所有成员国都需要力所能及地参与国际行动。联合国应有意愿和能力处理国际局势，特别是当涉及保护弱者时，不管它们是否是发达国家的关注所在。联合国必须保持自身是一个全球性组织，同时必须避免成为大部分成员国眼中的大国俱乐部。

4. 从根本上完善国际机制的必要性

在构建一个更可信赖、更加有效的国际和平与安全体系的努力中，有几个问题需要着手解决。目前，联合国面临一系列紧迫的全球问题，而与此同时世界许多地区都处于混乱与不稳定状态中。联合国处理全球问题的能力，可能是这个星球在未来大约 100 年里继续生存下去的决定因素。不能排除人类的实践最终不幸归于混乱的可能性。这是从根本上完善国际机制的主要动力。这种完善需要国际合作、理解、资源、执行和对一个未知的秩序的领导素质。政府和私营部门必须将视野由短期利益转向关注长远发展。如果世界及其资源都被国际社会和平与安全的不确定性所笼罩，那么这种视野上的转变就不可能发生。这正是为什么一个可以维护国际和平与安全的稳定而可靠的体系对于未来至关重要的原因。

第四章　联合国与民族国家利益

安东尼·帕森斯

国际联盟在其短暂的生命中几乎毁誉参半。与其前身不同的是，联合国很快就在国际视野中奠定了自身的地位。事实上，新独立的国家会自动寻求加入联合国，而旧的成员国将继续重视其联合国成员国地位。① 即使当去殖民化以不利于西方国家的方式改变了联合国的议事局势，而某些政府私下质疑联合国对于国家直接利益的实际价值时，公众舆论仍原则上支持该组织，仅对其某些实际活动持批评态度。没有任何政府，即便是长期处于边缘地位的南非，会认为退出比仍保持参与对国家利益更有利。为了迫使那些浪费的、不称职的专门机构修正其工作方式，曾经也有一些无关痛痒的退会行为——美国在 20 世纪 70 年代退出国际劳工组织，80 年代美国与英国退出联合国教科文组织——但并无迹象表明联合国本身因此受到了结构性的侵蚀。联合国经历了数个危机阶段，可能最为紧急的一次是在 80 年代中期，但在每

① 关于联合国对英国利益的重要性的有益评述可参见：Erik Jensen and Thomas Fisher (eds.), *The United Kingdom*, *the United Nations* (London, 1990)。

次事件中，国家最终都会认为联合国的存续——实际上是强化——最有利于其国家利益。

一、冷战时代的积极成果

即使在联合国最初的 40 年里，很多场合的经验表明，它是缓解（和减少）纠纷、平息危机的有效工具，并能作为一种推动机制劝说各方坐下来进行磋商。只有在条件允许的情况下联合国才能成功地采取行动。一般认为，纠纷的最终解决方案必须由各方直接进行磋商，无法依靠外部机构，包括联合国，来拟定具体的方案并强加于不愿接受的各方。这是根本行不通的。

如果加以恰当运用的话，联合国拥有处理纠纷与危机的有效机制。首先是安理会以及在更弱的程度上联合国大会的公共外交（public diplomacy）。联合国可以通过这些论坛拟定解决纠纷的指导方针。它可以在各方同意的情况下派遣维和部队（宪章中并无此项内容，而只是在执行的意义上谈论军事行动），即派遣世人熟知的蓝盔和蓝贝雷，为和谈创造必要的环境，维和已证明是联合国最为重要的功能之一。[1]

其次是多年来联合国秘书长以调停形式进行的私人外交（private diplomacy），它在保密性、公正性和确立即便是最持怀疑态度的成员国的信心方面有着特定的优势。[2]

第三，或许是最为重要的一点，当国家的政策将自身置于危险与脆弱的境地时，许多情况下联合国是作为"退路"或国家退让的"台阶"来发挥作用。

在联合国建立的前 40 多年间，联合国的这些不同职能对英国及其

---

① 参见后面萨利·莫菲特的那一章。
② 参见后面托马斯·弗兰克与格奥尔格·诺尔蒂的那一章。

他许多国家的利益、在某些情况下对全球和平的福祉有着不可估量的意义。以下是一些案例。

1. 1956 年苏伊士危机

1956 年 11 月 5 日盎格鲁—法兰西军队登陆苏伊士运河区之后，伦敦与巴黎立刻意识到应该取消此次军事行动。事实上全世界都反对，甚至包括我们最亲密的盟国——美国。英国与法国成功地实现了几乎不可能的事，即一次性地将两个超级大国联合起来，当时它们其中一个还在积极镇压一个欧洲小国——匈牙利。但是，英法如何在本国人民没有感到羞辱的情况下撤退？英国公众舆论已经呈现出严重分裂的迹象，并且严重的国内危机即将出现。被迫撤出英国军队，代之以埃及军队，显然在政治上是难以接受的。在这种情况下联合国介入了。

由于安理会遭到盎格鲁—法兰西的否决，联合国大会授权组建联合国紧急部队（UNEF I），这是后来为世界许多地区熟知的联合国维和部队的第一支部队。它取代占领西奈的英国与法国，最终取代以色列的部队。对于本身作为联合国创始国的英国与法国来说，由联合国军队取而代之在政治上是可以接受的，同时在某种程度上撤退能够带来荣耀与尊严。联合国为无法维持局面的两个大国提供了退路，甚至避免了更加严重的危机。

2. 1962 年古巴导弹危机

在 1962 年 10 月的这场危机中，苏联立刻明白美国政府不会容忍其在仅距离美国大陆 70 英里的地方部署地对地导弹。苏联面临与美国开战和单方面撤退的抉择。众所周知，如果苏联商船运输更多导弹和相关武器，并且不同意在与古巴仍有一些距离的时候适可而止的话，美国会对苏联导弹发射场进行点对点常规炸弹攻击。如果美国发动袭击，很多人认为苏联会对美国在土耳其的朱庇特导弹发射地进行类似打击来予以报复。矛盾升级的下一步可能会带来核战争。

赫鲁晓夫所面临的问题是如何退让而不至于在第三世界面前颜面尽失。对第三世界来说，导弹部署的象征性意义在于表明苏联准备保护任何受到"美帝国主义"（Yankee imperialism）威胁的友好国家。联合国秘书长吴丹（U Thant）帮助他走出了困境。[①] 秘书长收发的类似信件与回应得到各方草拟、同意和交流。赫鲁晓夫感到可以顺从来自国际社会的一个最高官员的请求，进而采取行动平息直接危及世界和平的一场危机。作为一条退路，联合国发挥了它的作用。

3. 1965—1979 年南罗得西亚问题

当 1965 年 11 月伊恩·史密斯（Ian Smith）单方面宣布独立时，英国政府面临着两种同样难以接受的选择：使用武力平息叛乱，或默认新的局势。出于一系列的原因第一种选择被排除，而第二种选择对英国国际关系将会造成毁灭性打击，因此也被排除了。但是还有第三种选择——求助于联合国安理会——后者能使政府摆脱困境。1968 年 5 月安理会成员国前所未有地一致同意对非法政权实施全面的强制性制裁，联合国的参与达到了高潮。我并不是说这些制裁能有效地制止叛乱。[②] 它们并非有效。但安理会的探索，正如它在南罗得西亚所开展的将近 50 年的实践，不仅使继任的英国政府搁置了其他无法接受的选择，而且在英联邦开展积极的双边外交活动前阻止了对史密斯政权的逐渐承认，这种外交活动最终于 1979 年秋将各方聚集在同一个谈判桌前，其必要的前提是和平解决任何纠纷。

---

① 参见 Ramses Nassif, *U Thant in New York, 1961 - 1971* (London, 1988), pp. 25 - 48。

② 关于制裁有效性的一项有益论述是 Robin Renwick, *Economic Sanctions* (Cambridge, Mass., 1981)。

4. 1968—1970 年伊朗对巴林的主权要求

当 1968 年初英国政府宣布将于 1971 年底结束对海湾低地阿拉伯国家的保护时，该地区最为棘手的遗留问题是伊朗对巴林岛的主权要求。历史上，伊朗将巴林视为其完整领土的一部分，并将它称为自己的第 14 个省：在伊朗议会中为巴林代表保留了两个席位。从情感上来说，伊朗对巴林的态度类似于阿根廷对马尔维纳斯。然而，近 200 年以来巴林作为一个独立的国家由一个阿拉伯王朝——阿勒哈利法（Al Khalifah）统治。在受英国保护的一个半世纪期间，伊朗历任沙阿以巴林受到一个强大的欧洲国家——英国的保护为借口，没有强行收回巴林主权并成功地得到了人民的谅解。

当英国宣布即将撤出时，沙阿面临两个同样难以接受的选择。他可以使用武力执行自己的主张，由此会引发伊朗与阿拉伯世界的全面战争，或者他也可以单方面放弃主权要求，因此受到伊朗内部的激烈批评。联合国秘书长的调停提供了第三条道路。沙阿宣称，尽管他毫不怀疑巴林是伊朗的一部分，但他将准备承认数个世纪以来巴林人民已经发生改变；他准备默许其按照自身意愿决定他们的未来，如果国际社会恰当和公正地对其情况予以查明和确认的话。简言之，作为声誉良好的联合国创始国，伊朗认为可以接受联合国的决议。

紧接着是一系列复杂的秘密谈判，1970 年初达到了高潮，联合国一位高级官员——温斯皮尔·圭奇阿尔迪（Sr Winspeare Guicciardi）代表秘书长，在征求巴林意见的情况下得出结论，认为大多数巴林人民愿意成为一个独立的阿拉伯国家的公民，报告提交安理会并于 1970 年 5 月获得通过。[1] 200 年以来的主权要求最终被取消了，巴林和平与

---

[1] 秘书长代表的报告被纳入 UN doc. S/9772 of 30 Apr. 1970，在 SC Res. 278 of 11 May 1970 中被批准。

发展的威胁与障碍被清除了，英国结束与巴林长期关系的任务大大减轻。

这是联合国为各方解决冲突创造条件的经典案例。联合国的作用是关键的，但各方的意愿和政治家的才能同样重要。解决方案保留了伊朗革命的成果，事实上它被作为对已故沙阿（近年来受到激烈批评）政治智慧的一种褒奖。

5. 1973 年十月战争①

1973 年 10 月中东战争即将结束时，南部地区的以色列军队向西跨越苏伊士运河并控制了位于苏伊士镇的一支 20000 人的埃及部队——第三军。安理会的停火线被摧毁。②两个超级大国空降部队抵达该战区，和平面临真正的威胁。毫无疑问，自古巴导弹危机以来，世界比任何时候都更迫近一场超级大国的交锋。之后发生了什么？经过一系列幕后磋商，安理会不结盟成员国拟定一项决议，旨在划定停火线并派遣联合国维和部队隔离参战人员，从而为恢复和谈创造宽松的条件。联合国为超级大国提供了从危险的脆弱境地退让的台阶，危机过去了。如果超级大国双边行动之外没有联合国这条退路，或者关系破裂时不愿利用联合国机制，其结果是难以想象的。

6. 1982 年 4—6 月福克兰危机

这是联合国服务于英国国家利益的一个显著案例。自 1982 年 4 月 1 日，也就是阿根廷突袭福克兰群岛的前一天，英国成功地将安理会作为争取国际支持的论坛，即无论大多数成员国对主权问题持何种观点，武力解决政治纠纷都是不能接受的。结果，由英国发起的、要求

---

① 关于 1973 年十月战争与联合国的论述参见 Brian Urquhart, *A Life in Peace and War* (London, 1987), pp. 235 – 53。

② 停火要求是 SC Res. 338 of 22 Oct. 1973 作出的。

阿根廷撤离的安理会决议得到不结盟国家的支持。① 同时，通过由时任秘书长主持磋商，而在世人看来英国政府已经竭尽全力使阿根廷能够和平撤退。② 这使得当英国只有一种办法即军事行动来平息侵略时，其盟友更容易为其提供道义和物质上的支援。如果无法获得并维持这种国际支持，其情形将会大大不同。

二、20 世纪 80 年代中期的联合国

以上案例均取自于该组织被公认为处于瘫痪状态的冷战时期。其中，在政治纠纷或冲突局势下，联合国通过各种方式在维护成员国利益方面发挥了关键作用。然而到 1986 年，联合国深陷泥潭，或许处于有史以来的最低谷。它同样经历了之前的逐步退却，但 80 年代中期的局势较之前的类似情形更加严重：由于美国与苏联拒绝交纳其全部会费而引发的财政危机是当时联合国萎靡不振的又一危险症状。联合国从建立以来受到的过高期望的最高点一路降到了最低点。它曾被视为全球集体安全的工具，拥有非军事（制裁）和军事执行手段，它是大国战时联盟在和平时期的延续，受到所有对轴心国宣战的创始成员国一致支持。战时联盟崩溃并陷入冷战的僵持局面，随着去殖民化和入盟指标的增加，同心协力已不复存在。联合国的强制力不足以实现其所有的目标和意图，可谓形同虚设。世界退回到依靠地区联盟来实现集体安全的历史模式——最为突出的是北约和华约。联合国只是劝说工具。随着欧洲帝国的迅速去殖民化，新近独立的大多数即所谓第三世界的问题，主要是亚洲和非洲的危险纠纷、富裕的北方与穷国——刚独立的南方国家之间的经济鸿沟，成为劝说的主要议题。由于联合

---

① SC Res. 502 of 3 Apr. 1982.

② *International Affairs*, 59, no. 2（Spring 1983）中我的文章对此有全面的论述。

国之外超级大国之间的直接对峙，人们期望由大多数国家来确定议题。但这并不是联合国的创始人，特别是华盛顿、莫斯科和伦敦的领导人所期望的：当该组织距离其最初抱负越来越远时，怀疑论者的消极态度就更加激烈了。这种怀疑论使政府和人民看不到，即便是在最为艰难的国际环境下联合国在维护成员国国家利益方面所取得的成就。

20世纪80年代初，在和平与战争及其他方面，联合国的失败多于成功。它没能制止1980年9月伊朗和伊拉克之间战争的爆发和1982年6月以色列对黎巴嫩的入侵。尽管秘书长哈维尔·佩雷斯·德奎利亚尔作出了努力，安理会还是没有促使阿根廷在1982年春和初夏和平撤离福克兰群岛。尽管遭到联合国大会大多数国家的指责，10万人的苏联军队似乎还是永久性地侵入了阿富汗。秘书长的调停没有为塞浦路斯纠纷中的敌对方创造任何回旋余地。北—南经济对话在沮丧中崩溃。某些西方大国，特别是美国比以往任何时候都对联合国持消极态度，并日益倾向于在联合国框架外采取双边和地区的外交政策。80年代中期，不同国家和国家集团对决策者是否应该将联合国作为国际和平与安全的捍卫者或经济福利的推动者持不同看法。

苏联外交政策降低了勃列日涅夫（Brezhnev）时代的全球野心。苏联发现联合国有益于其国家利益，尽管出于令人难以接受的原因。多年来，苏联发现联合国是通过积极拥护不结盟的大多数国家的事业，通过作为民族解放的斗士，将西方特别是美国及前欧洲帝国置于不利地位来争取不结盟的大多数国家真心拥护的有效论坛。苏联决策者自以为是地宣称，苏联以最小的代价达到了这些外交目标。他们伪装成《宪章》的忠实信奉者，从而成功地避免了交纳联合国维和中自身所应当承担的费用，并且通过编造这样一种论调：即北—南经济差距是由"西方帝国主义"造成的，因此后者应为弥补这种不平衡付出代价。苏联决策者仅为联合国经济与人道主义活动支付了微不足道的费用。

然而，到 80 年代中期，苏联的自以为是开始被焦虑取代。将近 30 年里，苏联领导人确信联合国大会的大多数会员国将永远对西方持怀疑与排斥的态度，从而有利于苏联——即著名的"双重标准"。大多数不结盟国家谴责 1979 年苏联入侵阿富汗，并在历届联合国大会上以越来越多的否决票进行重申，这对莫斯科构成了困扰，它不但成为说服苏联配合联合国撤军与和平解决阿富汗问题动议的一个因素，同时也是促使莫斯科对 1981 年波兰团结工会的兴起采取有限回应的因素之一——没有再重复 1968 年对布拉格之春进行的军事扑灭。简单地说，甚至早在戈尔巴乔夫时代之前，联合国就已向克里姆林宫充分表明，对苏联国家利益来说，军事冒险是要付出政治代价的。

小国则相当务实地认为，联合国是其在世界上发表言论的唯一论坛；联合国是对其国家地位认可的一种重要确认，甚至是国家完整的一种保障。在 1990 年伊拉克入侵科威特之前，没有哪个国家试图强行侵吞别国。除瑞士外，所有感到能够承担最低限度的经济与外交义务的国家都加入了联合国，只有一个国家——印度尼西亚长期犹豫不决。

较大的不结盟国家长期以来将联合国视为单独或集体地争取和换取对本国事业支持的有用舞台——特别是在阿拉伯—以色列纠纷、罗得西亚和南非问题上。不结盟国家认为，随着时间的推移，安理会和联合国大会中支持对南非种族隔离和纳米比亚进行经济制裁、以色列需撤离其 1967 年所占领的阿拉伯领土、建立独立的巴勒斯坦国家等观点的国家会增加。其中的误区是认为支持表决增加了，所做出的决议对有关国家所具有的实际压力也会增加。事实上，相同或相似要求的不断重复使这些国家特别是美国的态度更加强硬，它们发现自己是承受充满敌意的花言巧语和责难决议的一方。

在这种背景下，美国日益怀疑联合国对本国利益的价值。在里根政府对联合国的批判氛围中，右翼意识形态分子的言论，即"美国至上主义"和对以色列的热心支持者都表明对联合国的愤怒的公然藐视持续升温。一些美国人痛惜联合国类似于议会制的"美好往日"的流逝，并且似乎永远一去不复返了：当时在美国领导下各国同心协力，其中包括不出力的大多数。美国舆论日益认为，联合国是反美的恶毒言论的来源，特别是在阿拉伯—以色列语境中；是使问题复杂化而不是简单化的地方；是克里姆林宫的传教工具；是认真的谈判者回避的无效机构。另外，美国还需为享有充当替罪羊的特权交纳 25% 的会费，同时又不能阻止通过新的（通常是令人不快的）计划，为这美国又得支付最大的一部分费用。毫不奇怪，这构成了美国舆论的主流，特别是在国会中。

西欧国家普遍对联合国的作用持较为积极的态度，尽管各自出于不同的原因。其中包括斯堪的纳维亚的理想主义、欧洲共同体中坚定的现实主义者，再到南欧接近于不结盟运动的观点。但它们一般都认为，尽管联合国的成就与其言论中不可能实现的雄心相比存在较大落差，它并不仅仅等同于一个外交论坛（例如，多年来危地马拉与英国尽管无外交关系仍能够在联合国中会晤并商讨它们的问题），它同时也是为实现共同目标建立多边联合的、极为有用的场所——欧洲共同体事实上就联合国议程的所有事务进行协调就是一个显著的例子。

三、"新世界"中的联合国

1987 年东西方对峙所造成的限制（简言之"瘫痪"，我希望我已表明这一点）开始松动。当时，由米哈伊尔·戈尔巴乔夫和爱德华·谢瓦尔德纳泽制定的苏联新外交政策开始在联合国论坛上浮出水面。有史以来第一次，安理会五个常任理事国共同拟定一项执行决议。[①]一年以后，该决议推动结束了 1945 年以来最为血腥的国家间冲突即伊

---

① SC Res. 598 of 20 July 1987.

朗—伊拉克战争。冲突双方没有立刻执行该项决议，但是一年后当双方军力都开始耗尽时，该决议为它们提供了退让的台阶，从而实现了停火。自此，在许多冲突十分棘手的地区，两个超级大国开始撤销对敌对双方的援助，并敦促联合国从中开展有效的协调行动，如阿富汗、纳米比亚、柬埔寨和萨尔瓦多。

1987 年 9 月戈尔巴乔夫总统公布了一项对联合国的新政策，将以前的政策做了一个 180 度的大转变。[1] 他呼吁强化安理会，认为安理会应该是国际安全的主要捍卫者，而不是联合国框架之外的大国外交。他保证苏联支持联合国维和行动（现在被认为超越权限）并将支付过去苏联拒绝交纳的会费。同时他表示支持秘书长发挥更大作用（之前持怀疑态度）；事实上，他对美国提出了挑战，迫使其就范。

1990 年 8 月 2 日，伊拉克入侵科威特，五个常任理事国刚建立的合作关系首次面临严峻考验。安理会迅速采取行动并毅然援引《宪章》第七章，要求无条件恢复原状；[2] 当伊拉克无视这一要求时，联合国对之实施了全面制裁，海上封锁，空中制裁，并最终授权成员国使用武力解放科威特。[3] 战后，联合国实施了自《凡尔赛条约》以来最为严厉和最具强制性的停火条款。[4] 1990 年至 1991 年的海湾战争期间，安理会通过的决议几乎相当于之前的总和。

1991 年和 1992 年，联合国被要求处理一系列异常复杂的问题，包括前南斯拉夫（补充欧洲共同体缔造和平的努力）和柬埔寨（作为联合国发起的整个和平计划的一部分）问题。国家就这些问题求助于联合国的做法使人喜忧参半，一方面它表明联合国被视为国际事务的

① Mikhail Gorbachev, 'Reality and the Guarantees of a secure world', *Pravda* (Moscow), 17 Sept. 1987.

② SC Res. 660 of 2 Aug. 1990.

③ SC Res. 678 of 29 Nov. 1990.

④ SC Res. 687 of 3 Apr. 1991.

核心，另一方面南斯拉夫和柬埔寨的问题又是如此棘手。

1992 年 1 月安理会召开政府首脑会议时，所有发言人都对后冷战时代该组织创造和平与维护和平的能力确信不疑，很多人决心增强其在纠纷恶化为冲突之前预先采取行动的能力。所有的授权都表明，联合国对国家利益来说是可资利用的重要资源——与 20 世纪 80 年代中期的含糊其辞迥然不同。然而，当联合国徒劳无功地处理安哥拉和波斯尼亚的复杂问题时，这种乐观主义也大多随之烟消云散了。

四、结论

（一）观察

1990 年以来联合国在一种接近于其创始人所认为的理想环境下运作——五个常任理事国展开合作而不是竞争，东方与西方争相拉拢不结盟大多数的旧议事方法已成为过去，所有地缘集团都全心全意地力图使该组织发挥其维护国际和平与安全的首要功能。由此带来了某些经验教训：

1. 1990 年至 1991 年的海湾危机表明，安理会能够在声明和法律层面快速、果断地采取行动，但即使在最为有利的情况下它也无法像《宪章》的所谓军事条款，特别是第四十六条和第四十七条第三款起初设想的那样执行有力的军事行动，这些条款授权理事会和军事参谋团筹划对武装力量的使用及其战略方向。在这方面，与 50 多年前的朝鲜战争大致相仿，理事会只能授权成员国采取必要行动。联合国通过这种方式，例如由美国中央指挥部计划和执行沙漠风暴行动，来发挥作用是非常麻烦、多变和不可靠的。1992 年至 1993 年授权向索马里派兵，而不是指挥干涉部队的决定更加确证了这种观点。[①]

---

① SC Res. 794 of 3 Dec. 1992.

2. 联合国有足够的余地来重新解释第二条第七款（该条款对干预国家内部事务进行了限制）而无需对《宪章》进行正式的修改。一般在各方同意，并在某些时候优先选择的情况下，联合国已积极参与到了萨尔瓦多、海地、克罗地亚、波斯尼亚—黑山、柬埔寨、莫桑比克、安哥拉、伊拉克北部和索马里的内部事务之中。这种参与将会有所扩展，并将成为联合国在和平、安全与人道主义关注方面主要的当务之急。[①] 国家间冲突逐渐减少，由去殖民化的高涨所释放出来的种族和宗教敌对而引发的国内战争呈扩散趋势。第二条第七款未来可能会像军事条款那样形同虚设。然而，联合国已经艰难地参与到了这类危机之中，相比之下国家间纷争就简单多了。

3. 海湾危机极大地提高了联合国的威望。在这种情况下，各国认识到，与传统的双边或小集团形式相比，联合国在执行相关事务方面比它们之前所认为的更加有效。一个典型的例子是裁军和军控。武器和军事技术由工业化国家向伊拉克（和其他许多中东国家）的大规模转移使全世界为之震惊。五个常任理事国（它们本身占世界军火出口的85%）已就限制向冲突地区转移军火拟定了指导方针。1991年12月联合国大会通过了一项决议，呼吁建立军火交易的登记制度。[②]联合国正在监督与摧毁伊拉克的大规模杀伤性武器，并正考虑加强国际原子能机构的非扩散机制。

因此可以断言，在理想的环境下联合国能够比"糟糕的昔日"更加有效地运作，但其能力并无实质性变化。它仍主要是一个在各方同意下采取行动的劝说工具。还未证明其执行能力是有效的：它能够实施强行制裁，但海湾危机及其后果以及南斯拉夫的危机证实了前怀疑

---

① See Nigel Rodley (ed.), *To Loose the Bands of Wickedness*: *International Intervention in Defence of Human Rights* (London, 1992).

② GA Res. 46/36 of 9 Dec. 1991, on 'Transparency in Armaments'. 另见 GA Res. 46/336H of 6 Dec. 1991。

论者对这一工具效力的怀疑。安理会能够授权国家使用武力平息侵略，但它本身无法按《宪章》起初构想的那样来指挥行动。另外，事实证明国家不愿为参与国内战争的军事行动提供武力，因为这有可能导致重大伤亡和延长卷入时间。

联合国的公共外交和私人外交（其中包括秘书长的调停）的基本要素没有发生变化，只不过成员国利用这些工具的意愿增强了。

当今世界，也许除了那些反对联合国采取或授权采取强制行动的国家，没有哪个国家会否认联合国是国家对外政策的有用工具。事实上，近年来该组织比以往任何时候都更多地受到大国的鼓励。同时，地区组织在波斯尼亚—黑山和索马里所表现出的软弱无能使弱小和受到威胁的国家更倾向于向联合国求助。因此，世界秩序远非合并成了更大的地缘政治单元，相反，现有国家解体，而新的实体向联合国寻求庇护。联合国是国家体系和国家主权观的坚定捍卫者。

（二）建议

在一个信息快速传递的世界，许多问题超越了国界，人们普遍认为需要一个有着常设秘书处的全球性组织来为环境、人口、禁毒、人权、世界粮食和健康等问题以及更加细节性的功能性问题（如民航和电信）寻求共识。以上已包括人类活动的所有领域：即便现在还没有建立这样的一个核心组织，很久以前也应该会有这种需要。然而，在本文中我主要关注核心问题，即国际和平与安全，接下来的建议只针对这一领域，尽管其中有些是普遍适用的。

1. 只有在所有成员都确信符合本国利益时，联合国才能充分发挥作用。在第一个十年情况并非如此，当时美国能够利用联合国的大多数迫使苏联行使否决权并随心所欲地孤立苏联。苏联及其盟国从这一经历中得到经验教训，日益倾向于在这个使其手忙脚乱的组织之外开展重要的外交活动。同样，之后的30年当去殖民化产生了新的大多数而后者加入到莫斯科及其支持者的行列中时，美国和西方国家被置于表决的少数派地位，这与起初的局面相反。

在当今局势下，美国及其伙伴必须避免回到这样一种论调，即对华盛顿有利的必然对全世界有利，他们利用所拥有的权势公然孤立和嘲弄那些不认可"新世界"这一说法的国家。特别是过度干涉与西方标准不符的国家的国内事务势必会使这些国家怀疑联合国是否符合其利益，中国就是一个首当其冲的例子。这样会产生新的裂缝，激烈的对抗将削弱整个组织的效率。必须敏感、谨慎地使用西方力量；已经有越来越多的人担心联合国正被美国控制（事实上多年来它被不结盟运动所控制）。1992 年 12 月联合国授权美国领导的联合部队必要时使用武力对索马里提供人道主义援助，当时在安理会中就有人表现出了这种忧虑。安理会中大多数人认为 678 号决议没有法律依据，不应全权委任成员国，而应由秘书长建立机构，以保证联合国被告知行动的进展。美国政府似乎吸取了这一点，1993 年将索马里行动的控制权移交给了联合国。

2. 同样，必须谨慎避免经济领域出现新的北—南分化。随着世界市场经济和双边主义援助的发展，联合国中富国与穷国的原有对话（尽管有时无所不包和带有讽刺意味）日益被穷国服从于国际货币基金组织和世界银行所制定的、苛刻的重建计划所代替。这些机构可能将被视为富裕的北方特别是美国实施外交和经济政策的前哨基地，进而使这些国家更加怀疑"联合国大家庭"（UN family）整体上而言是西方的工具，并非服务于全球利益。

3. 如果联合国能够解决长期以来的财政危机，其中的一些紧张状况就能得到缓解（和减少）。联合国财政危机主要是由主要捐助国晚交或拖欠会费引起的。其中最关键的问题是美国捐款（25%）与其他成员国之间的不平衡——日本是第二大捐款国（12%），而绝大多数仅交纳 0.01% 的最少份额。这种不平衡造成了成员国对美国主导地位的忧虑，以及美国政府和国会山的怨愤，他们认为出钱的有权发号施令。可能的解决办法是改变估算捐款份额的计算方法，引入人均国民生产总值，确定每个国家 4% 的上限。这将意味着目前情况下常规预算中每年每个国家交纳的会费不会超过 4000 万美元（大约相当于目前英国的捐款），而富裕的小国（在许多情况下也正是这些国家最为脆弱、最需要联合国保护）捐款将增至上限——其中包括科威特、卡塔尔、阿联酋、沙特阿拉伯、新加坡、文莱、马来西亚和韩国。按照这些标准建立的捐助体系将消除目前总体上的不平衡状态，同时将不会再有理由迟交或拒交如此相对较小的份额。

4. 鉴于联合国非军事强制措施（制裁）的有效性并不确定，以及"军事条款"在 20 世纪 90 年代的有利环境下与在"糟糕的昔日"一样难以实施，安理会自身无法开展积极的军事行动，其必然结论是联合国必须增强威慑、先发制人的能力，从而使和平的潜在威胁或侵略行为在升级为冲突之前就能够予以平息，而一旦冲突爆发就只能由强大的成员国通过单边行动或安理会授权来解决。

多年来的事实表明，十分有必要采取预防行动，通过调动安理会的公共外交关注潜在的侵略者，或五个常任理事国采取一致外交行动，或在采取这些行动的同时向预计的受害方的边境派遣威慑部队，并在受到攻击时整装待发。许多评论员、包括我本人已经指出，这种行动几乎会确定无疑地阻止 1980 年伊拉克入侵伊朗，1982 年以色列入侵黎巴嫩，1990 年伊拉克入侵科威特，还可能阻止 1991 年南斯拉夫国内战争的爆发。

令人鼓舞的是，1992 年 1 月 31 日安理会峰会的参与者认识到了这一点，所有大国和秘书长都声明要为防止对和平的破坏而加强安理会内部以及安理会与地区组织的合作。应安理会峰会的要求，秘书长作了《和平议程》的报告，其中充分阐述了这一点及其他问题。① 重

---

① Boutros Boutros-Ghali, *An Agenda for Peace*, June 1992.

要的是，成员国应认真研究整个报告，应采纳其中切合实际的建议。必须避免它被淹没于众多颂扬之下。然而，我必须提出一点警告。波斯尼亚以及某种程度上柬埔寨局势演变的经历已表明不能完全依靠常任理事国之间新建立的合作关系。这些及其他案例（包括利比亚和苏丹）表明，除非确实不存在风险，所有成员国都不愿采取执行和平行动。这些因素可能会削弱《和平议程》中的一些强有力的建议。

第五章　联合国秘书长的作用[*]

哈维尔·佩雷斯·德奎利亚尔

　　大家要求我论述一下这个有时代感的主题，当然，我本人也亲历其中多年。起初，我认为在此种场合来讲这个题目有些局限。但是，基于两点考虑，我很快就打消了这个不情愿的念头。首先，25 年前我的杰出前任达格·哈马舍尔德先生，也曾在牛津大学以类似的论题做过演讲。^① 虽然，他的解释会受到当时所面临的困难处境的影响。但是，以今天的视角来看，他演讲中的许多内容都值得我再次重申。其次，这个问题在很多方面都与另外一个范围更广的主题息息相关。要正确了解秘书长的作用必须理解联合国的整个使命。而且，秘书长的作用对国际生活的组织方式也至关重要。

　　契合牛津大学的精神以及本着严谨客观的态度，我在这里要认真

---

　　* 本文是作者于 1986 年 5 月 13 日在牛津大学谢尔登尼安剧院做的 Cyril Foster 讲座。注解为秘书长办公室后加。

　　① Dag Hammarskjöld, *The International Civil Servant in Law and in Fact* (Charendon Press, Oxford, 1961). Lecture delivered in the Sheldonian Theatre, Oxford, on 30 May 1961. Also published as UN DPI Press Release SG/1035 of 29 May 1961.

评述一下秘书长的作用，不论谁会在何时成为秘书长，因为我们的原则是人员固然有更迭，但机制却会得到保留。

《联合国宪章》中有一章（第十五章）是专门关于秘书处的。这一章由九十七条——一百零一条组成。它赋予了秘书长两种不同性质的职能：一种是政治性的，另一种是行政性的。关于政治性职能，虽然此前曾被广泛讨论过，却从来没被精确定义过。秘书长职能的行使方式，有赖于当时国际关系的情势，以及秘书长的政治个性——包括他的（或者未来是"她"的）勇气、谨慎和对联合国信念的忠诚。这种所谓的可塑性并不是这一职能所特有的，在不同程度上它存在于所有应对复杂人类事务的机构之中。

一、秘书长的政治性职能

任何有幸成为联合国秘书长的人在扮演他的角色或她的角色时应该避免两个极端。一种情形是海妖斯库拉，即仅仅通过对文本的字面理解就竭力夸大自身的作用：陷入自负、虚荣和一厢情愿之中。另一种情形则是卡律布狄斯漩涡，即只是把自己的作用局限于《宪章》所表述的不能逃避责任中，结果是自己屈从于羞怯、谦逊以及竭力避免争端的本性。这两者都是极具诱惑性的，它们会对这个机制的活力带来同等的损害。因此，我主张任何一位秘书长都不应该使自己陷入其中的任一情形中。

首先，夸大职能的危害在于它极大地损害了秘书长制以及整个组织的声誉，因为它会导致秘书长在那些不切实际的行动纲领中疲于奔命。当由于缺少来自安理会或联合国大会的支持，这些行动纲领不得不被放弃或遭遇失败的时候，整个组织的声誉则注定会受到损害。第二，过于小心翼翼同样也是有危害的，因为作为神圣信念的承载者和《联合国宪章》的捍卫者，国际形势的发展可能，也必定会要求秘书长充分行使他的权力。更有甚者，当秘书长选择了谨小慎微的行事方式时，他就会因为不行使其职权而使《宪章》赋予其缔造和平以及其他的职能陷于瘫痪。

秘书长的政治职能在《宪章》第九十八、九十九条①有明确规定，这些条款分别授权秘书长，向联合国大会提交关于本组织工作的年度报告，以及提请安理会注意其认为可能威胁国际和平及安全的任何事项。要充分理解这些职能规定，我们必须首先了解秘书长在《宪章》设计的联合国体系中的地位。

《宪章》的第七条指定秘书处作为创建者认定的联合国核心机构之一。相应的，第九十七条规定秘书处应产生一名秘书长及组织向成员国负责秘书处的所有工作。这就意味着秘书长将与其他机构（联合国大会、安理会等）同时来承担实现联合国目标的责任。因此，他就拥有了双重身份：在联合国大会、安理会、经社理事会的会议上，他是首席行政长官，同时他还需要独立地负责一个主要机构。这看起来似乎是《宪章》中的一个小小的问题，但是如果不能正确地加以理解，那就会使我们对待联合国的态度和政策产生负面的影响。

人们对秘书长这一职务的误解产生于对"秘书"一词的联想，这是由于这一词汇常常用来意指某一委员会中的秘书。许多联合国的创建者们曾想给这一职位上的在任者起一个与众不同的名字，例如：富

---

① Art. 98 of the Charter provides: 'The Secretary-General shall act in that capacity in all meetings of the General Assembly, of the Security Council, of the Economic and Social Council, and of the Trusteeship Council, and shall perform such other functions as are entrusted to him by these organs. The Secretary-General shall make an annual report to the General Assembly on the work of the Organization.' Art. 99 of the Charter Provides: 'The Secretary-General may bring to the attention of the Security Council any matter which in his opinion may threaten the maintenance of international peace and security.'

兰克林·罗斯福想称其为"世界调停人"①，其他的一些人提议称其为联合国主席或联合国总干事等。② 这很自然地引出了另外一个问题：选择"秘书长"这样一个较为低调和普通的称谓，同时把秘书处的政治、行政、法律性职能的领导都交付给一个人，《宪章》的制定者们是不是想把秘书长的权力和职责限制在其国联前辈们所拥有的范围内呢？我确信这个问题的答案是"不"。因为从《宪章》的第九十九条和第九十八条的部分内容来看，它们与《国联盟约》有着本质的区别。这些条款赋予了秘书长职权以主动提请安理会注意对国际和平与安全的潜在威胁，以及给联合国大会提交年度报告。

这种发展绝不是偶然形成的。相反，它来自于国联的经验教训。《国联盟约》的内容及其实践都是建立在秘书长这一职位的纯粹行政性职能的基础上的。导致第二次世界大战的那些灾难性事件，证明了这种做法是个错误。一种危险的真空状态已经存在：一旦欧洲强国之间出现意见相左的情况，这时就没有任何人能为一种比所有成员国之间利益综合都要重要的更广泛的国际利益着想。在此种情形下，没有人能主动发起一场由国联领导的及时的国际干预行动以扭转国际体系之倾颓之势。《宪章》的制定者们强烈希望这种真空不再出现，据此便可以解释《国联盟约》的第六条和《联合国宪章》第九十七——百

---

① 有关《联合国宪章》的一段历史是这样描述的："总统（罗斯福）提出了一个建议，即他乐见如下工作被纳入该组织规划中，也就是为整个机构设置一位负责人——（他）似乎已经使用了"调停人"这一词汇来描述他关于这一官员的想法了。Ruth B. Russell and Jeanette E. Muther, *A History of the United Nations Charter* (Washington DC, 1958), p. 373. 吴丹秘书长后来说，"罗斯福总统建议联合国的首要官员应该称为'调停人'而我知道已经没有更好的词汇可以用来表达我自己对这一职位的设想了。" U Thant, *The Role of the Secreary-General*, 1971 年 9 月 16 日在联合国记者协会的达格·哈马舍尔德纪念奖学金基金会上的演讲。

② 在"一个普遍的国际组织的可行计划"中也有人建议，应设立两个常任的国际官员、主席和总干事，后者仅限于行政性职能。主席是"一位公认的具有卓越能力的人物"，他将负责执行委员会，并履行由大会和执行委员会赋予他的带有"普遍政治特点"的其他义务。S. M. Schwebel, 'The Origins and Development of Article 99 of the Charter', *British Year Book of International Law* 1951, pp. 373 –4.

零一条之间的区别了。据说国联的第一任秘书长，埃里克·德拉蒙德爵士，曾经慨叹道：如果在其任职期间，他可以根据《宪章》第九十九条来行事的话，那么他的职能以及国联对某些重大事件的影响力的结果肯定会迥然不同。

让我们再回到《宪章》的第九十八、九十九条。第九十八条是秘书长向大会作年度工作报告的法律性依据。这并不意味着，而且也不应该成为简单的报告人的工作。'整个组织的工作'是一个宽泛的用语，它包括但又不仅仅局限于组织做了哪些工作，或者有哪些失误之处，抑或还应该做哪些工作。报告的提交是秘书长有能力承担起倡导人的责任以及能够激励联合国其他部分努力工作的途径之一。在我的任期内，我本人一直致力于能使每年提交报告都有一个主题①，我很高兴这一点得到大家的认同，但具体实施步骤要到 1986 年才能展开。

对于《联合国宪章》的第九十九条，之前我已经谈过了，这一条款赋予了秘书长职权，以提请安理会注意那些他认为对国际和平与安全有潜在威胁的事项。这样的职权包含着权利、责任和自行决定权三个重要的因素。秘书长的权利从字面上就一目了然，而且也从未引发过争论，而另外两点——责任和自行决定权——则是相互关联的。就后两点来言，有件事不应忘记，即在《宪章》起草时，有人提议修改第九十九条，使援引该条成为秘书长的**职责**，这一提议最终被撤销了。②

在援引这项条款之前，根据常任理事国之间是否达成一致或存在分歧的情形以及非常任理事国的立场，秘书长必须要审慎地思考他的

---

① Annual Reports by the present Secretary-General have the following DPI reference numbers: DPI/829 – 41364（Sept. 1984）；DPI/862 – 41361（Sept. 1985）；DPI/897 – 41114（Sept. 1986）.

② United Nations Conference on International Organization, San Francisco, 1945, Documents, vol. 7（London, 1945），pp. 392 and 556.

提案会带来什么样的结果。在一些情形下，如果秘书长使用第九十九条提请安理会注意而安理会不采取行动的话，局势非但不会平息，可能还会更加恶化。威胁国际和平的情势通常都是极为复杂的，这就需要秘书长做出灵活的和恰当的回应。所以，第九十九条允许秘书长拥有自行决定权。具有同等潜在威胁性的两种情况或许需要两种截然不同的方式应对，这取决于它们在多大程度上能与超级大国的争霸有关，有赖于争端各方对道德劝诫的敏感度，也有赖于它们是否愿意面对在安理会上曝光。值得补充的是，第九十九条的应用可能会激怒某个会员国，该成员国不一定是争端方，但这都不应成为阻碍秘书长行动的一个原因。

我前面已经提及过国联的失败教训已经深深地铭刻在《宪章》创建者们的脑海里了。所以，第九十九条清楚地表明他们设想的联合国秘书长除了拥有某些职能外，应该是有权力预见并阻止危机发生的人。"以他的观点来看"和"可能威胁"这两个词语清楚地表明了两层含义，其一，赋予秘书长的权力，不仅可用于实际的冲突，而且对于引起冲突的潜在威胁，他都可以行使这种权力；其二，大家期望秘书长要经常独立地评估对国际和平与安全有影响的国际事务。值得注意的是，此项条款用了更为宽泛的语汇，"事务"（matter），而不是"局势"或"争端"。这个语汇涵盖了所有那些"能产生重大政治影响而又只能以政治行动才能解决"（引用联合国筹委会的用词）的事态发展。

因此《宪章》赋予秘书长广泛的权威，包括宽泛的自主决定权。这一自主权只受秘书长自身的审慎态度的限制，因此这就需要他具备最谨慎的政治判断力。秘书长行使权力和使用自主决定权的方式在《宪章》起草时是难以预料的，当然起草者们也无法预料第九十九条在何种情况下可以被诉诸使用。他们依赖的是一种集体安全体系，这一体系是以安理会常任理事国之间的大国一致原则为前提的。当大国一致的原则被破坏时，其结果常常是安理会陷入优柔寡断和无所作为。

所以，这些年来就形成了一种秘书长本人亲自出面缓和危机或促成谈判达成协议的实践，当然这绝不会以任何形式损害安理会的核心作用。秘书长的这类行动不一定需要正式启用第九十九条。以我个人的经验来看，最好不援引第九十九条，这些行动就能得以完成。最典型的例子是两伊战争中关于使用化学武器的调查。①

第九十九条涉及的是秘书长针对安理会采取的行为。针对联大而言，秘书长则被赋予了更多的权力，因为相关规则规定其有权将其认为必要的事项置于联大的草拟议程上。② 在这两种情况下，秘书长的作用并不仅仅是他职能上的一种特点，更重要的是，这也是联合国应对国际形势需要的重要途径之一。在当前的国际形势下，由于常任理事国之间存在的分歧，安理会常常不能采纳任何一项决议。另一种惯常的情形是：安理会提出的建议被当事方拒绝，或者它通过的决议得不到，或被认为未得到与该决议直接或间接相关的一些重要国家的支持。在这些情况下，秘书长就必须在当事方之间充当主要调停者的角色。如果他有能力的话，还得为双方达成和解或协议创造有利的条件。1986 年，对于阿富汗问题、两伊战争、塞浦路斯和南黎巴嫩问题的各方来说，秘书长仍是他们之间唯一的交流渠道。在这些努力中，秘书长有时不得不临时，甚至有时是被迫提出一些与在安理会初次讨论该事项时设定的方案不同的解决途径。这种情况同样会出现在联合国大会上。各种争论在大会通过决议之后仍持续不断的情形早已司空见惯。所以，秘书长的职责就在于竭尽其所能确保当事方不拒绝继续保持对话。

这里我需要做一条补充。安理会、大会、各国政府给予了秘书长充分的信任，这一点至关重要，但是它们赋予秘书长的重大责任不应

---

① See the following Reports of the Secretary-General：S/16433（26 Mar, 1984）；S/17127（17 Apr. 1985）；S/17911（12 Mar. 1986）.

② Rule 13（G）of the General Assembly Rules of Procedure（UN publication sales no. E. 85. I. 13）.

成为成员国们逃避《宪章》中规定其应承担责任的理由。我们必须坚持《宪章》"以集体行动实现和平与安全"的理念，我们不能放弃任何把这一理念付诸实践的机会。安理会在这些实践中担负着首要职责，这一点毋庸置疑。不同的机构之间的不和谐无助于联合国的有效发展。更有甚者，如果秘书长成为掩饰僵局和分歧的一种工具的话，那必将严重地损害和平的利益。秘书长绝对不应该成为其他机构无所作为的托词。无论赋予秘书长什么样的权力，也无论秘书长如何行使这些权力，都不能填补出现在集体安全机制中的真空。出现这种真空的原因是由于安理会常任理事国之间存在的分歧，成员国诉诸《宪章》机制解决争端时的失效，以及它们缺乏对安理会决策的尊重。

当秘书长根据特别授权，并在《宪章》第三十三条，即"要求当事方寻求和平手段解决争端"所规定的权限范围内，展开其斡旋行动时，联合国却在进行着"静默外交"，即和解外交。不过，对于联合国从事和解外交的优势，人们似乎并没有足够的认识。这一点在现今诸多绕过联合国的案例中就可以得到证明。

这种秘书长长期参与的多边外交在许多方面有别于传统外交形式。由于这种多边外交是按照《宪章》规则来进行的，所以它不会把实力较弱的一方置于不利位置。它寻求的目标是对争端的长久的解决，而绝不仅仅是某日的权宜之计。在这种多边方式下，联合国所有的成员国都会发挥其直接或间接的影响力，这样就会尽可能地把所有当事方的极端重要利益考虑在内。这种方式可以凸现出形成协议的契机，而这些契机乍看之下或在追求权力政治利益的情况下都是难以显现的。传统外交目标的实现总是受到稳定的均势的局限，而这种均势是否符合正义的原则则很少引起人们的关注。但是，《联合国宪章》所构想的和平是一种正义的和平：如果我们把道德尺度置之一旁，那么我们必将重新陷入无序及权力政治的非正义图圄中。

如果静默外交想要取得成功，它需要来自各方的信心。这就意味着秘书长不仅要公正，而且要被认为是公正的。秘书长不应该让来自政府的压力影响或扭曲自己判断上的独立性。而且，他不应卷入任何忽视《联合国宪章》原则或忽视联合国主管机构发布的公告的外交事宜。

然而，道德关切不能变成道德上的傲慢。秘书长不能以自己对任何一方价值观的判断来影响自身的决定。同样地，他也不应受某一国领导人或媒体针对另一方的诡辩性言论的影响。主观态度绝不应成为阻碍当事方沟通交流取得进展的一种障碍。

这也许就是这项工作给秘书长提出的最严苛的要求。要超越个人的同情心和个人倾向就实属不易了，但更为困难的是，他还必须忍受静默外交带来的种种沮丧和挫折。但是秘书长不能拥有偏袒一方或被挫折击败的任何回旋余地。我这么说，并不意味着秘书长本人的道德修养要远远强于其同事们。我所要强调的是，如果缺乏极大的耐心和始终如一的正义和仁慈，秘书长就不能肩负起他的责任。

当国家间陷入冲突境地时，秘书长必须竭力去了解造成不安全现状的根源是什么，了解人们的忧虑与怨恨，以及支撑着某一民族或某一国家采取现有立场的那些合理的诉求。国际冲突往往产生于冲突的一方及其支持者忽略另一方的恐惧。如果第三方想要成功地解决冲突，它必须得感同身受地理解每一方的忧虑和恐惧。

这个过程并不是对所有的案例都同样地有所帮助，也不应无止境地追求。有时，一国的领导人采取强硬立场，而且丝毫不听任何理性的劝解。在这种情况下，秘书长的斡旋行动就应该持续进行，直到他认为继续斡旋只会掩盖事实真相时为止：他需要清晰地陈述事实，既不带谴责的情绪，也不隐藏事实的真相。

除了行使斡旋职能之外，许多联合国的主要机构还把其他的一些职能给予秘书长。他常常被要求提供述职报告。我深感诸如此类的要求不应成为例行公事抑或以此种手段来掩饰一些机构在未能采取有效行动上达成一致。另外一种常见的情形是大家要求秘书长能保证对某项决议的服从。但一旦成员国间就如何阐释该项决议产生分歧时，困难就会接踵而至。国际事务中没有绝对的存在。《联合国宪章》的原则无疑得到了每一个成员国的赞同。但是，由于认知和价值观的不同，当讨论至这些原则如何被应用于错综复杂的情形时，争论就不可避免产生了。此种情况下，赋予秘书长的权力并不总能为其提供解决问题的办法，秘书长所能做的就是忠实地阐释各权力机构的指令，以及国际法原则范围内联合国的权利和义务。

因此，公正成为秘书长工作中应竭力维护的核心。特别是秘书长不应因为对曾支持其就职的国家心存感激就使他的公正性受到损害。我认为这一点极其重要，因此我建议我们应该为这一职位重建一种更为合理的机制，即不设秘书长候选人，不论是公开的还是私下的。这一要职对有资格的人来说应该是**水到渠成**的，而不必**苦苦追寻**。无论一个人正直诚实的品格是多么的完美无瑕，一旦他公开地参与竞选（秘书长）并进行了一系列或私下或公开的竞选活动时，他实际上是不太可能完全维护其独立性的。在他们竞选游说期间，必定会作出某些承诺。但是一位未来的联合国秘书长所作出的承诺只能是在《联合国宪章》准则下，忠实地履行其职责。所以，大家没有理由担忧我提议的方案会令成员国们感到选秘书长变得更为困难。各国政府总是会事先有一份他们认为是这一职务合格人选的人员名单。如果有一条严格的规则规定这些人和他们的政府在除就愿意接受提名回答咨询之外，不应有进一步的行动的话，那么我认为这毫无疑问会增加秘书长应该具备的道德权威。

在今天的世界上，无论是秘书长本身的职责还是多边外交都不应仅局限在斡旋或谈判行动上。联合国在危机处理中的一项职责就是要敏锐地意识到所有的细微的变化，并以其和政府间的联系来尽力减少潜在的猜疑和恐惧。如果能成功地做到这一点，就很可能会成功地引导双方让步，而这种让步如果让双方自行解决的话，他们是绝然不会考虑的。然而，这就要求部分成员国之间能有意识地形成某种决策，以加强秘书长的作用并且为其提供有利的途径来密切注视已存在的潜在的冲突。就目前来看，联合国缺乏独立的信息来源：它获取新信息的手段，较之某些成员国和大多数跨国公司来讲，是较为落后的。为了判断某个事件是否会对国际和平与安全造成威胁，秘书长需要的不仅仅是消极报道和来自外行专家们的分析：他需要掌握全面、中立的数据，并且他必须有能力监测世界范围内的发展变化。要使秘书处拥有这种能力不会在任何意义上改变联合国主要机构之间的职能和权力分配的。加强预防性外交的制度性基础不会损害安理会作用，恰恰相反，它会增加其有效性。毕竟秘书长是安理会的合作者而不是竞争者。

二、秘书长的行政性作用

到目前为止，我所探讨的都是秘书长的政治作用，也是他职责中引起最多关注的部分。由于《宪章》第九十七条委任秘书长为本组织的行政首长，所以秘书长的行政性职能也同样重要。

当今，联合国的职责已广泛深入于政治、经济、社会、人道主义等各个领域。因此，秘书处需要一位在现代科技和文化领域里都十分优秀的人选。《宪章》的一百和一百零一条把秘书处设想成为一位只对联合国负责的真正的国际公务员，并把委任工作人员的全权赋予了秘书长。因此，秘书长应以效率、才干和忠诚之最高标准选拔人才。

具有讽刺意味并令人感到遗憾的是，虽然秘书长的政治职权有显著提升，但他在行政领域内的权力却不断受到侵蚀。首先，虽然各政府都声称自己忠诚于做一个独立的国际公务员的信条，但很少有国家能不竭力地为本国利益而施加压力，尤其是在人事安排上。第二，由于联合国大会颁布了越来越多的关于管理策略的具体条例，立法机构和执行机构之间职能分布界线却越来越模糊了，尽管这种职能分布对于组织的合理管理是至关重要的。所有这些都为组织职责提出了一系列问题。如果成员国想要一个能在它们的授权下实现《宪章》目标的高效率的机构的话,这些问题就不能忽略。由于相当一部分会员国拒绝交纳它们所承担的部分会费,使得这些问题由于财政危机而变得雪上加霜。工作人员的士气,各项计划进行的效率,以及整个组织的有序管理——这一切都因成员国在预算过程和大家都能接受的会费比例上难以达成一致意见而遭到了极大的破坏。

应我的请求,联合国大会于 1986 年 4 月 28 日召开第 40 届大会,旨在解决这个紧急问题,因为它已经严重威胁到了整个组织的生存和发展了。① 我向大会提出了一系列建议以处理此危机从而保证联合国的有效运转。同时,我也清楚地表明了大会未来所面临的问题——联合国的未来发展有赖于其健全的机构,拥有广泛的信心,以及能得到使其完成伟大使命的充分的支持。我很高兴地说,大会广泛地支持了我的建议,但是长期性问题仍有待解决。②

----

① Para. 13 of the Report of the Secretary-General on the Current Financial Crisis of the United Nations submitted to the General Assembly on 12 Apr. 1986 (UN doc. A/40/1102) summarized the situation as follows:

A. Arrears as at I Jan. 1986 $ 242.4 m.

B. Amount of 1986 assessments $ 735.6 m.

C. Total payments due (A + B) $ 978 m.

D. Less expected payments in 1986 $ 715 to $ 703 m.

E. Arrears projected at 31 Dec. 1986 (c – D) $ 263 m. to $ 275 m.

F. Less estimated reserves projected to 31 Dec. 1986 $ 199.2 m.

G. Resulting shortfall projected to 31 Dec. 1986 (E – F) $ 63.8 to $ 75.8 m.

② 1986 年 5 月 9 日联合国大会接受了秘书长提出的预算案。

1986 年 12 月 19 日联合国大会决定由审查联合国行政和财务业务效率高级别政府间专家组提出的建议〔GAOR, supplement no. 19 (UN doc. A/41/49)〕应由秘书长在考虑大会补充意见的基础上加以实施 (GA Res. 14/213)。在同份决议中,大会还界定了一份修订程序,以形成两年一次的预算和更大范围内的中期计划。

1986 年 12 月 11 日,经过审慎的调整,大会批准了 1986 年批准的有关经济举措延长至 1987 年 (GA Res. 41/204)。这次行动是在联合国秘书长评估了 1987 年的税务状况以及由此可能产生的 8500 万美元现金赤字的基础上作出的。

国际公务员制度正在面临着前所未有的严峻挑战。如果成员国能够赞成秘书长应该在没有过多干涉和政治压力的环境下充分执行其作为行政长官的职能，那么这个制度才能得到最好的加强。我们必须充分认识到：确保整个组织拥有可供其指派的必要的工作人员以履行立法机构赋予的职能是联合国秘书长的职责。如果联合国大会和每个成员国能表现出更多的宽容，并能给予秘书长在工作上更多的灵活性，以保证整个秘书处的工作高效而顺畅进行的话，那对整个组织来说真是一种耳目一新的变化。

三、国际关切中的优先事项

以上我谈到的是秘书长的政治职能和行政职能，除此之外，秘书长的关切范围是涵盖了人类社会整个生存状况的。目前，有四个方面的问题需要加以格外的关注。

第一个方面是关于裁军问题，尤其是核裁军。秘书长有责任强调军备竞赛隐含着的极大的不可估量的危险。秘书长必须避免自身不合时宜地干预某些特别事项，但是他决不能任由少数国家霸占着本应属于所有国家的责任而熟视无睹——因为这种责任是人类生存和有序生活的保障。

第二个最值得关注的领域是人权。世界的不同地方频繁出现有时甚至是大规模的侵犯人权的行为。无以数计的人们由于坚持他们的基本权利而遭受到严酷的惩罚。人类的尊严被践踏，人类的生命和才干因此变得支离破碎。面对着这悲惨的现实，秘书长必须意识到他的首要职责之一就是无论何时何地都要尽其所能地使那些受害者得到救助。这也是我每天最为关注的头等大事之一。但是，在这个领域，我们也需要特别的谨慎小心：考虑到各国政府的敏感性，如果轻率地进行干预行动，那么即使这种行动在道义上是合乎情理的，却有可能产生适得其反的结果，反而只会加重受害者们的苦难。主要的标准必须是具体结果，无论秘书长的声明、报告或沉默是否有利于任何一方的利益。

第三个方面是发达国家——北方——与没有他们那么幸运的发展中国家——南方——人们生活水平之间的巨大差距。这个普遍存在的问题涉及了秘书长的许多其他的关切事项。财富上的巨大差距不仅本身意味着不公正，而且在世界上以及各国中它都会引起妒忌和纷争，进而引发政治冲突，带来无穷无尽的苦难。如果将军备开销的一小部分用于提高发展中国家人民的生活水平，就会产生翻天覆地的变化，这已经是老生常谈了。这也是联合国大会投入精力最多的问题。同样，秘书长的作用在于竭尽所能地促成南北双方就它们之间的经济关系达成协议。

第四个值得关注的方面是整个世界应该如何应对自然和人为的灾难。在这一问题上秘书长应扮演的是号召者的角色。他应该以有组织和系统化的方式来唤起更多的援助。近来，联合国解救非洲大陆危机情势的行动就充分证明了秘书长在这一方面的作用。这些行动中所表现出来的人类团结一致的精神深深地鼓舞了我。我也同样希望，以这种精神为支柱的行动也能拯救玻利维亚①和海地②的危机局势，不仅是减轻人民的苦难，而且能促进政治和社会进步。

---

① 秘书长在玻利维亚事件中的行动是应新成立的玻利维亚民主政府总统 1982 年 12 月发出的个人请求而成形的。总统请求秘书长利用自己的斡旋职能从国际社会获取更多的财政援助以支持玻利维亚政府尽力解决严重的经济和社会困难。这些困难多是上任政府遗留的，如果不能得到有效解决，必将破坏刚刚恢复的民主进程。为此目的，秘书长立即指派了赴海地的一名特派代表，并随之组织了由联合国成员国和国际金融机构代表参见的特别会议。他最新提出的建议旨在帮助海地建立社会紧急基金作为支持其经济复兴和提高生活水平的特别行动计划，并以此来消除 1985 年经济稳定方案带来的不可避免的社会影响。

② 海地前总统让—克洛德·杜瓦利埃 1986 年 2 月 7 日离开海地。在亨利·南菲将军的领导下海地成立了新政府。秘书长随后于 1986 年晚些时候对海地进行了官方访问。在这种经济和社会背景下，秘书长的相关行动可详见以下材料 *Programme interimaire de development 1986 –88*, published by the Commissariat a la Promotion Regional et a I administration Pubique, Port au Prince, Oct. 1986: in particular, chap. 1。

四、秘书长职位的特殊性

综上所述，秘书长拥有独特的选民基础，它由两个层面构成。一方面，秘书长是由 159 个主权国家的政府选举出来的，在履行其职能时，他必须向这些国家负责。但是，各国政府的行为总是与其对国家利益的认知紧密相连，这就意味着秘书长在行使《宪章》赋予的职权时，必须超越国家立场。

当然，在贯彻《宪章》制定的原则时，秘书长应该代表成员国的共同利益，但是问题在于，这种共同利益并不总是存在或者各国不一定认为它存在。正如我前面所提到的那样，在某种特定情势下，当对于这些原则出现相互矛盾的阐释时，秘书长可能会被成员国们搞得左右为难。当各国政府间难以形成一致的意见时，第一层面上的选民——来源于选举他的政府——就不能再给秘书长更多的力量和支持了。在这种形式下，秘书长不得不考虑他的第二个选民层面——即那些政府所代表的民族——也就是全世界的民族联合起来为了和平组成的单一选区。

因此，竭尽所能地与全世界的《宪章》原则拥护者保持紧密的联系，不仅是秘书长的权利更是其职责所在。但是，在时间和可利用资源方面的匮乏严重地限制了秘书长的行动。所以，他必须尽力向不同国家的议会、媒体和大学来详细阐述联合国的原则，以及他要如何贯彻这些原则等。这样做并不是煽动人民批评其政府的政策，而是为了鼓励各国以更为清晰和更加公正的观点看待别国及与世界攸关的事件。许多政府向我表示，秘书长的这些行动非但不会给各国政府制造麻烦，相反，还可以帮助他们抵消国内某些观点的狭隘性。

最后，我想以我个人的一点看法结束演讲。秘书长总是要面临各种压力，但归根到底，他在职位上是孤独的，不能悠闲度日，无可奈何总是伴随着他。《宪章》中美妙表述的理想与希望将不得不面对狭隘的国家政策。秘书长的行动必须是行之有据的，但是在许多政府据称合理的立场背后都隐藏着不真实和无言的恐惧。《宪章》的呼吁之声总是被淹没在各国之间利益的碰撞与冲突中，如果秘书长想要超越国际生活中的这些矛盾，他必须具有两种素质。

第一点要有一种信念：人类有能力实现——事实上，目前正朝这个方向努力实现——一个更有理性，没有暴力，更富有同情心和更为宽宏的国际秩序。无论过去或现在的事实看上去有多么严酷，秘书长都必须坚定这种信念，尽管人们会受到一些短期或地区利益的左右，但是为人类的幸福而奋斗却有着恒久的吸引力，而且必将赢得最后的胜利。

另外一点必备的素质是秘书长须拥有一种世界公民的意识。这听上去有点陈词滥调，但如果秘书长不能培养一种对所有民族和文化的归属感，不能尽其所能地为这些民族的和平与福祉而努力的话，那他就当之有愧。秘书长是一名世界公民，因为世界上的所有难题就是他要面对的难题，但是《联合国宪章》是他的理念与精神归宿，宪章的准则是他要永远恪守的道德信条。

第六章　联合国秘书长的斡旋职能[*]

托马斯·弗兰克、格奥尔格·诺尔蒂

　　冷战的一个直接后果就是它见证了联合国的蓬勃发展。我们从逐渐增加的联合国维和行动[①]以及安理会作出的一系列强制性决议中就可以窥见一斑。同时，秘书长的政治性作用，包括其斡旋职能在内，也正在不断拓展。

　　对于这种职能的认同，出现在安理会会员国的第一次峰会上：秘书长应邀向峰会就"怎样更好地发挥其斡旋职能"提出特别建议。[②]这主要指的是一种较为独立的政治性职能，即秘书长在预防和解决国

　　[*]　感谢纽约大学法学院 Filomen D'Agostino and Max E. Greenberg 研究基金会对弗兰克教授的研究给予的财政支持。本文是弗兰克教授于 1993 年在荷兰海牙国际法院讲授《国际公法》的公共课的部分内容。

　　①　Listed below in Appendix E. See also Sally Morpher's chapter below.

　　②　UN doc. S/23500 of 31 Jan. 1992, p. 4.

际关切的冲突中发挥的作用。①

斡旋职能是联合国最为重要的职能之一，虽然它的具体行为很少向公众曝光。正如前任联合国秘书长佩雷斯·德奎利亚尔所讲的那样："谁都不会真正了解在那间著名的玻璃大厦中发生过的各种交流与接触到底阻止了多少冲突，而这座玻璃大厦在必要时可以变得相当不透明。"② 然而，这种斡旋职能并不仅仅以其实际的重要性而引人注目，更重要的是，这种职能的发挥已经成为联合国系统内秘书长本身职能发展演变的最重要的指示器。

一、历史视角：早期案例

早在 1946 年 9 月，在安理会正在考虑是否应派遣一个调查委员会，调查涉嫌发生在希腊北部边境的军事渗透活动时，时任联合国秘书长特里格夫·赖伊宣布他的职能本身要求他拥有区别于安理会的独立的调查权力。他说：

> "我希望安理会应该认识到秘书长必须保有其在他认为必要时进行调查的权力，这样他才能够根据《联合国宪章》的有关规定，考虑该事件是否已经发展到了应提请安理会注意的程度"。③

---

① "斡旋"一词的传统含义较有局限性。而在联合国用语和实践中，它经过发展演变，不仅涵盖了"调停"（参见 Handbook on the Peaceful Settlement of Disputes between States, in: 'Report of the Special Committee on the Charter of the UN and on the Strengthening of the Role of the Organization', *GAOR*, supplement no. 33 （A/46/33）, p. 61）, 而且还包括真相调查的任务（see e. g. UN Press Release SG/SM/4727/Rev. 1, 10 Apr, 1992, p. 6; and GA Res. 46/59 of 17 Jan. 1992）。这一词汇甚至还用于与监督军队撤退有关的行动中，例如联合国阿富汗/巴基斯坦斡旋特派团（UNGOMAP）：参见 SC Res. 622 of 31 Oct. 1988, para. 1。秘书长曾强调指出，这"是一个很有灵活性的词汇，它有时含义狭窄，而有时又意指宽泛"。Handbook, cited above, p. 62.

② UN Press Release SG/SM/4124, 20 Apr. 1988, pp. 7–8.

③ SCOR, 1st year, 70th mtg., 20 Sept. 1946, p. 404.

　　1948 年 10 月，他再次自告奋勇地提出用他的具体建议来解决柏林危机①：可这些建议未被接受。② 然而，他没有气馁。两年后他试图在解决朝鲜战争的问题上与中国的特使展开会谈。③

　　然而，更为卓有成效并令人津津乐道的是 1955 年哈马舍尔德主动采取行动成功地使北京释放关押的美国飞行员。虽然他的行动得到了联合国大会的特别授权④，但是哈马舍尔德秘书长在提出了众所周知的"北京模式"的同时，却否认自己与这份决议有关。这其中的原因部分是由于这份决议的裁决意味太强，而部分则是因为他希望能维护其不受任何一个政治机构规则约束的独立行动的权力。⑤ 1956 年，在纳塞尔宣布苏伊士运河国有化之后，哈马舍尔德秘书长自行决定展开与埃及、英国、法国外长的私人谈判。两年后，在美国海军登陆黎巴嫩期间，面对着已成僵持局面的安理会，哈马舍尔德决定扩充联合国黎巴嫩观察小组（UNOGIL），使其足以能够替换在黎的美军。为此，他向安理会表明了自己的看法："假如你们不批准的话，我愿意接受你们的裁决结果。"⑥ 虽然这表明了秘书长在行使权力上的局限性，但秘书长还是清楚地阐述了他的观点：为了世界和平，一旦那些政治机构难以发挥作用时，秘书长有能力采取行动，至少在那些政治机构废除他所拥有的权力前为止。

　　1959 年秋天，老挝内战期间，哈马舍尔德接受了该王国政府的邀请，亲自实地调查以便"有机会获取与行使联合国秘书长职能息息相

---

　　① Arthur W. Rovine, *The First Fifty Years*：*The Secretary-General in World Politics1920 – 1970*（Leiden, 1970），p. 227；Evan Luard, *A History of the United Nations*, vol. 1（New York, 1982），p. 347.

　　② Rovine, *The First Fifty Years*, pp. 227 – 8.

　　③ Ibid. , pp. 244 – 5.

　　④ GA Res. 906（IX）of 10 Dec. 1954.

　　⑤ UN doc. A/2888 of 17 Dec. 1954；Report SG A/2954 of 9 Sept. 1955；Brian Urquhart, *Hammarskjöld*（New York, 1972），p. 101.

　　⑥ *SCOR*, 13th year, 837th mtg. , 22 July 1958, p. 4.

关的老挝境内情势和发展态势的第一手全面材料"。[1] 他认为这一行动的合理性在于"秘书长对于危害世界和平与安全的事件负有……一般性责任"以及《宪章》赋予他的行政性权力。[2] 这次行动既没有主动寻求也没有得到来自僵持的安理会的授权。当泰国和柬埔寨把它们之间的争端交付安理会解决时，秘书长却暗地里敦促双方接受他的个人特使，来自瑞典的约翰·贝克—弗里斯的调解。为此，他曾这样写道："比起那些纠缠了各种会议和辩论的常规方式，你会发现这种方式是多么的有效和协调。"[3]

1961 年 7 月，在法国占领比塞大城期间，哈马舍尔德应突尼斯政府的请求飞往突尼斯进行斡旋。[4] 两年后，新任秘书长吴丹主动提出了一份针对也门内战各方的建议方案。它提出应在也门—沙特边界非军事区派驻联合国观察员，以防止进一步的军事渗透。[5] 在没有录求授权的情况下，吴丹派出了一支从中东的联合国紧急部队中征调过来的由 114 名南斯拉夫人组成的小分队，以及 50 名加拿大皇家空军人员。虽然这次行动方案得到了冲突各方的同意，但是安理会却在小分队已经驻扎了很多天后，才就授权达成一致。[6] 1962 年 10 月，吴丹又主动采取了一系列旨在解决古巴导弹危机的个人行动，这些行动都没有得到任何机构或冲突方的授权。[7] 1965 年 8 月印度、巴基斯坦间发生武装冲突，吴丹主动组建了一个新的观察小组——联合国印度—巴

---

① Urquhart, *Hammarskjöld*, p. 352 (quoting letter from Hammarskjöld to each member of the Security Council).

② Ibid.

③ Wilder Foote (ed.), *Dag Hammarskjöld-Servant of Peace*: *A Selection of his Speeches and Statements* (New York, 1962), p. 264.

④ Urquhart, *Hammarskjöld*, p. 533.

⑤ UN doc. S/5298 of 29 Apr. 1963, pp. 1 – 3.

⑥ SC Res. 179 of 11 June 1963.

⑦ See UN Press Release SG/1357, 26 Oct. 1962, p. 1; UN Press Release SG/1358, 26 Oct. 1962, p. 2.

基斯坦观察团（UNIPOM）——以监督在他的协助下达成停战协定的执行。观察团的费用是从一个为应对突发性的维和事件而建立的账户上提取的，并且花费的 200 万美元没有事先得到预算通过。

1970 年，吴丹同意就因巴林的未来而产生的争端展开调停工作。当时英国同意给予巴林独立权而伊朗却声称对巴林拥有主权。实际上的谈判工作由拉尔夫·本奇来承担，最后成功地达成了协议，避免了危机。维托里奥·温斯彼尔·古奇阿迪（Vittorio Winspeare Guicciardi）大使还被派往当地进行实地调查。调查报告显示该地区的人民更愿意独立而不是并入伊朗。这一调查报告不仅被争议双方所接受而且最后也得到了安理会的认同。①

也许最非凡的但也是不成功的努力是吴丹秘书长于 1964—1965 年间顽强坚定地致力于寻求越南和平谈判的尝试。这场冲突从未提上过任何联合国机构的议程，同时美国②和北越③也都先后表现出对秘书长的努力缺乏足够的热情。

1977 年圣诞前夕，库尔特·瓦尔德海姆成功地使被撒哈拉解放运动（波利萨里奥阵线）扣押的八名法国人质得以获释，而且他亲自陪同他们从阿尔及尔飞到巴黎。这次行动既未寻求也未得到安理会的同意或联合国大会的授权。④ 瓦尔德海姆秘书长采取的更大范围的行动是于 1979 年 7 月组织召开了由 65 个国家参与的有关越南难民和流亡者问题的大会。会上他不仅使难民的安置人数翻了一番，达到了 26

---

① SC Res. 278 of 11 May 1970. See also Anthony Parsons'discussion of the Bahrain issue, pp. 108 – 9 above.

② *New York Times*, 7 Aug. 1964, p. 1.

③ Ibid. , 12 Apr. 1965, p. 1.

④ Kurt Waldheim, *The Challenge of Peace* (New York, 1980), pp. 1 – 2; See *New York Times*, 13 Nov. 1977, p. A3; 16 Dec. 1977, p. A7; *The Times* (London), 21 Dec. 1977, p. 5; *New York Times*, 24 Dec. 1977, p. 2; UN Press Release SG/SM/2521/Rev. 1, 14 Dec. 1977, p. 1.

万，而且还为此争取到了 19 亿美元的基金援助。他还与河内达成协议，使难民能有序地撤离。① 在这次会后，他又成功地组织了关于安置柬埔寨难民的国际会议，这也是秘书长自行决定召开的。②

到哈维尔·佩雷斯·德奎利亚尔就任秘书长时，他的前任们已经为秘书长确定了一个解决争端的独立角色。这一角色与某些成员国家甚至是大多数成员国所阐述的政策相对独立，也与之有所区别。秘书长们认为有充分的理由自行采取行动来维护他们认为是最基本的国际秩序，而且他们也成功地将他们所扮演的角色同由成员国操纵的政治机构的角色区别开来。到 80 年代中期，几乎没有人怀疑秘书长才是联合国各种机构内部权力斗争中的唯一重要的胜利者。③ 如果常任理事国之间能够形成一致，那么联合国大会就可以做到"大声疾呼"，而安理会也可以在行动上更加坚决果断。但是，如果说联合国在一定程度上对它总部本院以外的真实世界有一些值得称赞的影响的话，其主要原因是由于秘书长本人行使了职能。④

---

① T. T. B. Koh, The United Nations: Perception and Reality', speech to a meeting of Asian mass media, sponsored by the UN Department of Public Information, Manila, 12 – 14 May 1983, p. 14 (mimeo); and *New York Times*, 22 July 1979, p. 1. See also Memorandum of Understanding, 30 May 1979, between the government of the Socialist Republic of Vietnam and the UN High Commissioner for Refugees (UNHCR) concerning the departure of persons from the Socialist Republic of Vietnam. (UN doc. A/C. 3/347 of 2 Nov. 1979. annexe.) The announcement on the moratorium on expulsions——two-thirds of which were ethnic Chinese——by sea was made by Waldheim in a press conference at the end of the Geneva meeting. (UN Press Release SG/REF/8, 23 July 1979, p. 10). In a dissonant note, officials of the UNHCR were quoted as dissociating themselves from the agreement and expressing distaste for its provisions limiting the rights of Vietnamese to flee their country (UN Press Release SG/REF/8, p. 1).

② 参见 Koh, 'The United Nations', p. 1。

③ 佩雷斯·德奎利亚尔秘书长于 1986 年在牛津大学所作的重要演讲中强调了这种发展。See above, pp. 131 – 2.

④ 1985 年之前关于秘书长"斡旋"职能的更多案例收录在 Handbook on the Peaceful Settlement of Disputes between States, *GAOR*, supplement no. 33 (A/46/33), pp. 64 – 6。

二、斡旋职能的近期案例

上述为超级大国冲突终结之前的情况。最近以来，情况开始发生变化。尽管由于冷战紧张局势的缓和使联合国秘书长和其他联合国机构声名鹊起，但新时代对秘书长在独立主动发挥其斡旋职能上将产生何种影响仍然是模糊不清的。

1. 阿富汗

在近期秘书长行使其斡旋职能所取得的一系列成功案例中，第一个就是 1988 年 4 月份签订的日内瓦条约。除了其他相关事项以外，该条约规定了苏联从阿富汗的撤军。① 这是经历了漫长而艰辛的努力而赢得的胜利。联合国大会于 1980 年首次提请秘书长行使其斡旋职能。② 在这之前，秘书长已经同双方接触，推动谈判进行。但是，由于当时联合国大会也提请立即撤军，阿富汗和（前）苏联认为这个决议并没有为秘书长的任务执行奠定良好的基础。因此，1982 年 6 月，阿富汗之所以同意在秘书长的主持下与巴基斯坦进行谈判，就是因为他们与秘书长达成了某种心照不宣的默契，即成员国可以拒绝联合国大会的决议而与秘书长进行谈判③：这简直就是"北京模式"的变体。

这次谈判本身就是秘书长发挥其斡旋职能过程的一个范本。首先，秘书长的特别代表，迭戈·科多韦斯利用在日内瓦的万国宫（Palais des Nations，现为联合国欧洲总部——译者注）于不同的时间分别接见了两个代表团。两年之后，随着会谈的进行，他不断穿梭于驻扎在联合国总部大楼不同区域的两个代表团之间（近距离间接会谈）。同

---

① UN doc. S/19835 of 26 Apr. 1988, p. 3；UN Press Release S/1860, 14 Apr. 1988.

② GA Res. ES – 6/2 of 14 Jan. 1980.

③ 参见 UN Press Release SG/SM/4124, 20 Apr. 1988, p. 8。

时，他又发起了在当事双方的首都进行的磋商。人们欣喜地看到谈判程序上的进展与谈判实质内容上的突破相得益彰了。1985 年，双方同意就一揽子协定达成协议，并由美苏充当他们的共同担保人。① 但是，直到 1988 年初，双方才就撤军的时间表和建立一个监督机制的问题达成共识。一年之后，联合国阿富汗和巴基斯坦斡旋特派团（UNGO-MAP，阿巴斡旋团——译者注）才得以对外宣布了整个撤军的适时完成。②

关于政治解决阿富汗问题的日内瓦协议促成了苏联的撤军，但却不能解决阿富汗内战问题。这种内部冲突给联合国秘书长提出了与国家间关系的危机迥然不同且更为复杂的问题。佩雷斯·德奎利亚尔自己也承认其职能在这方面上是有局限的：他说，联合国是个"政府间国际组织"，因此"和政府的敌人接触，将会有悖于我们的信条"。③然而，一年之后，随着苏联反对联合国参与这种"内政"问题的立场有所缓和，整个事件的情形有了新的发展变化，秘书长现在认为在阿境内帮助建立一个有更广泛基础的政府是联合国义不容辞的责任。④几个月后，这种观点得到了一项联大决议的认同，这项决议要求秘书长"促成……全面的政治协议"。⑤ 为了执行这项新的斡旋任务，秘书长重新部署了阿巴斡旋团的人员，这是由于斡旋团的任务就要结束了。⑥

阿富汗斡旋新阶段的工作委任给了秘书长的个人代表贝农·塞万（Benon Sevan）。他接手后，立即强调了工作范围的重要变化，这种变化标志着从第一阶段的国家间谈判到"完全是阿富汗进程"的新阶段

---

① UN Press Release SG/1859, 13 Apr. 1988, pp. 1 and 2.

② UN doc. S/20465 of 15 Feb. 1989, p. 1.

③ UN Press Release SG/SM/4127, 27 Apr. 1988, p. 6.

④ UN Press Release SG/SM/4236, 16 Feb. 1989, p. 1.

⑤ GA Res. 44/15 of 1 Nov. 1989, para. 10；GA Res. 45/12 of 7 Nov. 1990, para. 9.

⑥ UN doc. S/21188 of 12 Mar. 1990.

的转变。① 紧张的协商随即展开，秘书长的个人代表与主要各方单独商讨，为开始实质性谈判寻求有关途径。到1992年初，塞万提出的五点计划②得到了各方充分的支持。秘书长因此宣布各方已同意成立一个过渡前治理委员会以及尽快召开正式和平大会。③ 然而，纳吉布拉政权的瓦解，几乎立即推翻了这个计划。

2. 柬埔寨

关于1991年柬埔寨问题而达成的巴黎协定，秘书长也做出了重要的贡献。同阿富汗问题一样，秘书长作为一个中立的斡旋者的作用是受到政治机构以前通过的相关决议的影响的。而越南人侵柬埔寨的行径则是被联合国大会的一系列决议所谴责的，这些决议都坚决要求越南立即撤军。④ 所以，基于要求他斡旋的各项决议⑤，他仍然需要行使其独立的权威以便成为一个合格的中间人。⑥

1985年，经过与东盟诸国的一轮协商后，秘书长简要地提出了"被广泛接受的全面解决柬埔寨问题的几个基本要素"。⑦ 1988年6月，他进一步构想了"具体的方案"并以非正式的方式将其呈交给了有关各方。⑧ 至此，达成一个全面的政治解决方案的声势日渐加强。在此种情况下，法国和印度尼西亚提出建议：邀请柬埔寨各方以及有关国

---

① Report SG A/46/577 – S/23146 of 17 Oct. 1991, p. 10.

② Ibid.

③ UN Press Release SG/SM/4727/Rev. 1, 10 Apr. 1992, p. 1

④ GA Res. 44/22 of 16 Nov. 1989, paras. 1 and 2; GA Res. 34/22 of 14 Nov. 1979, para. 9.

⑤ UN Press Release SG/SM/4011/Rev. 1, 19 June 1987, pp. 7 – 8; UN Press Release (ST) DPI/1091, p. 1.

⑥ See e. g. Report SG A/41/707 of 14 Oct. 1986, p. 1; GA Res. 34/22 of 14 Nov. 1979, para. 11.

⑦ Report SG A/40/759 of 17 Oct. 1985, p. 3.

⑧ UN Press Release SG/SM/4315, 31 July 1989, p. 2; Report SG A/43/730 of 21 Oct. 1988, p. 2.

家参加于 1989 年 7 月至 8 月在巴黎召开的和平大会。秘书长参加了这次会议，虽然他的作用只局限于向大会提出如何实施即将达成的和平协议的建议。① 就这样，在关于柬埔寨问题的巴黎谈判断断续续地持续了一年多之后，和平大会最终达成协议，并于 1991 年 10 月 23 日在巴黎签署②，而秘书长在整个谈判过程中扮演了关键的协调角色。这份决议赋予了联合国权力机构（UNTAC）在柬埔寨过渡时期前所未有的全面的监督和管理职能。③

3. 中美洲

秘书长在中美洲和平进程中的作用体现在他对三个不同危机的干预，即尼加拉瓜、萨尔瓦多和危地马拉危机。而孔塔多拉集团各成员国和 1987 年签署的埃斯基普拉斯协议框架则将这三个危机视为一种冲突。④

1986 年底，秘书长认为孔塔多拉框架内的谈判似乎已经开始降温。于是，他与美洲国家组织的秘书长非正式地达成了一项协议，即由两位秘书长联合进行斡旋。⑤ 这一方案直接引发了相关国家纷纷加入了《第二次埃斯基普拉斯会议协议》框架，这是因为该框架规定了联合国将协助核实各方在谈判过程中作出的承诺的执行。⑥

尼加拉瓜内战是第一个诉诸谈判的中美洲危机，虽然在这次危机

---

① See SC Res. 668 of 20 Sept. 1990, para. 10.

② Text of the Paris Agreement on a Comprehensive Political Settlement of the Cambodia Conflict is in UN doc. A/46/608 – S/23177 of 30 Oct. 1991. On the role of the Secretary-General see no. 8 of the Final Act of the Paris Conference. Ibid., p. 5.

③ On UNTAC see also SC Res. 745 of 28 Feb, 1992; Report SG S/23613 of 19 Feb, 1992; and Sally Morphet's chapter below, pp. 223 – 4.

④ Esquipulas II – Agreement, published in Report SG A/42/521 – S/19085 of 31 Aug. 1987, p. 8. On Central America, see also Morpher's chapter, pp. 216 – 19.

⑤ Report SG A/42/127 – S/18686 of 12 Feb. 1987, pp. 1 – 2.

⑥ 这里所涉及的国家指五个中美洲共和国。

中秘书长的政治性作用仅限于参与了达成有关解除游击队武装的具体步骤的决议的相关谈判。① 然而，在 1989 年的第二个阶段中，秘书长在危机处理中发挥了重要作用，建立了联合国核查尼加拉瓜选举观察团（ONUVEN）和联合国中美洲观察团（ONUCA）这两个监督尼加拉瓜反对桑地诺政府的尼游击队解除武装的机构。

与之形成对比的是在处理萨尔瓦多危机过程中，秘书长发挥了其积极的调解作用，以促成冲突各方就解决内战问题达成协议。1989 年12 月，应中美洲五国的特别请求，秘书长开始致力于恢复萨尔瓦多政府与萨尔瓦多的法拉本多·马蒂民族解放阵线（FMLN，简称"法解阵"——译者注）游击队之间展开对话的工作。② 四个月后，秘书长公布了一项关于会谈目标和形式的详细协议。在这份"日内瓦"协议中，各方承诺以达成全面政治解决方案为宗旨参与"这个连续的不间断"的谈判过程。③ 协议也同意秘书长应作为调解者可以积极参与谈判过程，并保有发布关于会谈进展的官方信息的特权。秘书长还被特许可自行酌情决定为协商之目的，可以与谈判范围之外的任何国家或任何萨尔瓦多个人保持秘密联系。

这些安排开始初见成效。1990 年 7 月，《圣何塞人权协议》正式缔结。根据这项协议，萨尔瓦多政府同意接受联合国核查团的监督。④为了促进新的进展，秘书长的私人代表阿尔瓦罗·德索托数次在谈判过程中成功地提出一些新方案。例如，各方赞同私人代表的建议，同意作为整个和平协议一部分的即将生效的《圣何塞协议》可以在达成

---

① Report SG A/44/344 – S/20699 of 9 Oct. 1989, p. 3；A/44/866 – S/21029 of 21 Dec. 1989, pp. 2 – 3；A/45/706 – S/21931 of 8 Nov. 1990, pp. 2 – 6.

② Declaration of San Isidro, Report SG A/44/872 – S/21019 of 12 Dec, 1989, p. 2.

③ UN doc. A/46/551 – S/23128 of 9 Oct. 1991；this is a rare instance of publication of the 'terms of reference' of a good offices mission.

④ UN doc. A/44/971 – S/21541 of 16 Aug. 1990, annexe.

全面解决或停火协议之前就可以开始立即执行。[1] 为了核查在圣何塞协议中各方履行保护人权职责的情况，安理会建立了联合国萨尔瓦多观察团（ONUSAL），这样做的主要意图在于通过把观察团纳入一个整体机制来监督未来冲突各方达成的解决协议的执行情况。[2] 秘书长的私人代表也曾倾力帮助各方打破横亘在它们中间的僵局。对于一些尚未解决的问题，包括整体政治解决方案中关于军队警察和游击队的未来走向，他曾成功地说服冲突各方接受他的建议，即这类谈判应以一种"密集谈判"的方式与关于停火的谈判共同进行，而不是在其之后展开。[3]

1992 年 1 月 16 日签署的和平协议，不仅规定了游击队的遣散及其与萨尔瓦多社会的整合，而且提出了关于国家宪法和制度框架的广泛变革，尤其是提出了一整套军队的重建方案。[4] 关于协议执行的监督工作，协议也规定了分别由文职的危地马拉政府和平委员会（CO-PAZ）和进行了人员补充的联合国萨尔瓦多观察团（ONUSAL）共同完成。秘书长精辟地把这些成果概括为"谈判出来的革命"。[5]

1990 年，在危地马拉政府和叛军之间也进行过谈判。[6] 这一次，秘书长特别代表也应邀参与。虽然他只是被指派为以观察员的身份参加[7]，但实际上他却发挥了积极的作用。[8]

4. 塞浦路斯

塞浦路斯不仅是秘书长参与斡旋时间最长的案例，而且也是体现

---

[1] Report SG S/22494 of 16 Apr. 1991.

[2] SC Res. 693 of 20 May 1992, papa. 3.

[3] UN doc. A/46/502/Add, 1 – S/23082/Add, 1 of 7 Oct. 1991, p. 2.

[4] UN doc. A/46/864 – S/23501 of 30 Jan. 1992.

[5] UN Press Release SG/SM/4685, 16 Jan. 1992, p. 2.

[6] Report SG A/46/713 – S/23256 of 2 Dec. 1991, pp. 5 – 7.

[7] See Mexico Agreement of 26 Apr. 1991, UN doc. A/45/1007 – S/22563 of 2 May 1991, p. 3.

[8] UN doc. E/CN. 4/1992/5 of 21 Jan. 1992, p. 7.

秘书长在斡旋职能上的潜力和局限性的最好例证。自从 1964 年联合国维和部队驻扎该岛以来，秘书长一直致力于通过达成联邦制政体的决议来介入旨在解决建立岛内共同宪法的危机的过程中。① 安理会每半年延长一次秘书长的斡旋任务的期限。②

在 1974 年土耳其入侵塞浦路斯之后的许多年里，秘书长为此进行了无数次的调停工作。迄今为止，他只是取得了些许成功。这表现为 1977 年和 1979 年达成的两份协议，但这两份协议只是建立起了进行谈判的框架却没有达成任何实质性的决议。③ 达成实质性决议的时机有三次似乎已经近在咫尺了。1986 年秘书长向两个族群（希腊族、土耳其族——译者注）的领导人提出了一整套新建议，建议中为建立两族联邦制构想了相当明确的规范。虽然起初双方都原则上接受了这个建议，但随后又被希腊族塞浦路斯人断然拒绝了。④ 1988—1989 年，秘书长再次尝试，这一次，秘书长没有提出实质性的建议，而是邀请双方领导人到纽约联合国总部面对面地进行谈判，他本人也参加。

这样一个经过深思熟虑的高压战术——召开最高级别的谈判以提高公众的期望值——曾多次奏效，然而这一次却失败了。⑤ 1991 年，新的希望再次显现。当时，时任美国总统乔治·布什在会晤了希腊、土耳其两国总理后，公开表达了对秘书长重启努力进程的强力支持。然而，当土族领导人坚持重申在任何宪法协议中要求享有独立的制宪权时，希望再次破灭。⑥ 在这种情况下，新任联合国秘书长布特罗

---

① SC Res. 186 of 4 Mar. 1964, para. 7 ('mediator'); SC Res. 244 of 22 Dec. 1967, para. 3 ('good offices'). On peacekeeping in Cyprus, see Morphet's chapter below, pp. 195 – 6, 205, and 214.

② SC Res. 723 of 12 Dec. 1991, para, 2; SC Res. 367 of 12 Mar. 1975, para. 6

③ Reports SG S/12323 of 30 Apr. 1977, pp. 2 – 3; S/13369 of 31 May 1979, p. 13.

④ Reports SG S/18102/Add. 1 pf 11 June 1986, pp. 3 – 5.

⑤ Reports SG S/21183 of 8 Mar. 1990.

⑥ Reports SG S/23211 of 8 Oct. 1991, p. 4.

斯－加利公开提出要考虑"其他行动途径"。① 这表明他承认联合国在处理塞浦路斯的冲突上功过各半，即虽然联合国对塞浦路斯问题的解决作出过努力，但由于它无意中鼓励了冲突双方安居在联合国保证的停战线两侧，使得冲突方不愿妥协，也使得塞浦路斯问题的某些行动更难解决。

然而，秘书长坚持不懈的努力并未就此中断。在 1992 年 4 月的一份决议中，安理会特别批准了由秘书长草拟的"一些建议"，这些建议不仅提出了"解决冲突的指导性原则"，而且还详细地阐述了"权力和职能"的分配等，几乎就是一部宪法草案。② 继 5 月份秘书长的特别代表在塞浦路斯进行了进一步商议之后，由秘书长发起的新一轮谈判于 6 月至 8 月间在联合国总部展开。这些会议休会"反思"直到 1992 年 10 月。秘书长以严厉的措辞表达了他的观点："冲突各方早就应该就必要的重大政治决定达成一种一致的折中的解决方法，维持现状不是一条可行的途径。"③ 为了实现这个目标，秘书长 7 月份规划了一份地图来表明所建议的领土调整，在土耳其族和希腊族联邦成员国之间划定了一条界线④：对斡旋者来说，这是一项精心策划的冒险性的提议。

这种冒险是可以接受的，因为联合国成员国对冲突中那些固执的各派的忍耐是有限度的。也曾有人建议，如果缺少折中妥协的政治意愿，那么联合国驻塞浦路斯维和部队（UNFICYP）的费用出处就应该从由国际社会而转到由塞浦路斯的土族和希族的纳税人来承担。

无论秘书长在塞浦路斯斡旋行动的结果如何，显然它们都能发挥作用。一方面，通过提供一个公开的外交论坛，这些斡旋行动大大地

---

① Reports SG S/23780 of 3 Apr. 1992, p. 9；see also SC Res. 750 of 10 Apr. 1992.
② UN doc. S/24472 of 21 Aug. 1992, annexe, p. 9.
③ Ibid., p. 3.
④ Ibid., pp. 4 – 5.

提升了联合国驻塞浦路斯维和部队本身的作用，营造出一种令土族塞人和希族塞人难以诉诸相互残杀的战争的氛围。另一方面，由于斡旋行动始终将维护塞浦路斯统一的宪法模式及划定共同边界的要求置于高度关切的国际议程中，因此它们也有助于防止在联合国驻塞浦路斯维和部队监督下的停火演变成为塞浦路斯事实上的国家分裂。

5. 东帝汶

秘书长参与解决东帝汶争端中的表现是其发挥斡旋职能中的另一个很好的例证，即使当时敌对双方的立场看起来似乎是难以妥协的。自从 1975 年被印度尼西亚入侵吞并以来，东帝汶就一直是联合国关注的对象，这部分也要归功于东帝汶的前宗主国葡萄牙的努力。起初，安理会和联合国大会呼吁允许东帝汶人民行使其民族自决权。[1] 1982年大会请求秘书长发起与有关直接各方的磋商。[2]

虽然国际舆论似乎已经把东帝汶问题搁置一边了——因为从 1982 年以来，大会就没有重申过其对东帝汶民族自决权的呼吁——秘书长却一直继续执行着其斡旋使命，包括每年向大会提交年度进展报告。这样做至少可以使这问题不会从联合国大会的议事日程上消失。[3]

另一方面，把这样的斡旋使命交付给秘书长是否能真正推进和平之实现，抑或它能否给这位主要执行官的职能上带来正面的影响，这些都是有争议的。一些人认为这种方式导致了联合国的一些成员国们会产生一种不具真实性的行为错觉，更有甚者，认为它还把联合国政治机构的失败责任转嫁给了秘书长，使秘书长显得更加无能。

但是，即使斡旋行动任务的成功率不高，秘书长的行动还是对缓解局势有所贡献的。因此，秘书长的斡旋作用必须单独加以评估，而

---

① SC Res. 384 of 22 Dec. 1975；GA Res. 3485（XXX）of 12 Dec. 1975.

② GA Res. 37/30 of 23 Nov. 1982.

③ GA Res. 46/402 of 20 Sept. 1991.

对这种贡献的评估必须考虑到除了逐渐接受非法的现状外是否还有其他选择。

6. 福克兰群岛/马尔维纳斯群岛

秘书长曾经有两次参与解决英国和阿根廷之间爆发的关于福克兰群岛/马尔维纳斯群岛的冲突。在 1982 年英国反击之前，他曾试图寻求促成阿根廷撤军。[1] 战争结束后，一连串的联合国大会决议就要求秘书长继续执行其斡旋职能。[2] 虽然英国对此表示了正式拒绝，因为它反对联合国大会作出的那些先入为主且有利于阿根廷的各种议案。[3] 但是，它还是同意与秘书长就争端进行非正式的讨论。[4] 自此以后，双方开始恢复外交关系并缔结了许多建立信心的协议[5]，于是秘书长认为他可以停止他的斡旋行动了，虽然这个问题仍然保留在联合国大会的议事日程上。[6]

7. 圭亚那——委内瑞拉

秘书长不仅把其斡旋职能的行使集中于非常政治争端，而且也积极地投身于解决那些带有法律性质的争议。近期的一个例子是秘书长利用其斡旋职能成功地解决了圭亚那——委内瑞拉之间由来已久的边界争端，使双方达成协议。[7]

---

① See the Statement of the Secretary-General before the Security Council, UN doc. S/PV. 2360 of 21 May 1982, pp. 3 – 12.

② GA Res. 43/25 of 17 Nov. 1988.

③ UN Press Release SG/SM/4011/Rev. 1, 19 June 1987, p. 3; SG/SM/3956, 13 Jan. 1987, p. 11.

④ UN Press Release SG/SM/4124, 20 Apr. 1988. p. 8.

⑤ 参见 UN doc. A/46/596 – S/23164 of 24 Oct. 1991; UN doc. A/45/136 – S/21159 of 21 Feb. 1990。

⑥ GA Res. 46/406 of 13 Nov. 1991.

⑦ UN Press Release SG/A/430, 1 Feb. 1990; UN Press Release SG/SM/4556, 5 Apr. 1991.

8. 黎巴嫩人质危机

1991 年，在一些其他的调停手段都以失败告终之后，秘书长——在没有寻求大会或没有安理会正式授权的情况下——开始通过"人道主义"①的努力解救在黎巴嫩的西方人质。一方面派出特别代表詹多梅尼科·皮科（Giandomenico Picco）与人质扣留方及相关政府进行谈判，一方面很快就提出了一项计划，正是这项计划的执行使大部分西方人质于年底前成功获救。②尽管我们很难评估秘书长的努力对于人质的获释产生的影响，但是有一点是十分明确的，即各方对于秘书长本人及其特使的充分信任是人质事件实现良好结果的一个重要因素。③

9. 伊朗—伊拉克

伊朗—伊拉克之间的战争进一步说明了联合国秘书长可以有效地行使其斡旋职能，并同时通过其可以利用的其他手段来给那些卷入严重冲突的各方施加相当的压力。

1983 年 11 月，伊朗指控伊拉克使用化学武器。秘书长以其事实调查者的身份并自行派遣了多支调查团去现场取证。从 1984 年 3 月开始的这些取证行动证实了这些化学武器确实在被使用。④尽管这样的事实也许会损害他在伊拉克人眼中的公正性，但冲突双方仍愿意继续接受秘书长作为一个好的调停者，而秘书长本人也仍在为双方提出建议。⑤事实上，应伊拉克的请求，他还派遣了一支特使团去调查两国战俘的生存状况。

---

① UN Press Release SG/SM/4668，9 Dec. 1991.

② *New York Times*，19 Jan. 1992，p. 1.

③ Ibid.

④ 参见 UN doc. S/20060 of 20 July 1988，which also contains references to all previous reports。

⑤ UN Press Release SG/SM/3956，13 Jan. 1987，p. 4.

秘书长不仅公开敦促双方结束它们之间的敌意①，而且在推动安理会通过第 598 号决议上也发挥了重要作用。该决议于 1987 年 7 月 20 日通过，主要内容为根据《宪章》第七章的有关规定要求战争双方立即停火。伊朗用了一年时间才接受了该项决议。②在这一期间，秘书长的斡旋职能，严格说来，已经转变成为敦促第 598 号决议的执行，继续寻求实现停火③，同时公开呼吁双方保持军事克制。④ 与此同时，他派出了更多的特使团调查伊拉克使用化学武器的证据。⑤ 当伊朗真正接受第 598 号决议时，秘书长确定了停火生效的确切日期（1988 年 8 月 8 日）。⑥ 总体上讲，伊朗—伊拉克之间的冲突表明，在较为有利的条件下，秘书长可以身兼数职：他是公平的调停者、事实真相的调查者、世界良知的代言人。

10. 伊拉克—科威特

联合国秘书长是 1988 年伊朗—伊拉克实现停火背后的主要推动者。而在 1990 年 8 月 2 日伊拉克入侵科威特爆发了第二次海湾战争时，全球权力格局发生了重大变化，这也影响了秘书长的作用发挥和选择权。冷战的结束解放了之前身陷困境的安理会。这一次是安理会而不是秘书长开始采取主动。

这种变化并不是立刻就显现出来的。在伊拉克入侵科威特不久，

① UN Press Release SG/SM/4011/Rev. 1, 19 June 1987, p. 5.

② UN Press Release SG/SM/4166, 18 July 1988.

③ 参见 UN Press Release SG/T/1452, 15 Sept. 1987。

④ UN Press Release SG/SM/4090, 1 Mar. 1988.

⑤ UN Press Release SG/SM/4127, 27 Apr. 1988, pp. 4 and 9；SG/SM/4154, 28 June 1988；and SG/SM/4176, 11 Aug. 1988.

⑥ UN doc. S/20095 of 8 Aug. 1988. The immediate crisis thus having been resolved, the Sec-retary-General did not lapse into inactivity. An additional mediation mission was authorized by the Council to help 'to achieve…a settlement… of all outstanding issues', SC Res. 598 of 20 July 1987, para. 4.

安理会授权秘书长去安曼执行一项非常引人注目的任务，即努力说服伊拉克外长塔里克·阿齐兹（Tariq Aziz）遵从要求伊拉克撤军的命令。10 月 29 日安理会再次特别请求秘书长出使巴格达，竭力来阻止战争。① 这项决议的条款似乎给予了秘书长较大的自由度，他可以在"他认为适宜之时"行使其斡旋职能，并且似乎拥有"通过外交努力来达成和平协议"的事实上的自由行使权。

但是事实上，对秘书长来说，安理会的授权并非如此。安理会已经通过诉诸《宪章》第七章来要求伊拉克撤出科威特，并通过了一系列制裁。由此，秘书长不可避免地感到他同伊拉克的谈判仅限于获得伊拉克对安理会决议的服从。② 在这种情况下是不可能出现另一个"北京模式"来维护一个独立的调停者的角色的。在这个问题上，如果《宪章》给秘书长留下了任何疑问的话，那么这个疑问都被常任理事国与秘书长之间清晰明了的交流打消了。据许多工作人员讲，秘书长的巴格达之行也只能在美国国务卿詹姆斯·贝克的个人斡旋行动失败后成行，但那时已经为时过晚。

11. 利比亚

到目前为止，秘书长在后冷战时代执行其斡旋任务中独立操纵空间最小的一次案例也许就是其在 1992 年处理关于英、法、美要求利比亚引渡卷入两架客机爆炸事件的恐怖主义嫌疑犯时的行动了。③ 根据安理会关于"争取利比亚政府合作以提供全面有效回应"英、法、美

---

① SC Res. 674 of 29 Oct. 1990，para. 12：'Responses its trust in the Secretary-General to make available his good offices and，as he considers appropriate，to pursue them and to undertake diplomatic efforts in order to reach a peaceful solution'；see also SC Res. 664 of 18 Aug. 1990 and SC Res. 670 of 25 Sept. 1990.

② UN Press Release SG/T/1624，30 Aug. 1990；SG/SM/4487，4 Sept. 1990；UN Press Release SG/T/1640 and1643，14 Jan. 1991.

③ UN Press Release SG/SM/4727/Rev. 1，10 Apr. 1992，p. 5.

三国引渡袭击两架客机的恐怖主义嫌疑犯的请求①，秘书长派遣了副秘书长瓦西里·萨弗隆丘克（Vasilly Safronchuk）前往的黎波里，副秘书长认为有义务重申此行的目的不在于调停而仅仅是要关注利比亚的"最初回应"。② 在其特使第一次出访之后，秘书长拒绝了利比亚政府就执行决议的"机制"展开谈判的邀请，他强调指出，其本身的权力由于受安理会决议的限制已经不允许他主动采取这样的行动了。③这对秘书长的作用可以说是一种令人遗憾的削弱。也许秘书长本可以把利比亚的邀请解读为一种积极的回应，而这种回应很可能就服从安理会的指令而达成非正式的磋商。他没有选择这样做，一方面可能表明秘书长本人在同安理会主要成员国磋商之后认为利比亚的邀请并不值得完全信赖；另一方面它也许反映了他感觉到在安理会日趋活跃的新时代，他自身的斡旋空间正逐渐变小。在萨弗隆丘克的二次出使的黎波里，以及副秘书长弗拉基米尔·彼得罗夫斯基（Under-Secretary-General Vladimir Petrovsky）的两次访问中，秘书长的特使实际上已经成为某种信使，这一切都加深了秘书长的这一判断。而由他们传递的信息的内容多是由英、法、美三国而很少由秘书长来制定的。④

这种情况值得反思。如果面对一个重获新生且日益活跃的安理会，秘书长的职能已经蜕变成为某些人戏称为的"信使职能"的话，那么有关后冷战时代联合国体系中一系列重要的问题就随之凸显出来了。比如，如果秘书长的作用被贬低到如此地步，那么他的斡旋职能将会受到何种影响——尽管它仍然是联合国不可缺少的功能之一。

①　SC Res. 731 of 21 Jan. 1992, para. 4.
②　Report SG S/23574 of 11 Feb. 1992, p. 1.
③　Ibid., p. 2.
④　Report SG S/23672 of 3 Mar. 1992.

12. 中东

自从 1967 年安理会第 242 号决议得以采纳以来，秘书长就一直被授权参与以色列及其邻国之间的斡旋行动。第 242 号决议不仅为中东问题的和平解决设定了原则规范，而且它也要求秘书长"依照决议案之规定原则"积极促进其和平的解决。[①]加纳·雅林（Gunnar Jarring）在担任了秘书长特别代表 24 年之后，于 1991 年被来自瑞士的爱德华·布伦纳（Edouard Brunner）接替。

他们的努力并没有取得太大的成功，因为以色列执意认为联大各项关于解决中东问题的决议中，赋予特别代表进行有效斡旋的职能是不可接受的。[②]　其次，由联合国大会提请召开的"在联合国主持下包括巴勒斯坦解放组织在内的有关各方参与的中东问题国际和平会议"[③]是另一个迄今为止难以逾越的困难。另一方面，秘书长未接受邀请参加由俄—美发起的有关中东问题的和平大会，因为他仅是以仪式性的观察员的身份被邀请参与会议，而不是一个完全的参与者。[④]　然而，通过私下里敦促持怀疑态度的联合国成员国们，可将由俄—美提出的方案视为有可能被大会大多数成员认可的一种有成功希望的选择，秘书长还是在竭力地推动着和平进程。[⑤]

13. 纳米比亚

秘书长的斡旋职能有时是在另外一种方式下进行的。在解决旷日

---

① 　SC Res. 242 of 22 Nov. 1967, para. 3; UN Press Release SG/A/453, 21 Mar. 1991.

② 　参见 report SG S/10929 of 18 May 1973, p. 37。

③ 　GA Res. 46/75 of 11 Dec. 1991, para. 2, is a mellowed version of the previous formulation in GA Res. 45/68 of 6 Dec. 1990, para. 2.

④ 　UN Press Release SG/SM/4718, 19 Mar. 1992, p. 6; SG/SM/4621, 20 Sept. 1990, p. 10.

⑤ 　参见 Report SG A/46/623 – S/23204 of 8 Nov. 1991, p. 5; UN Press Release SG/SM/4752, 18 May 1992, p. 9。

持久的纳米比亚危机时，秘书长所起到的作用就是一个很好的例证。虽然他被委以"执行性"的使命，但实际上他自己却深陷于这场漫长的、微妙的却十分重要的谈判中。

1978 年，安理会根据相关决议成立了联合国过渡时期援助团（UNTAG）①，决议还简要概述了关乎纳米比亚从被南非非法占领到实现独立的一些规范性因素。然而，进行了大约十年的关于以何种形式执行安理会决议的微妙的谈判之后，南非政府才接受这份决议。这些谈判是由秘书长和能对南非施加相当政治影响力的五国"接触小组"来共同进行的。②

直至 1985 年秘书长才成功地得到南非同意在纳米比亚举行联合国监督下的选举，作为实现纳米比亚独立的最后步骤。③ 这促使南非逐渐接受了安理会所期冀的和平过渡方式。1988 年 8 月，安哥拉同意古巴军队撤出④，这不仅扫清了最后一道来自南非的障碍，也为联合国将要开始进行的该组织最大最成功的行动之一铺平了道路。⑤

14. "彩虹勇士"号争端

另一个体现秘书长斡旋职能的很好的例子是 1986 年夏天秘书长在解决新西兰和法国之间的"彩虹勇士"号争端时的表现。争端的起因是由于（绿色和平组织——译者注）"彩虹勇士"号船计划阻止法国在穆鲁罗亚环礁进行的太平洋核试验，而法国特工的爆炸行动导致了船上一名荷兰公民的死亡和整个船只的沉没。两名法国特工被新西兰

---

① SC Res. 435 of 2 Sept. 1978, para. 3.

② Report SG S/16776 of 19 May 1983, pp. 1 – 2.

③ Report SG S/18767 of 31 Mar. 1987, p. 2; Agreement finalized on 10 Mar. 1989, Report SG S/20412/Add. 1 of 16 Mar. 1989.

④ Report SG S/20412 of 23 Jan. 1989, pp. 3 – 4 and 21.

⑤ See Statement of Secretary-General at Namibia's independence celebration, UN Press Release SG/SM/4422, 20 Mar. 1990.

政府逮捕并被判处入狱十年。这场冲突十分的激烈以至于它已经威胁到了欧共体的运行，因为法国开始对新西兰的农产品出口施以报复行动。

1986 年 6 月 19 日，在荷兰政府的建议下，冲突双方请求秘书长来调停它们之间的分歧。随即，整个过程以简洁的步骤展开。双方呈递了一份书面文件，其中陈述了它们已经谈判过的解决方法中涉及的问题与关键因素。同时，它们也指出了争端中它们无法解决的一些遗留问题。之前，它们一致同意会遵守秘书长的决定。随后，秘书长给双方发出了一份书面情况调查，并提出了一项书面解决方案，由双方按协议执行。① 它包括法国应向新西兰正式道歉，并赔偿 700 万美元；新西兰释放两名法国特工，交付法国监督，条件是他们必须被"派驻"到波利尼西亚法国豪岛上完全封闭的地方服刑三年。法国也答应不再限制新西兰与欧共体之间的黄油、羊肉和山羊贸易。

这样的解决方法在两个国家都招致了某些批评，人们有理由对由法国处理该事件的信誉产生怀疑。然而，这件斡旋案例带来的经验启示在于：较之由争端双方单独订立的同样的一份或其他的解决方案来说，这一解决方案是更容易被接受的——原因恰恰在于它是由一个不可能被弹劾的权威提出的 。任何一方政府都不会被其内部指责为向另一方让步和屈服。因此，秘书长的角色不仅是裁决，而且也包括使裁决合法化。②

---

① The text of the UN Secretary-General's ruling of 6 July 1986 on the *Rainbow Warrior* affair is published in *America Journal of International Law*, 81 (1987), p. 325.

② 关于秘书长的准裁决职能的另一个例子，请详见"纽约条约"。An agreement which was conclude in the context of the EI Salvador talks, by which the parties undertook to accept as binding proposals submitted by the Secretary-General if they were able to agree among themselves within a certain time-limit. UN doc. A/46/863 – S/23504 of 30 Jan. 1992, p. 2.

15. 索马里

有时，在后冷战时代更为常见的是，秘书长有理由更乐意与地区性国际组织并肩工作，这种合作关系的重要例证体现在索马里内战危机的处理上。

1992 年初，安理会请求秘书长"协助索马里冲突的政治解决进程"①，决议要求他为此目的与非洲统一组织和阿拉伯联盟的秘书长共同工作。

三个组织秘书长的联合斡旋行动是从邀请两个主要的敌对派别到纽约与他们会晤开始的。面对着这场如火如荼的内战，以及派别领导人之间极强的个人恩怨，三位秘书长还是尽力促使达成了一份停火协议。② 为了努力使这份脆弱的停火协议变得更为有效，秘书长随即派出其私人代表加入由来自联合国、非统组织、阿拉伯联盟及伊斯兰大会的官员组成的代表团，前往索马里首都摩加迪沙进行实地访问，调查当地的情况并探寻政治解决的前景。

在 1992 年 3 月呈递给安理会的报告中，秘书长以直言不讳的语言描绘了索马里的现状以及联合代表团为之所作的努力。报告指出，现在索马里的局势甚至都不允许提供人道主义援助，更不用说派驻一支联合国维和部队了。同时，秘书长强调了与区域组织之间的合作"已经证明是非常有效的，并为未来的合作提供了有益的先例"。③

秘书长继续与区域性组织共同努力召开了索马里民族和解大会。在进行这些工作的同时，秘书长还充分注意到了发生在索马里境内的大规模人道主义灾难，因此他在积极推动安理会创建"第一期联合国索马里行动"（UNOSOM）的过程中也发挥了重要的作用。该维和行

---

① SC Res. 733 of 23 Jan. 1992, para. 3.
② Report SG S/23693 of 11 Mar. 1992, pp. 6 – 7.
③ Ibid. , pp. 16 – 18.

动的授权后来赋予了由美国领导的"联合特遣部队"（UNITAF）。1993 年 5 月第二期联合国索马里行动（UNOSOM Ⅱ）最终取代了联合特遣部队的行动。[①]

16. 西撒哈拉

1975 年，作为对国际法院咨询意见的回应[②]，联合国大会通过了一项决议，重申了（前属）西班牙的西撒哈拉地区的人民拥有的民族自决权利。[③] 同时，联大经过政治妥协通过了另一项决议，含蓄地承认了摩洛哥和毛里塔尼亚对该领土的占领。[④] 更令人混淆的是，在第一份决议里大会要求秘书长以"作出必要的安排来监督民族自决行为"。经过一段徒劳甚至是敷衍性的行动后，秘书长公开拒绝了这项毫无成功希望的任务。[⑤]

1986 年之后，国际背景和地区局势都开始发生变化。因此，联合国大会[⑥]和安理会[⑦]先后再次授权秘书长来敦促实现民族自决。这时，摩洛哥已经吞并了原毛里塔尼亚占领的土地。因此秘书长在 1986 年夏天以访问摩洛哥国王哈桑二世为契机而展开其斡旋行动。随之而来的是一段紧张的穿梭外交，这些行动的目的在于促成摩洛哥和波利萨里奥解放阵线之间能就全民公决的条件达成协议。[⑧]

1988 年 8 月双方"原则同意"秘书长提出的一套方案。[⑨] 于是，

---

① SC Res. 751 of 24 Apr. 1992; SC Res. 794 of 3 Dec. 1992; and SC Res. 814 of 26 Mar. 1993.

② *ICJ Reports*, 1975, pp. 12 – 176.

③ GA Res. 3458A (XXX) of 10 Dec. 1975.

④ GA Res. 3458B (XXX) of 10 Dec. 1975.

⑤ For a fuller account see Thomas M. Frank, 'The Stealing of the Sahara', *America Journal of International Law*, 70 (1976), p. 70.

⑥ GA Res. 46/67 of 11 Dec. 1991; GA Res. 40/50 of 2 Dec. 1985.

⑦ SC Res. 725 of 31 Dec. 1991; SC Res. 690 of 29 Apr. 1991; SC Res. 621 of 20 Sept. 1988.

⑧ Report SG A/41/673 of 3 Oct. 1986, p. 3; A/42/601 of 1 Oct. 1987.

⑨ Report SG S/21360 of 18 June 1990, p. 4.

安理会请求秘书长①首先"澄清特别事项"②，随后"全权负责"筹划酝酿已久的全民公决。③ 在长达三年的谈判之后，秘书长最终才得以建议安理会成立联合国西撒哈拉全民投票特派团（MINURSO）。④

尽管出现了这些好兆头，全民公决还是未能如期于1992年1月举行。⑤ 摩洛哥和波利萨里奥解放阵线一直在为（直到现在仍是）投票资格的标准问题争论不休。⑥ 这也招致了对秘书长的工作方法的某些批评。这些批评者们指出，投票权的问题并没有在1988年的"原则协议"（的解决建议）中得以足够精确的阐明。⑦ 而对于秘书长报告中的"有关西撒哈拉全民投票特派团身份查验委员会任务"（MINURSO's Identification Commission）的说明，各方更是争议不断，因为正是该委员会将决定着谁有权在公决中投票。⑧ 据波利萨里奥解放阵线看来，（1991年秘书长报告的附件中有关）身份查验委员会任务的"说明"部分，不仅曲解了（1990年秘书长报告中）"原则协议"的部分⑨，而且它也超越了各方同意赋予秘书长的自主决定权的范围。

虽然还有更多的批评——不仅来自波利萨里奥解放阵线——针对于"原则协议"的模棱两可以及秘书长未能及时地加以阐明，但是谁也不清楚一个不模棱两可的协议能否可以达成。确实，重大的分歧往往在谈判时被有意避开，而在执行协议时却能得到解决。这种策略的效用也在其他危机处理过程中得到过证实。秘书长认为一旦原则协议

---

① SC Res. 621 of 20 Sept. 1988.

② Report SG A/44/634 of 12 Oct. 1989, p. 6.

③ Report SG S/22646 of 19 Apr. 1991, p. 4.

④ Report SG S/22532of 24 Apr. 1991, p. 2；SC Res. 690 of 29 Apr. 1991.

⑤ Report SG S/22464 of 19 Apr. 1991, p. 12.

⑥ Report SG S/23662 of 28 Mar. 1992, p. 6.

⑦ See Report SG S/22646 of 19 Apr, 1991, p. 6.

⑧ Report SG S/23299 of 19 Dec. 1991, p. 5；see also UN Press Release SG/SM/4727/ Rev. 1, 10 Apr. 1992, p. 6.

⑨ Report SG S/23299 of 19 Dec. 1991, annexe.

能够达成，那么由此而产生的动力，加之公共期望值的增加，就可以推动冲突双方解决以前面临的那些棘手问题。这是一项合理的谈判原理，但是我们不能总期盼它能取得成功。

秘书长的斡旋行动的确实现了停火①：在几乎长达十年的战争背景下，这的确是一项了不起的成就，但是，在另一方面，也有人认为在以武力对抗现状的实际情形下，这种停火只是对占领方有利。

17. 南斯拉夫

秘书长在解决由南斯拉夫解体引发的危机时所发挥的作用也是一个如何把斡旋职能与联合国的其他职能以及地区性组织的职能相结合的范例。

根据欧共体及其成员国们的请求②，安理会请求秘书长为克罗地亚冲突各方"提供援助"。③ 随即，秘书长就任命了前美国国务卿赛勒斯·万斯（Cyrus Vance）作为他的个人特使。从 1991 年 10 月至 1992 年 1 月间，万斯共前往该区域执行了五次任务。根据万斯对战场形势的实地评估以及与冲突各方的谈判，秘书长最终于 1992 年 2 月中旬提出成立联合国保护部队（UNPROFOR）的建议，联保部队将会部署于仍被南斯拉夫国防军的残余部队和塞尔维亚非正规军占领着的某些区域。④

万斯任务公开宣布的目标在于调查该地区是否具备了部署一支联合国维和部队的条件。⑤ 然而，实际上，特派代表的行动则更为深入。在他出访该区域的同时，许多欧洲国家的政府仍在为承认独立的前南

---

① Report S /23299 of 19 Dec. 1991, p. 2.

② UN doc. S/23060 of 23 Sept. 1991, p. 3.

③ SC Res. 713 of 25 Sept. 1991, para. 3.

④ Report SG S/23592 of 15 Feb. 1992, pp. 6 - 7; SC Res. 743 of 21 Feb. 1992, para. 2; and SC Res. 749 of 7 Apr. 1992, para. 2.

⑤ Report SG S/23169 of 25 Oct. 1991, p. 3; SC Res. 721of 11 Dec. 1991, para. 1; and Report SG S/23363 of 5 Jan. 1992, p. 1.

斯拉夫共和国是会推动还是阻碍和平事业的进程而争论不休。① 在这场争论中,万斯对于承认前南独立的共和国,尤其是对波斯尼亚—黑塞哥维纳的承认,会使战争的局势更为恶化的观点表示了公开赞同。而且,万斯还成功地力主,即无论关于承认与否的辩论结果如何,联合国部队在该地区的驻扎对于实现停火局势都是十分必要的,而且停火应早于或同步于欧共体为达成政治解决方案而作出的努力。

万斯的个人威望促使南斯拉夫各方——至少是在克罗地亚方面——十分尊重停火协议,这也证明了秘书长授权一位资深的世界级政治家,而不是一名秘书处的专职人员来执行斡旋职能的决策是十分正确的。

南斯拉夫危机中克罗地亚部分还证明了斡旋行动中共同努力的作用。首先,由于安理会赋予了秘书长抉择适合派一支维和部队的准确时机的权力,这显然提升了万斯的个人影响力及其作为秘书长代表的权威性。万斯拒绝草率地提出派遣维和部队的建议,因而能推动各方作出必要的让步。② 其次,万斯在其作用的发挥上被两个机构之间的劳动分工所左右,甚至被复杂化。这两方面机构一方面是联合国,另一方面是欧共体成员国以及由罗德·卡灵顿(Lord Carringtong)领导的负责有关政治解决分离主义问题谈判的委员会。这种职能分工使得秘书长能够专注于实现和实施切实可行的停火以及关于人道主义救援活动方面的谈判。③ 同时,这种方式也使秘书长饱受了各种无知却广泛的抨击,批评其没能以强有力的方式促进该区域有关政治问题的解决。有时,采取一种把不同的任务分配给不同的角色以完成截然不同的维持和平与缔造和平职能的方法是十分有益的,然而对于这一点,特别是新闻界其次是政府和公众舆论却很难理解。

---

① 参见 Report SG S/23280 of 11 Dec. 1991, p. 21。

② Report SG S/23280 of 11 Dec. 1991, p. 5; see also Report SG S/23363 of 5 Jan. 1992, pp. 3 – 4.

③ 参见 UN Press Release SG/SM/4718, 19 Mar. 1992, pp. 1 and 4。

　　类似的问题在南斯拉夫危机中有关波斯尼亚的部分以一种更为尖锐的方式凸显出来。1992 年至 1993 年间，赛勒斯·万斯（联合国特使）和罗德·欧文（欧共体特使）都在致力于对冲突各方施加国际压力，以结束这场残酷的战争并争取政治解决。所有的这一切却是在如下背景中进行的：一方面是包括种族清洗、大屠杀和集体强奸在内的严重的战争罪行，另一方面则是国际社会对于是否派驻一支主要的地面部队来结束这场严酷而复杂的战争的犹豫不决。

　　致力于波斯尼亚和平计划的那场漫长的、令人沮丧的、饱受未必是公正批评的万斯—欧文行动证明了这次斡旋的缺陷。但它并不是斡旋职能中令冲突双方宁愿继续杀戮，也不愿真诚谈判的那种缺陷。万斯—欧文行动的经验真正表明的是停止这样一场冲突，建立一支有效的维和部队，并竭力维护已经严重分离的波黑的完整性是多么的困难。当然，它也向我们展示了斡旋与集体使用武力之间的相互作用的复杂性。令人感到困惑的是，一些国家像某些个人一样，只有到其他所有的人都对他们失去耐心，并准备以武力使他们重新恢复理智时，才表现出谈判所需要的耐心和积极的投入。然而，这种在使用武力和理性处理之间的微妙互动却并不是秘书长及其斡旋行动中所独有的现象。

三、方式和内容上的区别

　　正如前面的例子所体现的那样，秘书长"斡旋"职能的多种应用在方式和内容上有很大的区别。事实上，由于"斡旋"职能并没有在《联合国宪章》中有清晰明确的表述，而是在国际环境的变化和国际情势的必然需求下逐渐发展的，因此我们很难勾勒出它清晰的轮廓。①

---

　　① "斡旋"职能的法律基础援引自《宪章》第三十三和九十九条；参见 Vratislav Pechota, *The Quiet Approach*（UNITAR, New York, 1972），pp. 8 - 10。也可参见 the explanation of 'good offices' above, n. 3。

1. 秘书长权力的来源及局限性

秘书长的斡旋职能应至少有四种不同的授权来源：它来自于安理会的决议或联大的决议，或是他本身权力的延伸，抑或是由争端方一致同意的。这些权力的来源会微妙的影响他职能的履行。对于秘书长权力的更加微妙的影响则来自于某些特定的制度性因素，正是这些制度性因素可能限制了在理论上秘书长应拥有的某些权力的应用。

秘书长在塞浦路斯①、东帝汶②、利比亚③、中东地区④、纳米比亚⑤和南斯拉夫⑥行使的斡旋职能来自于安理会决议的授权。而他在解决阿富汗和西撒哈拉争端中的相关活动则是在联大决议的授权下进行的。⑦

后面的这两个例子也表明在关于授权方面是很难划定清晰的界限的。因为在两份联大决议形成之前，秘书长已经自行决定开始行使他的斡旋职能了。⑧ 同样，在柬埔寨⑨、福克兰群岛、伊朗—伊拉克⑩、

---

① SC Res. 367 of 12 Mar. 1975, para. 6.

② SC Res. 384 of 22 Dec. 1975, para. 5.

③ SC Res. 731 of 21 Jan. 1992, para. 4.

④ SC Res. 242 of 22 Nov. 1967, para. 3.

⑤ SC Res. 435 of 2 Sept. 1978. para. 3.

⑥ SC Res. 713 of 25 Sept. 1991, para. 3.

⑦ GA Res. ES – 6/2 of 14 Jan. 1980, para. 7; GA Res. 36/34 of 18 Nov. 1981, para. 6 (Afghanistan); GA Res. 40/50 of 2 Dec. 1985, para. 4 (Western Sahara). 联合国大会通过其人权理事会，也会赋予独立专家组授权，由他们负责检查某个特定国家人权状况并向该国政府提供"咨询服务"。这种任务也是"斡旋行动"的一种形式。See e. g. 'Report by the independent expert, Mr. Christian Tomuschat, on the situation of human rights in Guatemala', UN doc. E/CN. 4/1992/5 of 21 Jan. 1992.

⑧ See e. g. Report SG A/36/653 – S/14745 of 6 Nov. 1981, p. 1 (Afghanistan); Report SG A/40/692 of 30 Sept. 1985, pp. 3 – 4 (Western Sahara).

⑨ Report SG A/35/501 of 30 Sept. 1980, pp. 1 – 2; GA Res. 34/22 of 14 Nov. 1979, para. 11.

⑩ SC Dec. S/14190 of 23 Sept. 1980; SC Res. 479 of 28 Sept. 1980, para. 4.

伊拉克—科威特和索马里①案例中，在一些政治机构作出裁决正式批准秘书长行动的同时，秘书长的行动就已经十分活跃了。还有在一些其他案例中，秘书长也是完全自行行动的。秘书长关于中美洲问题的方案是在其开始行动后的几个月后才得到正式批准的。② 而他解救黎巴嫩人质危机的行动也是在没有任何政治机构参与的情况下进行的。

当在联合国框架外行事的各方一致请求秘书长执行斡旋职能时，他就会自行决定展开行动，即使其行动不一定依据自己或联合国政治机构提出的建议而进行。圭亚那—委内瑞拉边境调停和"彩虹勇士"号事件即是如此。有时，秘书长的斡旋行动是应某一区域集团的正式或非正式的请求而展开的，如同在西撒哈拉和南斯拉夫危机中的情形一样。

除了这些明确的或含蓄的授权之外，为了更好地行使斡旋职能，秘书长还必须保持联合国的主要机构、重要大国以及主要区域性集团对他的信心。所以，秘书长会经常地与安理会及单个国家进行非正式的磋商。因此，秘书长所拥有的之于如何处理某一特定案例的自行决定权，事实上要比字面上所呈现的小得多。因为，一旦某一政治机构开始就某一情势行使其自身权力，则秘书长本身具有的职权，即使没有被撤销，也不得不在行使过程中遵守该政治机构已经设定的明确甚至是含蓄的一些规则、目的和范围。如果该政治机构是安理会的话，情况尤为如此。通过观察一个案例我们就可以对这种情况窥见一斑，在伊拉克—科威特危机中，秘书长就认为这种局限性影响了他的自主决定权。

2. 自主决定权的空间

斡旋行动是非正式的，组织安排较为宽松，而且在很大程度上，它要依赖斡旋者的灵活性、敏感性和创新性。因此，一位成功的斡旋

---

① SC Res. 733 of 23 Jan. 1992, para. 3.

② GA Res. 42/1 of 16 Oct. 1987, para. 4；SC Res. 637 of 27 July 1989, para. 5.

者常常要求在较为宽泛的自主决定空间内操作斡旋行动。

幸运的是，大部分授权秘书长进行斡旋行动的决议在如何开展其行动上都赋予了他较为宽泛的自主决定权。① 当联合国政治机构对某国的行为持强硬的反对立场，而该国又是秘书长在执行斡旋任务中准备与之谈判的国家时，一种灵活微妙的应对策略是必不可少的。因此，在阿富汗、柬埔寨、福克兰群岛及纳米比亚案例中，秘书长都非常谨慎，努力证明他并不仅仅是联合国政治机构的指令代理人，更是一位拥有一定自主决定权的可靠的调停者。②

另一方面，秘书长拥有的这种自主空间不过于宽泛，也是有益的。秘书长在推动冲突方和解上的权力总是会受到《联合国宪章》制定的一些基本规则的限制的。③ 然而，有时候更为狭小的自主权力空间有助于抵制来自他所调停的冲突各方的那些难以容忍的压力。在塞浦路斯问题的磋商过程中，秘书长曾多次提醒土耳其族塞浦路斯当局，由于它们坚持其单方面分裂的权力，这已经严重违反了授权秘书长进行调停活动的安理会有关决议中关于制宪方案的规定。因而这种固执己见致使秘书长"斡旋任务的实质"遭到了质疑。④

一方面是为了争取实现一种政治预设结果而对其职能的自相矛盾的要求，另一方面又要维护一个调停者必备的公正。秘书长却一直能在一种令人吃惊的程度上使这两方面之间达到一种微妙的平衡。自从冷战结束及联合国的权力平衡中显现出单极模式以来，秘书长在如何协调其作为政治机构的"谦逊的公仆"⑤ 的角色和他作为一名可信的调停者的定位上一直经历着各种新困难。秘书长在处理科威特危机期

---

① UN Press Release SG/SM/4124, 20 Apr. 1988, p. 8.
② 也参见 Perez de Cuellar's 1986 lecture at Oxford University, above, pp. 131–4.
③ Ibid.
④ Report SG S/21183 of 8 Mar. 1990, p. 12 (annexe II).
⑤ UN Press Release SG/SM/4752, 18 May 1992, p. 7.

间所遭遇到的各种限制就是很好的例证。安理会在其决议中要求伊拉克立即完全地撤军，这样就几乎没给调停工作留下多少空间，然而，据秘书长的顾问所言，这还并不是主要问题所在。更多的限制则来自于一些安理会常任理事国的一再催促，尤其是关于秘书长何时可以同伊拉克接触的问题上。

在安理会有关要求利比亚遵从美、法、英的要求引渡涉嫌的恐怖主义分子的决议中，秘书长的作用已经被限制到了仅仅是一位"信使"的角色。在同一种国际情势下，这种角色是很难与真正的调停者的任务和谐共存的，即使有时秘书长能够成功地平衡这两种职能。此外，一旦在某一危机处理中秘书长被要求承担这种"信使"的任务，则它的花费必然要成为秘书长职务资金中的一项长期费用。重要的是，所有的国家都应该认识到这一点，如果秘书长在某项或所有斡旋行动中有所成功则是基于他公正的表现①，而这种"信使"式的任务则是代价昂贵的。

3. 是否委派代表

秘书长不可能同时出现在任何地方。他领导着一个庞大的行政机构（秘书处），必须履行一些礼仪和公共关系职能，充当着一位富有感召力的公众舆论领袖的角色，还要会晤世界各地的领导人。他还必须参加联合国主要机构的一些重要的公开会议，并与一些决议的倡导者一起讨论那些决议。他指挥着为数众多的外勤行动，为此他必须清楚地了解它们的行动内容及分布在世界各地将要面临的危机。当秘书长承担一项斡旋任务时，不可避免的是，他不可能成为一个无处不在的调停者，至少在许多案例中都是如此：这就意味着这项职能必须委派他人执行。此类任务数量的激增使这种情形在后冷战时代尤为如此。

①　参见 Perez de Cuellar's 1986 lecture at Oxford University, above, pp. 133 – 5。

委派形式有时是有益的，但多数情况下则是难以避免的。

然而，有时委派这种形式也会被专门排除在外。在关于塞浦路斯案例中，安理会就特别把斡旋任务交付给了秘书长本人。[①] 因此，即使在塞浦路斯有他的特别代表，秘书长本人还是时常亲自会晤有关各方并竭力促使各方参加有他出席的谈判。在"彩虹勇士"号事件中也是如此，秘书长被赋予的仲裁职能是其个人的职责，所以不能委派给他人。

幸运的是，在大多数情况下，秘书长都有自主权来决定是否亲自来执行斡旋任务。而对和平的那种迫在眉睫的威胁也许不会给秘书长更多的选择余地，他只能亲自承担起斡旋者的角色，尤其是当战争还未爆发或其个人孤注一掷式的最后干预有可能阻止战争爆发时。秘书长在关于福克兰群岛和科威特冲突中所作出的努力就是最好的例证。然而在其他案例中，由于考虑到要维护其职能的有效性问题，秘书长更愿意留在幕后，所以他会从秘书处核心集团中指派一名代表或者启用一位备受尊敬的局外者利用他或她的个人威望来影响斡旋过程。[②]

如果秘书长认为斡旋需要长期投入，而不是短期的特别行动的话，那么即使严重破坏和平的情势已经出现，他也会运用此种委派形式。这方面的例子包括阿富汗、伊朗—伊拉克、利比亚、中东和南斯拉夫冲突，以及为解救黎巴嫩的人质而进行的谈判。在这些委派的斡旋行动中，秘书长常常是在幕后参与的。有些任务，例如中美洲和索马里

---

① SC Res. 367 of 12 Mar. 1975, para. 6.

② 当秘书长委派代表执行斡旋任务时，常常是委任给特别代表或私人代表，他们通常是值得信任的秘书处成员。当秘书长是根据某一政治机构的授权采取行动时，他会委任"特别代表"，而他自行决定采取行动时，他会委任"私人代表"。然而，也有很多情况下是一些局外人被委任为代表，例如，前美国国务卿赛勒斯·万斯就代表秘书长斡旋南斯拉夫危机并组织了纳戈尔诺—卡拉巴赫真相调查团。（UN Press Release SG/SM/4722, 26 Mar. 1992; UN doc. S/23904 of 12 May 1992）.其他的例子包括西印度群岛大学的副校长阿历斯特·麦辛特瑞（Alister Mcintyre）代表秘书长斡旋圭亚那—委内瑞拉之间的边境冲突，前巴基斯坦外长雅各布·可汗（Yaqub Khan）调停西撒哈拉冲突。

问题，它们本身具有极为错综复杂的特点，因此委派代表的必要性就显而易见了。而至于那持久的、复杂的似乎永无尽头的阿富汗谈判，就更不能由秘书长亲自执行，因为这会危及他其他职能的履行。

介于那些明确要求秘书长亲自执行斡旋行动的案例和那些只须采用委派形式的案例之间的还有一种情形：既秘书长已经委派了代表，但有时为了打破僵局或加速进程，他也会时常亲自出面介入整个斡旋行动。在柬埔寨、中美洲、纳米比亚、西撒哈拉案例中这种情况就不同程度的时有发生。

四、有效性

斡旋过程的机密性导致了对斡旋任务的有效性难以评估。秘书长并不经常公布其任务报告，而且，即使他这么做，也会省去相关细节的描述的。[1] 尤其是，秘书长常常只是斡旋的参与者之一，这就使对他的贡献作出评估相当困难。例如，彻头彻尾的现实主义者会把萨尔瓦多会谈的成功结果部分归功于美国国会信誓旦旦的恐吓，即如果萨尔瓦多政府表现的过于顽固的话，他们会大幅减少对其的援助。这样就会削弱该国军事机构的势力，而他们正是促成和平协议的绊脚石。[2] 即使这种观点在某种程度上是正确的，它也不能明显地贬低秘书长的重要作用，他既是和解促成者，又是执行协议架构的规划者。同时，他的卷入使冲突双方在协议达成之后，能将协议提交给、展示给国内民众中的不满者，把它说成是一种不可对抗的全球共识性产物。

如果秘书长把斡旋持续过程中的确定性方面和初步成果公之于众的话，有时 他可以强化这种推动作用。秘书长现在更多的是就谈

---

① 关于黎巴嫩人质危机的解救没有呈递过任何报告。

② 参见 Terry Lynn Karl , ' EI Salvador's Negotiated Revolution ', *Foreign Affairs*, 71 (spring 1992)；pp. 159 – 60。

判的过程发布一些详细的中期报告，当谈判进展缓慢时，他也会指责冲突中的一方或双方。① 尽管这种公开的指责会带来激怒某一方的风险，但它却证明了以关闭谈判大门给各方施加压力是一种有用的方法。

有效性问题所涉及的远不止其理论上的意义，失败无疑会损害秘书长的职能。更为重要的是，一旦秘书长接受了某项注定要失败的斡旋任务，他很有可能会落入一个圈套，成为斡旋失败或毫无进展的一位值得尊敬的替罪羊。② 这可能正是在塞浦路斯和西撒哈拉事件中所出现的情形。因此，为了维护他的职能，布特罗斯－加利秘书长会谨慎地选择表达他的不满。他对联合国无限期地在塞浦路斯问题上的斡旋以及他本人在此斡旋中的作用就表达了他的不满。③ 另一方面，行动陷入僵局，甚至是联合国推动了这种僵局，斡旋也会比其他的一些选择更为可取。在塞浦路斯案例中，如果完全抛弃联合国的干预，就会使较弱的一方暴露在潜在的灾难之中。④ 而且，就算是处于僵局之中，秘书长的行动也可以使该事件仍然保留在联合国的议事日程上，就如同东帝汶的情况一样，这样，即使政治机构已经停止了其积极性行为，至少它还能多少维护着联合国有关原则。所以，秘书长的行动突出了正当性，保留了多重选择的余地，使得该事件在未来能继续得以讨论。

---

① See e. g. Report SG S/21183 of 8 Mar. 1990, p. 12 (Cyprus); S/23693 of 11 Mar. 1992, p. 17 (Somalia); S/23900 of 12 May 1992, p. 2 (Yugoslavia); and the detailed reports on the missions to Central America, Namibia, and Western Sahara mentioned above.

② Perez de Cuellar's 1986 lecture at Oxford University, above, pp. 132 – 5 *passim*.

③ Report SG S/23780 of 3 Apr. 1992, p. 2 (Cyprus); UN Press Release SG/SM/4727/ Rev. 1, 10 Apr. 1992, p. 5.

④ Perez de Cuellar's 1986 lecture at Oxford University, above, p. 132.

五、斡旋职能的近期发展趋势及其前景展望

1988 年 4 月，关于政治解决阿富汗问题的日内瓦协议正式签署，这也标志着冷战的结束，在此后的四年里，秘书长在行使其斡旋职能上取得了非凡的成就。然而，我们有理由相信，在后冷战时代的联合国环境下，秘书长斡旋职能的延伸也许不会持续下去，或者它会发展成为性质完全迥异的职能，抑或它会转而处理一些完全不同的国际问题。正如我们所提及的那样，安理会有效行使其政治职能的能力大大地限制了秘书长原来作为一名能在陷入敌对状态的各方之间进行斡旋行动的公正的调停者的作用。安理会现在更有能力自己作出决定，所以它要求秘书长前往的黎波里或巴格达，不是行使其独立的政治职能而是帮助执行安理会本身的行动计划。安理会成员国应该十分清楚此类任务可能会给秘书长斡旋职能带来多大的代价。一旦秘书长被认为是一名服从强国命令的信使，那无疑会严重损害他作为一名真正的调停者的可信度。

将来有一天，安理会也许又会重新陷入僵局，并且没有能力坚决果断地采取行动。因此，所有的国家都有充足的理由谨慎从事，不要让秘书长承担与他职能不相符的任务，因为这样做会有损于秘书长职能的发挥。可以想象，在某些情况下，把信使的角色赋予安理会主席，那结果可能会更好，特别是如果安理会是该信函作者的话。因此，1992 年秘书长在《和平议程》中这样写道：

> 尽管安理会、联大和有关的成员国能够提供的有力而明显的支持可以增加调停者的有效性，但秘书长的斡旋有时候在审议机

构之外独立进行，反而会产生最好的效果。①

虽然安理会增强了其解决危机的能力，但在随着诸如阿富汗、柬埔寨、南斯拉夫、索马里、前苏联部分加盟共和国和中美洲国家内部中敌对的政治势力和种族分离主义者之间冲突的加剧，使得未来诉诸秘书长独立斡旋职能的可能性大大加强了。如果这种威胁和平的趋势持续下去，那么安理会以及那些饱受分离主义运动困扰的常任理事国是否愿意根据《宪章》第六和第七章的规定利用其职权出面干预这些局势尚不得而知。安理会没能诉诸《宪章》第七章出面进行干预行动以帮助伊拉克的库尔德人，而它在卷入南斯拉夫危机中有关政治安全方面上表现出的迟钝，都清楚地表明了在处理这种由国内矛盾引发的对国际和平的威胁上，联合国秘书长更具有灵活性，他可以填补这个空缺并圆满地完成所赋予的斡旋任务。秘书长在处理萨尔瓦多内战时的那些全面而又低调的行动——促成实现停火，阐明双方解除武装的形式，监督人权保护状况以及就宪法保证展开谈判等——也许会成为未来发展的一种预兆。那时，斡旋职能成为国际组织不仅在缔造和平，更主要的是在建设和平上的重要手段。② 如果目前联合国政治均势中的单极模式能够再次让位于传统的两极抑或多极模式的话，那么以上这种需求必然会不断加强。

随着提请斡旋、维和、选举监督以及人道主义援助的请求不断增多，秘书长将会加紧寻找一位合适的机构合作者以协助其共担重担。最有希望的候选者就是区域集团，尤其是对于处理由国内原因引发的

---

① Boutros Boutros-Ghali, *An Agenda for Peace*, June 1992, para. 37.

② 对于"建设和平"这种强调是由秘书长在 1992 年 5 月 13 日华盛顿德克森参议院大楼前所作的大卫·阿布什尔演讲（David Abshire Lecture）中详细阐述的。UN Press Release SG/SM/4748, 13 May 1992.

危机而言。① 例如在利比亚内战中，秘书长就遵从了西非国家经济共同体（ECOWAS）这样一个"次区域性机构"的意见，他还公开表态：该机构正在"处理相关问题"。② 在索马里问题上，联合国就与阿拉伯国家联盟和伊斯兰大会共同合作展开工作。在关于柬埔寨问题的巴黎国际会议上，联合国也得到了东南亚国家联盟的有力支持。在萨尔瓦多，"秘书长之友"就是一个给予联合国调停工作重大帮助的有益的国家集团。③ 有时，也可以设想一种在区域组织（负责政治解决方案的协商）④ 和秘书长（负责促成停火协议及其执行）之间的职能分工，正如在南斯拉夫冲突的克罗地亚部分中所尝试过的那样。

当然，在一些冲突中，尤其是牵涉了分离主义和内战的冲突中，区域组织也许就不太适合作为斡旋行动的合作者，因为该区域内的国家也许会被认为已卷入冲突，或者已有偏向冲突一方的小算盘而会对冲突一方有利。它们自身的干预活动和议事日程会有利于其这样或那样的对手。⑤ 在这种情况下，秘书长的独立作用不仅会继续会延续，而且必须得到进一步加强。

---

① UN Press Release SG/SM/4752, 18 May 1992, p. 5; SG/SM/4748, 13 May 1992, pp. 5 – 7; SG/SM/4727/Rev. 1, 10 Apr. 1992, pp. 6 – 7; SC Res. 749 of 7 Apr. 1992, para. 6; SC Res. 746 of 17 Mar. 1992, para. 9.

② UN Press Release SG/T/1661, 7 June 1991.

③ Boutros-Ghali, *Agenda for Peace*, para. 62.

④ UN Press Release SG/SM/4748, 13 May 1992, p. 6.

⑤ See e. g, Report SG S/23900 of 12 May 1992, p. 4 (concerning Bosina-Herzegovina).

第七章　联合国维和与选举监督[*]

萨利·莫菲特

　　1956 年苏伊士危机之后，联合国大会建立了联合国第一支紧急部队（UNEF I），联合国从此开始了大规模的维持和平行动（以下简称维和）。《联合国宪章》并未有维和的构想，但维和与《宪章》的目标完全不矛盾。维和也不是一个新现象。之前最相关的例子就是 1934 年成立了人数多达 3，000 的国联国际部队，以确保萨尔公民投票（决定萨尔加入法国还是德国）能够适当地开展。鲍威特（Bowett）指出："它成功的秘密在于这样的事实：部队代表'中立'或真正国际化的部队，能够超然于公民投票的政治问题，并因此赢得尊重和人们的信赖。"[①]

　　自从联合国 1945 年成立以来，它建立了 29 个维和机构，其中

---

　　[*]　所述观点均为作者本人个人观点，不应被视为对官方政府政策的表述。

　　[①]　D. W. Bowett, *UN Forces：A Legal Study of United Nations Practice* (London, 1964), p. 11. 本章还详述了许多其他维和的先例。

1987 年以来建立了 16 个。① 到 1992 年 1 月，估计有 528，000 位军人、警察和文职人员在这些机构中任职，他们总共已耗费了 83 亿美元。② 维和已被视为"向发生紧急问题的地区提供的国际援助，至少当时冲突各方希望能和平共存。相应的，它也是一种间接的活动，因为它的开始和成功都取决于其他国家的愿望和政策。"③ 时任联合国维和行动主管副秘书长的马拉克·古尔丁（Marrack Goulding）将它定义为"联合国的军事行动，其中民用或军事的国际人员在各方同意以及联合国指挥下协助控制和解决实际的或潜在的国际冲突或具有明显国际影响的内部冲突。"④ 两种定义都表明维和取决于有关各方的政治意愿。相比之下，"强制和平"（peace-enforcement）这一词汇经常被用来描述外部强加的解决方案，甚至是在未征得各方同意的情况下。试图解决冲突根源的政治过程通常（包括在《和平议程》中）被描述为"促成和平"（peace-making）。实际上，这些分类是重叠的，它们之间的界限变得越来越模糊。

与联合国维和行动相关的一些重要问题随之显现：为什么联合国维和发展得如此迅速？过去的维和机构在哪些方面是成功的？联合国维和体系有什么重要性？第一（西方）、第二（东方）和第三世界（南方）之间的政治互动如何影响了联合国维和？联合国维持和平、促成和平和强制和平间有什么关系？现在的联合国维和与以往的联合国维和有什么不同？其使命能否扩展到包括选举监督而又不改变其基

---

① 29 次联合国维和行动的详尽清单，包括主要的授权决议，参见后面的附录 E（这一总数包括第二期联合国索马里行动和 1993 年在柬埔寨组建的联合国部队，后者在重要的方面都不同于传统的维和部队的权力）。

② Boutros Boutros-Ghali, *An Agenda for Peace*, June 1992, para. 47.

③ Alan James, *Peacekeeping in International Politics* (London, 1990), p. 1. 更进一步的定义参见 Brian Uquhart, 'International Peace and Security: Thoughts on the Twentieth Anniversary of Dag Hammarskjøld's Death', *Foreign Affairs*, 60, no. 1 (Fall 1981), p. 6 n。

④ *The Singapore Symposium: The Changing Role of the United Nations in Conflict Resolution and Peacekeeping 13 – 15 March 1991* (UN DPI, New York, Sept. 1991), p. 25.

本机构？其花费可以在不使联合国破产的前提下得到解决吗？在何种冲突中维持和平可以被有效利用？这些问题的各个方面将通过对联合国维和发展进行历史性回顾的方式加以讨论，最后一节将对联合国维和和选举监督的性质、优点和不足进行概略的评价。

一、第一阶段：1948—1966 年

自 1948 年至 1966 年，联合国成立了十个维和机构（四支大规模维和部队和六个规模较小的军事观察团）。本章主要关注它们的成就及其背后的政治问题，它们与促进和平之间的联系以及它们所介入的冲突的性质。

1. 中东

与以色列和巴勒斯坦争端相关的复杂而棘手的关系给国际社会提出了难题，各国对此态度不一，由此产生了第一支联合国军事观察团和第一支联合国维和部队，以及之后的许多维和机构。在 1948—1966 年间，另外两支中东维和机构成立了——第一支为平定黎巴嫩局势，第二支则为缓和埃及与沙特阿拉伯在也门内战中的争端。

（1）联合国停战监督组织（UNTSO）。1947 年，巴勒斯坦地区当时的托管者英国，将该地区长期存在的犹太人与阿拉伯人之间的分裂与游击队问题，移交给新成立的联合国。为促进和平，联合国在 1947 年 11 月联合国大会上提议在巴勒斯坦分别建立两个国家。决议得到了西方、东方以及拉美国家所组成的联盟的支持，但也遭到了许多第三世界国家的反对。意见的分歧使得这一促成和平的举措难以实现。之后，1948 年的战争使得联合国安理会（苏联弃权）决定建立一个停战委员会，后来又增加了军事观察员（通过安理会更进一步的决议，该决议分节审议投票），最初的目的是监督停战。联合国停战监督组织

经常被认为是联合国最早的军事观察团。确实，早在 1947 年联合国停战监督组织成立之前，联合国大会已经授权在巴尔干半岛派遣观察员，安理会也曾在印度尼西亚建立领事委员会以推动非殖民化进程。不过，这些都不能算是联合国军事观察团，因为派遣的观察人员当时还由国家指挥。

促进巴以和平的重重困难体现在联合国停战监督组织依然运行这一事实上。1948 年以来，联合国停战监督组织受安理会委托，兼管一系列额外的任务，例如对 1949 年停战协议的监督，1967 年后对苏伊士运河地区以及戈兰高地的停火所进行的军事观察，以及 1982 年后为贝鲁特提供军事观察员。联合国停战监督组织能够机智灵活地做出回应，此外，还为之后的许多维和行动提供主要人员，来促进联合国的维和进程（例如，UNGOMAP，联合国阿富汗和巴基斯坦斡旋特派团）。该组织的实用性以及政治重要性可被以下事实证明：自从联合国停战监督组织开始运行以来，法国和美国的军事人员就为之工作，而且苏联和中国也分别在 1973 年和 1990 年加入其中。

（2）联合国第一支紧急部队（UNEF I）。联合国紧急部队是联合国建立的第一支主要维和力量。1956 年的中东地区的局势要求一种创造性的外交：强制执行朝鲜模式（比如基于《联合国宪章》第七章的运用①）是不切实际的，因为有两个拥有否决权的安理会常任理事国参与其中。1949 年埃及与以色列之间的停战协议因英国、法国和以色列于 1956 年 10 月侵犯埃及领土而告终。尽管在 7 月埃及将苏伊士运河公司国有化之后，安理会刚刚商定解决苏伊士问题的必须条件，袭击还是发生了。美国立即召集安理会为一项勒令以色列退回休战线的

---

① 《宪章》第七章自从 20 世纪 80 年代末以来就被越来越多地运用，处理"对于和平之威胁、和平之破坏及侵略行为"。一旦安理会根据第七章决定存在以上情形，它可以选择或者建议开展行动，或者根据第四十一条（允许制裁）以及（或者）第四十二条（允许采取军事措施）决定可以采取什么样的强制措施。

决议草案投票。这项草案连同在苏维埃政府发起的类似草案，一并被英国和法国否决。南斯拉夫（有影响力的第三世界领袖）启用了"联合一致共策和平"程序，在其强烈要求下，问题被转交给联合国大会的紧急特别会议。① 大会随后还通过一项决议，所有军事力量都要停火，退回到休战线内。②

11月3日，在加拿大的推动下，联合国大会讨论了一项决议草案，要求联合国秘书长在征得各国同意的基础上提交一份设立联合国紧急国际部队的计划。西方国家与第三世界国家的支持确保了该计划在11月4日得以通过，其中57票支持，0票反对，19票弃权（包括英国、埃及、法国、以色列、苏联和东欧国家）。11月5日，一个类似的投票产生了联合国第一支紧急部队"以确保和监督敌对行为的终止"，并利用联合国停战监督组织的人员加快该部队的运作。之后，联合国秘书长达格·哈马舍尔德起草了一份决议，通过了军队的运行方针。方针包括：承认指挥官的独立性；禁止使用五个常任理事国的军队；③ 需要得到东道国家的许可；以及要求部队除自卫或者保护军队阵地以外，不得使用武力，尽管部队使用军事人员。哈马舍尔德还提出，财政问题需要做更进一步的研究。第一批维和人员于11月到达埃及（他们被禁止进入以色列），并于1957年2月达到了被允许的最多人数6000人——当月埃及通过了具有开创意义的《部队地位协议》

---

① 这是一个程序，即如果由于否决权被行使，安理会无法针对问题做出决定，将会把问题的讨论转交给联合国大会。详情参见迈克尔·霍华德撰写的章节。

② GA Res. 997（ES-1）of 2 Nov. 1956. 英国、法国和以色列是反对该决议的国家。

③ 自从1991年所有五个安理会常任理事国向联合国伊拉克—科威特军事观察团提供军事人员以来，这一条就不再适用了。下列维和机构在1991年前使用了来自常任理事国的军事人员：联合国监督停战组织（除英国外所有常任理事国），联合国驻印度和巴基斯坦军事观察小组（美国），联合国驻塞浦路斯维持和平部队（英国），联合国驻黎巴嫩临时部队（法国），以及联合国驻柬埔寨临时机构（英国）。更多的信息，包括常任理事国自愿提供人员的详情，参见 UN, *The Blue Helmets*: *A Review of UN Peacekeeping*（2nd edn., New York, 1990），pp. 419-49。

（Status of Forces Agreement）。①

1956 年底，维和部队监督实现了停火以及英法撤军，1957 年 3 月，又监督了以色列军队的撤出。在 1957 年 4 月至 1967 年 5 月，沿着停战分界线部署了部队，人数逐渐递减（1967 年 5 月为 3400 人），以维持两国之间的稳定局面。在这些方面，维和被认为是成功的，但是它并没有促成和平，随着 1967 年的战争爆发，维和在争议中结束。

（3）联合国黎巴嫩观察组（UNOGIL）。安理会于 1958 年 6 月决定建立"联合国黎巴嫩观察组"（苏联弃权），防止在主要的地区组织——阿拉伯联盟（该地区政治联盟——译者注）未能解决基督教徒与穆斯林之间日益加剧的紧张局势的情况下，有任何非法人员或军队渗透进黎巴嫩边界。1958 年 2 月，埃及与叙利亚合并，对埃及总统纳赛尔意图的恐惧使得紧张局势更加恶化。尽管联合国黎巴嫩观察组已经进入黎巴嫩地区，然而 7 月伊拉克政权的颠覆增加了东西两方的猜疑，并且导致美国应黎巴嫩要求向该地区派送军队。同月不久，苏联否决了安理会关于建议重新定位联合国黎巴嫩观察组的两次决议。8 月，联合国大会一致通过由阿拉伯联盟提出的决议，缓和了当时的紧张局势，该决议暗示应当用联合国黎巴嫩观察组代替美国军队——这是一个地区性组织与维和的关系有时比较紧密的例子。② 这个顾全面子的计策使美国军队于 1958 年 10 月底撤军，同年 12 月，联合国黎巴嫩观察组也撤出了黎巴嫩。

（4）联合国也门观察团（UNYOM）。在联合国秘书长的斡旋下，联合国也门观察团为解决 1962 年也门爆发的内战所引发的问题应运而

---

① 协议文本见 Rosalyn Higgins, *United Nations Peacekeeping 1946 – 1967*: *Documents and Commentary*, vol. 1: *The Middle East* (Oxford, 1969), pp. 372 – 82。它设定了所有后来此类协议的模本。罗瑟琳·海金斯（Rosalyn Higgins）的四卷文件和评论为维和研究提供了不可或缺的帮助。

② 地区性组织也为促成和平作出了重要贡献。比如，当安理会由于苏联行使否决权而瘫痪时，阿拉伯联盟能够缓和伊拉克和 1961 年新独立的科威特之间的紧张关系。

生。也门内战在保皇派和共和派之间产生。也门是埃及、沙特阿拉伯、英国（当然仍与南阿拉伯联盟关系密切）和超级大国利益纷争之地。1963 年 6 月，安理会（苏联弃权）批准联合国也门观察团在沙特—也门边界建立监控系统，以确保沙特—埃及脱离接触协定的条款得到遵守。埃及（在也门驻军）以及沙特阿拉伯同意支付联合国也门观察团两个月的运作金。观察团在 1963 年 7 月与 1964 年 9 月之间运作。由于沙特阿拉伯方面宣布不再支付任何费用，观察团撤出（尽管埃及仍未撤军）。维和部队无助于解决这一问题，主要是因为各方始终没有完全遵守脱离接触协定。① 不过，这段时期，和其他时期一样，显示出了在解决争端时联合国秘书长可能发挥创造性作用，在联合国也门观察团撤出后，秘书长仍保留一位私人代表以解决也门问题。②

2. 非洲

1948 年至 1966 年，联合国在非洲的维和行动仅限于刚果。1960年至 1964 年，联合国在刚果的维和行动是所有维和行动中最有争议的，而且经常被看做是维和在法律、人道和政治上存在缺陷的例子，尤其当它的角色转向强制和平时。刚果维和行动导致的财政和法律危机几乎毁掉了联合国。

联合国第一支紧急部队的最初成功使许多其策划者或执行者，尤其是联合国秘书长，在比利时从刚果加速退兵导致非洲的殖民化出现问题时，很容易立即想到使用维和部队。因此在 1960 年 6 月 30 日刚果独立之前，联合国就已经和刚果方面开展联系。刚果刚刚独立，局面就急转直下，国内叛乱使比利时军队在未得到刚果政府的许可下进行了军事干涉。于是刚果政府诉诸于安理会，安理会于 7 月中旬（加

① Henry Wiseman, 'United Nations Peacekeeping: An Historical Overview', in Henry Wiseman (ed.), *Peacekeeping: Appraisals and Proposals* (New York, 1983), p. 40.

② 见前面托马斯·弗兰克和格奥尔格·诺尔蒂撰写的章节。

丹加省宣布脱离之后）通过了决议（英国和法国弃权①），呼吁比利时政府撤军，并批准联合国秘书长与刚果政府磋商，为之提供所需的军事援助。几天后，联合国刚果行动（ONUC）的先行部队，据布莱恩·厄克特所述，被安排了自大无用的指挥官②，几天后到达了刚果，监督比利时撤军，并协助恢复法律和秩序。

1960年9月初，当总统将卢蒙巴总理撤职后，刚果发生了内战（并因东—西敌对而恶化）。苏联在9月17日对关于刚果问题的决议草案使用了否决权。之后，这一复杂问题被移交给联合国大会：建立了一个促成和平的协调委员会。而同时，联合国刚果行动的控制者在不偏袒和只在自保时使用武器的前提下试图避免和控制这场冲突。③ 问题是严重的：12月，联合国秘书长哈马舍尔德特别考虑了让联合国刚果行动从刚果撤出。④

1961年2月，刚果总理卢蒙巴被害，安理会通过了一项引起争议的决议（法国和苏联弃权），批准联合国刚果行动将使用武力作为阻止内战的最终手段：一些人认为这项决议使活动的基础从维持和平转向了强制和平。⑤ 同年4月，在与刚果总统就阻止内战并解决由不同外部势力支持的雇佣兵问题达成一致之后，这项授权得到执行。这项授权导致联合国军队受到袭击：局面由于秘书长哈马舍尔德9月在一

---

① Rosalyn Higgins, *United Nations Peacekeeping 1946 – 1967*: *Documents and Commentary*, vol 3: *Africa* (Oxford, 1980), pp. 16 – 17, 她谈到英国之所以弃权，是因为它认为比利时部队只有在被联合国分遣队替代的时候才应该撤出。她还提到美国也关注同一问题，但以不同的方式理解决议。这表明模糊性（有时是故意的）常常是联合国决议的特点。它可以颇具创造性，也可能相反。

② Brian Urquhart, *A Life in Peace and War* (London, 1987), p. 148.

③ 关于由刚果维和行动引发的复杂问题的文献有很多。除了海金斯（Higgins）和厄克特（Urquhart）之外，值得参阅的还有乔治·阿比-萨伯（Georges Abi-Saab）关于法律问题的有益著作，*The United Nations Operation in the Congo 1960 – 1964* (Oxford, 1978); and Conor Cruise O'Brien, *To Katanga and Back*: *A UN Case-History* (London, 1962).

④ Abi-Saab, *UN Operation in the Congo*, p. 95.

⑤ 见上书的讨论，pp. 99 – 110。

次飞机失事中突然死亡而变得复杂。当时哈马舍尔德正在会见脱离派加丹加省领袖的路上。正是从这一事件开始，联合国刚果行动开始诉诸武力，而他们的杀生行为变成了他们"本应控制的冲突的一部分，因而也成为问题的一部分"。① 强制和平被证明是问题重重的。1961 年11 月，安理会还授权联合国刚果行动（英国和法国弃权）使用武力驱逐国外人员和雇佣兵。历经许多困难以后，1963 年1 月加丹加省的脱离被终止，而联合国刚果行动也最终于1964 年6 月撤回。

这项行动成功地履行了它的使命，尤其是为维持刚果领土完整，避免苏维埃的干涉和超级大国的冲突方面作出了贡献。然而，这项行动也导致人们普遍对维和的衍生物产生怀疑（因为维持和平转向了强制和平），包括第三世界的领导者，他们相信自己软弱的国家很有可能成为维和机构的牺牲品，此外还有苏联。安理会的五个常任理事国决定，此后再不能赋予联合国秘书长像哈马舍尔德一样的支配权了：他们努力使安理会被看做是唯一有权开展维和行动的联合国机构，而且维和运动都只能为特定的时期设立，从而确保安理会常任理事国可以用否决权来停止维和行动。在 20 世纪 90 年代，这次联合国维和行动的教训是："刚果提醒人们，联合国只有在各个大国继续合作的情况下才有能力在争议地区开展有效的维和使命，并且警告我们：向联合国部队和谈判人员指派复杂的任务，而这些任务又没有得到各个大国之间具体协议的支持，这是危险的。"②

3. 亚洲

到 1966 年，亚洲是拥有最多维和机构（包括联合国的和非联合国的）的地区。这些维和机构主要解决由非殖民化以及关于查谟和克什

---

① Urquhart, *A Life in Peace and War*, p. 179.

② Roland Paris, *United Nations Peacekeeping after the Cold War* (RUSI & Brassey's Defence Yearbook, 1991), p. 276.

米尔地位的争端所引发的问题。1947 年初，处理印尼非殖民化的领事委员会就包含了许多维持和平的性质，不过因为领事委员会的军事观察员并非受联合国指挥，本书对此不做讨论。同样，对联合国在朝鲜的部队（1950—1953 年）也不做讨论，作为根据《联合国宪章》第七章建立的第一支部队，它是强制和平而非维持和平的机构。①

（1）联合国系统外的维持和平。联合国并非在所有情况下都能成为一个合适或有效的维和行动的工具。这一时期，在联合国系统以外的最主要的维和与监督机构是三个国际监督与控制委员会，分别监督柬埔寨、老挝和越南，来执行标志着法国从印度支那撤出的 1954 年《日内瓦协议》。这三个委员会（由加拿大、印度和波兰人员组成）并非联合国组织，但在早期他们确实扮演了与联合国在其他地区相同的角色。② 联合国不适合解决印度支那问题，部分是由于一个主要的力量——中华人民共和国——直到 1971 年才在联合国代表中国。

（2）联合国驻印度和巴基斯坦军事观察组（UNMOGIP）。1948 年 1 月，安理会（苏联弃权）建立了一个小型代表团——联合国印巴委员会（UNCIP）以调查查谟和克什米尔地位问题。在那里，随着印度和巴基斯坦的独立，敌对行动开始爆发。尽管查谟和克什米尔的人口大多数是穆斯林，但它们已准备加入印度。三个月后，安理会想要进一步促进和平，便在各政府之间斡旋，促使各政府进行一次公民投票，并建议联合国印巴委员会安排军事观察员监督停火。1949 年，联合国驻印度和巴基斯坦军事观察小组为维持和平作出了适当的贡献，并且有力地调停了印巴 1965 年至 1966 年和 1971 年至 1972 年的冲突，但是几乎没有促进和平者（peace-maker）试图解决查谟和克什米尔地区

---

① 有人将联合国在朝鲜的部队也纳入维和的名下。参见 Rosalyn Higgins, *United Nations Peacekeeping 194006 -1967：Documents and Commentary*, vol. 2：Asia（Oxford, 1970），pp. 153 -312。

② James, *Peacekeeping in International Politics*, p. 206.

危险又复杂的公共问题，这些问题不可避免地与印巴关系相关联。①
在这里，并不存在必须的政治意志力。

（3）联合国安全部队（UNSF）。尽管印尼在 1949 年已经独立，
但新几内亚西部地区（西伊里安）的领土问题仍旧悬而未决。荷兰人
认为，巴布亚人应该有权自己选择未来；而印尼人则宣称伊里安岛西
部是印尼的一部分。1961 年，联合国秘书长开始斡旋以解决这个问
题。1962 年 9 月的联合国大会上，除法国以外，所有的常任理事国都
关注荷兰与印尼之间的协议，该协议将荷兰对伊里安岛西部的管理权
转交联合国临时执行局（UNTEA）。管理权应由一名来自联合国的行
政官行使至 1963 年 5 月，然后领土将划归印尼。并且要保证联合国秘
书长提供一支联合国安全部队协助联合国临时执行局的工作。这是联
合国首次对某地区拥有完全行政管理权。10 月，联合国安全部队开始
监督荷兰和印尼撤军，并作为联合国临时执行局的军队开展工作。
1963 年 5 月 1 日，完全的行政管理权移交给印尼。联合国安全部队为
荷兰保全了面子，并且充当了"一个非常有用的工具"。②

（4）联合国印度—巴基斯坦观察团（UNIPOM）。1965 年 8 月，
印度和巴基斯坦在克什米尔问题上又一次发生了军事冲突，并且引发
了两国之间的敌对状态。于是安理会于 9 月通过决议，号召两国停火
并与联合国驻印度和巴基斯坦军事观察组（UNMOGIP）合作。该月晚
些时候，安理会所有常任理事国又一致通过了一项安理会决议，要求
派遣观察员监督克什米尔地区以外的停火线，并且建立了联合国印度
—巴基斯坦观察团。该观察团有效地平息了局势：在苏联的主持下，

---

① 更多信息参见 *The Blue Helmets*, 2nd edn. , pp. 157 – 64。

② *James*, *Peacekeeping in International Politics*, p. 195. 詹姆斯（James）还讨论了之后
该地区居民于 1969 年进行的有缺陷的行使自决权的尝试。也可参见 Michla Pomerance, *Self-
Determination in Law and Practice*; *The New Doctrine in the United Nations* (The Hague, 1982),
pp. 32 – 5。

1966 年 1 月印度总理与巴基斯坦总统间进行了一次促进和平的会谈。会谈之后，联合国印度—巴基斯坦观察团撤出。

4. 欧洲与拉丁美洲

在 1948 年至 1966 年间，并没有多少维和行动在欧洲和拉丁美洲展开。第二次世界大战以后，联合国卷入了巴尔干半岛的国家间冲突，并且在 1960 年塞浦路斯独立后卷入了该地区的内部和集体冲突。在拉丁美洲，该时期联合国部队唯一的一次干涉是在多米尼加共和国，在军人政权被推翻后，联合国派遣军队进入该国，保护美国公民。

（1）联合国巴尔干特别委员会（UNSCOB）。联合国巴尔干特别委员会由联合国大会在 1947 年 10 月通过决议建立（东方集团投票反对，许多第三世界国家弃权）。该特委会的目的是监督希腊、阿尔巴尼亚、保加利亚和南斯拉夫遵守并协助它们执行解决争端的建议（关于国界线、难民和少数民族问题的争端）。1952 年，联合国大会的和平观察委员会派遣一小支军事观察员替换了联合国巴尔干特别委员会。由于除了在希腊，该委员会无法发挥作用，因而它是无效的。[①] 这是因为特委会的军队不由联合国指挥，所以不能将之划为联合国维和军队，尽管它们有许多明显的相似之处。令人不安的是，40 多年后的联合国保护部队（UNPROFOR）遇到了类似的有争议的问题。

（2）联合国驻塞浦路斯维持和平部队（UNFICYP）。1964 年，联合国维持和平部队在塞浦路斯建立，以解决希腊人和土耳其人群体之间的集体暴力冲突，1960 年独立时所达成的宪制安排的崩溃导致了冲突的发生。在使用保证国部队的努力失败之后，英国政府起初想到使用北大西洋公约组织的维和力量，然而尽管美国施加压力促成此事，塞浦路斯总统马卡里奥斯和苏联仍旧不予接受。因此，英国于 1964 年

[①]　Wiseman（ed.），*Peacekeeping: Appraisals and Proposals*, p. 25.

2月将此问题提交安理会。后来安理会一致通过了一项决议，建议在塞浦路斯政府许可下组建一支维和部队，"尽最大努力防止冲突再次发生，并在需要的情况下协助维持法律秩序和恢复正常状态。"与联合国第一支紧急部队方针相似（军队出自于同一个常任理事国——英国，尽管还包括一些民警），联合国驻塞浦路斯维和部队仍旧运行。1964年6月，它的人数是6411人，至70年代初，已逐渐减至3000人左右。在此期间，"该部队在维持和平方面做出了显著的贡献"。① 但促进和平行不通。1974年7月，在希腊裔塞浦路斯人反对马卡里奥斯的政变发生之后，土耳其进行了军事干涉，随后，联合国驻塞浦路斯维和部队调整了角色，我们将在下一部分讨论。

（3）秘书长代表驻多米尼加共和国特派团（DOMREP）。1989—1992年维和行动在美洲大陆数量猛增。在此之前，只有一支联合国观察团。1965年多米尼加共和国军人政权被推翻之后，美国如同应付1958年的黎巴嫩事件一样，宣称将派遣军队到多米尼加保护它的国民。美国还通知安理会它已要求召开美洲国家组织（OAS）大会，随后大会建立了美洲和平军队（IAPF, Inter-American Peace Force）以帮助多米尼加共和国重新回到正常的秩序。当时，苏联已经向安理会提出了多米尼加问题。在不结盟成员的推动下，安理会最终于1965年5月一致通过决议，呼吁多米尼加停火，并请联合国秘书长派遣一名代表报告局势。这支秘书长驻多米尼加代表团由特别代表、一名军事顾问和两名军事观察员组成，前往多米尼加共和国工作；直到1966年6月大选过后，于10月撤出。此后，美洲和平军队也撤出了该国。

在联合国秘书长1964—1965年年度报告上，他指出，他的特派代表在困难的局面下发挥了缓和的作用，并且这是联合国特派使团第一次与地区组织在相同的地区开展行动，解决相同的问题。他有先见之

---

① James, *Peacekeeping in International Politics*, p. 229.

明地指出，这段时期所发生的事情会促使人们思考地区组织的特征，以及它们与联合国及其《宪章》的职责有关的作用和义务。

5. 维持和平的财政问题和 1960—1965 年危机

维和部队的开支经常给联合国带来严重的问题。观察团（最大人数是 600 或更少）争议较小，因为他们开支较少。1948 年至 1966 年间，除了联合国也门观察团和联合国安全部队以外，所有的观察团以及联合国巴尔干特别委员会，都由联合国正常预算支持。联合国安全部队（1962 年组建）以及联合国也门观察团（1963 年组建）部分地由于联合国在刚果问题上遇到的严重的财政危机，其费用大部分由相关国家承担。①

与之相反，1948 年至 1966 年间建立的大规模维和部队，都造成了严重的财政问题。联合国驻塞浦路斯部队是个列外，因为它建立于联合国正经历由刚果问题带来的财政危机的时候，是建立在自愿资助的基础之上。第一支维和部队——联合国第一支紧急部队，为以后维和的财政问题设定了模式。控制联合国财政的联合国大会临时同意联合国秘书长在 1956 年 11 月初的提议，即除装备和工资由提供资金的国家承担（这个部分随后被大量修改）外，其他的则由联合国承担，并且这部分应由正常预算的金额支持（根据正常预算按比例拨款），并付给一个特别账户（以及自愿支付）。② 这一前所未有的举动所带来的问题到目前为止仍然是联合国维持和平行动的致命弱点。国家有义

---

① 关于联合国也门观察团财政问题的讨论，见 Higgins, *UN Peacekeeping*, vol. 1, pp. 645 –52。主要的支出由相关各方承担，但联合国秘书长申明如有必要，他会动用联大第 1862（XVII）号决议赋予的特定的、有限的、自由支配的权力。联合国印度—巴基斯坦观察团是在刚果财政危机解决之后建立的第一支维和机构，关于它的财政问题的讨论，见 Higgins, *UN Peacekeeping*, vol. 2, pp. 455 –8。

② 关于联合国紧急部队财政问题的论述，参见 Higgins, *UN Peacekeeping*, vol. 1, pp. 415 –56。装备和工资花费的详情参见 pp. 417 –20。

务分摊费用吗？这样的问题越来越紧迫，尤其当国家考虑到维和部队的政治基础不代表整个国际社会的利益，或者说当国家有其他对于他们来说更紧迫的财政义务时。

由该问题引起的法律危机在刚果维和部队的财政支持问题上尤为明显。[①] 1960 年 12 月，联合国大会由于决定建立"联合国刚果行动特设账户"，在正常资金额度基础上按比例拨付。这项举措是因为联合国意识到"联合国 1960 年刚果维和行动的开支构成了《联合国宪章》第十七条第二段所表述的意义上的联合国开支……针对成员国的预算金额使分摊费用成为它们有法律约束力的义务"。[②] 英国与美国基本认可这种多数观点，1962 国际法院的咨询意见也支持了它们在这一问题上的意见。然而，苏联、法国和其他持反对意见的国家拒绝交纳分摊的费用，认为联合国大会根据《宪章》十七条所拥有的"考虑并通过"预算的权力只限于正常的行政预算，而不是指因个别原因而筹集的"额外维和费用"。并且苏联还拒绝支付联合国第一支紧急部队的费用，因为它并不认可大会建立维和部队的能力。在联合国第一支紧急部队的费用支付问题上，法国的态度是复杂的。[③] 到 1961 年，法国就已不再认为有义务支付这笔费用了，虽然它还继续自愿支付。

由于苏联和其他国家拒绝支付联合国第一支紧急部队和联合国刚果行动两项行动的费用，联合国的财政状况迅速恶化。国际法院的咨询建议是，没有为这两次维和行动支付费用的国家要根据《宪章》第十九条受到惩罚，建议提出拖欠分摊费用两年的联合国成员各国将失去在联合国大会的投票权。1964 年 1 月，已经有苏联和其他一些国家

---

① 参见该书关于财政问题的一章：Higgins, *UN Peacekeeping*, vol. 3, pp. 274 – 303。

② 投票结果是 46 票赞成，17 票反对（东方集团和某些阿拉伯国家），24 票弃权（包括法国）。

③ 关于法国对维和财政态度的详细讨论，参见 Robert S. Wood, *France and the World Community* (Leiden, 1973), pp. 165 – 80。

有可能丧失它们的投票权。1965 年 2 月达成了一项妥协，危机开始化解：联合国大会授权大会主席建立维和行动特别委员会（至今仍旧运行），进行"对维和运动问题的全面整体的审视，包括克服当前组织所面临的财政困难的方式。"

　　1965 年的夏天，美国政府终于清楚了解到，虽然它认为《宪章》第十九条是适用的，但大多数联合国大会的成员反对应用第十九条。在此之后，正如许多仍旧支撑着关于该问题的当代思考和行动的临时解决方案一样，一项临时的政治解决方案形成了。因此，9 月 1 日，美国与其他国家一起，接受了特别委员会的劝告，即第十九条并不适用于联合国刚果行动和联合国第一支紧急部队；同意联合国大会应该正常地运作；建议联合国的财政危机应通过成员国的自愿捐助解决，高度发达的国家应提供大量捐助。基于 1963 年的一项决议①，爱尔兰提议，今后用于维和的开支应由成员国按比例支付：经济欠发达国家支付 5%，经济发达国家支付 25%，投票支持维和行动的常任理事国支付 70%。这项提议在当时引发了激烈的争论。尽管当年（1965 年）并没有被接受，但是这些想法（除了那些关于常任理事国赞成票的想法）从 1973 年联合国第二支紧急部队开始，成为几乎所有后来维和行动的财政机制的基础。

　　联合国驻塞浦路斯维和部队根据安理会第 186 号决议第六段所规定的自愿捐助而获得资金支持，该决议建议所有前三个月的花费都应得到满足，"以提供分遣队的国家和塞浦路斯政府达成意见一致的形式"。尽管维和部队还有其他自愿的财政来源，但是持续的财政赤字意味着后来的联合国秘书长很难支付第三方提出的账单，也很难偿还提供军队国家的额外或特别的支出。②

---

　　①　GA Res. 1874（S – IV）of 27 June 1963.

　　②　参见 Rosalyn Higgins, *United Nations Peacekeeping 1946 – 1979*: *Documents and Commentary*, vol. 4: *Europe*（Oxford, 1981）, pp. 286 – 301。

6. 联合国维和的基础

尽管在第一阶段的联合国维和提出了财政和法律上的问题，许多人认为这些问题几乎毁了联合国，但到 20 世纪 60 年代中期，联合国维和行动的基础已经形成，包括解决财政问题的方法。许多人看到了这些维和机构（由于它们代表整个国际社会）在国际争端的管理或解决上的多方面贡献。默认的协议在一系列的原则下形成：联合国秘书长以及联合国指挥权的重要地位——尽管常任理事国不得不对此密切关注；达成一致的必要性——在联合国内，并且在维和行动的政治限度的基础上，包括要得到东道主国家的许可，并在一些情况下要得到其他有关各方的许可；参与维和行动的人必须保持中立、公平（因为维持和平者**并非**强制和平者），这样才能解决问题，而非转变成问题的一部分；除非自卫，或是保卫阵地，否则军队不能使用武力；① 在面对不断变化的冲突局势而作出回应时，具有创新精神的灵活性的重要性（比如可以通过动用警察和管理人员）。

在政治层面上，这些维和行动具有多大有效性呢？最有效的似乎是那些由主要大国派遣的短期的、为主要大国挽回颜面的部队（联合国黎巴嫩观察组，联合国第一支紧急部队早期，以及秘书长驻多米尼加代表团）以及处理正当、直接的非殖民化问题的部队（联合国安全部队）。至少在那些地方，政治条件比较良好。相比之下，一些长期的、过度干涉的维和机构（如联合国刚果行动），以及那些主要解决集体争端的维和机构（如联合国停战监督组织、联合国驻印度和巴基斯坦军事观察组，以及联合国驻塞浦路斯维和部队）则效果欠佳。这

① 马拉克·古尔丁 1993 年在牛津的西里尔·福斯特讲座富有启发性而又涵盖广泛的内容，在讲座中他指出，自 1973 年以来，"自卫被视为包括维和者遭到武装人员的阻拦而无法完成使命的情况"。Goulding, 'The Evolution of United Nations Peace-Keeping', *International Affairs*, 69, no. 3 (July 1993), p. 455.

主要是由于维和行动成功与否取决于有关各方的意愿：当各方无意接受维和时（如在联合国也门观察团），维和部队只能着手维持现状（一个凭借自身能力完成的有益的任务①），而无法协助促进和平：维持和平无法解决根本性的问题。

联合国常任理事国逐渐形成一种决心要确保由安理会，而非联合国大会批准维和部队。② 由联合国大会批准的最后一支维和部队是1962 年的联合国安全部队。有趣的是，苏联、英国和美国都投了赞成票。法国比较坚定，投了弃权票（苏联本应该弃权），因为法国认为维和是应该由安理会解决的问题。

当联合国在 20 世纪 60 年代受第三世界国家控制较多时，苏美在维和问题上开始有了很多的交集。50 年代，苏联在联合国第一支紧急部队和联合国黎巴嫩观察组的建立上弃权（而美国则投了赞同票）。60 年代，两个超级大国在建立的六个维和机构的五个上共同投了赞同票——联合国刚果行动（1960 年）、联合国安全部队（1962 年）、联合国驻塞浦路斯维和部队（1964 年）、联合国印度—巴基斯坦观察团（1965 年），以及秘书长驻多米尼加代表团（1965 年）。只有一个是例外：在联合国也门观察团（1963 年）的建立上，苏联考虑到其持续时间和潜在的财政问题都存在不确定性，投了弃权票。③ 苏联在 60 年代支持维和行动的原因之一在于这样的事实：联合国印度—巴基斯坦观察团和秘书长驻多米尼加代表团是苏联仅有的财政支出（苏联拒绝为联合国刚果行动提供资金），这两个小型观察团都在联合国的正常预算之内。另一个原因是苏联试图在一些问题上施加影响（如联合国印

---

① 关于维和者需要具备的素质的精彩简短描述，参见该书第二章：Michael Harbottle, *What is Proper Sodiering?* (Center for International Peacekeeping, Chipping Norton, 1991). 最有用的维和实践指南由该书提供：*Peacekeeper's Handbook* (International Peace Academy, New York, 1984).

② 台湾当局代表的投票几乎总与美国保持一致。

③ 参见 Higgins, *UN Peacekeeping*, vol. 3, p. 621。

度—巴基斯坦观察团），并调和第三世界国家的利益。

二、第二阶段：1967—1984 年

本阶段始于一次颇有争议的事件，并自此影响了人们对联合国维和行动的看法：1967 年 5 月，联合国第一支紧急部队从埃及撤出，紧接着就爆发了阿以战争。1967 年初叙利亚和以色列关系的恶化以及世界对巴勒斯坦问题的重新关注使埃及总统纳赛尔在 5 月提请联合国第一支紧急部队撤出埃及。关于联合国秘书长吴丹决定撤离是否正确，还是他应该将此问题提交给联合国大会（以及安理会）的争论至今仍旧继续。① 吴丹的顾问委员会意见不一：加拿大、巴西和挪威反对立即行动，而印度和巴基斯坦赞成立即行动。印度和南斯拉夫坚持主张他们的部队必须撤出。当时的联合国副秘书长布莱恩·厄克特指出，召集大多数联合国大会成员筹备召开紧急特别会议讨论此问题是不太可能的，因为他们都会赞成埃及拥有要求联合国紧急部队撤离的合法权利。② 诉诸于安理会将会导致一系列分裂的出现，包括超级大国之间的分裂。由于联合国维和部队必须以争端各方的同意为基础，故而这次陷入了僵局。③ 不过，可以明确的是，在这样紧张的情势下，秘书长吴丹成为对其他各方来说有用的替罪羊，如果他能尽更大努力与联合国大会和安理会进行沟通就好了。埃及关闭亚喀巴湾之后，战争

---

① 参见该书的章节：Nabil A. Elaraby, 'United Nations Peacekeeping: The Egyptian Experience', and Michael Comay on 'United Nations Peacekeeping: The Israeli Experience', in Wiseman (ed.), *Peacekeeping: Appraisals and Proposals*, pp. 65 – 117; Major-General Indar Jit Rikhye, *The Sinai Blunder* (London, 1980); Higgins, *UN Peacekeeping*, vol. 3, pp. 260 – 78; Urquhart, *A Life in Peace and War*, pp. 209 – 16; James, *Peacekeeping in International Politics*, p. 223。

② Urquhart, *A Life in Peace and War*, p. 212.

③ 颇为不同的观点，参见 Thomas M. Franck, *Nation against Nation: What Happened to the UN Dream and What the US Can Do about it* (Oxford, 1985), pp. 87 – 94。

爆发了。以色列占领了西奈、叙利亚的戈兰高地以及曾经由约旦统治的约旦河西岸地区。联合国第一支紧急部队的撤离使联合国驻塞浦路斯维和部队成为唯一现存的联合国军队。

1. 1968—1973 年在中东更为积极的方式

在 1968 年至 1973 年间，紧张而又复杂的阿以争端主要由第三世界国家和欧共体来发起促进和平。1973 年，他们达成一致，努力保证 1967 年安理会第 242 号决议的执行，并且还指出一个事实，即只有在尊重巴勒斯坦人民的权利和合法目标的基础上，才能做出公正的解决方案（第 242 条决议只提到了难民问题）。1973 年 7 月，埃及在此基础上提出了一项安理会决议草案，该草案除了中国（没有参与投票）和美国（投出了它第五个否决票）以外在安理会全部获得通过。1973 年 10 月，战争随之爆发。结果，苏联与英国、法国和美国投票支持两项安理会决议，建立了联合国第二支紧急部队（为监督休战，人数达到最大规模，约 7000 人），并且，史无前例地开始付款给为资助该部队而设立的特别账户。并且，又史无前例地与美国和法国一起为联合国停战监督组织提供观察员；同时，波兰加入了联合国第二支紧急部队，成为加入联合国维和机构的第一个东欧国家。

巴以问题又一次为早先的维和行动带来了创新。苏联看起来思考过在巴以问题上促进和平的可能性：随后，受 1973 年 12 月在日内瓦召开的日内瓦和平会议失败的影响，它认识到了这一判断或许并不正确。尽管如此，苏联还是准备与三个常任理事国一起在 1974 年 5 月投票支持建立联合国脱离接触观察员部队（UNDOF）（对该观察员部队的资助与联合国第二支紧急部队一样），目的是按照 1974 年以色列—叙利亚脱离协议维持以色列和叙利亚军队在戈兰高地的和平。

这些投票也标志着中华人民共和国初次登上了维和的舞台，1971 年它取代台湾在安理会上代表中国。在 1981 年之前，中华人民共和国一直拒绝参与批准维和行动的决议。

2. 1974—1982 年在塞浦路斯和中东地区的维持和平与促进和平

1974 年中期以后，在塞浦路斯和中东地区的维和部队遭遇了重重困难，并且除了在黎巴嫩地区以外没有新的维和部队在联合国的支持下建立。在塞浦路斯，联合国力量的存在并没有阻止局势的恶化，尼科斯·桑普森在塞浦路斯于 1974 年 7 月发动了希腊裔塞浦路斯人针对总统马卡里奥斯的政变，局势恶化到顶点。这次政变引起了土耳其军队的干涉，进入到了该岛的北部。联合国驻塞浦路斯维和部队采取行动，掌握了机场的控制权，随后又在岛上的一个新缓冲区采取了军事行动。8 月 1 日，安理会关于赋予联合国秘书长重新定位联合国驻塞浦路斯维和部队职责以应对新局面的决议被苏联否决。[1] 从那时开始，许多人便认为联合国驻塞浦路斯维和部队的继续存在任由争端僵化。[2] 布莱恩·厄克特将随后的关于塞浦路斯问题的促进和平会谈描述为"我所经历过的最令人灰心的谈判"。[3]

1973 年战争以后，发生在以色列、巴勒斯坦和以色列的阿拉伯邻国之间深远而复杂的冲突表现出了维持和平和政治解决努力之间关系的复杂性。这种为了政治解决而作出的努力有时候会招致讽刺，而且也并不总是支持联合国主持的维和行动。因此 1976 年 10 月，苏联提议重新召开日内瓦和平会议，以实现促进和平的任务。只有美国和以色列，投票反对随后基于这一导向的联合国大会决议。[4] 之后，苏联于年底宣布只支付 1975 年至 1976 年联合国第二支紧急部队和联合国脱离接触观察员部队一半的分摊费用。

---

[1] 参见 Higgins, *UN Peacekeeping*, vol. 4, pp. 370 – 2。

[2] 参见前面托马斯·弗兰克和格奥尔格·诺尔蒂撰写的章节。

[3] Urquhart, *A Life in Peace and War*, p. 259.

[4] GA Res. 31/62 of 9 Dec. 1976.

1977 年初卡特政府上台，这使得联合国促进和平和维持和平在其政策中的地位较其前任变得更为重要，特别是关于中东冲突方面。1977 年 10 月，一份美苏联合声明发布，主要讨论在全面解决中东问题的框架中需要解决的关于以色列和巴勒斯坦的问题。

解决中东问题的可能性转瞬即逝。新上任的以色列利库德政府强烈抵制，他们在许多方面都怀疑或忽视联合国，因为在他们看来巴勒斯坦解放组织（PLO）是个恐怖组织，而不是可以谈判的对象。以色列政府还投票反对 1974 年联合国大会关于给予巴勒斯坦人自决权的决议。[①] 不过尽管如此，以色列还是保持它在联合国中的席位，而且还与联合国停战监督组织、联合国第二支紧急部队以及联合国脱离接触观察员部队保持一定的联系。因此，联合国维和还是可能的，但促成和平就不是如此。1977 年 11 月埃及总统萨达特访问耶路撒冷后，阿拉伯世界开始分裂，而美国推动了更为特殊的促成和平进程，联合国和苏联起初被排除在外。

但 1979 年 3 月，在美国支持下埃及和以色列之间签订了"戴维营和平条约"，规定运用联合国维和机构执行其安全协议。随后很明显，任何试图在安理会上提出赞成该条约的决议的努力都因苏联的否决而遭到阻碍。因此，联合国第二支紧急部队在完成它的任务之后于 1979 年 7 月结束了使命。1982 年，随着戴维营条约关于以色列从西奈撤出的条款的执行，一支非联合国机构开始在那里扮演维和和观察的角色，这将在下文进行讨论。

3. 1978 年以来联合国驻黎巴嫩临时部队的建立与成效

1975 年，黎巴嫩内战爆发。1976 年由叙利亚控制的阿拉伯联盟威慑部队的组建并没有解决该争端。而且此次战争还因为巴勒斯坦解放

---

① GA Res. 3236（XXIX）of 22 Nov. 1974.

组织（简称巴解组织——译者注）的民兵参与，以及以色列与黎巴嫩南部的某些黎巴嫩民兵的长期关系而变得更加复杂。在巴解组织突击队在特拉维夫（以色列港口城市——译者注）附近发动袭击之后，以色列军队于 1978 年 3 月入侵黎巴嫩并且占领了黎巴嫩直至利塔尼河的整个南部地区。安理会作出反应，通过一项美国提出的联合国决议草案，敦促以色列撤出黎巴嫩，并且建立了联合国驻黎巴嫩临时部队，"目的在于确保以色列撤军，恢复国际和平与安全，协助黎巴嫩政府取得在该地区的有效威信"。"因为阿拉伯人企求它不要破坏这项决议"，苏联因此弃权。① 中国又一次没有参加投票。

布莱恩·厄克特指出，由于巴解组织在黎巴嫩南部的存在，以及以色列决心通过代理人占领这一地区的一部分，联合国驻黎巴嫩临时部队的权力"完全是纸上谈兵，在残酷的现实面前毫无用处"。② 尽管联合国驻黎巴嫩临时部队规模较大（最多时有将近 6000 人），还是无法行使它的权力。不过，联合国驻黎巴嫩临时部队还是有一定的影响。一位细心的军事观察员解释说："该地区相对的稳定……很大程度上是联合国驻黎巴嫩临时部队成功的标志。"她还注意到"南部居民在各个方面都直接或间接依靠联合国驻黎巴嫩临时部队而获得保护、政治影响以及维持经济"。③

4. 联合国体系外的维和

随着 1981 年初里根总统上台，美国担心联合国被第三世界国家所控制（1975 年联合国大会犹太复国主义和种族主义协会有着特别的影

---

① Urquhart, *A Life in Peace and War*, p. 290.

② Ibid. , p. 289.

③ Marianne Heiberg, 'Peacekeepers and Local Populations: Some Comments on UNIFIL', in Indar Jit Rikhye and Kjell Skjelsbaek (eds), *The United Nations and Peacekeeping: Results, Limitations and Prospects* (London, 1990), pp. 166 and 155.

响）。由于美国没有能力利用联合国监控戴维营协议，因为只要这种动议提交给安理会，苏联就会威胁使用否决权，这促使美国建立联合国以外的监督机制。所以在 1982 年协商达成的以色列军队完全退出西奈实现以后，多国部队和观察员（MFO）——一个联合国框架以外的机构，开始在埃及的西奈活动。[①]

1979 年埃及—以色列协议并没有给中东地区带来总体上的和平。1982 年 6 月，以色列入侵黎巴嫩（尽管有联合国驻黎巴嫩临时部队），目的是摧毁巴解组织在黎巴嫩的存在，并且希望能够建立一个符合以色列利益的政权。安理会提出一个决议草案，让秘书长在黎巴嫩建立一个军事观察团，美国使用了否决权。作为代替，一个西方多国部队在 8 月成立，以监督巴解组织从贝鲁特撤出。1982 年 9 月，在萨布拉和查提拉难民营发生了对巴勒斯坦人的大屠杀，之后第一支西方多国部队（MNF 1）只是为重组而退兵，在编入英国分遣队之后，组成了第二支西方多国部队（MNF 2）。

1983 年 8 月，以色列总理辞职，以色列军队随之从贝鲁特和沙奥夫山撤兵：这引起了针对第二支西方多国部队中的法国和美国人员的暴力冲突和杀害。美国作出反映，使用了或许可被称为"强制和平"的行动（用炮击和空袭打击"反政府"阵地）。从而，第二支西方多国部队也成为冲突的一部分。[②] 10 月，该部队遭到了自杀性炸弹的袭击：241 个美国士兵及 58 个法国士兵丧生。第二支西方多国部队陷入刚果式的困境：不再公正的行动，执行强制和平（没有联合国授权），而不是维持和平。1984 年该部队撤出，尽管苏联否决了安理会关于在贝鲁特建立联合国部队以代替该部队的决议。不过在联合国 1982 年 8 月一致通过的决议的授权下，在贝鲁特仍然保留 50 名左右来自联合国

---

① 关于此问题的更多信息，参见 James, *Peacekeeping in International Politics*, pp. 122 – 30。

② Urquhart, *A Life in Peace and War*, pp. 357 – 60.

停战监督组织的观察员，他们要监督贝鲁特及周边的局势。

5. 1967—1984 年联合国系统内的维和及财政问题

20 世纪 60 年代在联合国维和财政问题上的激烈争执，最终在 1973 年年末得到了解决。当时，所有相关各方都认为在第二次阿以战争以后有必要建立一个维和部队。联合国大会在 12 月决定，通过在联合国常规预算之外建立一个特别账户，由所有成员国（分为四组）共同承担维和行动的开销，分配比例如下：A 组，常任理事国（5 个），63.15%；B 组，非常任理事国的经济发达国家（当时有 23 个），34.78%；C 组，经济欠发达国家（当时有 82 个），2.02%；D 组，经济最不发达国家（当时有 25 个），0.05%。这种分担模式与在 60 年代中期讨论的模式类似，并依变化的环境而调整，从此开始持续使用。①

1967 年至 1984 年间，尤其是 1973 年后的那段时期，许多国家仍旧十分重视联合国的维和行动。1977 年 9 月，美国支持一项英国提案，建议在过渡时期的津巴布韦建立联合国维和部队。② 然而最终在 80 年代，该国的大选是在英联邦军队和观察员的监视下完成的。一年以后，西方国家和不结盟运动的国家投票支持安理会的一项决议：12 票赞成，苏联和捷克斯洛伐克弃权，中国未参加。该决议决定建立联合国过渡时期援助团（UNTAG），帮助联合国秘书长的特别代表通过在联合国监督控制下的自由选举来保证纳米比亚尽早独立。这项决议最终在 1989 年发挥了作用，我们将在下文介绍。

一些地方团体也仍旧对维和的潜在可能性保持关注。1978 年末，欧共体和其他国家共同发起一项联合国大会决议，号召支持维和行动，

---

① GA Res. 3101（XXVIII）of 11 Dec. 1973. 也可参见 Susan R. Mills，'The Financing of UN Peacekeeping Operations：The Need for a Sound Financial Basis'，in Rikhye and Skjelsbaek（eds.），*The UN and Peacekeeping*，pp. 91–110。

② 参见 *Rhodesia*：*Proposals for a Settlement*，Cmnd. 6919（HMSO，London，1976）。

并且推动尽早完成维和方针的制定，邀请相关国家考虑为维和行动训练人员，以及为联合国提供与可能的行动能力有关的信息。① 东方国家投票反对该决议，因为他们认为这项决议降低了安理会在维和事务中的决定性力量。

联合国维和行动的财政支出问题仍旧严重。中华人民共和国于1971 年在联合国取得其席位之后，决定拒绝支付分摊的费用。在 1976年底苏联决定只为联合国第二支紧急部队和联合国脱离接触观察员部队支付一半费用之后，情况更加复杂了。不过，中国最终被《联合国宪章》第十九条所限。1981 年，在中国可能依据此条款而失去它在联合国大会投票权的前一年，联合国大会在回想起关于第一支联合国紧急部队和联合国刚果行动的解决方法后，达成了决议。除了东方集团国家以外，大多数国家都投票赞成一项决议，要求联合国秘书长将中国应付的维和费用设立成一个特别账户，并且决定关于这些问题不再运用第十九条，欢迎中国从 1982 年 1 月开始决定为联合国脱离接触观察员部队和联合国驻黎巴嫩临时部队支付分摊的费用。② 财政责任还促使安理会在 1982 年 4 月一致通过决议，号召世界各国自愿为支持泛非维和地方部队提供资金，该部队由非洲统一组织（OAU）于 1981 年为解决与乍得相关的诸多问题而建立。③

1983 年，通过第三世界和西方国家的联合，联合国大会通过了1978 年决议以来第一个关于维和的实质性决议，决议敦促维和行动特别委员会完成已达成的指导方针方面的任务，并且密切关注维和行动的实际执行。面对联合国维和机构，此项决议表达了对联合国维和机构所面临的财政窘境的关注，表明了这样的信念，即维和是联合国的

---

① GA Res. 33/114 of 18 Dec. 1978.

② GA Res. 36/116A of 10 Dec. 1981.

③ 关于维和与非洲的有用资料，参见 Nathan Pelcovis，'Peacekeeping：The African Experience'，in Wiseman（ed.），*Peacekeeping：Appraisals and Proposals*，pp. 256 – 97。

"基本职责",强调各成员国平摊安理会组建的维和行动费用的"集体责任"。①

三、第三阶段:1985 年至今

20 世纪 80 年代中期,苏联在联合国中的角色有所改变,原因之一大概就是苏联政府要在支付维和费用问题上作出决定,以及决定是否准备因为拒付联合国脱离接触观察员部队和联合国驻黎巴嫩临时部队的费用而失去在联合国大会的表决权。最终苏联政府于 1986 年 4 月发表声明,宣布开始支付它当前所分摊的联合国驻黎巴嫩临时部队的费用。同月,国际原子能机构对切尔诺贝利灾难作出的反应让戈尔巴乔夫(当时的苏联共产党总书记)意识到,利用多边途径解决苏联问题的方法是有用的。

因此,1986 年底,在英国驻联合国大使的推动下,苏联准备与中国以及其他安理会常任理事国讨论联合国是否能够提供更多的帮助,以结束伊朗和伊拉克之间旷日持久的战争。五大常任理事国最终互相以及与其他安理会成员国一起就 1987 年 7 月 20 日第 598 号决议达成一致,它包括一个第七章的决定,安排了许多问题,这些需要合在一起实现以结束战争。这些还包括授权联合国观察团监督最终停火和撤军。将第七章前所未有地运用在与维和相关的决议中,这是意义深远的。维持和平和强制和平之间的界限变得有一些模糊了。

1987 年 9 月 17 日,戈尔巴乔夫发表文章声明,苏联对联合国的政策有所改变。文章同时发表在俄国《真理报》和《消息报》上。它注意到,世界越来越相互联系和相互依存。因此,需要设立一个机制来讨论共同的问题。常任理事国可以成为地区安全的保证人。应当更

---

① GA Res. 38/81 of 15 Dec. 1983.

好地发挥联合国维和机构的作用，更好地发挥联合国秘书长潜在的促进和平的作用。1988 年初，苏联宣布开始支付拖欠的维和行动的分摊费用。

同时，美国不断上升的预算赤字、《卡赛鲍姆修正案》以及其对联合国驻黎巴嫩临时部队并不成功的感知，使美国国会于 1986 年决定减少美国负担的联合国驻黎巴嫩临时部队的费用。随后，国会推迟了十个月（直到 1989 年 3 月）才批准对联合国驻伊朗和伊拉克军事观察团（UNIIMOG）以及预期的在安哥拉和纳米比亚行动的资金支持。当时美国政府开始说服国会相信维持和平的有效性，并在部分意义上成功地说服国会减缓拒付分摊费用的步伐，并想办法支付新老维和机构的费用。[①] 正如中国和苏联（现在的俄罗斯）所意识到的一样，美国也意识到，如果欠费超过两年，将受到丧失联合国大会投票权的限制。

1. 阿富汗和巴基斯坦：1988—1990 年的联合国驻阿富汗和巴基斯坦斡旋特派团（UNGOMAP）

冷战逐渐缓和，常任理事国之间有了新的合作关系，这为联合国 1988 年建立两支观察团铺平了道路。第一支，也就是联合国驻阿富汗和巴基斯坦斡旋特派团，最初通过联合国秘书长和安理会之间的通信在 5 月建立；这些得到 10 月安理会一项全票通过的决议的支持。斡旋团的主要任务就是在 1988 年 4 月协助联合国秘书长就解决阿富汗问题开展斡旋。1990 年斡旋团任务结束，在苏联退兵问题上帮助苏联留住了面子。与该时期其他军事行动不同，该斡旋团是从联合国正常预算中获得经费的，因为它最初被看做是一次只与联合国秘书长的斡旋有关的行动。

---

① 也可参见一个国会研究咨询报告和两个问题简报：Marjorie Ann Browne, *United Nations Peacekeeping: Historical Overview and Current Issues*（1990）和 1991 年 11 月 27 日的更新版；以及 Vita Bite, *UN System Funding: Congressional Issues*, updated 20 Nov. 1991。

2. 伊朗和伊拉克：1988—1991 年的联合国伊朗—伊拉克军事观察团（UNIIMOG）

第二支联合国观察团，也即联合国伊朗—伊拉克军事观察团，源于第 598 号决议。1988 年 8 月安理会建立了该观察团（又一次全票通过），以监视即将生效的停火休战。正如此后所有的联合国维和机构一样（除了联合国驻波黑保护部队的某些方面），它是由各国资金所组成的特别账户资助的。[①] 1991 年海湾战争结束，该观察团完成了它的使命，在 1991 年 2 月底结束。

3. 一直存在的维和部队：联合国监督停战组织（UNTSO）、联合国驻印度和巴基斯坦军事观察组（UNMOGIP）、联合国驻塞浦路斯维和部队（UNFICYP）、联合国脱离接触观察员部队（UNDOF）、联合国驻黎巴嫩南部紧急部队（UNIFIL）、非联合国性质的西方多国组织（MFO）

1985 年以前建立并且直到现在还在运行的五个联合国维和机构和一个非联合国维和机构不应该被我们遗忘。可以看出的事实是，其中四个（UNTSO，UNDOF，UNIFIL，以及非联合国性质的 MFO）都与巴以争端而引起的诸多问题紧密相关。迄今他们仍未被美国促进和平的努力所影响，美国的努力体现在由它主持的会谈上，这些会谈开始于 1991 年 10 月的马德里，联合国目前与这些会谈的关系更为紧密。联合脱离接触观察员部队和联合国黎巴嫩南部紧急部队的权限每六个月由安理会批准延长一次。同时，联合国驻印度和巴基斯坦军事观察组仍旧见证着查谟和克什米尔地区的棘手争端。

---

① 关于分摊方法的细节，参见 'Composition of the Existing Groups of Member States for the Appointment of the Costs of Peacekeeping Operations Financed through Assessed Contributions：Report of the Secretary-General'，UN doc. A/47/484 of 29 Sept. 1992。也可参见后文。

关于塞浦路斯问题令人沮丧的促进和平的谈判在联合国支持下仍旧进行。1992 年 12 月，联合国秘书长指出，联合国驻塞浦路斯维和部队的存续令人担忧：由于这支部队依靠自愿提供的经费，财政方面问题重重，而提供军队的国家又在减少出兵。① 1993 年 5 月 11 日，一份试图将联合国驻塞浦路斯维和部队的经费归入正常维和经费分摊体系中的决议草案被俄国否决。密集的谈判随之开始，在 5 月 27 日安理会的一份决议上达到顶点。根据该决议，要全面重组联合国驻塞浦路斯维和部队，并且从 1993 年底开始由标准的维和分摊费用提供资助。不过，这一妥协并未缓解许多国家对联合国驻塞浦路斯维和部队效率的担心，也未缓解他们对联合国不再在其他冲突地区建立维和部队而优先资助这支部队的忧虑。

4. 南部非洲：1988 至今的联合国安哥拉第一支核查团（UN-AVEM I）和联合国安哥拉第二支核查团（UNAVEM II）、联合国过渡时期支援小组（UNTAG）、联合国莫桑比克行动（ONUMOZ）以及联合国乌干达—卢旺达观察团（UNOMUR）

南部非洲地区不断变化的局势，美国就纳米比亚问题而在安哥拉和南非开展的积极外交以及冷战的结束，都导致了联合国进一步卷入这一地区，包括选举监督重要问题在内。② 关于安哥拉问题，1988 年 12 月安理会全票通过了一项关于建立观察团的决议，即联合国安哥拉第一支核查团，目的是监督古巴撤军。1991 年 5 月任务完成。安理会又一致同意建立进一步的维和机构，即联合国安哥拉第二支核查团，以监督执行 1991 年 5 月在安哥拉政府和争取安哥拉彻底独立全国同盟

---

① 'Report of the Secretary-General on the United Nations Operation in Cyprus', UN doc. S/24917 of 1 Dec. 1992, para. 44.

② 1992 年 8 月，安理会甚至批准向南非派遣联合国观察员，与《全国和平协议》下建立的机构相配合。这些都参与选举监督。

（UNITA）之间达成的和平协定，包括最终于 1992 年 9 月举行的大选。这次大选（正如由联合国核查尼加拉瓜选举观察团监督的 1990 年尼加拉瓜大选一样——见下文）表明，对于代表联合国的机构来说，确保在自由和公平选举的情况下各方均接受选举结果是多么地重要。在安哥拉问题中，争取安哥拉彻底独立全国同盟并不接受选举的结果，随之发生了冲突。1992 年 10 月安理会全票通过一项决议支持其特别代表的观点，即大选"要大体上自由和公平"，并且敦促各方开展对话。尽管安理会作出了进一步的决议，然而形势并没有改观。有人认为，联合国安哥拉第二支核查团资金不足，对于大选的准备也并不充分：而类似的莫桑比克行动（见下文）就要充分得多了。

　　一旦促成古巴军队从安哥拉撤军，安理会就可以开始在纳米比亚开展行动——而且，尤其是可以执行 1978 年安理会决议，该决议设想建立联合国过渡时期支援小组以监督纳米比亚的独立。安理会的决议与 1989 年 2 月一项全票通过的决议建立了联合国过渡时期支援小组。西南非洲人民组织（SWAPO）和南非警察之间的冲突使过渡的进程在灾难中开始。不过在一名文官的领导下，联合国过渡时期支援小组最终监督了南非防卫军团和其他军队从纳米比亚撤军；将西南非洲人民组织的军队限制在安哥拉和赞比亚基地之内；通过其文官系统，协助为 1989 年 11 月 1 日的选举创造了自由公平的条件；并且大体上监督了纳米比亚从过渡时期到独立的过程，最终于 1990 年 3 月实现独立。联合国过渡时期支援小组在监督选举进程包括遣送回国方面成就卓然。同时它也受益于联合国监督从属托管地区选举的长期传统，并且指向接下来联合国采取的监督独立国家选举的尝试性步骤。1990 年 3 月，联合国过渡时期支援小组离开了纳米比亚，此次行动被正确地描述成一个"巨大的成功"。①

---

① Marrack Goulding in *Singapore Symposium*, p. 35.

至于发生在莫桑比克的战争，1992 年 10 月，一项和平协议最终在莫桑比克政府和莫桑比克全国抵抗运动（RENAMO）之间达成。很快，安理会关于向莫桑比克派遣联合国军事观察员的决议得到了全票通过。1992 年 12 月，一项全票通过的安理会决议建立了联合国莫桑比克行动。

卢旺达冲突发生后，一支小型的"联合国卢旺达—乌干达观察团"于 1993 年 6 月成立。

5. 拉丁美洲：1989 年以来的联合国核查尼加拉瓜选举观察团（ONUVEN）、国际支助与核查委员会（CIAV）、联合国中美洲观察团（ONUCA）、联合国核查海地选举观察团（ONUVEH）以及联合国萨尔瓦多观察团（ONUSAL）

冷战后的气氛以及中美洲对解决地区性问题的关注，从安理会一项全票通过的决议中便可见一斑。1989 年 7 月安理会通过的这项决议，赞扬了 1987 年中美洲和平协议的成功，注意到（而非授权①）联合国秘书长就部署联合国核查尼加拉瓜选举观察团问题与尼加拉瓜达成一致。这次维和进程是由四个（后来增加到五个）中美洲外交部长（孔塔多拉集团）共同组织的。他们的工作早在 1983 年冷战结束之前就已经得到安理会的认可。② 他们发挥了至关重要的作用，因为当时的情况是尼加拉瓜的桑地诺民族解放政府并不相信美洲国家组织，该政府认为美洲国家组织过多地受美国的影响。

联合国核查尼加拉瓜选举观察团（由联合国大会批准）是第一个

---

① 法律问题是很重要的：联合国驻尼加拉瓜选举观察团不是由安理会建立的。许多国家都希望确保选举监督的独立性，不要像 1963 年以来的维和一样被看作是在安理会管辖之下。

② 埃尔瓦罗·德·索特（Alvaro de Soto）对此过程做了吸引人的论述，*Singapore Symposium*, pp. 42–9。

监督**独立国家**大选的联合国选举观察团。联合国秘书处曾拒绝这种角色，因为许多成员国认为这样的行动不应涉及国际层面，它将被认为是干涉他国内政，而这违背了《联合国宪章》第二章第七条。[①] 1990年2月，尼加拉瓜大选开始，联合国起到了极其重要的作用。组织者们确保他们可以提早预见最终的结果。在美洲国家组织的秘书长和美国前总统吉米·卡特的帮助下，联合国秘书长的特别代表有时间利用他们的影响促使尼加拉瓜总统接受大选的结果，总统"不得不接受突如其来的失败"。[②]

1989年9月，国际支助与核查委员会建立，代表联合国以及美洲国家组织的秘书长，帮助执行一项联合计划：促使尼加拉瓜抵抗力量和该地区其他力量的成员的自愿复员、派遣回国和安置。11月，安理会全票通过决议建立联合国中美洲观察团，它有权观察和核查地区性促进和平的决议。在其权力发生一系列变化之后（包括解除非正规军的武装以及毁灭武器），该观察团最终于1992年1月被安理会终止。该小组有一项创新，即派遣海军巡逻队来达到某些目标。联合国秘书长的中美洲和平进程私人代表埃尔瓦罗·德·索托提出，联合国在中美洲角色的创新包括"新的选举要素，新的民主化要素，我们解决的内政问题有一定的国际牵连，这就要求联合国的介入，因而放弃《联合国宪章》第二条第七段的常规要求"。[③] 这实际上意味着一些国家对于联合国干涉国家内政问题不再有过于局限性的理解。

1990年夏季关于海地大选监督事宜的讨论过后，利用联合国在独立国家监督选举的趋势有所增强。联合国核查海地选举观察团尽管包

---

① de Soto, in *Singapore Symposium*, pp. 45 – 6.

② de Soto, ibid., p. 46.

③ de Soto, in *Singapore Symposium*, pp. 48 – 9. 关于过去"美洲体系内的维和"，埃齐多·帕兹—巴尼卡（Edgardo Paz-Barnica）在他撰写的章节中作出了有益的论述，见 Wiseman (ed.), *Peacekeeping: Appraisals and Proposals*, pp. 237 – 55。

括一些军事人员，但还是由联合国大会**而非**安理会建立。该小组的权力来源非常重要：联合国大会的许多成员都没有准备接受由安理会对独立国家的选举监督负责，尽管它们确实接受它可以在维持和平的前提下授权监督选举。联合国核查海地选举观察团适时地监督了 12 月的总统大选。1991 年 9 月，一次军事叛变推翻了选举产生的海地政府。美洲国家组织、联合国、美国以及海地各方随后进行了长期的谈判。1993 年 4 月，联合国大会建立了联合国—美洲国家组织驻海地联合代表团，旨在为阿里斯蒂德总统复职。同年 6 月，安理会实行了贸易制裁。

萨尔瓦多长期处于内战，1991 年 5 月安理会一项全票通过的决议推进了该地的维和进程。该决议建立了联合国萨尔瓦多观察团。该观察团负责监督萨尔瓦多政府和左派政党"马蒂民族解放阵线"（FMLN）之间的协议，其中包括关于人权的协议①——联合国维和的一个前所未有的角色——还负责减少武装军队，训练新警察，帮助土地转让。这使得关于联合国干涉国家内政的辩论更加激烈了。联合国萨尔瓦多观察团于 1991 年 7 月开始运行。萨尔瓦多与"马蒂民族解放战线"之间的武装冲突于 1992 年 12 月 15 日正式结束，"马蒂民族解放战线"在和平进程中成为合法政党。观察团的监督任务被扩展到观察 1994 年大选。

6. 伊拉克—科威特：1991 年以来的联合国伊拉克—科威特观察团（UNIKOM）以及联合国护卫队

1990 年伊拉克入侵并吞并了科威特，之后，针对伊拉克的武力强制行动最终根据《宪章》第七章获得批准。这种状况在 1950 年批准

---

① 对联合国萨尔瓦多观察团的一项有趣的评价表明它错误地将其人权与和平使命看做是相互矛盾的，见 *El Salvador Peace and Human Rights: Successes and Shortcomings of the United Nations Observer Missions in El Salvador* (*ONUSAL*) (Americas Watch, New York, Sept. 1992)。它总结道："总的来说……联合国萨尔瓦多观察团与联合国对萨尔瓦多的和平作出了突出的贡献。它们的成功与冲突双方想要达成协商而非军事解决的愿望紧密相关。"

在朝鲜进行联合指挥之后还是第一次发生。由美国领导的联合部队将伊拉克赶出科威特境内，这支联合部队并不是在《宪章》第七章下建立的。1991 年 2 月底敌对状态停止，安理会于 4 月 3 日要求联合国秘书长筹划派遣一支观察团，以监督伊拉克和科威特之间的非军事区。4 月 9 日，该提议在进一步根据《宪章》第七章的决议中获得一致同意，联合国伊拉克—科威特观察团几天后开始监督该区域，这是联合国维和部队中第一支包含了所有常任理事国人员的队伍。1993 年 2 月，一项根据《宪章》第七章的决议被采纳，该决议规定强化这支部队。

安理会史无前例地解决了镇压伊拉克公民（尤其是库尔德人）而引起的人道主义问题。这是通过 1991 年 4 月 5 日的第 688 号决议而解决的。安理会在该决议（尽管"谴责了对伊拉克公民的镇压……及其在该地区引起的威胁国际和平与安全的后果"，但**并未**被视为根据第七章的决议）中坚持要求"伊拉克必须允许国际人权组织立即进入所有需要帮助的伊拉克地区，并且为它们的行动提供所有便利"，并且要求秘书长"在伊拉克努力推进人道主义事业"。这项决议引起的紧张状态（在关于监督选举的辩论上已经显现了）在投票时：三个不联盟国家反对（古巴、也门、津巴布韦），印度（也是不联盟国家）与中国弃权。美国、英国与法国随后开始派遣军队在伊拉克建立"安全避难所"：一些人认为他们的做法已经超越了安理会第 688 号决议的规定。联合国官员随后到达伊拉克并于 4 月 18 日与伊拉克政府达成了一份谅解备忘录，该备忘录与 5 月 25 日的附录一起规定了在伊拉克北部安排一支人数多达 500 人的联合国护卫队。1992 年和 1993 年，其人数有所减少。①

---

① 这些协议的文本参见 UN doc. S/22663 of 31 May 1991。伊拉克外长给联合国秘书长的信参见 UN doc. S/22512 of 22 Apr. 1991，信中反对美国和外国势力在伊拉克北部为在土耳其无家可归的伊拉克居民建立聚集区。关于这一事件的有益探讨，参见 Lawrence Freedman and David Boren，"'Safe Havens' fro Kurds in Post-War Iraq'，in Nigel Rodley（ed.），*To Loose the Bands of Wickedness: International Intervention in Defence of Human Rights*（London，1992），pp. 43 - 92。

在联合国内部，联合国护卫队**并不被视为**是一个维和机构，因为他们只解决人道主义问题，并且**不是**由安理会的决议授权。使用联合国护卫队（该组织与国家分遣队不同）是一个有趣的先例，但并不能在大范围内模仿使用。不过，伊拉克北部所发生的事件深刻地影响了之后人们对这一问题的思考（尤其关于索马里和前南斯拉夫问题）：建立这类国际机构需要得到有关各方赞同的程度以及它们的明确特征和目的。

7. 非洲：1990 年以来的利比里亚、西撒哈拉、索马里以及厄立特里亚

1990 年 8 月，在加纳和尼日利亚的压力下，西非国家经济共同体（ECOWAS）在非洲统一组织的支持下决定在利比亚建立一支地区维和机构——经济共同体监督小组（ECOMOG）。当时的利比里亚自 1989 年 12 月起就经历着一场惨痛的内战。这支非联合国军队在 1991 年初成功地控制了利比里亚首都蒙罗维亚，并且实施了更多的强制和平而非维持和平的行动。1991 年 10 月塞内加尔倡议通过《第四项亚穆苏克罗协议》达成了缔造和平的总体框架。1992 年中期，由于六名塞内加尔士兵被杀，局面有所恶化。10 月，西非国家经济共同体要求安理会通过封锁一切进入利比里亚的通道而实施制裁。11 月 19 日，安理会根据《宪章》第七章一致决定对利比里亚禁运武器，并于 1993 年 3 月一致宣称他们准备用适当的方式来支持西非国家经济共同体。

同时，新的尝试开始了，目的是解决摩洛哥与其敌对方（波利萨里奥阵线）在西撒哈拉地位问题上的长期争端。1976 年，西班牙撤出了西撒哈拉并同意三分之二的领土归摩洛哥，三分之一归毛里塔尼亚。毛里塔尼亚随后放弃了这部分土地的所属权。非洲统一组织和联合国秘书长都随后作出了促进和平的尝试。他们的联合斡旋促成两方于 1988 年原则上达成协议。联合国秘书长计划通过一支联合国西撒哈拉

公民投票特派团（MINURSO）来贯彻这项协议，监督停火，并监督执行公民自决投票。该计划于1990年6月在安理会获得全票通过。1991年4月该特派团在安理会进一步的一致通过的决议下建立起来。1991年9月，该特派团开始工作。它继续监督停火，尽管联合国秘书长特别代表作出了努力，特派团还是未能组织公民投票，因为关于投票资格的标准存在分歧。① 1993年3月，安理会一致决议促请联合国秘书长及其特别代表加强与各方的合作，解决与投票人资格标准的解释和应用有关的问题，并为当年年底将要举行的公民投票做准备。

作为一名非洲人，新一任联合国秘书长在1992年1月刚刚上任，索马里的内战局势和它所引发的大量人道主义问题就为他带来了挑战。当月，根据《宪章》第七章，安理会全票通过了一项禁运武器的决议。之后，一项于4月获得全票通过的决议原则上同意决定建立联合国索马里行动，以监督在摩加迪沙的停火，保护人道主义救济供应。当年7月，在索马里派系和联合国秘书长特别代表穆罕默德·萨赫诺恩多次磋商会谈之后，联合国索马里行动开展了有限的行动。在随后的报告中，联合国秘书长认为联合国需要作出更大的努力，为解决问题的所有方面而提供更全面的方法——这个问题也就是人道主义救济和恢复计划；敌对状态的停止和安全保障以及和平进程和国家和解。② 8月，安理会一致通过一项决议，批准联合国索马里行动人员增加到4219人，然而，穆罕默德·萨赫诺恩于10月辞职，这暴露了联合国索马里行动的严重缺陷。

1992年12月3日，安理会一致通过根据《联合国宪章》第七章而作出的一项决议。该决议批准在索马里建立强制和平部队。安理会

---

① 参见 'The Situation Concerning Western Sahara: Report by the Secretary-General', UN doc. S/24464 of 20 Aug. 1992。

② 'Report of the Secretary-General on the Situation in Somalia', UN doc. S/24343 of 22 July 1992.

第794号决议既支持联合国秘书长的建议，即在《宪章》第七章下采取行动"为在索马里的人道主义救济行动尽快建立一个安全的环境"，也欢迎成员国之一（美国）在建立该行动问题上的帮助。这支由美国领导的多国参与的联合特遣部队（UNITAF）于1992年12月9日至1993年5月4日在索马里行动。当日，根据3月26日安理会一致通过的决议，联合国特遣部队将任务交给了第二期联合国索马里行动。该部队是根据《宪章》第七章建立的部队，其规模和权力比原有的索马里行动有所扩展，后者驻满了任期。联合特遣部队和第二期联合国索马里行动是联合国在意识到现有维和部队的失败后建立的第一批强制和平军队。历史上最为类似的事件是30多年之前的刚果行动。

1993年4月，当厄立特里亚结束了旷日持久的争取从埃塞俄比亚独立出来的战争后，联合国核查厄立特里亚公民投票观察团（UNOVER）确认，这个绝大多数人都支持独立的公民投票，是自由和公平的。

8. 柬埔寨：1991年以来的联合国柬埔寨先遣团（UNAMIC）和联合国柬埔寨临时权力机构（UNTAC）

由于中苏分歧而恶化的柬埔寨争端，很长时间以来一直是联合国外交努力的焦点。1985年联合国秘书长访问柬埔寨以后，看到了全面解决问题的希望。促进和平的努力在由法国和印度尼西亚1989年8月召集的关于柬埔寨问题的巴黎会议上被重新启动，1990年，五个常任理事国将其开展下去。① 1990年8月，柬埔寨各方——包括代表红色高棉的柬埔寨民主党——同意接受一个全面解决的框架，包括联合国柬埔寨临时权力机构的权力。安理会于1990年9月一致通过了这项决议，并且在1991年10月中旬一致通过的进一步决议中决定：一旦达

---

① 关于此问题的更多信息，尤其是关于东盟的长期介入，可参见 Rafeeudin Ahmed, 'The United Nations Peace Plan for Cambodia', *Singapore Symposium*, pp. 65 – 8。

成最终协议，就像 10 月 23 日它们在巴黎达成的那样，就派遣联合国柬埔寨先遣团。1991 年 11 月先遣团开始运作，与联合国高级专员讨论难民的遣送路线、接收中心以及定居点；先遣团随后建立了巡查清理地雷坑道的计划，后来该计划被联合国柬埔寨临时权力机构兼并。

1992 年 2 月，安理会一致通过决议建立了联合国柬埔寨临时权力机构，这是俄罗斯取代 1 月解体的苏联之后第一次为建立维和机构投票。该机构也成为包括日本军人的第一个联合国军队。此前，日本颇具争议地修改了海外派兵的法律。该临时机构的复杂权力包括七个要素：人权、选举、军事、内政管理、警察、遣返和复原。因此联合国柬埔寨临时权力机构与传统中想象的维和机构有很大不同：从一开始它就相当于政府中行使重要职责的行政组织。不过，在 30 年前的新几内亚，倒是有类似机构——联合国安全部队。

1992 年夏季，政治焦点集中在柬埔寨民主党的紧张状态，该党并没有执行它的承诺。1992 年 10 月，安理会全票通过了一项决议，欢迎联合国柬埔寨临时权力机构在以下几个方面取得成就：大量派遣军队，颁布选举法和选举人注册法，政党登记，安全遣返 150000 多个难民，在国家恢复中作出努力以及为人权得到尊重作斗争。然而它也谴责柬埔寨民主党未履行职责。随后，进一步的决议又在 11 月底全票通过，申明柬埔寨建制宪大会的选举不能晚于 1993 年 5 月。这项决议再次催促柬埔寨民主党"全面投入"到对《巴黎协议》的贯彻之中，并且要求不向任何不遵守军事规定的柬埔寨政党所占领的地区提供石油产品（虽然这显然不是根据《联合国宪章》第七章）。1993 年 5 月，投票如期举行，投票率非常高，并且被安理会确认为是自由而公平的。投票结果保皇党获得胜利。随后，该党与顽抗的现任政府就联合的可能性而进行旷日持久的谈判。

9. 南斯拉夫：1992 年以来的联合国保护部队（UNPROFOR）

1991 年 6 月南斯拉夫的两个组成地区（斯洛文尼亚和克罗地亚）宣告独立标志着南斯拉夫的解体。之后，南斯拉夫派遣军队进入斯洛文尼亚。欧洲安全和合作会议高级官员委员会于 7 月 4 日一致认为欧共体应派遣使团到南斯拉夫。翌日在海牙召开的欧共体外长会议批准了这一决议。欧共体外长会议在布里俄尼群岛与克罗地亚、斯洛文尼亚和南斯拉夫的代表达成了协议。该月月末，欧共体督察员被派往该地区执行任务。不断恶化的局势促使联合国卷入其中，尽管刚果已是失败的前车之鉴。1991 年 9 月 25 日，安理会全票通过一项根据《联合国宪章》第七章的决议，强制执行武器禁运。联合国开始发挥作用。1992 年 2 月，根据《联合国宪章》第七章，一致通过了一项模糊的安理会决议，联合国保护部队随后成立。1992 年 3 月，该部队展开行动，目的是通过监视南斯拉夫人民军队从克罗地亚退兵以及解除联合国保护地区的武装，以及在有着特别复杂公共问题的联合国保护地区实现非军事化，来帮助缓解克罗地亚—塞尔维亚之间的紧张局势。

战争波及波斯尼亚共和国和黑塞哥维那共和国，后者如同克罗地亚共和国和斯洛文尼亚共和国一样，于 1992 年 5 月成为联合国的一员，这标志着联合国政策的失败——试图通过将联合国驻波黑保护部队总部设在萨拉热窝以阻碍有可能发生在波斯尼亚的冲突。5 月底，安理会通过第 757 号决议，对南斯拉夫联邦共和国（塞尔维亚以及黑山地区）实施依据《联合国宪章》第七章的经济制裁（中国与津巴布韦弃权），以结束波斯尼亚的冲突；并且，正如 6 月的又一项决议所注意到的，要创造"使人道主义供应毫无阻碍地输送到萨拉热窝以及波斯尼亚和黑塞哥维那共和国的其他地点的必要条件，包括建立环绕萨拉热窝及其机场的安全地带"。然而局势仍旧继续恶化。8 月 13 日，安理会通过了两项进一步的《宪章》第七章决议。第一项（第 770 号决议）要求准许国际红十字委员会和其他相关人道主义组织"毫无阻碍而且持续地进入所有的营地、监狱和拘留中心"，并且要求"所有各方和相关方面采取必要措施保证参与人道主义援助的联合国和其他人员的安全"，中国、印度和津巴布韦弃权。第二项（第 771 号决议）一致要求所有有关各方都要避免破坏国际人道主义法律，如果出现不遵守的行为，将威胁采取进一步的行动。

1992 年 8 月底，伦敦大会之后，安理会批准联合国保护部队扩大在波斯尼亚的权力和力量（中国、印度与津巴布韦弃权）。第 776 号决议也在序言中提到一些国家同意在"不用联合国支出费用"的前提下提供军事人员，促进人道主义援助的实施。虽然该决议很简短，但是第一次摆脱了联合国自 60 年代中期以来由所有成员国分摊费用（联合国驻阿富汗和巴基斯坦斡旋特派团除外）来资助维和部队的方法。①南斯拉夫联邦共和国被暂时剥夺参与联合国大会的权利（尽管不是被剥夺在整个联合国中的参与权）。安理会和联合国大会通过决议，提出南斯拉夫联邦共和国不能自动延续之前的社会主义联邦共和国的成员国席位。10 月，安理会提出了禁令，即未经允许不得在波斯尼亚领空飞行（除了中国弃权，一致通过）。这项禁令于 1993 年 3 月被扩展并加强了。1992 年 11 月，又一项《宪章》第七章决议通过（中国与津巴布韦弃权），禁止原油和石油产品等由塞尔维亚转运。1993 年，在严酷的战争、长期袭击和"种族清理"的背景下，安理会通过了关于前南斯拉夫的进一步的决议，其中某些包括在《联合国宪章》第七章下的强制和平：准许成员国使用"所有必需的手段"保证对波斯尼亚领空飞行的禁令得到遵守；波斯尼亚一些受到威胁的城镇，包括斯

---

① 也可参见 'Report of the Secretary-General on the Situation in Bosnia and Herzegovina', UN doc. S/24540 of 10 Sept. 1992, para. 17。1993 年 4 月 1 日，联合国保护部队的财政机制变回到正常模式。联合国驻塞浦路斯维和部队于 1964 年以自愿资助的形式建立，并继续在该基础上运转，直到 1993 年转变到标准的维和费用分摊。

莱布莱尼卡和扎普，被宣布为安全地区，并且要求不受任何武装攻击；更加严厉的经济制裁在塞尔维亚、黑山以及波斯尼亚和克罗地亚的塞族地区实行。联合国驻波黑保护部队力量增强，权力扩大。

至于前南斯拉夫马其顿共和国，1992 年 12 月 11 日安理会授权了联合国驻波黑保护部队在此地执行任务：这是联合国维和者第一次派遣预防性的部队（有时候也被称为导火索）。马其顿王国当时并未成为联合国成员国，因为它与希腊之间有着国名之争。但是 1993 年 4 月，它取得了联合国席位。6 月，联合国整编了一支美军组成的分遣队。

四、结论

冷战后时代，建立维和机构的势头带来了许多关于维持和平的讨论，尤其是关于"维持和平"这一术语不断变化的含义以及与需要各方许可有关的问题。影响很大的《和平议程》将维持和平定义为"联合国在所有相关各方同意的情况下，在冲突地区的存在，通常包括联合国军队以及/或者警察，经常还包括文官。维和是一种工具，不但增加了避免冲突的可能性，也增加了促进和平的可能性。"① 有人认为维和不需要得到有关各方的许可（尤其考虑到在科威特获得自由后对伊拉克进行人道主义干涉的例子以及在索马里建立联合特遣部队和第二期联合国索马里行动的例子），这种建议使许多联合国成员国感到不安。同样，强制和平可在促进和平的外衣下行动的暗示也使他们忐忑不安。②

关于维和的讨论因为误导性地将"维和"一词使用在地区机构上

---

① Boutros-Ghali, *Agenda for Peace*, para. 20.
② Ibid., paras. 42 – 5.

而毫无助益，比如印度驻斯里兰卡"维和"部队（1987—1990 年）、利比里亚的西非维和部队（ECOMOG）以及俄罗斯对新生的前苏联国家的干涉。这些维和的动机都属于强制和平而非维持和平。

联合国维和行动的优点和弱点及其不断改变的性质可通过探讨下列问题而得到解释：

1. 为什么联合国维和运动取得了这样显著的发展？[①]

除及时的缓解冲突作用之外，联合国维和行动还往往取得了一些合理的成功，满足了双重目标。第一种目标就是帮助解决当时不能解决的问题，因为无论是国际社会还是与之紧密相关的各方，或者是两者皆是，都不能达成公正而可行的协议。塞浦路斯、克什米尔以及以色列、巴勒斯坦问题就是如此。第二种目标就是在协议已经达成的地方，帮助实现局势的转变。有经验而且不偏袒的维和者在达成企望的解决方案方面很有帮助。在第一种情况下，维和在缺少基本协议的情况下更容易成为问题的一部分，因为它有理由不进行实质性的促进和平。在行使他们的权力时，维和者和外交官经常从联合国可以提供的合法性和公正性中受益（虽然程度不同），也能得益于国际社会对联合国维和行动的承诺，因为维和被看做是最有可能在促进和平之前帮助管理、缓和和控制争端的方式。

2. 过去的维和机构在哪方面是成功的？[②]

特定的维和机构，无论是在由联合国支持还是由其他行为体支持，都部分或全部成功地帮助过渡到达成一致的政治解决方案上。其有效

---

① 也可参见 Henry Wiseman, 'Peacekeeping in the International Political Context; Historical Analysis and Future Directions', in Rikhye and Skjelsbaek (eds.), *The UN and Peacekeeping*, pp. 32 – 51。

② 关于此问题的探讨，也可参见 Brown, *UN Peacekeeping*, pp. 19 – 21。

性不仅依靠自身的努力，也依靠他们可以得到的政治支持。在非洲，即使是联合国刚果行动（ONUC）也为刚果这个新国家（现名扎伊尔）的稳定作出了很大贡献。英联邦在前罗德西亚的选举观察也是成功的。非洲统一组织在乍得部署维和部队的条件或许还不成熟。联合国安哥拉第一支核查团（UNAVEM Ⅰ）和联合国过渡时期援助团（UNTAG）在促进古巴军队从安哥拉退兵以及纳米比亚国家的建立方面提供了尤为巨大的帮助。在亚洲，联合国安全部队（UNSF）以及联合国印度—巴基斯坦观察团（UNIPOM）都完成了他们的使命，就像联合国驻阿富汗和巴基斯坦问题斡旋特派团（UNGOMAP）那样。在拉丁美洲，秘书长代表驻多米尼加共和国特派团（DOMREP）消除了超级大国之间的问题，当时联合国必须应对一支被超级大国控制的地区性军队。联合国中美洲观察组（ONUCA）看起来也非常成功。在中东地区，联合国第一支紧急部队（UNEF Ⅰ）起到了铺垫作用，第二支紧急部队（UNEF Ⅱ）对于解决极端危险的局势发挥了重要作用。联合国黎巴嫩观察组（UNOGIL）明显地挽回了联合国的面子。联合国也门观察团（UNYOM）在缺少政治意愿的情况下无法承担情况改变的责任。联合国伊朗—伊拉克军事观察团（UNIIMOG）以及第一支西方多国部队（MNF 1）都起到了作用，但是第二支西方多国部队（MNF 2）成为问题的一部分（部分因为它没有得到联合国授予的合法性）。在长期存在的联合国维和机构中，联合国停战监督组织（UNTSO）、多国部队观察员（MFO）以及联合国驻印度和巴基斯坦军事观察组（UNMO-GIP）和联合国脱离接触观察员部队（UNDOF）都被证明是有效的维和工具。对于1974年后的联合国驻塞浦路斯维和部队（UNFICYP）以及联合国驻黎巴嫩临时部队（UNIFIL）的成就尚未形成一致意见。

3. 联合国维持和平体系的重要性是什么?

第二次世界大战以后，控制或者解决争端的职责在《联合国宪章》的原则下最容易在联合国框架内实现。联合国秘书长（与秘书处的成员一起）起着非常关键的作用。他通过斡旋（比如联合国也门观察团和联合国安全部队）为联合国维和机构提供公正①、想法（比如联合国第一支紧急部队的指导方针）、报告以及基本的组织。

联合国大会和安理会——它们从各自的方式——对维持和平的介入都具有创新性。从历史上看，二者在维和问题上都须找到至少被三个主要国家集团中的两个集团所接受的解决方案，这三个国家集团常被称作第一、第二和第三世界。在财政问题上，如果从正常预算或者分摊费用中支出，那么维和部队的整体财政计划要得到联合国大会的同意。联合国大会在解决 1965 年和 1981 年财政问题（中国欠款的情况下）时找到了灵活的临时解决整体财政问题的方法。在刚果危机时，它灵活地接受了在自愿资助基础上建立的维和机构。同样，它还在 1965 年建立了维和特别委员会，与其他一些机构和相关国家（包括提供军队的国家②，尤其是北欧国家）一同协助发展了维和理念。联合国大会还在安理会否决的情况下建立了联合国第一支紧急部队以及联合国安全部队，还有许多监督选举的机构，例如联合国核查海地选举观察团以及联合国核查厄立特里亚公民投票观察团。联合国大会可能会继续确保其授权选举监督的地位，尽管选举监督并不是维和机构的必要组成部分。

安理会也在维和行动中起到了许多创新性的作用。冷战时期，在西方和第三世界国家的支持下安理会有权建立维和机构。苏联的保留意见总是通过弃权而非使用否决权来表达。不过苏联确实否决了建立

---

① 关于公正与维和问题的有用资料，及其与中立的区别，参见该书的讨论：Rikhye and Skjelsbaek（eds），*The UN and Peacekeeping*，p. 3。

② 关于当前由 21 个国家提供的维和培训行动的论述，参见 'Comprehensive Review of the Whole Question of Peacekeeping Operations in All Their Aspects：Report of the Secretary-General'，UN doc. A/47/597 of 28 Oct. 1992。

联合国黎巴嫩观察组的决议草案，并明确表示如果扩大联合国第二支
紧急部队的权力，它还会使用否决权。不过，苏联赞成了 60 年代联合
国建立的六个维和机构中的五个，70 年代建立的三个中的两个。中华
人民共和国在 1971 年恢复代表中国的联合国席位以后，选择了避免参
与投票而不是使用否决权。1981 年，中国决定为维和行动交纳分摊的
费用。不然它会有失去在联合国大会中的投票权的风险。西方国家的
记录也是值得注意的：第一次关于维和问题的否决权是法国和英国在
1956 年苏伊士运河问题上使用的。1982 年以色列侵袭黎巴嫩时，美国
也对企图从联合国停战监督组织抽取观察员的提案使用了否决权。
1987 年以来，常任理事国以及联合国其他成员国已经一致批准建立了
16 个新的维和机构。

　　1987 年以来，几乎所有由安理会建立的维和机构都（暗示地）建
立在《联合国宪章》第六章下，该章包括和平解决争端，而**不是**建立
在第七章下。有两个例外：呼吁巴勒斯坦停火的第一个第七章决议被
批准（第 54 号决议，1948 年 7 月）；另外一个当然就是联合国刚果行
动的权力由维持和平转向强制和平。

　　1987 年以来，安理会实践的一个显著特点就是在与维和有关的决
议中经常使用《联合国宪章》第七章：1987 年第 598 号决议，两伊战
争要求联合国秘书长派遣观察员监督停火；1991 年关于伊拉克—科威
特战争的第 689 号决议，建立了联合国伊拉克—科威特观察团；1991
年第 713 号决议，对前南斯拉夫实行武器禁运；以及暗含第七章内容
在内的 1992 年第 743 号决议，建立了联合国驻波黑保护部队。截止到
1993 年 5 月，关于南斯拉夫有 12 个明确的第七章决议，包括两个关
于经济制裁的决议和一个强制执行禁飞区的决议。此外，第七章的武
器禁运也于 1992 年对利比亚和索马里进行强制实施。这些发展，连
同 1992 年 12 月和 1993 年 5 月在索马里建立强制和平军队的先例，造
成维持和平行动与强制和平行动（各方同意）的主要区别逐渐模糊。

4. 西方、东方以及第三世界国家之间的政治互动怎样影响维和行动？

有许多国际危机——包括匈牙利（1956 年）、越南（20 世纪 50 年代末—70 年代初）、捷克斯洛伐克（1968 年）和阿富汗（1980—1985 年）——维和部队都没有参与。从一开始就很明显，不管是通过使用否决权（如苏联在阿富汗问题上）还是由于超级大国过于卷入其中，都不可能在这些地区使用维和部队。确实，联合国维和行动只在联合国历史上一小部分战争危机中起作用。不过令人吃惊的是，安理会（有时候是联合国大会）成功组建维和机构的次数。

美国有时候利用维和部队保住面子（联合国黎巴嫩观察组以及秘书长驻多米尼加代表团），并且也发现建立自己的维和机构例如西方多国部队以及西方多国组织是非常有用的。苏联在 1960—1986 年间对于维和行动采取的支持态度是颇有争议的。由于当时第三世界国家认为在某些特定的情况中维和行动会对他们有帮助，于是苏联弃权或者赞成，而不使用否决权。这也是中国在 1981 年决定交纳分摊费用的第二条主要原因，当然，最主要的原因是中国在联合国大会中的投票权受到威胁。

1987 年 7 月，以《宪章》第七章为依据的解决伊朗和伊拉克问题的决议获得一致通过，这昭示着各国政治态度的变化。这种变化使安理会常任理事国之间能共同合作。这种新的一致——部分基于苏联对维持和平的积极态度以及日益增强的解决地区问题的决心（如在中美洲和柬埔寨）——成为新维和机构激增的基础。新维和机构建立的数目反映了在不断变化的国际形势中，以往很多僵化的问题（如阿富汗——联合国驻阿富汗和巴基斯坦斡旋特派团；纳米比亚与安哥拉——联合国安哥拉第一支核查团和联合国过渡时期援助团；中美洲——联合国中美洲观察团与联合国萨尔瓦多观察团）更易解决。其他的维和机构，如联合国伊朗—伊拉克军事观察团、联合国伊拉克—科威特观察团以及联合国莫桑比克行动，为解决特别问题而建立。这些问题分别是：两伊战争、伊拉克从科威特退兵以及莫桑比克各方和平协议。解决西撒哈拉和柬埔寨长期问题的可能性导致了联合国西撒哈拉公民投票特派团、联合国柬埔寨先遣团和联合国柬埔寨临时权力机构的建立。1991—1992年南斯拉夫和苏联的解体（1992年1月，俄罗斯取得苏联在联合国中的席位）为冷战后时期提出了新问题，直接导致了联合国驻波黑保护部队的建立。它开始是为克罗地亚问题而建，现在也在波斯尼亚和前南斯拉夫马其顿共和国开展行动。联合国索马里行动第一期和第二期（以及联合特遣部队）主要解决索马里内战引起的人道主义问题。虽然常任理事国之间能在许多问题上达成一致，但是在关于前南斯拉夫问题上各国之间的分歧日益明显。对于强制和平是否明智甚至是否能够存续仍然存在严重质疑。

　　南方国家对于维和行动最为理解，他们欣赏直接的维和行动（如联合国停战监督组织、联合国脱离接触观察员部队、联合国驻黎巴嫩临时部队），因为在它们的限度以内，须得到东道国同意的原则已很好地确立起来，并且维和部队人员使用武力的规则也被恰当地理解（只有在自卫和保持阵地时使用）。不过一些人很担忧维持和平与强制和平的可能结合（见下文），以及新维和机构的激增带来的更严重的财政负担。许多国家担心安理会的"人道主义"决议，像关于允许国际人道主义组织进入伊拉克部分地区以及关于在索马里实施干涉的决议，会被用于它们自己。非洲国家尤其愿意在地区的基础上解决争端，但是缺少解决索马里、苏丹和莫桑比克严重内战的资源，而且很难获得有效解决利比里亚冲突的必要政治和财政支持。不结盟运动尝试用接近中国的方法来解决这些问题，因为中国是常任理事国之一，拥有否决权。1992年5月中国申请成为不结盟运动的观察员获得批准。1992年9月，由于担心被边缘化，作为回应，不结盟运动在《雅加达宣言》中强调了《和平议程》的评论："在各国组成的大家庭内的民主，要求在这一组织的工作中，所有国家，无论大小，进行最充分的协商、参与和接触。"

5. 联合国维持和平、促进和平及强制和平之间的关系是什么?

在国际社会及其拥护者希望解决国际争端并就方式达成一致的情况下，维持和平与促进和平更能相互强化。几乎所有已经结束任务的15个维和行动都或多或少为促进和平作出了贡献，因为在大多数事件中这些条件都存在。更具有争议的是那些长期存在的维和部队所扮演的角色，尤其是联合国驻塞浦路斯维和部队和联合国驻黎巴嫩临时部队。前者被认为在1974年后允许塞浦路斯问题的僵化损害了促进和平的努力。后者的权力被认为是有缺陷的。维持和平可对促进和平起反作用。不过，在冲突无法解决的时候，就长期存在的维和部队稳定冲突局面的作用来说，它们还是有用的。因此，具有明确权力的联合国脱离接触观察员部队在缓解叙利亚和以色列在戈兰高地问题上的紧张关系起到了积极的作用。联合国停战监督组织40年代以后也起了类似的作用。虽然联合国监督停战组织和联合国脱离接触观察员部队是例外，但似乎在长期驻守的地区联合国维和运动的中立和公正很容易受到威胁。腐败问题（如走私等）也是问题之一。

至于维持和平和强制和平之间的联系，刚果行动被安理会赋予新的权力，从维持和平行动转向强制和平。紧随联合国第二支强制和平部队之后，联合国伊拉克—科威特观察团建立起来。维持和平和强制和平之间的界限因为联合国以"人道主义"为由运用《宪章》第七章的决议而变得越来越模糊。人们普遍担心在波斯尼亚问题上由维持和平转向强制和平会削弱联合国维和部队在国际和地区层面上被接受的程度。就像联合国刚果行动一样，这会有助于联合国在未来冲突中的中立维和形象。将强制和平的部队部署在仍然有维持和平部队存在的同一地区会导致维和者成为一方或多方批评的目标。

6. 当前的联合国维持和平和以前的联合国维持和平有所不同吗?

尽管有些人认为自从冷战结束后,当今维和的可能性已经发生改变,但是记录表明 20 世纪 60 年代中期就已经打下了维和的根基。而且,即使是"第一代"联合国维和也是复杂而不同的。不过,现在的维和除了在地理上有所扩大,并且有更多国家提供人员以外,还有一些不同。现在更强调地区对维和的贡献:这既是由于联合国本身过渡膨胀,也是由于欧共体、欧安会以及更近一些的北大西洋公约组织以及北约——类似于美洲国家组织、非统组织、阿拉伯联盟、伊斯兰会议组织、东盟和其他有关地区机构——开始了维和实践。这有可能带来问题(例如地区机构和联合国机构之间的潜在冲突),其中一些已经在早先时候的秘书长驻多米尼加代表团中露出了冰山一角。

从维和进程的构成要素来看,维和越来越多样化——在一些情形下包括人道主义和人权要素。这一趋势最极端的例子就是联合国驻柬埔寨临时机构,它有七个复杂的各不相同的组成部分。联合国临时执行局/联合国安全部队、联合国过渡时期支援小组也包括了一些多样的特征。正如《和平议程》所表明的那样,内部/外部问题以及维持和平/促进和平之间的界限变得越来越模糊。联合国秘书长指出,联合国维和机构越来越多地建立在"行动的成功取决于非政府实体或非正规团体能配合的情况之下"。① 现在提出了一些新的想法和实践。有些人提出颇具争议的联合国法律问题,这些问题已经成为南—北分裂的焦点。一个更一般性的区别与在西方媒体和其他地方被坚持的对维和不切实际的期望有关。维持和平并不是一支魔棒,它只能在各方有意愿

---

① 参见 'Report of the Secretary-General on the Work of the Organization', UN doc. A/47/1 of Sept. 1992, p. 35。

合作的地方成功。① 它需要与促进和平的努力联结起来，这些努力试图寻找解决冲突根本原因的持久方案。人们在过去就意识到了这一教训。

7. 维持和平能在不改变基本结构的基础上纳入监督选举的使命吗?

随着 1962 年联合国安全部队的建立，维和行动第一次被派出以解决监督选举问题。1989—1990 年纳米比亚的维和是非常成功的行动。不过，1992 年安哥拉选举之后内战再次爆发；而且在柬埔寨、莫桑比克和西撒哈拉，联合国也面临艰难的局势。维和与选举监督最好是先后进行，尽管这些策略本身往往并不足以调和深刻分裂的团体。现在还没有人挑战这样的观点：只有安理会可以授权维和行动，这些行动包括为监督选举的准备措施。

不过，这一问题需要放在关于安理会和联合国大会各自权力的长期争论的背景下加以考虑（一个明显的例子是，1989 年 9 月关于安理会是否有权讨论毒品走私问题而产生了争论）。许多南方国家认为联合国大会而非安理会才有权授权在独立国家监督选举的行动（即使包含一些军事观察员）。这解释了围绕联合国核查尼加拉瓜选举观察团和联合国核查海地选举观察团的建立问题的争议。② 未来的选举监督行动很可能由联合国大会批准。

联合国参与监督选举的历史由来已久，尽管不是在独立的国家：通过提供技术援助，这已经被有效地用来推动一些国家的公民投票。③

---

① 负责维和行动事务的副秘书长马拉克·古尔丁（Marrack Goulding）在一篇文章中重申了这一点，参见 *The Times* (London)，1 Oct. 1992。

② 见前面的第三节第五点。

③ 'Report of the Secretary-General on the Work of the Organization' (1992)，p. 26，指出 1992 年联合国为阿尔巴尼亚、安哥拉、刚果、萨尔瓦多、埃塞俄比亚、几内亚、圭亚那、利比里亚、马达加斯加、马里、卢旺达和多哥的选举提供技术援助，除此之外，还在厄立特里亚和西撒哈拉协助筹备已规划好的公民投票。

选举监督尤其需要善于确保失利者接受选举的结果。这反映在 1990 年尼加拉瓜和 1992 年安哥拉的选举问题上。

8. 能否在不使联合国破产的情况下满足花费需求？

预期的结果并不好。1992 年联合国对提供部队的国家的欠款为 8亿美元，然而批准的维和行动预计每年耗费近 30 亿美元。① 联合国秘书长在 1992 年 9 月指出，未支付的维和费用共计 8 亿 4 千 4 百万美元。他建议成立一个循环的维和储备基金（实际上 1992 年底联合国大会成立了一个 1.5 亿美元的基金）；一旦安理会批准建立一个维和机构，三分之一比例的维和行动预算费用由联合国大会负责；并且授权在没有竞争性出价的情况下达成协议。② 成员国主要由于政治上的原因不及时支付它们应付金额，虽然它们仍然受制于在联合国大会中失去投票权的前景。刚果维和行动所提出的财政问题，以及它所运用的几乎毁掉联合国的方式，仍然是最恰当的例子。但是，正如布莱恩·厄克特所指出的，存在着双重标准。"两天的沙漠风暴行动大约每天耗费 10 亿美元，这可以轻易地满足所有联合国的开支，包括一整年的维和与紧急行动。"③ 一个重要的进展是 1992 年 8 月关于在关于南斯拉夫的伦敦会议上，一些国家决定向联合国驻波黑保护部队提供军事人员，以促进人道主义援助的实施，而不需联合国承担费用。但这一实践并不成功。1993 年 3 月，安理会一致同意从 4 月 1 日起，全部联合国驻波黑保护部队应当用分摊的费用来资助。

---

① *Agenda for Peace*，para. 47.

② 'Report of the Secretary-General on the Work of the Organization'，(1992)，p. 12.

③ Brian Urquhart，'A Double Standard'，New York Review of Books，9 Apr. 1992，p. 42. 也可参见厄克特前面的章节。

9. 在什么样的冲突中可以有效使用维和?

二战以来,维和被证明是在特定冲突中有效的外交和实践工具。联合国维和在一些情况下是有效的,因为联合国秘书长、安理会和联合国大会以不同方式代表整个国际社会,尤其是,如果他们能与相关各方一起,在《联合国宪章》规定限度内就解决冲突的方式达成一致。但是,过去的经验中有一些惨痛的教训:维和机构在解决公共冲突时(联合国停战监督组织、联合国驻印度和巴基斯坦军事观察组、联合国驻塞浦路斯维和部队,以及现在的联合国驻波黑保护部队)遭遇极大的困难,在这些冲突中,根本性的政治和社会分裂根深蒂固。很明显,在有明确和可获得授权的情况下,维和机构能更好地发挥作用;有这些授权它们就能在各种各样的冲突中受到特别的重视。它们最应当被看做是解决争端和冲突的工具。它们最终有效或无效,部分取决于冲突的类型,但也取决于有关各方能否就冲突解决的方式达成政治上的一致。事实是,维和最终只能在有利的政治条件下才能发挥作用。试图在不适当的条件下运用维和将会付出高昂的代价,而且收效甚微,除非其他国家有保全面子的考虑。这种尝试还有一种危险,它会遭遇将维和行动变成一种强制和平的压力——这种升级不仅有风险而且可能事与愿违。

第八章　联合国与人权：新的起点

汤姆·费瑞尔、菲莉斯·盖尔

一、前《宪章》时代之人权

第二次世界大战之前，大多数法学家和政府都肯定以下一般性主张，即国际法并不妨碍每个平等的主权国家对其臣民施暴的自然权利。① 像草率处决、严刑拷打、任意逮捕和拘禁等官方暴行，只有当受害者是另一国的臣民时，它们才会成为在法律上具有重要影响的跨

---

① Richard Bilder, 'An Overview of Human Rights Law', in Hurst Hannum (ed.), *Guide to International Human Rights Practice* (Philadelphia, 1984), pp. 4 – 5. See also Hersch Lauterpacht, 'General Rules of the Law of Peace', in Elihu Lauterpacht (ed.), *International Law: Collected Papers of Hersch Lauterpacht*, vol. 1 (Cambridge, 1970)："占主导地位的理论明确而有力。国际法仅仅而且专门是国家之间的法。个人只是国际法的客体"（p. 279）。但是他进而表明，在 20 世纪里，主导理论中也出现了许多例外，以至于需要对其作更为严格和细致的阐述。"如今它可能简要提及，这些例子表明让个人不能成为国际义务［以及相应权利］的主体的现存国际体系（比如战后的）并没有如此强加给他们任何东西……其次，对于那些国家被正式地作为国际义务的主体的情形，为什么法律和道德责任的实际中心仍然是个人而不是国家的抽象人格，已经给出了理由。国家法和道德体系进步的决定性原因似乎青睐这种解释"（p. 285）。另见 pp. 141 – 9。

国事件。在此种场合，国际法并没有把他们视为个人权利的享有者，而是其政府（归根结底是它所代表的国家）权利的附属。实际上，从国家间关系的角度看，个人不过是一个符号和一种资产。另一国的代表对其个人所实施或默许的攻击，会被看做是对他所属的国家的尊严和物质利益的攻击，必须作出补偿。①

精神领域的守护人偶尔不会纵容这些行为。实际上，从西班牙帝国在新世界的血腥事业一开始，一些牧师就努力缓和西班牙征服者们可怕的贪欲和奇异的念头，他们一直伴随着西班牙的文明化使命。②此外，基督教传教士在欧洲起到了唤起正派舆论的作用，比如，反对非洲奴隶贸易的种族灭绝特征③，以及此后反对诸如比利时国王利奥波德（Leopold）在刚果建立个人帝国的这类恶行。④

即便欧洲的殖民大国也认为（或者至少我们可以这样认为），刚果当地的人民需要得到某种最低限度的体面对待的保证。而且因此，当它们在 1884—1885 年的柏林会议上就有秩序地分割非洲进行谈判时，它们宣布有义务顾及当地居民的福祉，利奥波德也在名义上接受

---

① 参见 L. Oppenheim, *International Law: A Treatise*, vol. 1 (7th edn., ed. H. Lauterpacht, London, 1948), pp. 304 - 6, 310; on reparations see pp. 318 - 19。

② 参见 Roger Merriman, *The Rise of the Spanish Empire*, vol. 2 (New York, 1962), pp. 656 - 63。

③ 参见例如 D. B. Davis, *Slavery and Human Progress* (New Haven, Conn., 1984), pp. 304 - 5. 也可参见 Paul Lovejoy, *Transformations in Slavery* (Cambridge, 1983), pp. 253 - 4: "［传教士们］坚决反对奴隶贸易和奴役；实际上，传教与废除跨大西洋的奴隶贸易有着密切的联系。"但是，他又指出，"另一方面，他们通常认为［非洲］转化为基督教应该先于奴隶制的废除。比如，奴隶主应该准许变为基督徒，奴隶制可以暂时得到容忍，由此基督教教堂能够得以建立。只有当基督徒成为人口中的多数，才能够确保废除奴隶制。"尤其是当它考虑到大英帝国对其他国家的压力形式以及停泊在公海上的坚船利炮，当然废奴斗争也就只是一种构筑在道德和法律情感上的言语行动。

④ 参见 Neal Ascherson, *The King Incorporated* (London, 1963)。也可参见 E. C. Stowell, *Intervention in International Law* (Washington DC, 1921), pp. 163 - 79。

了这一点，可以说这是他继续保持对刚果行使宗主权的条件。① 由于会议没有提供强制执行机制，而是依靠利奥波德的善意，刚果人民并没有很快得知这个好消息。② 不过，认可对一个同等的主权者处置其人力资产的权力加以限制，这一点意义非同小可。

在那些反映 19 世纪后期和 20 世纪前期道德观的划时代巨变的众多事件中，约束利奥波德的尝试只是其中之一，这种变化最终会体现在法律中。这种转变的先兆要大大早于其最后来临。尽管历史学家们总是对何时是最初征兆的问题争论不休，美国和法国的革命者们宣称他们代表了普遍的、不可剥夺的权利，这无疑宣告了一个新时代。在希腊争取从奥斯曼帝国统治下独立的战争（1821—1830 年）③ 中，英法的干涉常常犹豫不决，但最终是决定性的，这一干涉部分是因为奥斯曼帝国极其残酷的统治而变得正当，而且也强化了法国大革命中的新教宣言，即在人类团结的精神下，一国可以选择将另一国的人民从明显的压迫下解放出来。

19 世纪的后半叶，奥斯曼帝国继续像一块磁石一样，吸引着大国（代表东正教的俄国和代表天主教的法国）在此书写"人道主义干涉"的篇章。④ 西方大国也曾抗议俄国反犹主义的爆发。除了见证跨越国家的团结力量，这些干涉也表明，这样的主张与国家间关系的和谐背道而驰。第一次世界大战因萨拉热窝的刺杀事件而爆发，这一事件灾难性地表明，人民反对束缚他们的政治结构与要求解放和正义的主张

---

① Lauterpacht, *International Law*, vol. 2 (1975), p. 103. 准确地说，根据《柏林法案》第六条，所有在刚果盆地行使权利的强国承诺注意土著居民的道德和物质状况。劳特派特指出，1890 年布鲁塞尔会议上通过的法案中的类似条款被认为是要求"改善土著居民命运的积极措施"。

② 屠杀、毁损、以及强制劳动至少在 20 世纪第一个十年中继续存在。Ascherson, *The King Incorporated*, pp. 241 - 60.

③ 参见 Douglas Dakin, *The Greek Struggle for Independence 1821 - 33* (London, 1973)。

④ 参见 Stanford and Ezel Shaw, *History of the Ottoman Empire and Modern Turkey*, vol. 2 (Cambridge, 1977)。

对国家间关系有着毁灭性的影响。不过与此同时，同盟国试图把它们的支持打上争取捍卫和促进自由的色彩。① 战争的后果之一是强化了个人和团体对抗国家的合法性。

将个人从国家中解放出来的进程在战后得以延续。在战后的决议中包含保障平等对待少数民族的条款，尤其是针对奥匈帝国解体后产生的那些新生国家。当同情之心不符合更为传统的国家利益时，随后的经验既表明了这种保障的重要性，也表明担保国缺乏自信。

战后条约中有关少数民族的条款②催生了一项特别机制，来保护一群仔细限定的人的一系列有限利益。在这方面，他们并非与众不同。通过强加给奥斯曼苏丹（Ottoman Sultan）、中华帝国皇帝以及其他非欧洲国家的君主们的战败条约③，西方国家的政府决意让其国民（主要是商人）凌驾于当地司法之外。但是，战败条约仅仅是歧视性的延伸，承认每个国家的国民在海外得到平等对待的权利，这项权利只有对大国之间的关系才有效。

即使在考量如何适当地将一国的臣民作为其他主权国家处置的对象时，保障少数民族条款也并未开辟全新的基础。迫于压力，土耳其王室分别对俄国和法国承认保护帝国内的东正教和天主教民众的权利。④

在第二次世界大战尾声，获胜的盟国决定对纳粹领导人提起诉讼，不仅因为他们发动战争和残杀被占领土地上的人民，而且因为他们对

---

① "我们应该为那些我们总是铭记在心的事情而斗争，为民主而斗争，为那些服从于权威的人对他们自己的政府有发言权的权利而斗争。" Woodrow Wilson, speech to Congress, 2 Apr. 1917, quoted in Frederick Calhoun, *Power and Principle: Armed Intervention in Wilsonian Foreign Policy* (Kent, Oh., 1986).

② 参见 Lauterpacht, *International Law*, vol. 2, pp. 49, 147, and 506。

③ Lord Kinross, *The Ottoman Centuries* (London, 1977), pp. 427 and 479; see also Shaw and Shaw, *History of the Ottoman Empire*, pp. 131, 300, and 367.

④ 参见 Kinross, *The Ottoman Centuries*, and Shaw and Shaw, *History of the Ottoman Empire*。

德国公民的屠杀。盟国用"反人类罪"① 的名义来宣告后一点，这实际上开辟了一个新领域。德国国民并不享有任何特殊条约机制的保护。如果他们具有遭受第三帝国侵害的无条件权利，这些权利应该能够在国际习惯法或者每个文明社会的法律的一般原则之中找到。因此，纽伦堡国际军事审判法庭的判决和《联合国大会宣言》中肯定了支持这一判决的原则的合法性②，这些意味着适用于所有主权国家对待其公民的义务。通过这种方式，人权的范围开始适用于一般占领区域。

在其后几十年里，通过正式协约以及体现习惯法所必需的共识的宣言③，国家自我约束不对其公民进行严刑拷打、草率处决或奴役；④ 不因种族或宗教而对他们区别对待以及不为使人陷入绝境之行为。除了自我约束的声明之外，许多国家还不同程度地承诺，本国具有保障其公民免受经济、社会和文化贫困的积极义务。

二、规范框架的构建

1. 《联合国宪章》

自其初创之日起，联合国似乎注定要扮演人权助推器的角色。《宪章》之第一条第三款宣称，联合国的目的包括"增进并激励对于全体人类之人权及……基本自由之尊重，且不分种族、性别、语言或宗教"。第十三条委托联合国大会"发动研究，并作成建议……助成人权之实现"。第五十六条加上第五十五条一道保证所有联合国会员

---

① Lauterpacht, *International Law*, vol. 1, pp. 470 – 1.

② GA Res. 95 (I) of 11 Dec. 1946.

③ See generally Anthony D'Amato, *The Concept of Custom in International Law* (Ithaca, NY, 1971).

④ 早在联合国时代之前，这些事项中的一些，包括奴役，已经成为协议的主题。比如1926 年的《禁奴公约》、1930 年《国际劳工组织关于被迫或强制劳工的公约》。

国"担允采取共同及个别行动与本组织合作……以达成人权之普遍尊重与遵守"。第六十八条要求经济及社会理事会"设立……以提倡人权为目的之各种委员会"。①

固然，这些条款并非出自一种强烈的、打破掩蔽着各种压迫的国家主权之藩篱的集体意愿。联合国人权署第一任主管约翰·汉弗莱（John P. Humphrey）指出，如果不是因为少数忠实的代表以及被联合国列为咨询者的42个民间团体代表的努力，人权可能"仅仅被简略提及"。②尽管最终情况明显要好于此，显而易见的是，它们在联合国宗旨的排序中处于附属地位，尤其是只有在"任何和平之威胁、和平之破坏及侵略行为"③等少数情形下，《宪章》才授权联合国采取强制行动，这样的语句无疑旨在强调国家之间的冲突。

因此，不仅奠基者们似乎为了他们的利益而拒绝为人权采取集体武装干涉——《宪章》对除自卫以外的国家武力行为的广泛禁止④强化了这种印象，而且他们在其中纳入了可以被理解为排除任何形式的反对侵犯人权的集体行动的语句。第二条第七款指出："本《宪章》不得认为授权联合国干涉在本质上属于任何国家国内管辖之事件，且并不要求会员国将该项事件依本《宪章》提请解决。"不过，这一禁止并不适用于安理会认为对国际和平与安全构成威胁且依据《宪章》第七章赋予的强制权力采取行动的情形。然而，除了两个极端典型的案例——罗得西亚和南非之外，安理会在随后几十年中并未将大规模

---

① 在《联合国宪章》中直接提及人权的可参见，Preamble and in Art. 62（2），68，and 76（c）。

② John P. Humphrey, 'The UN Charter and Universal Declaration of Human Rights', in Evan Luard（ed.），*The International Protection of Human Rights*（New York, 1967），p. 39.

③ Chap. VII, Art. 39 – 51.

④ 第二条第四款："各会员国在其国际关系上不得使用威胁或武力，或以与联合国宗旨不符之任何其他方法，侵害任何会员国或国家之领土完整或政治独立。"第五十一条："联合国任何会员国受武力攻击时，本《宪章》不得认为禁止行使单独或集体自卫之自然权利。

侵犯人权视为对和平之威胁。因此，在战后初期的数十年中，《宪章》第二条第七款为"无赖政权"提供了舒适的庇护所。

围绕着《宪章》议定展开的事件以及联合国的早期活动表明，当时人们存在着一种普遍的矛盾心理，这种心理即便不是专门针对人权问题，那么肯定也是针对通过联合国来强制执行人权的前景。苏联集团很快便确定了其在以后一贯坚持的立场，即联合国的行动应该限定在既以颁布的权利范围内；另一方面，强制执行纯粹是国内关注的事务。[①] 但是，并非只有苏联有意排除联合国进行强制执行事务。殖民大国更不会对联合国"插足"它们各自保留地的前景表示热衷。[②]

鉴于此，巴拉马和智利有关在《宪章》条款中纳入保障特定人权的联合倡议以及巴拿马有关一项单独的《权利法案》的提案因争议太大而遭到拒绝，这些事件就并不令人感到惊讶。[③] 就在人权委员会的第一次会议上，它确定"其无权对任何与人权有关的投诉采取任何行动"[④]，这也同样不足为奇。它在联合国等级序列中的直接上级机构——经济及社会理事会（ECOSOC）不仅肯定了委员会的巧妙自律，而且还如同在自残伤口上撒盐式地决定，委员会成员甚至不应审阅个人的特定投诉的原始文本，除非他认为其中所申述的惊恐事件应该唤

---

① Farrokh Jhabvala, 'The Soviet Bloc's View of the Implementation of Human Rights Accords', *Human Rights Quarterly*, 7（1985）, p. 466.

② "菲律宾的罗慕洛（Rumulo）将军敦促委员会像上诉法院一样作为，确保不受来自任何国家原告的影响。罗斯福女士辩解说，委员会有向经济及社会理事会作出建议的权力，但没有展开调查的权力。澳大利亚、英国和苏联反对委员会审议来自个人的诉讼。"Howard Tolley, jun., 'The Concealed Crack in the Citadel: The United Nations Commission on Human Rights' Response to Confidential Communications', *Human Rights Quarterly*, 6（1984）, p. 422. 英国也成功地提出，诉讼权（包括向联合国提出诉讼）从1948年《世界人权宣言》最后草案中删除。Ibid., p. 423.

③ Peter Meyer, 'The International Bill: A Brief History', in Paul Williams（ed.）, *The International Bill of Human Rights*（Glen Ellen, 1981）, p. xxiv.

④ Report of the first session, E/259（1947）, paras. 21 and 22.

起对道德无知的品行进行反思。①

2. 《国际权利法案》

尽管一些人预言规范上的先导总是命途多舛，另一些人则憧憬其成就卓著。除了在《宪章》本身中的显著位置，哈里·杜鲁门总统在联合国成立大会闭幕式上的演说中推崇人权。他对代表们说："我们有充分的理由期待制定一项国际权利法案……它将成为国际生活的一部分，就如同我们的《权利法案》是我们的宪法的一部分"（他或许还应该强调，这一法案开启了前所未有的生活）。② 仿佛是受到了美国总统的憧憬的激励，在 1946 年初完成了创建人权委员会的委任之后，经济及社会理事会将起草一项国际权利法案作为委员会的第一要务。

在时任主席埃莉诺·罗斯福（Eleanor Roosevelt）的领导下，委员会以迅捷的速度投入了工作，相比之下，它后来在那些亟待解决的人权争议问题上显得步履蹒跚。起草工作注定充满争论，这一点很快就显现出来。人们可以从围绕着《宪章》展开的斗争预料到，争执的焦点在于，对人权的国际关注是否或者在何种程度上应该打破国家主权的藩篱。没有哪个国家像苏联（这个对跨国解放运动最为热衷的国家）一样决意让这种藩篱牢不可破。第一阶段的起草工作以《世界人权宣言》在联合国大会的陈述达到了高潮，苏联代表宣称其缺陷主要在于"一些条款完全无视民主政府的主权权利"，他强调，"国家主权问题是最为重要的"。③

在有关个人权利与共同体利益之间相对重要性的问题上，代表们

---

① ECOSOC Res. 75（V）of 5 Aug. 1947. 在理事会于 1959 年通过的一份整理过的涉及人权问题通信的决议中，它重申了其支持态度。Res. 728 F（XXVIII）of 30 July 1959.

② Cited in A. H. Robertson, *Human Rights in the World*（Manchester, 1972），p. 25.

③ *GAOR*, 3rd session, part I, Plenary meetings, 10 Dec. 1948, pp. 923–4.

也产生了分歧。代表黎巴嫩的著名哲学家查尔斯·马力克（Charles Malik）宣称，如果提出的法案"不能保证个人的生存及其在与国家抗争时受到保护的需要，委员会将无法完成既定目的"。① 与此相反，南斯拉夫代表坚持认为，"当前时代的新情况使得共同利益……比个人利益更重要"。②

1947 年末，面对因政治和意识形态分歧而陷入僵局的危险，人权委员会宣布将《权利法案》分为三个部分：一份能够为联合国大会所采纳的原则宣言、一份依据《宣言》认可的国家需服从明确法律义务的公约以及一份详述强制执行机制的单独协定。正如彼得·迈耶（Peter Meyer）在有关《国际权利法案》的"简史"中指出的那样，一个由委员会指定的八人起草委员会很快就完成了一份《宣言》草稿。其后，它在"经过全体委员会、经济及社会理事会……以及联合国大会第三委员会的 81 次会议和 168 项修正案之后，几乎保持了起草委员会最初的提案原样"。③

1948 年 12 月 10 日，在否决了苏联提出的推迟到下一年表决的提案④之后，联合国大会以 48 票赞同、0 票否决的表决通过了《世界人权宣言》，另有 8 票弃权，分别是南非、苏联、乌克兰、白俄罗斯、捷克斯洛伐克、波兰、南斯拉夫和沙特阿拉伯。⑤ 在表决宣布之后，埃莉诺·罗斯福表达了《宣言》成为"全体人类的大宪章（Magna Carta）"的希望。⑥

在《联合国宪章》之下，由于大多数联合国大会的行动都不具有约束力，最初大多数学者的观点认为《宣言》表达的是道德价值而不

---

① UN *Weekly Bulletin*, 25 Feb. 1947, pp. 170 – 1.
② Ibid.
③ Meyer, 'The International Bill', p. xxx.
④ *GAOR*, n. 28 above, p. 929.
⑤ GA Res. 217（III）A of 10 Dec. 1948.
⑥ Cited in Robertson, *Human Rights in the World*, p. 27.

是法律上具有约束力的规范。然而，部分上因为它的通过没有遇到一张否决票，更重要的是因为它的一些规定在正式的国际协定中得到了认可或者被纳入了国家宪法中，《宣言》具有了法律的意味，在外表上确立了国家行为的约束性规范，即便这并非其存在所要创造的。①

正如迈耶所指出的，《宣言》仅仅是国际法案的第一步——与其后所经历的 18 年的艰难跋涉相比是迈出了一大步。② 只有进一步与最初设想的法案的内容脱钩，争论者们才能解决他们通常所执的严峻分歧。旧有的对立——人权与国家主权、个人自由与公共需要——继续阻碍着共识的达成。前者具体体现在国际强制执行的问题上，后者主要导致了两个问题上的争议。其中之一是，经济、社会和文化利益是否应该赋予诸如言论自由、宗教自由、出版自由、结社自由等等传统上的自由价值观一样的权利地位。尽管富兰克林·罗斯福在 1941 年将"免于匮乏的自由"包含在了美国宁愿冒战争风险来达到的"四大自由"中，但西方盟国作为一个集团对此倾向于说"不"。渐渐得到第三世界新兴独立国家支持的东方阵营对此则说"是"。公约中是否应该包括一项财产权的问题也产生了类似的两派对峙。

起草者们最终打破僵局取得了以下共识：第一，将起草两份公约，一份涉及政治和公民权利，另一份涉及经济、社会和文化权利。而这两份公约都最终于 1966 年通过，并于 1976 年生效。第二，就执行机制而言，国家可以批准两项公约中的一项或全部，但不能就此推断其具有除了提交一份定期报告以外的任何其他法律义务。

1966 年的《公民和政治权利国际公约》要求国家提交"关于它们已经采取而使［本公约］所承认的各项权利得以实施的措施和关于在

---

① Egon Schwelb and Philip Alston, 'The Principal Institutions and Other Bodies Founded under the Charter', in Karel Vasak（ed.）, *The International Dimensions of Human Rights*, vol. 1（Westport, Conn., and Paris, 1982）, p. 245.

② Meyer, 'The International Bill', p. xxxi.

享受这些权利方面所作出的进展"的报告。这些报告经由联合国秘书长转交一个由选举产生的 18 人专家委员会。委员会授权研究这些报告，之后将其自己的报告以及"它可能认为适当的一般建议"一道转交给各缔约国以及经济及社会理事会（第四十条）。

1966 年《经济、社会和文化权利国际公约》的报告涵盖"［本公约］所承认的权利方面所采取的措施和所取得的进展"（第十六条）。这些报告必须递交给经济及社会理事会"按照本公约的规定审议"，它再进而将报告转交人权委员会"以供研究和提出一般建议"（第十九条）。

根据公民和政治权利公约第四十一条的规定，批准该公约的缔约国可以承认公约之人权委员会有权接受同样接受这一程序的另一缔约国的指控。委员会可以提供听征并促成友好解决。显然，它不能对指控的对错形成独立判断。

这种权力根据所谓的第一《任择议定书》（公民和政治公约）中的规定情形也作了保留。该议定书的缔约国承认委员会有权接受个人声称因公约所载任何权利遭受侵害而为受害人的来文。在"参照该个人及关系缔约国所提出的一切书面资料"审查这些来文之后，"应向［关系缔约国及该个人］提出其意见"（第五条）。之后如何呢？《议定书》只是说明"委员会应将其根据本议定书进行的工作摘要列入……委员会年度报告"（第六条）。

这些服从手段软弱无力而且在很大程度上具有选择性，由此平息了许多对其内政行为进行外部评估持敌对态度的政府的抵制。而且，对于这些政府而言，实质性规范所陈述的形式也让它们如释重负，因为国家被赋予了相当大的自由决定权。比如，在公民和政治公约中得到保障的许多权利"在社会紧急状态威胁到国家的生命时"将予以克减，尽管只是"以紧急情势所严格需要者为限"（第四条）。生命权和免受酷刑的权利是不容侵害的，但是政府在正常情况下缺乏充分证据实施拘捕、没有迅速予以指控和判决的基础上也可能对公民进行长期拘留。①

此外，国家的自由决定权也在特定权利的表述中予以强调。比如，在公民和政治公约中，言论自由权"由法律规定并为……保障国家安全或公共秩序、或公共卫生或道德所必需，因此应受某些限制"（第十九条）。第二十条实际上要求禁止"任何鼓吹战争的宣传"。尽管第二十一条承认了和平集会的权利，但是"在民主社会中为维护国家安全或公共安全、公共秩序，保护公共卫生或道德或他人的权利和自由的需要"而加以限制。

当然，之所以大多数权利在表述和执行上具有某些灵活性，本质上是为了使其适用于社会的所有群体，并且维持一定程度的公共秩序，否则任何权利都无法得到保障。不可能每个人在同一时间、同一地点行使集会权。如果政府不充当仲裁者，民间权力将大行其道，自由也将大打折扣。因此，政府必须具有自由决定权，但是如果这种自由决定的行使基本不受监督，有限的自由决定很容易就沦为任其为所欲为。

经济、社会和文化领域更容易受到无条件的指令的摆布。比如，政府具有倡导一种共同文化以促进不同社会群体之间和谐关系的合法利益。这种利益必须与另一项同样有吸引力的主张相平衡，即在多文化国家的架构下保持文化认同的自由。政府也必须在减少当代人的贫困与下一代人更高的生活标准之间平衡；后者要求延缓某些消费支持投资。有关公共事务和教育的用语、经济的组织、财富的分配、征税的形式以及经济和社会发展的模式等方面的决策（至少在传统上）被认为完全属于国家自由决定的范畴。

直到 1966 年，在经过 20 年的艰苦斗争之后，两项公约和一份单

---

① 参见 Jaime Oraa, *Human Rights in States of Emergency in International Law* (Oxford, 1992); Subrata Roy Chowdhury, *Rule of Law in a State of Emergency: The Paris Minimum Standards of Human Rights Norms in a State of Emergency* (London, 1989).

独的议定书最终得以在联合国大会付诸表决。① 公民和政治权利公约
得到了 106 票支持、0 票反对；而经济、社会和文化权利公约得到 105
票支持、0 票反对。尽管事实上一国投赞成票并不保证随后将批准这
一条约，《任择议定书》仅仅获得了 66 票赞成，另有 2 票否决和 38 票
弃权。十年之后，每项公约获得了生效所必需的 35 个国家批准，议定
书则获得了 10 个国家的批准。

三、人权机制的形式

尽管对《国际权利法案》的热诚因为其长期搁置而遭遇挫折，联
合国成员国在《宪章》的权威以及《世界人权宣言》的旗帜之下仍然
缓步前行，而不是以此为借口回避一些肯定会引起同样导致法案被搁
置的利益和意识形态冲突的倡议。在随后数十年中，联合国相关行动
可以概括为三种类型：界定和明晰个人权利（标准设定）；研究特定
人权或特定地点的人权，并提出充分实现它们的措施（一些作者将其
细分为"促进性"和"保护性"功能）；直接对人权侵害的受害者提
供援助（人道主义功能）。

1. 人道主义援助

在当今时代，这种行动无疑对人权的影响最为实在、也最为广泛。
实际上，当人们谈及联合国的人权行动（或蔑视其缺位）时，也常常
将其抛诸脑后。在效果和重要性上最无可争辩的两个直接援助工具分

---

① 《经济、社会和文化权利国际公约》，由以下文件通过：GA Res. 2200（XXI）of 16
Dec. 1996, *GAOR*, 21st session, supplement no. 16 （A/6316）, pp. 49 – 52；《公民和政治权利
国际公约》：ibid., pp. 52 – 58；《公民和政治权利国际公约任择议定书》：ibid., pp. 59 – 60。

别是联合国儿童紧急救济基金（UNICEF）[①] 和联合国难民署（UNH-CR）。与世界银行（国际复兴开发银行）等其他许多经济和技术援助组织不同，联合国儿童紧急救济基金将其资源首要地集中于使第三世界中最无助和最脆弱的一部分人群生存下来，然后再帮助他们获得自我维持所需的技能。

此外，自1989年《儿童权利公约》（CRC）——其一方面涵盖了广泛的经济和社会权利，另一方面也涵盖了公民和政治权利——通过以来，联合国儿童紧急救济基金在促进对公约的遵守以及为新成立的监督机构儿童权利委员会提供专家指导等方面扮演了领导角色。

由于其任务——保护那些担心遭到迫害而逃离本国的人——必然导致其卷入国际政治的热点，联合国难民署就未能成功地避免争议。对个人提供延伸保护的行动通常对于其逃离国家公共权威的行为是一种严厉的批评。即便不是被东道国直接看做敌人，高级专员也会发现她被当做不受欢迎的人，因为难民常常使得难民署与他们的母国的关系复杂化。此外，他们在当地试图进入国内劳动力市场或占据有待开发的土地也会带来麻烦。尽管最初设想的高级专员的权限只是对相当有限数量的人就安全返回本国的条件进行谈判提供短期保护任务，但是由内战、迫害以及无限期流亡导致的大量的流离失所者要求高级专员及其同僚投入资源来安置，并且在一些情况下让这些难民融入新的国家。在许多情形下，联合国难民署也为国内流离失所者（即那些通常迫于内部武装冲突压力在一国之内背井离乡的人）提供援助。

如今，联合国难民事务高级专员的权限也包括监督自愿遣返回母国的难民的命运。这一延伸保护功能曾经在越南和海地等测试环境下执行。如果所有这些任务没有遇到充分的挑战，联合国难民署另外还在联

---

① 由1946年12月1日联合国大会 Res. 57（I）决议建立的联合国国际儿童紧急基金，根据1953年10月6日联合国大会 Res. 802（VIII）决议成为一个永久性的联合国机构，并被更名为联合国儿童基金，但仍沿用 UNICEF 的缩写。

合国大会的指导下协助甄别大规模逃亡的潜在情形，以图避免其出现。①

与捍卫个人反对来自本国政府的人权侵害不同，人道主义援助直到最近才对一国政府对生活在本国领土上的国民行使传统司法管辖垄断权提出直接挑战。但是，海湾战争后为了逃脱巴格达的屠杀而逃亡的伊拉克库尔德人在该国北部山区因饥饿和露宿而死的人道主义灾难被电视报道后，最终迫使人们重新审视国际社会给予救济必须得到政府的请求这一观点。

当然，在库尔德人事件中，救济最终在联合国安理会决议以及盟国的空军保护伞之下予以实施，而不是通过来自巴格达的授权。但是联合国相关机构的反应迟缓和杂乱无章表明，不仅仅需要更大程度的权威集中，在应对人类需求方面也应该高度警觉、行动迅速，而不是等候目标国政府的请求，这种请求可能根本就不会到来。

在库尔德人的灾难之后，加拿大、北欧国家以及部分欧共体成员国呼吁加强国际社会的人道主义干涉的权利以及让联合国迅速实行紧急援助的能力。它们发起了一项建立紧急救援协调员的提案，这一提案很快就发展为"北方国家"与广大发展中国家之间的斗争，这些国家担心出于人道主义目的行使的"干涉权"为干预其内部事务提供借口。1991 年第四十六届联合国大会上就此进行了激烈谈判，但结果仍然是设立了这个职位。

为了保证发展中国家对这一职位的支持，北方国家必须接受一系列指导原则，其中包括提及要求当事国的请求。在代表七十七国集团所作的发言中，加纳代表向联合国大会上的同事们断言，最后文件中详细阐述的原则"拒绝任何形式的人道主义干预"，并且新的职位只

---

① 有关联合国体系下提供人道主义援助的协定和能力，包括 UNHCR 以及 UNICEF 的活动，参见 UN doc. A/46/568（17 Oct. 1991），annexe I。有关 UNHCR 尤其参见 pp. 10 – 12。

是代表在给予援助方面更有效率的一个举措。① 然而，1992 年至 1993 年联合国对塞尔维亚施加了要求允许对波斯尼亚—黑塞哥维那提供经济援助的压力，联合国授权的部队和联合国自身在索马里采取了行动，这些似乎反应了日渐增长的应对需求的意愿，而不是坐等对象国的请求。

2. 标准设定、促进与保护

联合国人权领域行动的图表（见下表）展现了数量繁多的机构形式。没有哪个对唯一主管负责的管理专家会认可这样一个职权重叠的复杂机构安排。但是，这些最初看似合理的安排至少在部分上是一种临时的、创造性的回应，以应对那些对总体上或特定情形下的人权行动持反对意见者所设置的障碍。联合国人权任务的支持者必须巧妙地转移那些强烈的抵制意见，而不是与之正面对峙。

当前的体系主要包括若干委员会和一个小组委员会、常设和特别委员会、工作小组和特别监察员。下文的简要概述为评估这一组织在人权领域的当前和潜在绩效提供了基础。

当然，联合国大会位于这个机构金字塔的顶端，可以出于《宪章》所列举或暗含的任何目的创设附属机构（比如 1951 年建立了难民事务高级专员署以及从 1962 年设立第一个特别委员会后建立了一系列有关种族隔离问题的委员会）的绝对权威，对于涉及其成员国所关心的任何人权议题，既可以通过这些附属机构，也可以采取直接行动。

尽管学者和活动家们倾向于关注联合国专门负责人权事务的机构，联合国大会在联合国人权舞台上仍然是一个核心行为体。② 它监督着

----

① 参见 GA Res. A/46/182 in UN Press Release GA/8307, 21 Jan. 1992, pp. 78 – 83, and UN Press Release GA/8304, 19 Dec. 1991, pp. 19 – 20。

② 有关联合国在人权领域角色的详细讨论，参见 'The General Assembly into the 1990s', by Australian diplomat John Quinn, in Philip Alston (ed.), *The United Nations and Human Rights: A Critical Appraisal* (Oxford, 1992)。

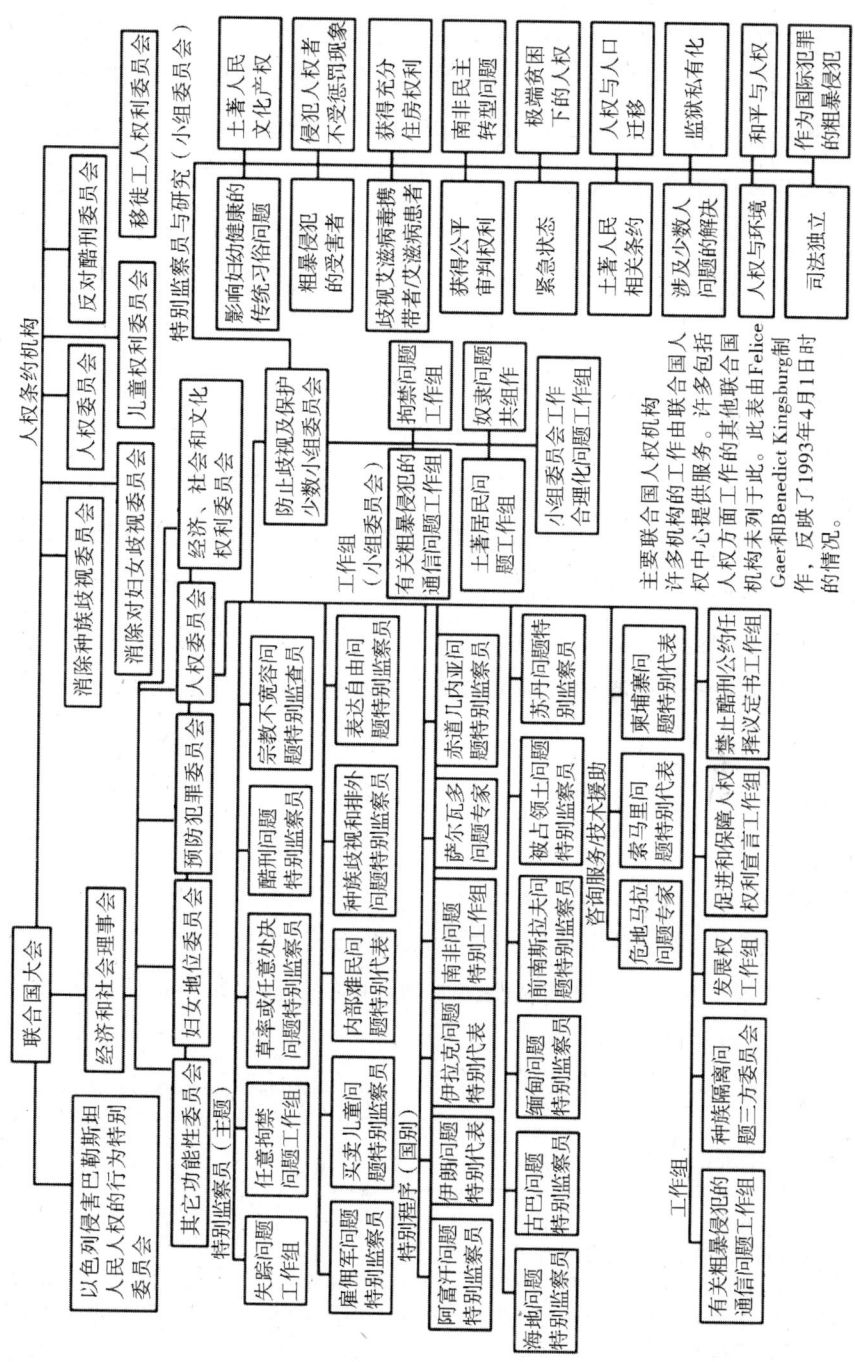

主要联合国人权机构

许多联合国的工作由联合国人权中心提供服务。许多包括联合国人权方面工作的其他机构未列于此。此表由Felice Gaer和Benedict Kingsburg制作。反映了1993年4月1日时的情况。

这一领域的所有项目，最终也决定了所遵循的标准、涉及的议题以及用于联合国人权机制的管理和预算资源的份额和种类。在联合国大会的绝对权威之下，经济及社会理事会在名义上指导和监督这个组织中在人权领域最活跃的机构——人权委员会。

《宪章》第六十二条至六十六条授权理事会"为增进全体人类之人权及基本自由之尊重及维护起见，得作成建议案"、"拟具协约草案提交大会"、召开国际会议、协调专门机构的行动、从专门机构和会员国"就实施本理事会之建议及大会对于本理事会职权范围内事项之建议所采之步骤"取得报告以及履行"大会所授予之其他职务"。理事会是一个精英政治机构，其 54 个理事国由联合国大会根据所谓的"公平地域分配"为基础选举产生，作为联合国会员国的正式代表。

它在形式上与在功能上一样具有政治性：1946 年由经济及社会理事会建立的人权委员会是这个组织人权行动的主要核心。[①] 对于委员会的政治化似乎曾有过其他的考虑，只不过它很快便取代了前者。在1946 年第一次会议上，经济及社会理事会指定九个理事国作为一个更宽泛的机构的核心。当时所谓的"核心委员会"很快就发表了一份报告，建议"所有人权委员会成员应作为非政府的代表"。随后在 1946年的会议上，理事会拒绝了这项提议，反而决定委员会应该由理事会选举产生的 18 个联合国会员国的代表组成。[②]

此后，与联合国其他机构的惯例一样，依据对每个自认的区域集

---

① ECOSOC Res. 5 (I), first session, Feb. 1946 (establishing the Nuclear Commission); and Res. 9 (II), second session, June 1946（根据核心委员会的报告的关键内容确立了基本机构和指导方针，但并不与其一致）。

② Schwelb and Alston（'The principal Institutions, pp. 243 - 4'）评论道：对于那些希望委员会由作为个人行事、而非作为政府代表的人担任，以下条款作了很小的让步："为了达到在委员会所涵盖各个领域平衡代表之目的，秘书长应在代表被政府最终提名和理事会确认之前与这些政府就此进行协商。"在这一条款制定以后的 34 年里，秘书长从未否定一位代表的资格，或者委员会拒绝承认他，已经众所周知（The Nuclear Commission's report was UN doc. E/38/Rev. 1.）。

团适当代表的准确理解，委员会增加至 53 个国家的代表选举组成。在发展中国家通过扩大委员会来获取对它的控制的决定性努力之后，如今非洲占据着 53 个席位中的 15 席，亚洲 12 席，拉丁美洲和加勒比海地区 11 席，东欧 5 席，西欧及"其他"（美国、加拿大、新西兰和澳大利亚）10 席。①

在履行下文将要讨论到的众多职能过程中，委员会借助了工作组和特别监察员。在一些所谓的"主旨议题"（比如强迫或非自愿失踪、任意拘留和宗教不宽容）上，某些工作组和特别监察员具有标准设定或调研职权。其他一些的职责包括评估特定国家的人权状况。主题性和国别性行动（由委员会的"特别监察员"指定）相对而言是较近的一项创新，由此让委员会有能力采取迅速而有效的行动，这在 20 年前是难以想象的。

一系列附加的工作组和监察员通过其主要附属机构——防止歧视及保护少数小组委员会（"小组委员会"）——间接地服务于委员会。②

---

① ECOSOC Res. 1990/48 of 25 May 1990. 这份决议也为了确立委员会的第一项机制而召开"紧急会议"，并建议委员会的主题机制（特别监察员和工作组）的职权在三年一期的基础上加以延长。第一次紧急会议实际上在 1992 年 8 月 13—14 日举行，讨论了前南斯拉夫的情势。它的结果是任命了一位特别监察员——前波兰总理（Tadeusz Mazowiecki），其职权是不断地接收信息并向委员会和秘书长报告。委员会决议要求秘书长向安理会作出报告。参见 CHR Res. 1992/S – I/I（14 Aug. 1992）and ECOSOC Dec. 1992/305（18 Aug. 1992）. By June 1993 Mr Mazowiecki had undertaken five trips to the former Yugoslavia（reports A/47/418 – S/24616；A/47/635 – S/24766；A/47/666 – S/24809；E/CN. 4/1993/50；and S/25792）.

② 有关小组委员会年会的更多信息，参见 official reports of the Sub-commission（E/CN. 4/1989/3，E/CN. 4/1990/2，E/CN. 4/1991/2，E/CN. 4/1992/2，and E/CN. 4/1993/2 covering the sessions 1988 – 1992）。对引起小组委员会行动的决定和谈判的描述性论述可以在如下文献中找到：Martin Macpherson and Aku Gordon，'United Nations Sub-Commission on Prevention of Discrimination and protection of Minorities，Fortieth Session，Peoples for Human Rights'，*IMADR Yearbook*，1（1988），pp. 83 – 105；K. Brennan，R. Brody，and D. Weissbrodt，'The 40th Session of the UN-Commission on Prevention of Discrimination and Protection of Minorities'. *Human Rights Quarterly*，11（1989），pp. 295 – 324；R. M. Mather and D. Weissbrodt，'The 41st Session of the UN Sub-Commission on the Prevention of Discrimination and Protection of Minorities'，*Human Rights Quarterly*，12（1990），pp. 290 – 327；R. Brody，M. Convery，and D. Weissbrodt，'The 42nd Session of the Sub-Commission on Prevention of Discrimination and Protection of Minorities'，*Human Rights Quarterly*，13（1991），pp. 260 – 90。

在理论上，小组委员会的 26 个成员从独立专家中选举产生。然而，部分上因为他们必须由国家（在实践中几乎总是他们自己的国家）提名和重新提名，许多人不过是他们各自国家的工具，而不是同一所属机构的同事。但是至少在最近，已经有足够的成员真正符合了独立性和专业性的正式要求，使得这个分支机构比其所属机构更加具有进取精神。① 在其 1992 年会议的尾声，小组委员会举办了一系列工作组，内容涉及粗暴人权侵犯的一贯模式的通信（由此开启了下文将要讨论的"1503"通信）、奴隶制的当代形式、土著居民以及其他主题。小组委员会的现有成员或以前的成员就大约 18 项专门研究或报告展开工作，不仅包括与少数民族有关的众多议题，还包括歧视艾滋病病毒携带者、紧急状态、侵犯人权者未受惩处、伤害妇女的传统卫生习俗、拥有充足住房的权利以及人权与环境等议题。②

委员会和小组委员会被确立为《联合国宪章》规定机构的附属机

① 有关小组委员会的早期表现，参见 Tom Gardeniers, Hurst Hannum, and Janice Kruger, 'The UN Sub-Commission on Prevention of Discrimination and Protection of Minorities: Recent Developments', *Human Rights Quarterly*, 4 (1982), pp. 353–70; and Peter Haver, 'The United Nations Sub-Commission on the Prevention of Discrimination and the Protection of Minorities', *Columbia Journal of Transnational Law*, 21 (1982), pp. 103–34。近来，委员会（在 CHR Res. 1991/56 中）提出了小组委员会工作的指导方针。1991 年 3 月 6 日人权委员会决议 Res. 1991/81 和 1991 年 5 月 31 日经济及社会理事会决议 Res. 1991/32 提出了加强小组委员会专家成员独立性的方式。后一项决议允许小组委员会在就涉及特定国家侵犯人权进行表决时采取秘密投票的方式。这一举措是由于日渐认识到委员会的独立专家在他们就国别决议表决时受到政府压力——以及经常是指示——的影响。在授权一个新的休会期间会议工作组就小组委员会的工作和议程的合理化进行讨论之后，委员会要求它考虑增强专家独立性的进一步措施，以及确保小组委员会成员就研究进行真正深入讨论的举措，并且建立一项评估和监督小组委员会研究中所作建议实施情况的程序。参见 CHR Res. 1992/66 of Mar. 1992。莫里斯·艾布拉姆（Morris Abram）对小组委员会作了高度批评性的评估，他在 20 世纪 60 年代是小组委员会成员，曾担任美国驻日内瓦联合国办公机构大使（1989—1992 年）：'Human Rights and the United Nations: Past as Prologue', *Harvard Human Rights Journal*, 4 (1991), pp. 69–83。

② Report of the Sub-Commission on Prevention of Discrimination and Protection of Minorities on its Forty-Fourth Session, Geneva, 1992, UN doc. E/CN. 4/1993/2, pp. 173–7. 其中的一些是委员会 1993 年通过的新研究。

构，如同人权事务委员会对《经济、社会和文化权利公约》（CESCR）的监督负责。其他在联合国框架下执行人权功能的机构是五个联合国人权条约的产物，每一个条约建立了一个独立的事务委员会负责监督条约的遵守情况。这些条约是：《公民和政治权利公约》（CCPR）、《消除一切形式种族歧视的国际公约》（CERD）、《禁止酷刑和其他残忍、不人道或有辱人格的待遇或处罚公约》（CAT）、《儿童权利公约》（CRC）以及《消除对妇女一切形式歧视公约》（CEDAW）。①

这些事务委员会审核缔约国依据条约规定所提交的报告，并授权作出一般评论或建议。它们各自每年度向联合国大会提交报告。尽管理论上独立于联合国的政治机构（经济和社会权利委员会除外，它由经济及社会理事会建立，并且仍是其附属机构），这些委员会依靠联合国提供后勤支援，而且条约中将联合国秘书长纳入国别报告程序以及委员会的选举过程之中。

这些委员会具有不同的报告范围和程序；由于职权重叠，它们可能对所列举的权利采取了不一致的定义；它们之间并无信息或经验共享的义务。② 为了减少潜在的重复工作以及委员会结构中固有的标准混乱，这些委员会的主席开始每两年举行一次会晤。③ 这种对结构问

---

① 第六项条约——《保护所有移徙工人及其家庭成员权利国际公约》在 1990 年通过（GA Res. 45/158 of 18 Dec. 1990）。在其生效之后，将建立一个新的条约监督委员会来监督国家对条约的遵守。

② 联合国大会和委员会开始审查从这个繁琐的条约监督体系中产生出的一些短期和中期议题：参见 UN doc. A/44/688 of 8 Nov. 1989, 'Effective Implementation of International Instruments on Human Rights, including Reporting Under International Instruments on Human Rights', Study on 'Long-term approaches to enhancing the effective operation of bodies established under United Nations human rights instruments', by Philip Alston; updated in A/CONF. 157/PC/62/Add. 11 (1993)。

③ 在截至目前条约委员会主席举行的四次会议上，涉及到条约委员会协调和效力的许多议题被讨论到了，而且也提出了建议。其中的一些提议使得委员会的工作变得集中起来，比如设立国别报告监察员，鼓励在这些报告审核之前总结陈述。会议的报告包含在下列文件中：UN docs. A/39/484 (1984), A/44/98 (1988), A/45/636 (1990), A/47/628 (1992)

题的暂时应对并没有引起对体系的合理化的呼吁，也没有其进一步发展为要求联合国主持下的所有人权条约像现有条约那样起草《任择议定书》。

在《公民和政治权利公约》、《消除一切形式种族歧视的国际公约》和《禁止酷刑和其他残忍、不人道或有辱人格的待遇或处罚公约》之下建立的委员会有权审查来自国家公民的诉状，这些国家批准了允许个人具有指控权的《任择议定书》。目前为止，在这些《任择议定书》下所辖范围最大的要属《公民和政治权利公约》的人权委员会，这个委员会以其工作的专业口径而著称。它在人权指控中作出了为数不少正式的、推理细致的决议。

《公民和政治权利公约》第二十八条呼吁建立一个由公约缔约国国民组成的 18 人委员会，从缔约国提交给联合国秘书长的提名名单中选举产生。对于许多国家而言，委员会的作用仅限于研究缔约国所递交的关于它们已经采取而使该公约所承认的各项权利得以实施的措施的报告。该委员会也有权接受来自声明其本身承认委员会有权的缔约国之间的指控（《公约》第四十一条）。在 1993 年 6 月，委员会没有收到一项此类指控。此外，根据该《公约》的第一《任择议定书》，委员会可以接受个人对签署它的国家的指控；从 1977 年委员会开始运作到 1991 年底，登记的指控接近 500 项。① 到 1993 年 2 月，114 个缔约国中的 67 个已经批准或加入《任择议定书》。

20 年以前，联合国与人权有关的机构示意图看起来可能很不健全，当然这其中不包括"《给予殖民地国家和人民独立宣言》执行情况特别委员会"（"特别委员会"），因为它的名称比起其他机构更像是在唱赞歌。这个委员会的建立本质上是作为非殖民化的利剑，鼓励和保卫当地政治精英，宣扬挖殖民大国的墙脚，最终，殖民地名单上渐

---

① Statement by E. Houshmand before the Third Committee of the GA, 12 Nov. 1991, p. 12.

渐只剩下少数小岛和礁石。不过，尽管这个机构如今已经废止，它留下了两项重要的遗产。首先，它开创了调查和披露违反国际规范的官方行动的先例。其次，其审查与粗暴侵犯人权有关的个人通信的程序，这一程序 1970 年被人权委员会采纳。特别委员会在采纳这一程序的过程中起到了推波助澜的作用。①

与特别委员会不同，妇女地位委员会（CSW）继续存在下来。它最初作为人权委员会的附属机构而建立，在 1946 年经济及社会理事会第二届会议上被理事会授予了完全的委员会地位。② 其最初的职权包括：（1）就促进妇女在政治、经济、公民、社会以及教育领域的权利向经济及社会理事会提出建议和报告；（2）对在妇女权利方面需立即引起注意的事项提出建议，以贯彻男女平等之原则。③ 1987 年经济及社会理事会又扩展了其职权，包括：（3）促进平等、发展与和平之目标；（4）监督提高妇女地位的措施的执行；（5）审核和评估国家、次地区、地区、部门以及全球层次上所取得的进展。④

通过报告和会议的形式，委员会引起了人们对妇女在享有那些理论上人人平等的人权方面所遇到的特殊障碍，明晰了指导和衡量国家在减少这些障碍方面所作努力的细则标准。它所取得的成就包括《消除对妇女一切形式歧视宣言》（1967 年联合国大会通过）以及与之相关联的公约（1979 年联合国大会通过）。⑤

妇女地位委员会有时使用的私下交谈程序近来遭到了来自非政府

① Tolley, 'The Concealed Crack', pp. 424 – 9.

② 参见 ECOSOC Res. 5（I）and II（II），both in 1946。

③ 有关其工作的概述以及总体上的联合国在妇女权利领域行动，参见 Andrew Byrnes, 'Women, Feminism, and International Human Rights Law', *Australian Yearbook of International law*, 12（1992），pp. 205 – 40。

④ ECOSOC Res. 1987/22 of 26 May 1987. See UN Doc. A/46/578, para. 58 on the revitalization of ECOSOC programmes.

⑤ GA Res. 2263（XXII）of Nov. 1967, and GA Res. 34/180 of 18 Dec. 1979.

团体的批评，因为它只是发现妇女权益遭到侵犯的一般趋势和模式以指导妇女地位委员会政策建议的一种渠道。它并不能作为处理单个事件或者披露特定国家人权侵害一般模式的机制。① 这样它远远不能成为人权条约结构的有效程序。非政府组织更多地关注人权委员会，对其施加压力要求将性别视角纳入到所有的特别程序中。②

人权委员会、小组委员会、各条约机构以及其他的行动都由联合国人权中心提供服务，该中心为联合国组织的人权机制提供行政支持和其他方面的推动。尽管对其服务的需求日益增长，该中心的职员在20年中几乎没有增多。其预算只占联合国预算的 0.7%。1993 年的维也纳会议曾呼吁增加其预算。

除了那些正式投入人权行动的机构外，许多（很重要的是所有的）联合国机构和行动影响或者潜在地影响着人权。1989 年，由联合国秘书处组织的一项所谓的"联合国人权项目深度评估"发现，"至少有八个……涵盖［与人权有关的］内容"。它们包括食品与农业、人居、发展以及科技等，这些可以视为与食物权、充足住房权以及一般的发展权等经济和社会权利相关。③

由于意识到联合国开发项目与人权发展有着强烈的关联，内部评估陷入了争论之中。正如 1993 年维也纳世界大会所表明的，大多数第三世界政府强烈抵制将人权标准纳入到联合国的开发工作中，这是联合国生活中的一个显著特征。

评估中建议联合国人权中心应就联合国开发计划署（UNDP）涉及人权的国别项目提出资讯意见，这一建议激怒了第三世界国家，它

① 参见 Donna J. Sullivan, 'The Implementation of Women's Rights: The Effectiveness of Existing Procedures', in International League for Human Rights, *In Brief*: *Human Rights at the UN* (New York, 1990)。

② 参见 Byrnes and Gaer, in *In Brief*, 51 (New York, 1992)。

③ UN doc. E/AC. 51/1989/2, pp. 48 – 9.

们采取行动，从而成功地阻止了整个评估的签署。同样的，由于 1991
年联合国开发计划署的《人类发展报告》中包含有人类自由指数
（Human Freedom Index），第三世界的政府寻求通过一项正式命令，禁
止在今后的任何报告中提及此项。尽管指数的方法作了修正（包括更
名为"政治自由指数"），并且承诺在对国家进行评估时先与它们进行
磋商，七十七国集团通过巴基斯坦总统拒绝将这项指数或排序纳入今
后的任何研究中。显然，这个集团的主要忧虑在于这一指数（换言
之，一国的人权表现）今后可能被用作援助的条件。①

除了人权中心本身，联合国机构中与促进人权有最直接关联的是
位于维也纳的社会发展和人道主义事务计划署。计划署每五年召开一
次犯罪大会，所采纳或发起的主要手段包括：《囚犯待遇最低标准规
范》、《执法人员行为守则》、《关于司法机构独立的基本原则》、《公正
对待因犯罪和滥用权力而受害的被害人的基本原则的宣言》。②

四、人权机制的实践

学术研究通常将联合国人权行动按照其主要焦点划分为三个阶段，
依次是标准设定（公约和宣言）、促进（咨询服务、广泛研究以及一
个初步的报告体制）和保障（确立了一系列程序，以评估来自个人和
团体的有关可能的侵犯的信息并在其后向一般会员报告，以及在成员
国被指控严重侵犯的特定案件中进行真相调查，并且努力减轻或消除
特定案件中的侵犯行为）。两位认可联合国活动这一时段排序的学者

① 参见 UNDP, *Human Development Report 1991*（New York and Oxford, 1991），pp. 18 –
21, 98；and 'Regional Consultations on the Human Development Report', UN doc. UNDP/1992/
13 of 22 Jan. 1992。

② 有关项目的犯罪委员会的工作及其与联合国人权项目之间关系的概述，参见 Roger
S. Clark, 'Human Rights and the UN Committee on Crime Prevention and Control', *Annals of the A-
merican Academy of Arts and Sciences*, 506（1989），pp. 68 – 84。

指出："自 1977 年以来，第四个阶段……开始显现，即强调人权议题的结构和经济层面。"①

与所有对令人困惑的生命阶段进行排序的学术努力一样，这些阶段仅仅大致符合联合国体制内的实际事件。比如，所谓的第四阶段（通常也被认为是对"第三代人权"的承认）本身在很大程度上体现在规范阶段被提议的宣言和类似努力中②，这也很好地表明这些阶段的重叠实际上是累积的特征。

这些阶段本身并不是一个不可避免的逻辑序列的表现。比如，我们可以说第一阶段清楚阐明的那些标准实际上在主要的人权公约起草以前已经确立。1945 年的纽伦堡控告暗含着的主张至少是关于生命权和免于酷刑的自由，这在当时已经成为明确的规范。至于体现人类尊严这个最无足轻重的概念的其他权利，的确在 1948 年的《世界人权宣言》中得到了充分的阐释，使得它们能够直接被用来评估成员国的行为。

---

① Schwelb and Alston, 'The principal Institutions', pp. 250－1.

② 有关将各种值得关注的、但尤其是那些经常包括在"第三代人权"名单中的利益转化为人权的努力，对此所作的尖锐而有说服力的批评，参见 Philip Alston, 'Conjuring up New Human Rights: A Proposal for Quality Control', *American Journal of International Law*, 78 (1984), p. 607。他指出，联合国大会作为权威性的人权定义者的角色受到严峻的威胁。正如他所看到的，问题在于"首先，联合国大会在近年来经常倡导新的权利（比如那些在《世界人权宣言》或两项国际人权公约中没有明确承认的权利），但是既没有明确承认其有这样做的意图，也没有坚持被讨论到的主张在确立为人权之前应该满足任何特别的标准；其次，目前存在一种日渐增长的趋势，即联合国一部分或其他国际机构（尤其是联合国人权委员会）在没有提交联合国大会之前宣布新的人权；第三，这些机构作出这些创新如此容易，进而鼓励或怂恿了其他一些附加的候选权利，从旅游权到裁军权等等，以至于承认人权的整个过程的完整性受到了威胁。"阿尔斯通在他的怀疑论中一以贯之并且具有说服力。在此前两年发表的一篇论文中，他写道："在许多方面，第三代人权概念代表着一种非常强烈的努力，要在人权旗号下将许多国际议程上最为紧迫的关切汇聚起来，并且通过诉诸每个主要地缘政治集团'中意的'关切来构造出一种有利于人权的人为的国际共识……总之，在一个已经让大众无法理解的领域，第三代连带权利的概念带来了更多困惑，而不是使其更为明晰。"'A Third Generation of Solidarity Rights: Progressive Development or Obfuscation of International Human Rights Law?', *Netherlands International Law Review*, 29 (1982), p. 322.

我们也可以说，第二阶段（咨询服务和广泛研究）的漫长岁月远非第三阶段（关注保障）的基本前提。对那些地位已经普遍接受（比如，从那些让它们成为不可减损之权利的主要公约和协定条款中可以找到证据）的权利（诸如生命权）的侵犯，很久以来在任何情形下都可以很容易地鉴别出来。政府对它们所具有的义务的内容并不感到疑惑。联合国保障行动常常迟迟不能及时开展，是因为许多政府不愿意冒让自己成为披露对象的风险，尽管它们并不坚持要求为达到其各种目的进行手段选择的绝对权力。作为一个进行标准设定的机构来看，联合国给人印象深刻。以非常明显的多数票（而且如今常常不经投票或全体一致），联合国大会通过了广泛阐发人类尊严之核心权利的宣言和公约。其附属机构经济及社会理事会也设定了许多重要的标准。比如，它超出了对奴隶制的谴责，进而识别和禁止类似奴隶制的习俗（诸如债务奴役、拐卖妇女和贩卖儿童等）。① 在阐明妇女权利方面，联合国大会自身直接触及一些成员国的核心风俗习惯。不过，当我们来看它在保障所列的权利方面的实际努力时，许多事情就不尽如人意。

1. 保障方面的问题

要想评估联合国当前在保障行动方面的能力，我们需要审视在过去的近半个世纪里人权委员会和小组委员会的行动和过失，以及它们与经济及社会理事会、联合国大会的互动，同样需要考察在《公民和政治权利公约》条款下进行活动的人权事务委员会的工作。在将任何能力归功于联合国或者其他涉及保障行动的公共或私人机构时，我们要

---

① 《废止奴隶制、奴隶贩卖及类似奴隶制的制度与习俗补充公约》在经济及社会理事会全权大使会议上被采纳：ECOSOC Res. 608, 21 UN ESCOR supp. no. 1 at p. 7, UN doc. E/2889（1956），并于 1956 年 9 月 7 日在日内瓦通过，1957 年 4 月 30 日生效。有关联合国在奴隶制问题上的行动，一种兼顾的因此有些讽刺性的评论，参见 Kathryn Zoglin, 'United Nations Action against Slavery: A Critical Evaluation', *Human Rights Quarterly*, 8（1986），pp. 306 –39。

对一种武器的效能有信心上的飞跃：由一个可信的真相调查者来披露。

联合国与人权有关的机构（首先是人权委员会及其上级机构经济及社会理事会）对保障任务表现出了极大的热忱。在很多时候，它们在公正性方面最容易受到抨击。依照《世界人权宣言》对那些权利的肯定，委员会谨小慎微的起步似乎让人尤为生厌。早在 1947 年 1 月人权委员会召开第一次常会时，联合国已经收到了大量指控人权侵犯的信件。① 实际上，委员会被请求在纠正针对成员国的冤屈方面提供援助。

如上所述，它对确定某些保障角色这个最初的机会的反应是，宣布自己不承担任何这方面的角色。② 用第一次会议的报告所概括的委员会回复个人通信的话来说，"委员会承认，它无权对任何关于人权的指控采取任何行动"。③ 看起来是在试图避免无意间对被控告侵犯人权的政府施压，它还决定包含此类指控的通信即便在保密基础上也不能在个别成员之间传阅。它们更愿意接受只包含一份摘要的保密名单，不过这也只是在私下会议上，简明扼要地说明这些危险的（如果不是无礼的）书信的内容。

当时的一位法律倡导者——剑桥大学的赫希·劳特派特（Hersch Lauterpacht）认为，人权委员会这种自我否定的扭曲行为是完全没有道理的④，这种观点很难得到经济及社会理事会的赞同。很早以前，理事会已经明确对委员会的地位加以认可⑤，与此同时又拒绝了妇女地位委员会向理事会就保护妇女权益方面需要立即引起关注的紧急问题作出建议的明确职权的要求。⑥

---

① Schwelb and Alston, 'The Principal Institutions', p. 270.

② See above, nn. 25 and 26.

③ E/259 (1947), paras 21 and 22.

④ H. Lauterpacht, *International law and Human Rights* (New York, 950, repr. 1968), pp. 223 – 62.

⑤ See above, n. 26.

⑥ ECOSOC Res. 76 (V) of 5 Aug. 1947.

在此后 20 多年里，联合国人权委员会一直作为非保障性工具在经济及社会理事会的保护伞下虚度光阴。为了证明其存在，它打起精神草拟了一些高尚的标准，发布了一些一般性的不定期报告。然而，尽管它严格恪守无伤害的承诺，委员会并不总是符合经济及社会理事会的沉默寡言。1950 年，它要求建立一项成员国年度人权报告的体制。理事会的回应是将此提案返回作进一步研究。① 如果不是美国在 1953 年为了平衡它当时不会成为任何一般性人权条约缔约方的宣言②而着手此事，显然它仍将维持原状。美国的支持产生了一项联合国大会对经济及社会理事会的决议。③ 后者按照预定的速度在三年之中通过了一项实施决议。④ 它将报告的制定交由国家自主决断，由此报告过程不会触怒任何国家的官员。

直到 1967 年，在这项无能原则 20 周年之际，人权委员会与经济及社会理事会才携手将其废除，承认来自非官方受害人及其非政府支持者的信件的合法性和价值。⑤ 这项原则在非洲表决力量的努力下作废，非洲表决力量在 20 世纪 60 年代中期成为联合国中的决定性因素。为了平衡它们在争取结束南非殖民和种族统治的目标过程中自身容易受到行为不端的指责，非洲国家倾向于冒前者之风险而推动后者。

无能原则的终结从 1965 年开始，当时的 24 人委员会呼吁经济及社会理事会关注请愿者向委员会提交的有关南非侵犯人权的信息。就像在长梦中被唤醒一样，经济及社会理事会很快作出回应，邀请人权

---

① ECOSOC Res. 303 E (XI) (1950).

② Statement by Secretary of State John Foster Dullers before the US Senate Judiciary Committee, 6 Apr. 1953, reproduced in ' Review of the United Nations Charter, A Collection of Documents, 83rd Congress, 2nd session', Senate doc. no. 87, 1954, pp. 295 – 6.

③ GA Res. 739 (VIII) of 28 Nov. 1953.

④ ECOSOC Res. 624 B (XXII) (1956).

⑤ See generally Richard Lillich, *International Human Rights*: *Problems of Law*, *Policy*, *and Practice* (2nd edn., Boston, 1991), pp. 381 – 92.

委员会将其列为侵犯人权问题的重要和紧急事项加以考虑，这些问题包括所有国家的种族歧视和隔离政策，尤其提到了殖民地和其他非独立国家，并且就中止这些侵犯的措施提交建议。① 针对决议发起国——苏联、阿尔及利亚、喀麦隆和坦桑尼亚——完全将注意力集中于殖民地和非独立领土的企图，经济及社会理事会的西方成员国作出了将这种详细审查延伸至"所有国家"的倡议。②

施韦布（Schwelb）和阿尔斯通（Alston）在对宪章下的人权机构所作的颇有价值的概述中总结了联合国大会、经济及社会理事会、人权委员会以及歧视和少数人小组委员会的一系列行动。在 1966 年至 1971 年，这些机构塑造了人权保障的机制，这些机制至今没有发生基本的变化，仍在发挥作用。③ 其规范架构的主要构成部分是 1967 年委员会第 8（XXIII）号决议、1967 年经济及社会理事会第 1235 号决议以及 1970 年的第 1503 号决议。在第 8 号决议中，委员会增加了一项有关"侵犯问题"的议程，并且对小组委员会的管辖范围显著得加以延伸，超出了少数人问题，要求它就"任何有充分的理由相信表明侵犯人权的一致模式的任何情形"提请委员会注意，"[并]准备……包含所有可能来源的侵犯人权和基本自由信息的报告"。根据其决议，委员会可以选择启动对所描述情形的"全面研究"，其提到的例子包括南非的种族隔离和南罗得西亚的种族歧视。

在 1967 年 6 月 6 日通过的第 1235 号决议中，经济及社会理事会对委员会的决定表示欢迎，宣布委员会和小组委员会有权审查在个人通信中包含的"与侵犯基本权利和基本自由相关的信息"，根据经济及社会理事会的一系列命令，这些从 1947 年开始曾经被排除在委员会的审查范围之外。

---

① ECOSOC Res. 1102（XL）(1966).

② 参见 Tolley, 'The Concealed Crack', p. 426。

③ Schwelb and Alston, 'The Principal Institutions', pp. 272 – 3.

这些步骤带来了一些不确定性：关于处理和采用通信的方式，关于小组委员会、委员会、经济及社会理事会实际研究（更不用说公开）南非以外发生的人权侵犯的意愿。后者的敏感性在通过第 1235 号决议之前的辩论中显露出来，这体现在（英国、菲律宾和坦桑尼亚的代表）对不取得目标国的同意情况下进行研究这种观点的异议之中①，也体现在苏联和亚非国家推动的将种族歧视作为首要关切的成功修正案之中。② 而后，一些政府反对小组委员会在根据第 1235 号决议所作的描述指定国家人权侵犯行为的报告中使用此类通信作为证据，关于公开私人通信内容的敏感性也显现出来。③

尽管东方阵营和大多数亚非国家将有限的焦点作为一项原则的努力仍然被排斥在边缘，在实践中，人权委员会小心谨慎地将调查限定在南部非洲和以色列在 1967 年中东战争期间占领下的领土。此外，最后通过的处理私人通信的程序减轻了有效焦点鼓吹者的担忧。根据经济及社会理事会 1970 年的第 1503（XLVIII）决议（"与侵犯人权和基本自由相关的处理程序"）授权以及歧视和少数民族小组委员会 1971 年的澄清，它们将以下述方式进行处理④：

联合国人权中心（以前的人权署）的工作人员每年从收到的成千上万指控人权侵犯的通信中准备摘要，然后将其送交歧视和少数民族小组委员会的一个五人工作组。工作组每年夏季在小组委员会每年度的四周会议之前召开两周会议，并确定有关特定政府的信件（考虑到该政府的反应）是否"揭露了一种持续模式以及可靠证据的人权和基本自由侵犯行为"。按照工作组（必须有通常的地域平衡）的大多数

---

① UN docs. E/AC. 7/SR. 567，E/AC. 7/SR. 569（1967）.

② Tolley，'The Concealed Crack'，p. 428.

③ Ibid.，p. 429.

④ Ibid.，pp. 429 – 53，对此有简要的描述。Lillich，*International Human Rights*，pp. 388 –441，对组织的 1503 程序作了证据充分、注解详细的案例研究（军人统治下的希腊）。

意见，所有符合这种标准的信件都被置于小组委员会的议程之中。工作组的会议是封闭的，其决定也是保密的。

由于秘书处和工作组都不告知通信者其信件或请愿书将得到考虑，起诉者（如果他们要补充他们的原始信件）也必须盲目地这么做，也就是说他们对工作组的最初反应或政府的回应内容没有任何了解。工作组可以（但显然没有）通过其寻找附加信息的自主权缓解这一难题——实际上我们可以说是其程序上存在的根本的不公平。不过，第1503号决议明确授权小组委员会不仅考虑小组委员会提交给它的通信以及政府的回复，还要考虑"其他相关信息"。通信者和请愿人仍然被排除在第1503号程序的所有阶段之外。

随后，小组委员会（通常的表现好像是它享有管制交通的不受禁止的自主权①）所呈交的案件必须在出现在委员会的议程上之前成功地递交委员会自己的五人工作组。委员会（预先私下准备）根据第1503号决议授权可以多种方式加以应对。实际上，它可以通过两种方式取消案件（从技术上讲，它停止审议）：要么发现一贯的侵犯模式不成立，要么显然出于它认为合理的其他任何原因；或者，它也可以将此案件保留在议程上，在下一次（一年内最近的）会议上作进一步审议；或者，它也可以在取得或未取得当事国政府同意的情况下决定启动对该情形的"全面研究"；或者，在相关政府同意的情况下，它可以通过一个由"能力和公正性无可争议的独立人士"组成的特别委员会为中介，对此情形进行调查。

不过，作为一种例外，人权委员会可以打破第1503号决议程序所作的限制。根据第1235号决议所作的授权，它可以指定一个特别工作组或一个特别监察员来研究此情形、准备报告并草拟建议，委员会随

---

① 最著名的是，在1972年它决定将希腊、伊朗和葡萄牙的案件返回其工作组，表面上是给政府更多的时间来作出回应。由于这种不可靠的开始，小组委员会很少具有约束。

后可据此公开讨论、通过和呈交经济及社会理事会。① 根据第 1503 号决议，面临指控的政府强烈地企图阻止就被考虑的情形进行公开辩论（或行动）——不幸的是，这种企图在一些案例中取得了成功。②

2. 第 1235 号决议和第 1503 号决议下的"行动"

在第 1503 号决议通过之时，它曾被学者和活动家们广泛视为在发展保障机制方面超越第 1235 号决议的一步。这种认识可能来自于以下事实：在第 1235 号决议下，发起动议完全掌握在成员国手中，由此不可避免地受到政治标准的支配，而第 1503 号决议将发起动议的权力首次授予个人和非政府组织。在此之下，它们可以发起行动，即使是对国际生活中令人不满的事表示抗议的行动。对许多人而言，这看起来是一个价值非凡的先例，对共同保障社会的根据地所作的一个突破，它可以日益扩展。或许从长远来看，它将证明乐观派是正确的。但就目前而言，第 1235 号决议表现出更大的前景。对于第 1530 号决议的行动，我们仍然可以说至少它们对于无助者的请愿不再是无底瓶。

这一进程初期的联合国行动足以让潘葛洛斯博士（Dr. Pangloss）（伏尔泰在小说《赣第德》中刻画的人物，是一名乐观主义的哲学

---

① 有关第 1235 号程序与第 1503 号程序之间关联的概括，参见 Tolley, 'The Concealed Crack', pp. 449–53。从保密程序转向公开程序的一个例子是阿富汗的案例。根据第 1503 号程序进行的监督在 1984 年被中止，当时委员会指派了一位特别监察员来准备报告。巴拉圭同时适用两个程序：据称的对印第安部落的屠杀和奴役依据第 1503 号程序，而根据第 1235 号程序所作的一项公开决议涉及到该国拖延已久的戒严状态。1982 年，伊朗对待巴哈教徒的案例成为一项公开决议和一项秘密提案的对象。Sub-Commission Res. 1982/25, UN doc. E/CN. 4/1983/4.

② 托利（Tolley）刻薄地总结道，"在某种程度上，就一个遭受压力的政府假装与委员会的秘密审查进行合作而言，它可以逃脱第 1235 号决议程序下的公开调查和政治羞辱"。他援引了一个恰当的例子：在发生失踪事件时期，委员会未能将阿根廷的情势列入其议程（'The Concealed Crack', p. 457）。相反，阿根廷政权在同一时期通过正式合作的姿态来转移美洲国家间人权委员会报告的努力并不成功，这些合作包括对有关失踪人士的询问作出迅速回应（但是几乎在每个案件中回应的内容都是否认该人士被安全部队拘禁起来）。

家——译者注）沮丧不已。1967 年至 1974 年期间希腊军人统治时期的案例是一场较早的、有大量文件为证的惨败。[1] 一封极其详尽、证据充分的信件（由众多的民间人权组织提交）发起了一项指控。在两年的时间里，它在小组委员会及其工作组之间抛来抛去，在希腊军人政权释放了大批被拘留者，但没有根本改变任意拘留和酷刑体制的情况下，它被小组委员会完全地终止讨论。

伊迪·阿明（Idi Amin）的乌干达是了解第 1503 号决议的困惑的另一个案例。有关这个政权大规模暗杀的信件到达了人权委员会手中，显然在 1974 年已经得到委员会的工作组和小组委员会的讨论，并且在 1976 年和 1977 年再次讨论。[2] 直到 1978 年，阿明的飞机被坦桑尼亚武装力量在乌干达起义者支援下击落的前夕，委员会才采取行动。该行动请求联合国秘书长以保密程序向乌干达指定一位特别代表。

与其他后来根据第 1503 号决议指派的代表一样，这名代表被赋予与政府进行"直接联系"并返回报告的模糊职权。就当时乌干达的形势而言，这项任务是不合理的。不过，它也开创了将技术支援（"咨询服务"）延伸到政府的重要先例，这些政府至少表现出一些努力从一个恐怖的政府转变为或多或少以合法方式行事的政府的诚意。[3] 当时大赦国际的联合国观察家认为，乌干达失败的另一个正面结果是，"动摇了这个体制，引起了一些先前在政治上不可能或者没有预想到的发展"。[4]

---

① 参见 Lillich, *International Human Rights*, pp. 388 – 441。

② Tolley, 'The Concealed Crack', p. 442.

③ 尽管这个领域在 20 世纪 80 年代末得到扩展，一位细心的联合国人权机制观察者认为，联合国人权中心"缺乏充分提供此类援助必要的技能、权威，而且最重要的是职业渠道"。Margo Picken, 'A Review of the UN Advisory and Technical Assistance Programs in Human Rights', in Radda Barnen and the International Commission of Jurists, Swedish Section, *UN Assistance to Human Rights* (Sept. 1988), p. 31.

④ Ibid. , p. 119.

正如已经表明的，尽管歧视和少数民族小组委员会很难被认为以不计后果的热情去执行任务，从 1973 年起，它提交了供人权委员会考虑的大量案例。[①] 这些案例包括与美国和前苏联结盟的政权，也包括一些在全球政治中不结盟的政权。据两位非政府组织领域的专家弗兰克·纽曼（Frank Newman）和大卫·威斯布罗特（David Weissbrodt）的估计，小组委员会每年提交的案件比率为 8 比 10。[②] 从 1978 年委员会开始点名那些属于"决议"（并未事先表明决议的性质）对象的国家，一直到 1992 年，大约有 46 个国家[③]成为一些委员会决议的对象（包括被从议程上删除的）。在 20 世纪 70 年代到 80 年代初期，拉丁美洲国家占据了第 1503 号决议对象的一大部分。但是从 90 年代开始，非洲和亚洲国家开始占据多数。[④]

尽管国名在变化，第 1503 号决议下的不作为仍然司空见惯。自通过第 1503 号程序以来，委员会既没有行使其开展全面研究的权力，也没有试图让行为不端的国家同意建立一个调查委员会。[⑤]

[①] Tolley, 'The Concealed Crack', p. 446, 其中列出了 1978 年至 1984 年之间 28 个遭到委员会根据第 1503 号决议作出决定的国家。它们包括，非洲 7 个国家：贝宁、中非共和国、赤道几内亚、埃塞俄比亚、马拉维、墨桑比克、乌干达；亚洲 9 个国家：阿富汗、缅甸、印度尼西亚、伊朗、日本、韩国、马来西亚、巴基斯坦、菲律宾；拉丁美洲 9 个国家：阿根廷、玻利维亚、智利、萨尔瓦多、危地马拉、海地、巴拉圭、乌拉圭、委内瑞拉；东欧 2 个国家：阿尔巴尼亚、民主德国；西欧和其他地区 1 个国家：土耳其。到 1992 年，又有 11 个国家成为保密决定的对象，包括乍得、索马里、苏丹、扎伊尔、文莱、缅甸（至少持续一年）、伊拉克、叙利亚、加蓬、格林纳达、洪都拉斯，这些国家实际上都没有继续考察。See UN Commission on Human Rights reports, UN doc. E/CN. 41984/14, 22, E/CN. 4/1986/22, E/CN. 4/1987/18, E/CN. 4/1988/12, E/CN. 4/1989/20, E/CN. 4/1990/22, E/CN. 4/1991/22, and E/CN. 4/1992/84.

[②] F. Newman and D. Weissbrodt, *International Human Rights* (Cincinnati, 1991), p. 119.

[③] 1992 年与菲莉丝·盖尔的保密谈话。

[④] 参见 UN doc. E/1991/22, p. 268. 扎伊尔同意接受联合国主题特别监察员执行独立于第 1503 号程序的真相调查。进一步参见 E/CN. 4/1992/84, p. 298。

[⑤] 最为接近的是在赤道几内亚的案件中，这是我们时代另一场大屠杀，对此令人沮丧的论述，参见 Thomas Frank, Nation against Nation (Oxford, 1985), pp. 234–5; and Marc Bossuyt, 'The Development of Special Procedures of the United Nations Commission on Human Rights', *Human Rights Law Journal*, 6 (1985), p. 179。

尽管第 1503 号决议的两项授权系统调查的专门条款从未付诸实施，委员会准备了与目标国政府进行互动的非正式机制，这其中至少潜在地含有调查成分，尽管其运用极其微妙。主要的机制是书面问题和派遣一名或多名委员会代表（通常是委员会成员或"独立专家"）去"建立直接联系"并返回报告。① 即便是最重要的案例，比如缅甸和海地，也并没有根据第 1503 号程序本身产生公开结论和建议。不过，二者都进入了第 1235 号公开程序并指派了特别监察员。在 1993 年，扎伊尔也同样如此。

第 1503 号程序曾经承载着巨大希望，但完全无法实现它们。尽管其令人难以忍受的迟缓和秘密过程在理论上是逐渐对违反规则的政府施压的一种手段，在实践中它们似乎更多的是一块挡板，违规者在其后跳着冗长、缓慢的外交舞步，而没有停止酷刑和杀害。看起来，我们没有理由不赞同纽曼和威斯布罗特的结论："［如果］其目的是对严峻的侵犯人权行为予以迅速公开或采取公开行动，第 1503 号程序是不适当的"。②

尽管委员会没有采取多少行动来激活第 1503 号程序，它也并没有公开放弃保障功能。正如已经表明的，依照第 1235 号决议的授权和/或来自联合国或经济及社会理事会的特别行动要求，它或明或暗地开展行动。1973 年智利萨尔瓦多·阿连德（Salvador Allende）的民选政府被粗暴地推翻，这一事件激起了理事会（实际上是整个联合国体系）首次就与殖民地领土、以色列占领领土和南非无关的情势展开严肃的权利保护行动。托马斯·弗兰克（Thomas Franck）在其有益的、具有煽动性的联合国研究——《国家反对国家》一书中如此描述联合国体系的反应：

> 1974 年 3 月 1 日，委员会……［授权］其主席致电智利军方机构，表达成员国对保护政治犯生命的关切，并呼吁严格遵守

---

① 参见 Newman and Weissbrodt, *International Human Rights*, p. 120。
② Ibid., p. 123.

《联合国宪章》和《国际人权公约》的原则。经济及社会理事会一致同意迅速支持此项要求。接下来，小组委员会……要求"研究"智利人权侵犯行为，而联合国大会——指控智利集团"大规模侵犯"，包括"酷刑做法"和实施"集中营"——要求其立即释放所有政治犯，并对那些希望获得安全通行证出国的人放行。

1975 年春，人权委员会成立了一个五人工作组以调查此类指控。尽管工作组被拒绝进入智利，它向 1975 年联合国大会报告，其中表达了"其对持续公然侵犯人权行为的**深切悲痛，**这些行为包括酷刑，残忍的、不人道的或可耻的对待或惩罚，任意逮捕、拘留和流放等。"……这一决议的投票结果为 95 票赞成、11 票反对、23 票弃权。美国、加拿大和所有的西欧国家都支持其通过。①

自从智利工作组建立之后，联合国对个别国家的人权调查通过其他的特别工作组、委员会特别监察员或联合国秘书长指定的专家（称为"特别代表"）进行。1993 年 3 月，此类第 1235 号程序的对象包括阿富汗（自 1984 年起）、古巴（自 1991 年起）、海地（自 1992 年起，此前由咨询服务名义下的一名"专家"考察）、伊朗（自 1984 年起）、伊拉克（自 1991 年起）、缅甸（自 1992 年起）、南非（自 1967 年起）、前南斯拉夫（自 1992 年委员会第一次紧急会议起）、苏丹（自 1993 年起）和巴勒斯坦被占领土（自 1993 年起）。基本上具有同样的调查和报告职责的专家作为监察员和特别代表在 1992 年向萨尔瓦多（接替自 1981 年起的一个特别监察员）和赤道几内亚（此前曾在"咨询服务"名义下指定了一位专家在此工作了几十年）指派。特别代表在 1993 年以"咨询服务"向柬埔寨和索马里指派。

困惑的读者应该注意到，指派执行任务的国别调查员的确切头衔和议程名目在委员会内部已经成为一项可观的政治活动，一些国家年复一

---

① Frank, *Nation against Nation*, pp. 238 – 9.

年地"推动"或"指示"更少或更多的繁文缛节。一种大致的等级正在出现:"特别监察员"(委员会的,由其主席指定)位于最高层,其次是联合国秘书长(由其指定)的"特别代表",再其次是"独立专家"(根据决议由委员会或秘书长指定),其行动要么根据第 1235 号决议中通常考察到国家情形的"粗暴侵犯"议题,或者根据"咨询服务"。后者在名义上需要当事国政府的请求,并且被认定是一种引起当事国关注的非直接对抗形式,该国尚不足以被指控"侵犯"的恶名;不过在实践中,咨询服务下的专家与那些第 1235 号决议下指定的专家一样,常常都被指定了真相调查和报告职能。①

① 研究一直持续(到 1993 年 1 月为止)的三个国家见证了委员会详细审查的转变:(1)赤道几内亚(1979—1980 年,特别监察员;1980—1992 年,"咨询服务"议程项目下的专家;从 1992 年起,第 1235 号决议"侵犯……"议程项目下的专家);(2)危地马拉(1983—1986 年,第 1235 号决议"侵犯……"项目下的特别监察员;1986—1987 年,第 1235 号决议下的特别代表;1987—1992 年以及至今,"咨询服务"下的专家);(3)海地(1987—1991 年,不同的议程项目下的专家;从 1992 年起,特别监察员)。五个其他的国家先前遵循第 1235 号决议下的特别程序,其中指派个人来审查和报告其状况:玻利维亚(1981—1984 年,特使)、智利(1973—1978 年,特别工作组;1977 年,失踪问题专家;1979—1991 年,特别监察员)、被占领的科威特(1992 年,特别监察员)、波兰(1982—1984 年,特别代表)、罗马尼亚(1989—1992 年,特别监察员)。此外,委员会委托秘书长向其提供有关尼加拉瓜(1979 年)和阿尔巴尼亚(1990 年—)的报告,尽管没有指派特别代表或专家来调查这两个国家的状况。对人权状况提出批评或者至少表示关切、但是并未确立进行特别调查的委员会决议也涉及民主柬埔寨、马拉维和关于东帝汶问题的印度尼西亚(1993 年)。显然委员会受到联合国安理会主席声明的启发,由此开始采取其主席宣读的国别"声明",私下但是并不要求正式行动地进行谈判。这些声明——比如有关缅甸(1989 年)、立陶宛和拉脱维亚(1991 年)、斯里兰卡和东帝汶(1992 年)的——代表着一种共识,但是通常并不涉及任何"特别程序"或进而对情势采取调查,它们似乎也不在委员会的决议或决定之列。相反,声明被小心谨慎地隐藏在委员会年度报告的描述性或程序性部分。

自 1968 年联合国大会建立它开始,调查以色列侵害占领区居民人权的行为特别委员会就开始了其详细审查。它直接向联合国大会报告,其三个成员由国家指定的政府代表组成。因此,它不同于人权委员会由第 1235 号决议指派的专家担任职员按照个人能力行事的国别程序。有关这些程序的职权、报告和文件,参见 Felice D. Gaer, *United Nations 'Special Rapporteurs' to Implement International Human Rights Guarantees: A Guide* (International League for Human Rights, New York, 1992); and Philip Alston, "The Commission on Human Rights", in P. Alston (ed. ,) *The United States and Human Rights: A Critical Appraisal* (Oxford, 1992), pp. 159 – 64. 也参见 United Nations, *United Nations Action in the Field of Human Rights* (UN Geneva, 1988), pp. 264 – 82.

在实践中，这样的特别安排在不同程度上符合之前表明的有效执行机构的许多条件。它们通常由开展详细研究的独立专家担任职员，其中可能包括现场调查，而且他们公开地对其所属机构提交报告，有时也向联合国大会提交报告。国别监察员经常通过递送个案的请求和调查的方式与政府进行调解，有时是在紧急基础上进行。监察员通常提交调查和建议，委员会经常采纳其中一些或者全部。

由于并没有确立决定何时应该提出建议，国别机制的实质标准并没有正式化，而机制本身与那些常常延误联合国行动的繁琐程序相比具有特设性，也由于在任何时候并不是每个作恶者都被囊括在内，对象国倾向于认为它们被挑出来是出于政治原因。由于鉴别一个未加区别对待的对象国存在难题，我们无须过分担心这些主张。另一方面，一个值得合理关注的问题是，支撑大范围现场考察的人员和资金面临着匮乏。

更加令人不满的状况仍然是，授予工作组和监察员的职权看起来具有无原则的多变性。尽管有一些被要求展开全面研究（比如阿富汗、萨尔瓦多、伊拉克），另一些（比如伊朗、古巴）仅仅被要求与政府建立直接联系。于是，允许进入考察成了一项重大成就，而这可能掩盖实际的人权状况。不过，即使在职权包括授权调查和报告的情况下，这种状况仍然可能发生。由于缺乏严格的职权和明确的先例，热衷于允许进入从而建立直接联系，某些监察员把自己转变成了政府和国际社会之间更像是调停者的角色，同时也相应地放缓了他们的调查。①

---

① 参见 The Watch Committees, *Four Failures: A Report on the U. N. Special Rapporteurs on Human Rights in Chile, Guatemala, Iran and Poland* (New York, 1986); National Council for Resistance, *Human Rights Betrayed* (Paris, 1990); and International League for Human Rights, *In Brief: Iran—The First Human Rights Mission* (New York, June 1990)。

3. 主题工作组和监察员

因为国别机制每年都被施加了政治压力，也因为目标选择并不公正的主张持久难平，对主题性调查的支持日渐增多①，也就是对草率处决、官方的有组织失踪以及任意拘留等现象的全球性调查。这些机制首先被作为规避抵制意见，关注阿富汗政府在 1976 年至 1979 年之间采取的清除运动②的一种手段。自 1980 年失踪问题工作组③建立以来，委员会授权了九个其他所谓的"主题机制"：这些主题包括草率和任意处决（1982 年）、酷刑（1985 年）、宗教不宽容（1986 年）、雇佣兵（1987 年）、贩卖儿童（1990 年）、任意拘禁（1991 年）、内部难民（1992 年）、种族和排外（1993 年）以及表达自由（1993年）。与国别机制相同，大多数可能出于采取"有效行动"之目的干预到个别事件中；目前为止的例外包括雇佣兵问题和贩卖儿童问题监察员以及内部难民问题代表。

我们可以公允地说，主题机制从根本上改变了联合国在援助人权侵害受害者方面能够完成以及在相当大的程度上已经完成的事情。每年有成千上万来自世界各地的新请求可以发现，当事方能够并且大体上有意愿调查据称受害者的状况，并且在那些存在着扭转或者减轻人权侵犯行为机会的情况下采取行动。

---

① 对机制的更广泛讨论，参见 M. T. Kamminga, 'The Thematic Procedures of the UN Commission on Human Rights', *Netherlands International Law Review*, 34 (1987), pp. 299 – 323; Nigel S. Rodley, 'United Nations Action Procedures against "Disappearances", Summary or Arbitrary Executions, and Torture', *Human Rights Quarterly*, 8 (1986), pp. 700 – 30, and David Weissbrodt, 'The Three "Theme" Special Rapporteurs of the UN Commission on Human Rights', *American Journal of International Law*, 80 (1986), pp. 685 – 99。

② 一般性的可参见 Guest, *Behind the Disappearances*。

③ 对工作组行动的详尽论述，参见 J. Daniel Livermore and B. G. Ramcharan, ' "Enforced or Involuntary Disappearances": An Evaluation of a Decade of United Nations Action', *Canadian Human Rights Yearbook*, *1989 – 90*, pp. 217 – 30。

参与到这些机制中的人有专家（遴选出来的），他们通常能够排除那种影响有效公正的调查的政治压力的干预。他们利用包括非政府组织在内的来自各种渠道的信息。而且，除少数例外情形，他们将所从事的活动记录在公开档案中，这些活动包括他们的调查详情以及据称受害人的姓名。最后，充分知情的、公正的观察家必须承认，总体而言工作组和监察员尽最大所能利用了他们的职权，包括提出超越联合国传统思维和实践的建议。

以上所有的都是好消息，但是情况远非如此。除了失踪问题工作组以外，这些机制在对案例进行初期研究之后并没有引起跟进的措施。即便是收到了追加信息，也没有一贯地将其公之于众。机制外的人通常对政府回应一项调查之后发生的事情不知情。他们并不了解监察员和工作组对那些未回应的或者回应不充分的调查的所做所想能够起什么作用。

此外，主题机制所形成的报告很少在人权委员会以系统的方式加以讨论。它们最多可能出现在有关议程项目的一般性辩论或者对"粗暴侵犯"的讨论中。委员会并不讨论现场观察所作的说明，而且在对报告表示欢迎的年度决议中也通常不会以最一般的方式提及考察。由于曝光是联合国在捍卫人权方面能够使用的首要工具，缺乏公开、持续的讨论和尖锐的决议制约着特别程序的潜在效力。

五、联合国在人权领域行动的未来

如今，联合国是人权事业的捍卫者，尽管它有些畏首畏尾、犹豫不决。这一点无可争议。同样无可争议的还有，它对强制执行所持的极为不均的态度以及不情愿脱离非殖民化的背景而纯粹在人权基础上建议或请求采取制裁行动。直到冷战结束，联合国大会才变得更为重要，而安理会成员国才倾向于承认，粗暴侵犯人权与威胁和平这一

《宪章》第七章下联合国执行行动的条件之间存在联系。

此时，巴尔干和海湾地区事件中的残忍暴力事件以及它们所表现出的可怕前景开始让居于主导地位的精英们的认识发生转变，尤其是那些西方最强大的国家。在 1991 年 8 月 5 日通过的第 688 号决议中，联合国安理会谴责"镇压伊拉克平民的行径"，认为其后果"对国际和平和安全构成了威胁"，要求伊拉克"立即停止这种镇压"，坚持伊拉克"允许国际人道主义组织直接接触那些需要援助的人"，呼吁"所有成员国和所有人道主义组织贡献其人道主义救济的努力"，安理会的这一决议似乎设定了一个方向，这个方向在不久以前看起来还会被无法排除的政治力量所阻碍。

此后不久，这一先例的意义得到了拓展；美国、英国和法国军队按照第 688 号决议采取行动，在伊拉克北部地区建立了一个库尔德人安全区。紧接着，巴格达政权与联合国达成协定①，允许后者建立联合国"人道主义中心"，由联合国部队在伊拉克南部和北部地区执行任务。这一协定谈判的背景是盟国军事力量保护下的人道主义救济有可能无限期延续。

就其本身而言，伊拉克的例子可以说是独特的，这种人道主义干预与传统的集体安全行动纠缠在一起，无法从中分离出来。但是随后在 1992 年，出现了由南斯拉夫分离而引起的行动，这一行动一方面是维和以及人道主义援助，这以当事国的同意为条件；另一方面则是对塞尔维亚的制裁，这与人道主义援助实际上是相对立的。在此，人们可能抹杀集体人道主义干预的显著先例，把南斯拉夫分裂为多个独立国家当做既成事实，由此把萨拉热窝的屠杀转别为破坏和平的事件。但是，这样做的企图并不完全具有说服力，因为在现有的国家之间，敌对地区围绕着种族间和自决而展开的斗争是黎明前的典型特征，这

---

① UN doc. S/22663 of 31 May 1991.

种斗争以来自更广泛的国际社会日渐增多的、区别对待的承认为标志。我们有理由预测会出现更多的南斯拉夫，由此也会要求更多的集体人道主义行动，如果必要，可以通过强制来支持。同样的，维和甚至强制和平部队都逐渐成为人权保障的工具。

真正的民主制在何种程度上得以广泛确立、建立对少数人利益的有效保证①在何种程度上取得了成功或者努力，这些将会影响种族间和分离主义冲突的范围。在冷战之后，联合国终于成为民主化和保障少数人的代言人。②

在促进民主方面，由于其对非殖民化过程中全民表决的失察，联合国近来在作为选举过程的监督者方面变得积极起来，1991 年的联合国大会决议③将这一角色扩展到提供选举援助方面。实际上，联合国在纳米比亚、尼加拉瓜、萨尔瓦多、安哥拉、海地、厄立特里亚、柬埔寨、西撒哈拉和莫桑比克等地进行的监票预示着其扮演着一种更为广泛的角色：管理那些需要解决持续武装冲突的复杂的社会和政治转型过程的参与者。正如萨尔瓦多的例子所表明的，这种角色可能不仅包括保护民众免于再度遭受人权侵害，还包括给过去的侵犯一个说法，由此新的宪政秩序才能在建立在一个权威性（尽管经常有些可怕）的历史基础上。

在其人权机构中，联合国终于开始认真对待少数人权利的问题。固然，这个话题对于机构的议程而言并不陌生。在其建立之初而且与

---

① 对当今的少数人问题的敏锐预测，参见 Inis L. Claude, Jr., *National Minorities: An International Problem* (Cambridge, Mass., 1955)。

② 联合国在少数人权利方面的全面研究的首次（目前为止也是唯一的）尝试：Francsco Capotorti, 'Study on the Rights of Persons Belonging to Ethnic, Religious, and Linguistic Minorities' (reprint of UN doc. E/CN. 4/Sub. 2/384 and Adds. 1 to 7, June 1977)。

③ UN GA Res. 46/137, 17 Dec. 1991. 也参见 UN doc. A/46/609 and Adds. 1 and 2，联合国秘书长的一份报告评估了联合国在选举监督方面的经验，同时还有来自不同成员国对一项选举监督项目明智与否所作的评论。

其指定的任务一致，防止歧视及保护少数小组委员会曾着手界定"少数人"，并确定联合国大会能够建议国家对他们进行保护的措施。用一位 20 世纪 70 年代指派的特别监察员的话来说，"从 1947 年到 1954 年，完成的工作中唯一积极的成果是⋯⋯准备了［政治］公约第二十七条的草案文本。"① 随后一些年里，在未能达成一致定义的情况下，小组委员会放弃了这一话题，而是倾向于将行动集中于推动不歧视。②

公约第二十七条宣称："在那些存在着人种的、宗教的或语言的少数人的国家中，不得否认这种少数人同他们的集团中的其他成员共同享有自己的文化、信奉和实行自己的宗教或使用自己的语言的权利。"这句话可以被理解为对政府施加的义务，要求其使用一国领土之内所有文化团体的母语开展公共事务，并且资助建立一个多文化的教育体系。然而，当注意力集中到不歧视的议题上之后，小组委员会似乎反对作这样一种解读，而是支持少数人的权利最好被理解为组成它的个体的权利之和，这些权利在本质上与那些多数人享有的权利是无法区别的。比如，所有人都享有宗教信仰自由和结社自由的权利，还享有不因民族、种族以及其他先天赋予的特征遭到歧视的权利。

将少数人权利实际上排除在联合国议程之外的原因在于维持了它之前的国际联盟的做法。尽管国联通常被视为一战后多个条约中保护少数人权利条款的担保人，它并不扮演保障个体权利的角色，这个概念在当时还没有出现。对于联合国承认少数人权利的反对意见有一些公开阐明的立场为依据：它们可能再度（像 20 世纪 30 年代那样）作为外国干涉的借口；它们怂恿分离主义趋势，威胁现存国家的领土完整；少数人状况的多样性阻碍了普遍标准的发展和公平运用；它们可

---

① Capotorti, 'Study on the Rights of …Minorities', p. 28.

② 有关小组委员会对其任务的看法历史演变的论述，参见 Nathan Lerner, 'From Protection of Minorities to Group Rights', *Israel Yearbook on Human Rights*, 18 (1988), pp. 101 – 20.

以引起对多数人利益构成相反歧视的特别保障措施。①

如果不是出于这些主张的合理影响力，那么对这些主张的政治考量也足以在 1954 年至 1972 年期间让这个议题处于次要地位，直到 1972 年小组委员会委托意大利的弗朗西斯科·卡波多尔蒂（Francesco Capotorti）就这一主题展开研究。在完成此项研究一年之后的 1977 年，委员会启动了一个工作组，来调查仅由南斯拉夫代表提议的有关少数人权利的宣言草案。工作组以极其迅速的步伐展开调查，直到在苏联中央权力发生更替以及南斯拉夫出现战争征兆之后，联合国大会才呼吁完成一份由委员会签署的《宣言》。或许是得到了激励，委员会迅速地完成了此项工作，而且《宣言》在 1992 年得到联合国大会的通过。②

对《宣言》作细致的分析可能会让我们超出本章讨论的范围。③我们可以有充分把握地说，《宣言》明显地比其他一些平等对待的标准要含混不清，比如包含在 1990 年欧洲安全与合作会议（CSCE）哥本哈根文件中的标准。《联合国宣言》似乎遵循的是以下一种观点，即少数人作为一个共同实体并不具备独立于组成它的个体的权利。它没有包括强制执行机制，甚至没有一个报告体系。

《宣言》只是一个开端，也是一种让步，我们认识到有强烈感受的次国家社群认同现象中所隐含的问题是不容回避的。逐渐变得明确的是，维护国际和平与安全需要国际社会提前采取一些措施，包括给受到侵害的群体提供一个能够寻求第三方在和平解决和/或救济侵害方

① 卡波多尔蒂（Capotorti）指出，这些观点"基本上与许多年以前提出的那些有关一般性国际人权保障的观点一样"（'Study on the Rights of …Minorities', p. iv）。

② 联合国大会在 1992 年 12 月 18 日 Res. A/47/135 号决议中通过这一宣言。

③ 更深入的分析，参见：Patrick Thornberry, *The UN Declaration on the Rights of Persons Belonging to National or Ethnic, Religious and Linguistic Minorities* (London: Minority Rights Group, 1993). Cf. 'Report of the Working Group on the Rights of Persons Belonging to National, Ethnic, Religious, and Linguistic Minorities', UN doc. E/CN. 4. 1992/48, annexe 1。

面提供援助的平台。

六、结论

国家内部及其之间政治和社会发展的轨迹决定着联合国主持下的活动的未来形式及其生命力。预料这一轨迹是预言家而非分析者的事。我们可以确信的是：人权仍将是一个布满政治地雷的领域。

否则将会怎样呢？正如斯坦利·霍夫曼（Stanley Hoffmann）在吉米·卡特就职典礼之后不久所言，"人权议题注定会引起纷争。提出这个议题触及一个政权的根基、其权力的来源和行使、及其与公民或臣民之间的纽带。这是一个危险的议题。"① 但是，二战之后的历史也表明，在没有遭到核毁灭的情况下，它仍将是一个无法回避的议题。

它仍将如此，即使间或有些政治领导人认为《世界人权宣言》以及其他不容批评的文件中列举的许多公民和政治权利并没有反映普遍的需求和利益，而只是西方单一的历史经验以及由此产生的自由主义意识形态的产物。②

我们来假设一下，自由主义的假定和价值观对人权观念有着巨大的贡献（或许是其先决条件），并且决定了其大部分内容。我们也可以承认，自由主义是源于西方的产物。就此而言，社会主义和民族主义同样如此，而且它们也在全世界有广泛的市场。广泛扩展各种西方意识形态的喜好部分上可能是因为胜利给胜利者的理念和刺刀带来了威望，部分上也因为扩展和施加影响的冲动使得所有的西方制度生气勃勃，包括那些用来传播文化和信仰的组织以及那些具有军事、政治和经济色彩的组织。

---

① 'The Hell of Good Intentions', *Foreign Policy*, 29 (1977-8), p. 8.

② See e. g. the statement of Chinese premier Li Peng to the first-ever heads-of-state meeting of the Security Council on 31 Jan. 1992. UN doc. S/PV. 3046, pp. 92-3.

但显然，文化产品的传播很大程度上与物质产品具有同样的原因——因为它们符合消费者的需求。民族主义有助于动员本国人民反抗殖民统治，稳定独立后的族群和部族混合体。社会主义或者至少其共产主义的异化在许多年里有助于为新的政治精英集权提供正当理由以及在经济失败发生时提供解释。自由主义对非西方消费者而言也存在问题，不过也有一定的用处，最初就被作为侵蚀西方霸权的道德基础的一种手段。如今，在一个后帝国主义时代里，它对于第三世界处于萌芽中的中产阶级而言具有与最初对西方的中产阶级同样的吸引力，这就好比他们最初使用它的旗号和理念从绝对君主和少数贵族令人窒息的控制中挣脱出来。人权的理念——实际上它如今是自由主义和社会主义价值观并不协调的结合——可能产生于西方，但它已经遍布全球。

在 1993 年 6 月维也纳世界人权大会之前以及期间，人权到底是普遍适用还是取决于地域、宗教或文化差异这个关键问题曾经众说纷纭。分别在突尼斯、圣何塞和曼谷举行的三个区域性政府间筹备会强调，利用人权议题作为对一个政府的内部行为施加政治压力的手段是不可接受的。曼谷举行的亚洲区域性会议对于地区的"特殊性"立场尤为强硬。相反，1993 年 6 月的《维也纳宣言和行动纲领》肯定了普遍性是无可争辩的——这一立场得到了世界范围内许多非政府组织的强烈支持。宣言提及所有国家具有促进和保障人权的义务，并且指出发展滞后不能作为不遵循人权的借口。不过，它也容许一定的妥协，一段呼应曼谷会议的表述指出"必须考虑国家和地区特殊性以及多样的历史、文化和宗教背景的意义"。

1993 年的维也纳会议还通过了一项行动计划，主要集中于执行和机构改革。会议强调了加强人权保障机制的需要；在最为激烈的辩论之后，尽管联合国秘书长布特罗斯－加利公开表达对这一创新的疑虑，它重新引起人们考虑并且认可了一项长期搁置提案——创设人权事务高级专员的职位。会议也提议改进联合国体制下的人权活动的协调，更加紧密地将维持和平与人权联系在一起，设立暴力侵害妇女问题特别监察员、人权督察员以及给联合国人权中心提供更多资源。

《世界人权宣言》诞生在二战的废墟之上。自此以后，这个世界已经有了少许生机盎然的景象。在其能够利用的手段范围之内（这些手段显然是有限的，因为物质支持和动机仍然由强国支配），联合国组织发挥了力所能及的作用。在以人类无可剥夺的权利为名赢得一场革命之后，美国的奠基者们将奴隶制纳入了这个新国家的宪制基础中；76 年之后，奴隶们才获得了正式的解放。再过了一个世纪以后，美国黑人才享有了完全的公民权利。

最后，我们可以公允地声称，在认真努力以保护全球人民的权利这项事业上，联合国组织只是处于其初始阶段的尾声而已。从它在这个领域小心迈出的一步开始，其已经走过的历程让我们有理由对它的未来满怀乐观。另一个理由则是，如此多的政府努力阻止这个组织向前发展，逃避其尚显粗糙的执行机制。在这种行为中，它们已然承认人权理念的影响深入人心。伪善仍然让我们有理由相信美德之可能。

第九章 联合国和经济发展问题

肯尼思·达齐

本章的第一部分主要概述联合国参与经济发展事务的四个阶段和本质特征。第二部分阐述我对这个问题目前现状及未来面临挑战的一些个人观点。

《宪章》中所阐述的联合国宗旨之一就是促进国家合作，以解决国家间属于经济、社会之国际问题，并能形成一个协调各国行动的中心，以达成上述共同目的。[1] 为了实现这个宗旨，联合国应促进较高之生活水平、全民就业及经济与社会发展；各会员国应对联合国给予支持，即担允采取共同及个别行动与组织合作，以实现这些目标。[2]这些主张表明，相互依存的概念在1945年就已经萦绕在联合国缔造者的思想中了。他们完全认可以下理念，即每一个国家都有义务为人民的福祉而努力，不仅是为本国人民，而且也为整个世界范围的全体人民。而联合国的作用正在于促进国际合作，协调有利于世界经济增长

---

[1] UN Charter, Art. 1.

[2] Ibid. , Arts. 55 and 56.

和发展的国家之行为。

自从联合国成立以来，通过采取一些常规措施，例如提高人均国民收入，提高不同方面的社会和经济指标等，经济发展已经达到了前所未有的程度。然而，国家内部和国家之间的发展情势多是不平衡的，当然，这通常不是联合国的相关行为带来的直接结果。与此同时，贫穷、疾病、饥饿、居无定所、失业和不同形式的剥削等情况在全世界范围内广泛存在，而且情况还在持续恶化。

一、联合国参与经济发展的四个阶段

1. 第一阶段：1945—1963 年

自从 1945 年以来，联合国积极参与经济发展的活动大体上经历了四个阶段，第一阶段是从 1945 年到 1963 年。早期的一个突出成就是成员国们充分认识到各国在经济和社会领域必须向国际社会负有一定的责任。这个发展的高潮是 1949 年发表的关于实现充分就业的国际和国家措施的报告[1]，该报告决定就监督世界经济发展和各国应在何种程度上完成就业保障的问题启动一个监测进程。同时，该报告还提出了应减少欠发达世界（当时是这样称呼的）的失业率，不过只把它看做是世界经济发展综合性问题中的一个侧面而已。

在战后殖民时期，关于经济发展的系统性思想仍处于初创期。这一时期具有里程碑意义的学术成就是 1950 年由五名专家发布的一个研究报告，它揭开了联合国发展运动的序幕。[2] 令人感到些许奇怪的是，报告中丝毫没有谈到经济发展的含义，也许这被大家认为是不言自明

---

[1] UN, *National and International Measures for Full Employment* (New York , 1949).

[2] *Measures for the Economic Development of Under-developed Countries* (UN, New York, 1951).

的！报告主要传达的信息包括：欠发达国家应采取进取性的态度并促进组织的发展，积极引进先进的技术，促进国内资本的形成，减少人口的增长等。从本质上说，这些行动几乎或完全属于国内行为。但是，报告确实展现了与所谓的"殖民主义经济学"完全不同的理念，因为在报告中提出了应在经济发展的大前提下，促进社会和机制的建设，包括通过例如土地改革来消除结构性障碍。报告中提到，在公共和私有领域都应该进行行政和法制建设，这对促进"经济进步"是必需的。报告还认识到：政府在促进经济发展的过程中可以起到更为广泛的作用，不仅仅是提供有形的基础设施、社会服务和行政管理而已。

这些观点实质上与作为专家组成员之一的阿瑟·刘易斯教授在数年后出版的《经济增长理论》一书中所倡导的理念几乎如出一辙。[1]（有趣的是，国内措施和政策在 20 世纪 80 年代再次浮出水面，在某些方面成为发展理念的新亮点。）发达国家在支持发展问题上所采取的措施仅限于他们尽量避免补贴那些正与发展中国家出口产品进行竞争的产品。国际性的援助行为也仅限于增加世界银行的贷款和通过国际发展授权机构组织技术性支援等。

联合国对发展行动的影响体现在许多方面，首先是"发展规划"的广泛传播，其技术性操作和首要事项都在上述专家组的报告中有详细的阐述；它也体现在国际援助的分区化进程和技术性援助计划的相关发展中，以及实现从发达国家引进发展资源的目标里。1962 年开始进行的联合国第一个发展十年实际上就是专家报告中基本理念的一次实践。

联合国参与经济发展问题的第一阶段也呈现出如下特征：部分发展中国家未能集体参与；含蓄地坚持了世界经济发展是一个完全趋同的过程这一观点；同时假设存在一个良性的外部政策运行环境，因而不必要就改革那些支持现行国际经济关系的架构和安排而进行有关政策的谈判。

---

[1]　W. Arthur Lewis, *The Theory of Economic Growth* (London, 1955).

2. 第二阶段：1963—1982 年

联合国参与经济发展问题的第二阶段是从 1963 年至 1982 年。这一时期实现新目标的动力是来自多方面的，包括非殖民地化进程，以及这一过程给联合国成员国组成带来的根本变化；还包括新独立的国家对社会主义学说的兴趣。随着这一阶段的发展，政治独立本身并不能带来经济增长和发展这一现实也被更清楚地认识了。因此这些国家开始清楚地表达希望建立一个有利于实现它们发展目标的国际经济关系框架的要求。他们的这种观点是由跨国企业的公然横行所引发，并且在发展中国家对其作为工业化世界的原料供应地和消费市场而拥有了巨大潜力的认知中得到强化。这种观念推动了发展中国家和发达国家之间关系发展中新前景的出现。

到 20 世纪 60 年代中期，联合国修订其发展观的时机已趋成熟。这一时期在智力上的支持来自于发展中国家自身，其主要形式是劳尔·普雷维什与其在拉美经济委员会的同事们所提出的学说。虽然这些观点在 20 世纪 40 年代后期就逐渐形成①，但直到 1964 年召开第一届联合国贸易和发展大会（UNCTAD，以下简称联合国贸发大会——译者注），普雷维什担任秘书长时，它们才以南北关系（当时称"中心—边缘"关系）的形式提出。②

这些新理念提出了发展理论与实践中的新方式，使之从根本上有别于 20 世纪 50 年代的第一个发展十年的观点。这种新方式明确地肯定了南北之间不平等交换过程的存在，这体现在南方国家在进行出口

---

① UN, Economic Commission for Latin America, *The Economic Development of Latin America and its Principal Problems* (UN, Dept. of Economic Affairs, New York, 1950); and Hans Singer, 'The Distribution of Gains between Investing and Borrowing Countries', *American Economic Review*, 40, no. 2 (May 1950), p.473.

② *Towards a New Policy for Development: Report by the Secretary-General of UNCTAD* (UN, New York, 1964).

初级产品以换取进口制造业产品的贸易不断恶化的情势；体现在跨国公司的经济顺差由南方转移到北方；体现在北方的重商主义政策限制了南方国家获取先进的科学技术；也表现在国际资本限制了结构性变革也抑制了经济增长的潜力。新理论一个引人注目的特点就是它排除了世界经济在运行的同时可通过其自身的修正能力恢复其平衡发展的可能性。南北之间的持久分歧已经被视为一种自然秩序。如果要改变这种发展趋势，就必须采取有针对性的策略行动，因而国际政策的谈判无疑会成为联合国的一项持久而且特别的职责。相应的，改善国际经济环境以更广泛地促进经济发展也受到了特别的关注。这就是要努力克服和纠正战后经济体系（包括国际货币基金组织、世界银行和世界贸易组织）的不足和差距，因为这些体系未给予发展问题以足够的重视。从这种意义上讲，那种最初盛行的把"各国采取内部手段"作为解决发展问题的决定性因素的理念在联合国解决发展问题的途径中已经不占重要地位了。

这一时期联合国的关注点，尤其是在联合国贸易和发展大会上，已经转向了有关国际策略和国际准则的谈判了。谈判以四个国家集团为基础展开——包括七十七国集团（发展中国家）、发达的市场经济国家、东欧的社会主义国家和中国。谈判的主要事项包括产品价格、工业品贸易、国际货币体系、技术转让、跨国公司、限制性商业规则、国际航运，以及更广泛意义上的经济权利和国家义务等。许多谈判都达成了相关的协议、准则和决议，其中一些比其他的具有更重要的法律意义。①

---

①　这些协议主要包括《国际商品协议》（International Commodity Agreements），《建立商品共同基金的协议》（the Agreement establishing the Common Fund for Commodities），班轮公会行动守则公约（the Code of Conduct on Liner Conferences），限制性商业实践的一套原则和规则（the Set of Principles and Rules on Restrictive Business Practices），普惠制（the Generalized System of Preferences），关于《最不发达国家债务减免协议》（the resolution on debt relief for the least - developed countries），以及国家经济权利和义务宪章（the Charter on Economic Rights and Duties of States）。关于技术转让行为准则（Codes of Conduct on the Transfer of Technology）以及跨国公司的谈判陷入了困境，亟待解决。

支持这些谈判过程的是这样一种理念，即不能单独地依靠市场的力量来促进经济的发展，即使发展中国家对其政策作出了最佳选择。因此，国家在市场失灵时必须以国家的干预来促进发展，同时要求发达国家和发展中国家相互调节国家战略以形成一套连贯的国际经济政策，促进第三世界的发展。

同时，不得不承认的是，国际货币基金组织和世界银行都在推行着一种不同的发展路径，即要想获得它们的"资源"（贷款），其附带条件是必须执行它们所推荐的国内政策。在这一时期对发展中国家不同经济领域的技术和财政援助明显增长，旨在提高这些国家的国内生产能力。在技术合作领域，联合国开发计划署（UNDP）开展活动的范围和数量都有极大的拓展。联合国开发计划署成立于1965年，是由联合国技术援助方案和联合国特别基金合并成立的。它的这种拓展本身就对联合国开发计划署的优先事项、政策的一致性、成本效益等提出了一系列的疑问。

石油输出国组织（OPEC）于1973年采取的行动被发展中国家视为是利用内生力量控制国家资源的成功但也是痛苦的范例，同时它也鼓舞着发展中国家为实现公正和效率而重新塑造国际经济体系。这一事件自然为以"政策谈判"来促进国际经济合作实现发展的方式注入了强劲的新动力。它使人们相信国际经济体系的根本变化可能发生，发展中国家所憧憬的一个公正公平的世界经济秩序的愿望可能实现。1974年关于建立国际经济新秩序（NIEO）的宣言及其所附的行动纲领传达出了承载着力量和目的的新信息。[1] 产生于某种意义上的商品强势方的变革动力是如此之强烈，以至于从1973年开始的这一阶段可以被认为是第二阶段中的一个单独的子阶段，甚至可称其为一个新阶段。从根本上讲，它们强调发展中国家坚信：国际经济体系的结构及

---

[1]　GA Res. 3201 (S – VI) of 1 May 1974.

其运行都需要进行改革，而这种改革能够通过全球谈判来实现，还必须考虑到发展中国家集体谈判实力的增加以及全球相互依存的具体现实。值得一提的是，国际经济新秩序宣言的发表自称是为了重申和加强"《联合国宪章》的精神、宗旨和原则"。

尽管国际经济改革计划的语言表述和宏伟规划，以及其所采取的相当明确的对抗性手段都出现在 1973 年之后，但是许多希冀实现它的措施却可以追溯到几年前。然而，实际上，关于"对自然资源拥有永久主权"的意识和重视与日俱增，同时相互依存的概念也更为清晰明确并明显成为国际经济管理的根本依据。这些措施，连同那些促成联合国贸发大会建立和发展的基本理念，一起与 20 世纪 50 年代的旧发展思潮相互融合，共同影响和塑造了国际发展策略的性质和内容，标志着联合国第二个和第三个十年发展规划的开始（这两个十年发展规划分别始于 1971 年和 1981 年）。①

3. 第三阶段：80 年代的十年发展

第三阶段开始于 20 世纪 80 年代的前期，由国际经济新秩序带来的新的力量和希望是相对短暂的。由于实施了抑制通货膨胀的货币和金融政策，这大大减少了发展中国家的出口收入，到 1982 年那些大量举借石油美元的发展中国家陷入类似北方大萧条似的困境。② 除此以外，还有许多其他的因素对联合国的发展哲学产生了不小的影响作用。国际议程上的诸多重要方面的谈判和执行都未能成功不免令人失望——其中包括国际商品协议、商品共同基金、技术转让行为准则与国际经济新秩序等。包括石油输出国组织在内的商品强权的没落，严重地损害了第三世界的谈判能力。军备竞赛的再次兴起、东西关系的持

---

① GA Res. 2626 (XXV) of 24 Oct. 1970, and 35/36 of 5 Dec. 1980.

② UNCTAD, *Trade and Development Report*, *1986* (Geneva, 1986).

续紧张都使得南北对话在国际关切议程上的地位一再降低。

在这一时期类似 20 世纪 50 年代的那种"发展中国家自身应采取更多的措施与策略"的思潮有所回归，这主要是由于发达市场经济国家的坚持。在西方主要经济体系中，新古典主义经济学地位的上升及其对市场力量的笃信，加之国家对经济干预范围的缩小和私有化进程的加快，这些方面是与对国际管理形式的兴趣和投入的降低紧密相关的。这种趋势预示着人们对通过国际战略协商来促进以发展为目的国际经济合作的关切大大降低了。同时，它们也体现了私营企业在促进国际合作与发展中扮演着更为重要的作用。

所以这一时期联合国工作中对发展问题的共识不断削弱也就不足为奇了。[①] 一些重大分歧凸现在经济哲学方面和对政府在国家及国际决策能力的认知上。新兴论战的主题包括两方面：一方面是政府及政府间组织的作用，另一方面是自由市场力量的作用。各种针对于国内政策与外部环境的相互作用，以及经济活动中公有成分与私营成分之间相互作用的分歧性意见逐渐显现出来。实际上，各国政府甚至就如何在国际多边环境下更好地实现大家认同的共同利益上也存在分歧，比如：全球经济治理的事项、在日益盛行的保护主义环境下的贸易政策、国际金融体系的改革、国际债务政策的演变，发展中国家的资金引入等。

然而，没有任何要终止实现第三个发展十年的国际发展战略目标的苗头出现过。[②] 恰恰相反，成员国们对于许多发展中国家尤其是非洲严重恶化的情势，以及它们中的大部分国家所承担的令人忧虑的债务问题都表现出了极大的关注。

---

① Ibid. , annexe 1.

② 参见以下报告的结论部分：'Report of the Committee on the Review and Appraisal of the Implementation of the International Development Strategy for the Third UN Development, Decade', UN doc. A/40/48 (New York, 1985)。

同时，不同的国家集团内部和集团之间通过贸易和生产建立起来的增加的相互依存关系是与紧密的金融纽带密不可分的，并经由这种金融纽带得以不断加强。这种情势，反过来，又加强了国际金融对贸易的影响。在高速发展的信息技术的推动下，国内金融市场很快就成为从属于国际市场的一部分，而且不同资产的市场开始逐渐连接在一起。在金融资产净流动中，私营国际市场所起的作用，尤其是在发展中和发达国家之间，占了很大的比重。国际金融体系作为一个整体对于发展中国家支付债务利息能力的变化逐渐变得更加敏感。因此，由于国家在国际金融体系影响下越来越孤立无助，国际货币和金融环境中的波动对各国在产量、就业、价格水平上的影响就越来越显著。

4. 第四阶段: 90 年代伊始

20 世纪 90 年代初期，国际社会在促进发展上逐渐步入一个崭新且更加成熟的国际经济合作阶段。这种转变已经持续了多年，它主要表现在经济和社会组织方针和对发展政策的认知上，而在 90 年代初，这种转变的进程逐渐加快起来。转变中的许多新动力来自于发生在包括苏联在内的中东欧国家的剧变，这导致了这些国家以民主形式的政府代替了现有体制，并以市场为基础的经济体制取代了中央计划体制。在本章的第二部分会阐述由上述剧变带来的种种挑战，但是这里必须指出的是它们已经揭示出了促成发展新共识的重要因素了。①

那种对多边主义的逃避已戛然而止。这其中的原因可能来自于主要工业化国家对自身利益的长期考量上——例如，最明显的表现是于 1992 年召开环境和发展大会——当然部分原因可能也出自于它们对于

①　GA Res. S－18/3 of 1 May 1990 entitled 'Declaration on International Economic Cooperation, in particular the Revitalization of Economic Growth and Development of the Developing Countries'; and 'A New Partnership for Development: The Cartagena Commitment' in 'Report of UNCTAD on its Eighth Session (February 1992)', UN doc. TD/364 of 6 July 1992, pp. 6－60.

共同利益和互惠互利的考虑上。发展本身越来越被人们视为一个以人为本和公平合理的过程，其终极目标必须是改善人类的生活条件。在一致意见上形成政治安排被人们广泛认为是发展过程中一种切实可行的重要途径。而对人权的尊重，也被大家广泛接受为是创造力、创新性和积极主动之源。对于建立广泛经济政策框架体系的必要性，无论是在国际还是在国家层面，看法逐渐趋向一致。

依靠市场的力量和自由竞争以及培养企业家的创新能力已经成为追求经济效益的普遍特征。实现可持续发展的手段已不再仅仅局限于诸如避免高通货膨胀率、高收支不平衡、剧烈的周期性大幅波动等狭隘的标准了；目前它们实际上涉及的是如何通过实施相关经济政策来提高中期发展潜力，这些经济政策包括：提高市场的运作机能，增加人力资本，提高劳动力的流动性，增加国际贸易的开放性，鼓励竞争以及保护环境等。人们对于全球环境状况以及在生态系统保护上的关注度大幅提高，凸显出合理利用自然资源和形成与保护环境相和谐的生产模式的必要性。更重要的是，各国普遍接受下列问题必须在发展过程中受到优先关注：消除贫穷和饥饿，人力资源和制度建设，改善人口政策以及保护环境等。

虽然外在的经济环境对小规模的开放型经济是至关重要的，但是发展中国家在其自身的发展上肩负着主要的职责，这种观点仍然不容置疑。这就意味着：对发展来说，可持续性国家政策是不可替代的，因为它们是旨在实现以下目的的：解放和动员发展中国家内部潜在的促进发展能量和动力，提高资源配置和利用的效率，充分利用变革的国际环境所带来的贸易投资和科技进步上的机遇。事实上，恰恰是这些政策决定而且也将继续决定外部因素的变化将如何影响发展的进程。

另一个被人们广泛认为与经济发展举措的成功息息相关的因素是公共管理的品质。善治（good governance）的概念——抑或，更为一致的叫法，优质管理（good management）——包含多种维度，它的界定主要涉及历史、文化、社会、政治等诸多方面的考量。就目前的理解来看，它所涉及的政府行为包括：为市场有效而规范的运行建立适宜的机制和规则，以及为经济活动营造健康的环境等。[①] 为此需要进行物质和社会基础设施建设，要建立合理的宏观经济政策，要营造有利的政策环境，要发展支持经济活动所必需的人力资源，以及为提高资源应用和配置的效率进行政策建议。它同时还要求建立清晰明确的法律和规章制度，形成透明的规则制定和决策程序以及建立高效的资源管理机制。

优质管理可以进一步地激发企业的创新精神和生产率的提高，帮助扩大就业机会，促进或在必要时承担某些私营经济所不能充分实施或进行的职能建设。除此以外，它也要求使用经济和调节机制来应对市场本身不能解决的外部性和公共物品问题，并把环境成本恰当地融入经济活动中去。关于收入分配的问题也亟待解决，其中包括建立经济和社会保障网络，为弱势群体提供帮助使他们也有机会参与市场经济活动。同样地，在促进竞争上，尤其是在市场权力的集中性产生了过度租金的情况下，更需要社会干预。最后，强有力的处理争端和解决冲突的体系是十分重要的，这一体系应体现法院的合理作用并保障其独立性。

如前所述，国际层面的优质管理也是十分重要的。所有的政府不同程度上都认同这样的看法，即如果没有良好的国际经济环境的支持，发展中国家在构建国内经济框架上的努力是不会达到预期的效果的。这样一种国际经济环境有赖于全球经济的活力，也有赖于解除诸如外债重重、发展资金不足、高贸易壁垒、低迷的商品价格以及不利的贸易条件之类的发展束缚。必须承认的是，工业化国家已经认同了旨在

① *Accelerating the Development Process*: *Report by the Secretary - General of UNCTAD to the Eighth Session of the Conference*, part 2, chap. 1, 'Market Forces, Public Policy and Good Management'; and 'Report of UNCTAD on its Eighth Session (1992)', n. 14 above.

实现非通胀增长、加强结构性调整以及避免不必要的汇率波动和金融市场混乱等方面的那些适宜的国家宏观经济结构政策的极端重要性。也许更为有益的是一种郑重的承诺，承诺以受益他国的方式缩小贸易不平衡，努力致力于激活世界经济的发展，并争取营造一个有助于发展的可预见的国际经济环境。

联合国机构在塑造着这些共同态度上起了决定性作用。它们也努力地把一些由它们所倡导的行动纲领概括为主要的文本文件，如：1990 年 5 月联合国大会第 18 次特别会议上所采纳的决议;① 1990 年 12 月通过的第四个发展十年的"国际发展战略"②，1992 年 2 月第 8 届联合国贸发大会通过的"卡塔赫纳"决议③，以及以一种进步的观点来看，1992 年里约环境与发展大会形成的最后决议。④

在这些决议通过后的短时期内，其效果参半。对于一些特定问题特别是消除贫穷和保护环境，人们的观点十分明朗，同时对于随之应采取的策略，更大的共识也逐渐浮出水面。但是，发展中国家市场经济的衰退，国际经济环境的持续，加上 1991 年的波斯海湾战争和苏联的解体，这些因素严重损害了以上文件所包含的行动准则中的某些基本前提。所以，在国际决议中做出的承诺与国际社会的一些重要角色所采取的行动之间的差距仍然很大。

如果能得到有效的鼓励和动员，那么以上提及的共同态度还是能够发展成为这样一种信念的，即世界经济的稳定和增长取决于高水平的国际合作，以更好地管理相互依存。相互依存可以成为促进经济增长和发展的长期手段，使大家在正和博弈中获益，但这需要两个条件：

---

① GA Res. S – 18/3 of 1 May1990.

② GA Res. 45/199 of 21 December 1990, annexe, 'International Development Strategy for the Fourth UN Development Decade'.

③ 'Report of UNCTAD on its Eighth Session (1992)', n. 14 abve.

④ 关于里约宣言和联合国环境与发展大会通过的其他文件，请详见 *International Legal Materials*, 31 (1992), pp. 814 – 87。也可参见帕特里西·波妮的下面一章。

其一是国家战略的制定，尤其是经济强国的经济政策的制定，应以一种相互促进的方式来促进世界经济的建设性调整和整合为宜。其二是应共同努力致力于对支撑现行国际经济关系的体系、结构和安排的改革，特别是之于贸易、货币和金融方面。

至于各国能否在这些认知的基础上积聚必要的政治决心以再次激活世界经济的增长与发展则是另外一回事了。这项宏伟的事业要求：穷国和富国一道为了促进经济发展能在"主权平等，互惠互利，责任共担"的基础上达成一种新型的伙伴关系。当然，它的成功关键有赖于联合国以及其周围所建立的一系列国际组织所付出的一贯努力。

如果联合国要有效地解决这些前所未有的变化给发展带来的新挑战的话，那么它以一种综合协调的方式——并且在一个连贯的概念框架内——处理这些不同方面的问题的能力必须得到加强。我们希望，现在联合国内兴起的改革之潮，以及此前联合国贸发大会意义深远的机构改革，能为实现以上目标做出有益的贡献。

二、未来面临的问题与挑战

1. 全球政治经济环境中的变化

国际政治经济环境中的变化，虽然其中许多是难以预知的，但它们仍为能在和平、合作以及改善人类生活状况的基础上建立新世界秩序开启了新的前景。克服发展过程中许多困难的手段虽然已是可以达到，但其前景却布满了困难与风险，国际层面和国家层面上对这些困难的应对将要决定是否能形成一个健康、稳定、公平的世界经济。令人注目的主要大国之间紧张局势的缓和为老版的"化剑为犁"注入了新的精髓。工业化国家进行的裁军进程也会有助于资源释放以缓解全球经济压力，并为发展提供支持。发展中国家也就因此能够更好地重新配置那些现在还用于军事建设的资金，并以此来提高国内生活水平。此外，在世界许多地方掀起的政治经济改革大潮以及对人权的尊重，正加快行进的步伐。以上这些进步又燃起了人们的新希望。希望政府能够以坚定的信念，在国际和国内层面上拓展机遇，使所有的人民享有更多的经济和社会福利。

与此同时，许多不确定的因素仍然存在。在许多地区都存在着政治上的不稳定性和紧张局势。强烈的民族主义新主张，各种社会纠纷，以及破坏民主进程的暴力，都严重地威胁着许多国家的和平与安全。经济失衡仍然是难以预料的。另外一点值得关注的是，在缺乏精心设计的积极的财政政策的情况下，过多地依赖货币调节政策会延迟甚至阻碍工业化世界里经济的复苏。

中东欧剧变对于东西关系产生了巨大影响，也对发展中国家在国际政治和经济力量重组中的地位提出了挑战。剧变带来的直接后果之一无疑是这一地区的国家对发展中国家的官方发展援助的急剧减少或终止，尤其是针对那些走社会主义道路实现经济社会发展的国家。更为重要的是，这种剧变引发了两个具有深远意义的重要问题。第一是如何使中东欧国家融入进国际金融体系而不会给体系本身施加更多的压力，尤其是鉴于目前人们对该体系是否具有足够的财政能力进行投资活动投入了更多关注的情况下。第二是如何在不分散对发展中国家的发展资金投入，尤其是官方投入的情况下，满足他们数目巨大且不断增长的资本需求。鉴于上述以及其他的原因，人们担心，这种对包括前苏联在内加盟共和国的中东欧国家改革进程的专一性支持，可能会削弱旨在解决发展中国家的贫穷和不发达的多边行动的动力，尽管这种支持可能最终会给世界经济带来某些长期利益。

自从 20 世纪 80 年代以来世界经济中发生的许多结构性变化都源于技术进步。如前所述，技术创新使一个由 70 年代放松金融管制催生出的趋势，发展成为一个巨大的由基金和金融工具组成的全球市场。

主要由于信息技术革命的巨大进步，80年代又出现了另外一波重要的国际联系态势，其主要特点包括投资技术的流动以及不断增加的国际公司和研究网络。这种发展现象被称之为全球化进程，它使得创新以及生产、分配、服务体系上的流动性在企业盈利过程中扮演了更为关键的作用。这种态势带来的一个结果是国际贸易越来越多的是在公司内部或有关公司之间进行的。另一个结果是公司对于原料、生产、市场的相关决定，更多的是以全球环境为参考体系的。贸易、投资、技术、服务以及支持它们的金融基础之间的相互作用和相互影响因此便以一种高密度的方式增长，为相互依存的发展增添了新的动力。

这些新的因素却侵蚀了政府决定经济事件发展进程的能力，尤其是它们使发展中国家自主决策的余地变得更小了。同时它们也加剧了一些小规模经济体的脆弱性，这些小规模经济体对外相当开放，因而容易受到外部世界影响，但其自身规模不够大，所以其政策无法对其他经济体产生重要的影响。

过去的几年中，人们对以共同市场、关税同盟或自由贸易区为中心的一体化安排重新表现出浓厚的兴趣。旨在加强发展中国家间经济合作的组织方兴未艾。由主要贸易伙伴参与的大范围经济空间逐渐显现，这无疑将推动贸易自由化进程，并通过它们增长的影响为多边贸易体系赋予新的动力。然而，如果在管理过程中不遵循体系的准则、原则和规范，那么这种巨大的经济空间会变得内生化，会把调控负担转嫁给第三方，会为发展中国家的出口上带来贸易转移和其他问题，并大大增加引起贸易争端和摩擦的潜在隐患。

人口的增长与生育率，加上随之而来的年龄结构的变化，已经成为了影响可持续发展的关键议题。它们为储备资金的调用和能源配置都提出了严峻的问题，同时它们为许多发展中国家中就业机会的创造、教育、培训和社会服务等多方面增加了更大的压力。国际移民也成为移出国和移入国都日渐关注的一个问题，虽然目前双方国家采取了某些措施来应对，但从长期来看，其关键问题在于国际社会是否能够通过加速世界范围内的可持续发展积聚足够的政治承诺以降低更多的移民倾向。

另外一类棘手的问题来自于环境和发展之间的相互影响，这是1992 年 6 月召开的联合国大会的主要议题。① 该次大会重申了可持续发展的概念，同时强调了所有国家拥有的共同利益及应承担的责任，并坚定地把对环境的关切置于经济增长的大背景下考虑。大会还着重考虑了以下议题，如：导致生态体系恶化的经济活动、贫穷的持续、经济发展的质量以及可持续发展所必需的国际国内的经济调控措施。现在，摆在国际社会面前的挑战在于如何把里约大会的共识转变成现实，要实现这个目标，最重要的是需要确保财富不再继续引发自然资源的浪费，而贫穷作为环境恶化的罪魁之一也能被逐步消除。有鉴于此，保护环境和促进经济发展必须携手共进。

保障可持续发展明确要求所有的国家在宏观、微观经济政策上都要进行意义深远的变革。除了要重新评估工业化国家迄今为止已被广泛接受的消费模式和生活方式以及发展中国家对自然资源是否有较好的管理之外，这种变革还要求大力加强国际合作以促进发展，获取无害环境技术，为发展中国家提供更多的资金帮助以及消除贸易壁垒等许多内容。这无疑需要在联合国机构内进行有各国充分参与的谈判及其他工作。这一点特别重要，尤其是在正规的经济学理论无法提供确定的解决方案，或外部环境需要内化以及需要为保护和管理自然资产分担责任时。事实上，可持续发展为所有的发达国家及发展中国家提供了通过发展对话追求其国家核心利益的极大空间，这对加强促进发展的国际经济合作提供了近年来前所未有的契机，尽管会遭遇重重困难。

---

① 关于 1992 年召开的里约环境与发展大会上的文件，请参见 *International Legal Materials*, 31 (1992), pp. 814 – 87。也可参见帕特里西·波妮的下面一章。

2. 对联合国经济发展业绩的批评

对于联合国在经济发展援助行动中的业绩表现，近年来批评之声渐强。这些批评多为老调重弹，其激烈程度与许多国家内部关于经济与金融调控上的争论相差无几。然而，就联合国所代表的世界范围而言，作出严谨的评估却常常要受制于缺乏对相关事实和一些合理的不同意见的了解。结果，这些评估，无论是由专家作出的还是在一些有影响的政府资助下作出的，却经常是基于一些不正确的信息（通常是有新闻价值的类型）或者是不完整的事实依据和分析。

近年来对联合国的批评之声渐多，究其原因，与其说是联合国在能力上确实出现了新的退步或其表现上真的不尽如人意，倒不如说这与前面探讨过的政治经济哲学中的标志性转变以及部分国家的政府大大减少了其在经济发展多边合作上作出的政治金融承诺这两方面的原因有关。

这些批评的惯常轨迹是十分清楚的，尤其是在发达国家的官方层面。早在 1985 年，莫里斯·贝特朗就深刻地陈述过这些观点。① 根据这些观点来看，在执行其成员国赋予的"通过国际合作"来实现经济和社会发展任务的过程中，联合国运作的体系不能适应其"发展援助计划"的实施。具体来讲，它的单项援助计划从概念上就与发展问题互不相干且互不协调，同时支离破碎，其理论逻辑上也并不连贯，而且只能进行遥控操作。因此，这样的发展计划在理论分析上和功能操作上缺乏一致性，并且缺少一种轻重缓急的意识。它们由于重复劳动和无益的分工容易造成浪费。除了这些操作缺陷之外——某种程度上也许是这些操作缺陷的根源——它是一个无法管理的政府间谈判和决

---

① Maurice Bertrand, 'Some Reflections on Reform of the United Nations' (JIU Report 85/9), UN doc. A/40/988 of 6 Dec. 1985.

策机构。更糟糕的是，它缺乏系统资源配置程序和有效的责任机制。最近，更多类似的责难更是集中指出需要改进联合国秘书处内部的行政管理实践上。例如，在 1993 年初，即将卸任的主管行政管理的副秘书长迪克·松恩贝格呈交给秘书长的报告中就清晰而坚决地表达了这种观点，也吸引了媒体的广泛关注。①

这些确实是严肃且实质性的批评。要想在联合国经济发展机构的运作中找到上述缺陷的例证，并非难事。在一定程度上这些或其他的缺陷确实存在，并且能以有益的方式加以克服，因此就应当大力推进现行的改革。事实上，继续进行积极谨慎改革的重要性使目前联合国内部的机构调整在政府间层面更集中于发展援助活动的治理和协调、财政安排、主要运行机构间的联系以及在受援国层面对这些援助的协调和合作。

就联合国秘书处而言，秘书长于 1992 年 2 月开始推行对位于纽约的经济和社会机构进行意义深远的组织改革——外界观察家对此反应不一——这一项改革目前还处在实践的检验中。更重要的是，这场改革的触角也将深入到整个组织有关经济和社会领域中的其他部分。在推行改革的过程中，秘书长为联合国的未来勾勒了这样的前景，它应能以其对政治和安全领域内的承诺用同等的紧迫感和责任感来看待其经济和社会发展目标；在处理经济、社会、人道主义问题上能充分发挥其核心协调能力；能充分利用好其在区域委员会和不同联合国项目及机构之间的跨部门能力；在联合国中，其中的经济和社会研究及政策分析、运作活动、人道主义援助和促进人权都是相互支持、相互加强的。他的提议的精髓——旨在建立一个更加有效而且合理的秘书处，能为政府及政府机构提供更好的服务——提议在 1993 年 4 月得到了成

---

① 'Report to the Secretary-General of the United Nations', by Dick Thornburgh, Dated 1 Mar. 1993, unpublished.

员国的公开赞同。成员国们广泛认同秘书长调整机构的举措可以带来一个更加负责、更加讲究效益的秘书处。在这样的机构里，其各部门的工作重点更为集中，责任也更为明晰，通过消除那些不必要的重复性工作来促进一致行动以实现整个组织的高水平运作。

关于机构改革的另一例证体现在 1992 年 2 月的第 8 届联合国贸易和发展会议。这次大会上达成了许多目前还在充分显效的决策，主要包括：重新定义了贸发大会的功能；重建其政府间的相关机构；全面重组其主要工作并更新其工作方法等。这些改革的宗旨就是在于提高贸发大会处理国际经济合作和发展中面临的新挑战和新机遇的能力。它们已经成为联合国其他机构改革的楷模。然而，需要指出的是，改革中关于新工作方法一项遭到了一些发展中国家的批评，因为它似乎要以"分析、反映、形成有益共识"取代作为贸发大会中心工作的谈判过程。

然而，这些改革还是卓有成效的，但是这些改革所针对的缺陷是否就是造成大家对联合国在推动发展行动中的业绩表现难以满意的原因仍有争议。无论如何，对组织机构及工作方法上相关缺陷的纠正并非能必然促进国际合作的发展。同样关键的是国际社会对世界发展承诺的质量及国际经济政策中的政治维度。因此，焦点自然就拓展到了联合国之外。

3. 扩大分析范围

镌刻在《联合国宪章》上的"宗旨和原则"是成员国们自愿承担的并希望以此来引导他们国际行为的纲领；并非是它们在参与和资助联合国和其机构共同活动时所需要履行的职责。要对联合国在经济发展方面所起的作用有一个公正且更易于理解的详细评估的话，我们必须以一个更加开阔的视野来看待这个问题。这就要求我们不能把眼光局限在联合国内部，而必须包括整个国际经济组织以及国家间的经济关系。

以这样一种视角来看，我们就会发现，虽然联合国的努力及其拥有的资源都相对微薄，但其对国际政策的潜在贡献却十分显著。同样以这样的视角出发，我们就能更好地理解联合国在行动有效性上的外在局限所在，也就能够明白为什么虽然现行的联合国改革是有益的，但它却不能自行纠正其在国际发展合作中的失误的理由所在了。目前，只有通过深刻的反思国际发展合作的基础、实践及其未来更广义的概念，才能使关于联合国在经济发展中作用的评论趋于完整。

任何这样的反思都可能从联合国对发展问题承诺的程度开始。有人的确会对这些承诺的可信性表示怀疑。① 较之《联合国宪章》对描写和平时那坚定果断而直接的话语——"为了拯救我们的后代不受战争的涂炭"，"为了维护国际和平与安全……应以有效的集体行为防止和消除对和平的威胁"等——用于经济发展上的语言就显得软弱且模棱两可了。这些语言包括"运用国家机构，以促进全球人民经济及社会之进展，促进国际合作，以解决国家间属于经济……之国际问题……"②

自从 1945 年以来，许多新概念被陆续提出以支持联合国发展承诺观点——从 50 年代的"自助"和"平等机会"到 60 年代的"理智"与"慷慨"；从 70 年代的"伙伴关系"和"互惠"到 80 年代的"相互依存"和"集体安全"等。尽管这些概念本身体现了很大的进步，但却没有一个能成功地为一个动态且可预见性的国际发展合作体系提供坚实的理论基础。以前，这种规模的合作本身就并不具有自我催化的本能，相反，对有组织有系统的合作的背叛似乎是一种极有吸引力的选择。因此，从最初开始，问题与挑战就层出不穷，其中包括：推

---

① UN, Dept. of Public Information, *Is Universality in Jeopardy?* (UN, New York, 1987), a collection of papers prepared for a symposium commemorating the UN's fortieth anniversary.

② UN Charter, Preamble and Art. 1.

动全球发展合作的令人信服的根本原因在哪里？早前出现的给人以希望的好兆头是否足以产生必要的推动力？我们是否需要以深刻的洞察力来了解人类社会合作形势的演变，并在此基础上组织更切实际的合作模式来推动社会进步？这些国际合作的模式大都是专家策划的、协调统一的、事先有严格规划的还是逐渐演化的？

把这个问题在此提出已经大大超过了对南北对话或谈判的架构的讨论。经济问题确实需要在联合国事务中得到更高的关注：不同的国际经济组织的政策与行动之间的一致性无疑是有益的，谈判机制的改善亦如此。然而，如前所述，这并不意味着，有机地重构和改革政府间研讨及谈判的程序就足以解决诸如联合国成员国对世界发展和共管国际经济体系所做承诺的品质的核心问题。

4. 教条主义和单一的发展模式

要想使 180 个背景不同的国家在不远的将来，对于发展的概念以及为实现发展目标而需采取的政策和举措等问题有一个共同和普遍的理解，这种情况大概是不太可能的。虽然如前所述，大家在许多方面已有共识，但许多发展中国家和发展援助的提供国之间就发展前景以及促进发展的方法等方面仍有相当大的分歧。这些分歧常常触及的是有关发展合作的作用及其表现的核心问题，它们也反映在发展中国家和国际货币基金组织及世界银行这两方面的摩擦上。后者常被认为是那种针对千变万化的经济失调状况却总是提出千篇一律建议的机构，因此这就导致了它们对每一个发展中国家的特点和潜力以及这些国家已经制定什么样的或想要制定什么样的发展目标都不够敏感。要想获得这些机构的资金援助，并通过它们的批准进入私营资本市场，须以接受和执行这些机构提出的建议为条件。很多情况下，发展中国家都没有任何选择的余地，除非奉行完全封闭的政策。

对于国际发展合作这方面的大多数批评都有两个基本的关切。首

先，对于现行的发展理论的教条和准确性异议颇多。现行的发展理论
完全是建立在价格作用——包括产品、资本、劳力和外汇的价格——
以及怎样"建立合理价格机制"的极端重要性上。相应的，近年来关
于这方面颇有研究的批评不断增多。① 第二个关切源于人们对一种单
一的发展模式作为一种普遍的标准推广至全球的可能性的怀疑，因为
发展中国家的国情、国力和社会经济偏好、政治价值都迥然各异。东
亚和东南亚的一些国家有时常被引为"成功的范例"，但是，对于判
定这种"成功"的适用标准，质疑之声却很强烈。另外，这种几乎完
全是以私营企业和开放外资外贸的形式——通常称为外向型经济——
为主导的经济成功模式，即使是以这些国家为例，也都遭到以更谨慎
和更有说服力的阐释为基础的驳斥。②

　　国家内部长期以来就一直对这种发展模式有着较为合理的批评。
下面的例子值得引用：

　　　　最终，还是市场和政策起主导作用，进口替代与促进出口会
　　同时存在于国家经济形式中，并且会呈现出超出我们预想的一种
　　相互促进与支撑的关系。但是，从一个公平的角度来看，如果我
　　们的那些重要的国际金融机构只注重于可形成某种成功发展政策
　　的一个单一模式或者只会狭隘地定义某项有效稳定计划的话，那
　　是毫无裨益的。这种情况限制了国际货币基金组织和世界银行运

---

① 关于一些有益的总结性材料和进一步的参考资料，可详见 *Towards a New Bretton Woods*：*Challenges for the World Financial and Trading System* (Commonwealth Secretariat, London, 1983)；Edmar L. Becha and Richard E. Feinberg, 'The World Bank and Structural Adjustment in Latin America', *World Development*, 14, no. 3 (1986), p. 333；Tony Killick, *Balance of Payments Adjustment and Development Countries* (Working Paper no. 17, Overseas Development Institute, London, June 1985)；and Robert Cassen (ed.), *Does Aid Work? Report to an Intergovernmental Task Force* (Oxford, 1986)。

② John P. Lewis and Valeriana Kallab (eds.), *Development Strategies Reconsidered* (overseas Development Council, Washington DC, 1986)。

作的范围和有效性，因此会严重的损害它们的重要作用。而且，当它们需要应对不同类型的政府和经济体系时，它们会因为代表……某种意识形态而被政治化。[①]

以上阐述的这一点是对未来最严峻的挑战。国际发展资源如何才能摆脱预设的政治意识形态和僵化的经济发展规范的限制呢？通过什么样的手段才能使国际金融机构更开放和更积极地应对发展中国家的观点，并对折中主义的学术研究更为敏感呢？

5. 国际经济政策环境的重要性

发展前景还有赖于外在经济政策环境，这与外部发展援助截然不同。根本上讲，这种环境比资源的转移更为重要：很大程度上正是这种环境决定了发展中国家获取自身发展资源的能力。发展援助只能作为本身努力的一个补充，因此国际经济政策成为发展中国家与发达国家产生冲突的"竞技场"就不足为奇了。

如果缺少了对外在经济政策方面的关注，那么任何对于联合国在促进经济发展方面的作用和努力所作出的评估都是不完整的。令人感到惊奇的是，大量的关注都集中在由联合国机构执行的相对较少（大约为发展总援助的10%）份额的管理和效率上，而不是（1）关注由联合国之外的其他国际机制和政府所管理的较大部分的援助，（2）也没将国际经济政策看做是国际发展表现的重要决定因素之一。

联合国及其相关机构，包括贸发大会在内，已经为成员国提供了许多论坛，影响发展中国家的经济政策可以在这里进行辩论，而各种改革和创新提议也可以从理论与实践的不同层面加以探讨。这些努力

---

① 选自耶鲁大学国际和区域研究中心副教授 Colin I. Bradford 于 1985 年 7 月 25 日在美国众议院国际发展机构与金融委员会前所作的演讲。

的主要目的是为发展中国家的出口营造一个更为自由和公平的国际贸易体系，为初级商品贸易创造稳定的条件，以及创建一个可预见性的更为有效的国际货币和金融体系。近几年来，对于国际经济政策的这些方面的关注日趋紧迫，这是因为：新的贸易保护壁垒不断出现；一些重要商品的真实价格已经下降到1890年的水平；特别是更贫穷国家的债务负担不断加重而同时他们的偿还能力却不断下降；失序已经成为国际货币体系中的长期特点。在过去的25年或更长时间以来，尽管这些论坛的开展取得了相当可观的成就，但就其整体而言，并未达到国际社会的预期。

现在的核心问题在于：很明显，那些主要工业强国并不愿意在承认世界经济相互依存这一现实的同时，准备与其发展中国家的伙伴们一起共同管理以世界贸易、货币、金融体系为代表的全球经济共同领域。关于这些事项的基本情况已经十分清晰了。联合国内部的改进是势在必行的，甚至是急迫的，包括以下这些方面：提高研究的质量、注重对发展中国家国内政策的分析、改革工作方法与目标以及使谈判程序更有条理性等。但是归根到底，究竟这些是不是阻止国际经济政策进步的主要障碍，尚可商榷。令人感到遗憾的是，由于把关注点局限于发展援助上，很多对联合国在促进国际发展合作行动的评估都没能预设国际经济的共同管理可以成为更广泛合作的工具之一。

对于国际经济政策的问题，未来的挑战同样严峻。通过什么样的手段才能使主要工业化国家的政府从其长远利益出发，在对待诸如共同管理国际经济体系的事项上提高他们现有的共识水平呢？如果这被证明是一个不可能完成的任务，那么把多元化的南方纳入霸权的北方会是一个在政治上切实可行的长久方案吗？抑或一个平行于南北敌对的体系会出现吗？而摆在联合国面前能实现国际社会长远目标的唯一途径，正如一些人所认为的那样，就只能是坚忍不拔地谋求任何可能即使是微不足道的进步吗？

三、结论

这一章已经提出了许多关乎促进发展之国际合作的许多基本的挑战性的问题。我们这样做是为了把联合国的参与行为放在组织成员国所认同的宗旨和原则这个大环境下来考虑。面对这些问题和挑战，本章并未提出任何智慧的解决方法。

还有许多其他的相关重要问题我们没有认真分析，例如，怎样才能增加发展中国家自身的能力使它们能以协调的长期发展形式来规划它们的发展目标？除了OECD（经济合作与发展组织）发展援助委员会里所应用的机制外，并在考虑到双边资金援助占官方发展总援助的75%这种情况时，还可以应用什么机制来增强援助的互补性和有效性，并加强发展援助的流动性呢？如何才能拓展那些常被忽视的联合国体系的自主性机构的贡献呢？

其他一些问题本章虽然有所提及，但需要进一步探究。联合国在保障核心经济政策中执行那些连贯并相互促进的经济手段上应该发挥什么样的作用呢？而政策上的不协调又常常表现在以下诸方面，例如：表现在债务人为偿还债务而作出的努力与一些债权国实施的贸易保护主义之间；表现在结构性调整计划与世界经济的整体低迷状态之间；表现在国际社会规划的发展目标与一些稀缺资源（也许这些资源在世界的某些地域不属于稀缺资源）的生产停滞之间；表现在对发展中国家增加进口量的迫切需求的认知与该问题整体范围内的资金匮乏之间；以及表现在政治上所追求的广泛策略与单个的经济问题之间。

本章提出的这些问题对联合国成功地完成其使命至关重要，但它们都常常被认为与联合国的日常功过相距甚远。但是，我们必须抓住每一个机会来表达和反思这些问题，提出有建设的洞见以加深我们的共识。

第十章 联合国与环境

帕特里西·波妮

一、联合国环境计划的发展框架

1. 联合国目标中关于环境问题的缺失

《联合国宪章》中并未提及环境保护。在设定其目标和原则时也并未明确提及防止污染和保护资源的目标，或者对可持续发展的需求。这并不奇怪，由于国际联盟未能阻止第二次世界大战，人们意识到有必要用《宪章》来纠正国际联盟的不足。正是这些不足被认为导致了这次失败，以及在这些事件过程中发生的破坏人权的现象。此外，在1945年，除了联合国外的一些临时性的看法之外，联合国并没有认识到任何保护环境的需求。

虽然《宪章》首要试图禁止使用武力破坏其成员国领土完整，但其创始人意识到和平和安全需要设定一些条件，在这些条件下，能够维持对条约和其他国际法义务的尊重，以及依据"较大自由中的生活水平的改善"的经济与社会发展的提升，这就需要建立和使用新的国际机制。当环境议题最后被提上联合国议程时，联合国便依据那些根据《宪章》建立的政治和行政机构的宽泛目标和宽广权力，将环境问题引入到联合国的计划之中。

但是在 1945 年，除了一些非政府组织之外，联合国的环境意识还很差。除了一些渔业委员会、一个关于捕鲸的公约和一些关于候鸟的协定之外，而且所有这些都与联合国无关，国际上几乎没有提出什么多边法律或行动计划。

在 1972 年由联合国大会在斯德哥尔摩召开的联合国人类环境会议（UNCHE，UN Conference on the Human Environment）之后，这种局面在联合国体系的内外发生了引人注目的变化。这次会议关注人类在环境质量方面的权利，以及应对影响这种权利的各种正在出现的问题的必要性，比如防止一切来源的污染和保护生物资源。从那以后取得了很大进步，如缔结了大量公约，许多是在联合国或其专门机构或计划之一的支持下取得的。发达国家与发展中国家之间的经济和科技差距成为被高度关注的问题——部分因为这一问题制约了现有公约在全球范围的执行，如那些关于臭氧层、气候变化和生物多样性的公约；也制约了关于诸如森林退化等有争议问题的新公约的缔结。发展逐渐被视为解决这些问题的关键，但是对南北国家来说，经济代价都是极其巨大的。联合国试图通过在里约热内卢——具有重要意义的是在一个发展中国家——召开 1992 年联合国环境与发展会议（UNCED，UN Conference on Environment and Development），将世界的注意力同时集中于环境与发展。

2. 发展的优先地位

既然目前在世界上出现了环境危机感①，为何环境问题直到最近

---

① 甚至在本书 1988 年出版的第一版，那时普遍认识到环境问题是将当今世界分裂的那些问题中的前沿问题，但也没有章节探讨它们，只有一位作者——贾奇·辛格（Judge Singh）在简要探讨"全球公域"（global commons）时——特别提到了它们。*United Nations*, *Divided World* (1st edn. , Oxford, 1988), pp. 186 - 7. (也可见后文。)

都如此被忽视呢？如同考德威尔（Caldwell）指出的那样，在科学与公共事务中，对严峻的环境问题的认识并不相同，被前者界定为环境危机的问题并不总是符合政府与国际机构及其支持者的主流意识和对优先次序的安排。① 因此并没有划分严峻环境问题的普遍标准。在联合国体系中，发展是大多数20世纪60年代和70年代作为前殖民地获得独立的国家的首要目标。1962年的联合国大会采纳了一项关于"自然资源永久主权"的决议②，宣布民族和国家享有这种主权的权利。它不是特指保护这些资源或保持生物资源的生长，而是要求这些权利的行使必须符合国家的发展利益和相关国家内的人们的福祉，虽然后一个要求从对环境问题的事后认识来看，表明已经注意保证这些资源的长期可持续性。甚至在1972年的联合国人类环境会议之后，联合国大会于1974年通过的《建立新的国际经济秩序宣言》和《各国经济权利和义务宪章》③，强调经济发展与国家选择实现经济发展的方式和目标的权利。虽然后一个决议认识到，在开发国家间共有的自然资源时，各国必须彼此合作、通报和协商，但其表述的目标是实现资源的最佳利用，尽管不损害其他国家的合法权益。后一个表述可能包含保护和保存这些资源，但这没有被清楚地说明。

联合国从其建立起就开始将经济发展问题与环境问题相分离，尽管各种形式的发展侵蚀了作为其基础的环境资源。一个转折点是1987年世界环境与发展委员会（WCED，World Commission on Environment and Development）报告的公布。④ 世界环境与发展委员会的报告最后呼吁采取"可持续发展"的新道路，并认定它将成为发展中国家与工业

---

① L. Caldwell, *International Environmental Policy* (2nd edn. , Durham, NC, 1990), pp. 15 – 16.
② GA Res. 1803 (XVIII) of 14 Dec. 1962.
③ GA Res. 3201 (XXIX) and 3202, both of 1 May 1974.
④ *Our Common Future*, Report of the World Commission on Environment and Development (Oxford, 1987).

化国家的共同目标。① 但环境保护不同于经济、政治和社会问题，它此前并未像保护国际安全——联合国的主要目标——被关注的那样被视为一个主流问题，此后它被当做确保稳定与维护人类生存的关键因素被提出。世界环境与发展委员会的报告推动联合国大会召开了 1992 年的联合国环境与发展会议，这次会议的目的在于将联合国计划和其他相关计划的环境与发展层面综合起来。要理解实现这些目标过程中所涉及的问题，有必要认识到在联合国中以往被遵循的一般实用路径和部门路径的原因和结果。

3. 联合国环境政策的组织框架

联合国体系的缔造者认识到国际联盟失败的深层原因在于它缺少应对大范围经济与社会问题的制度化手段。国际联盟不得不依赖各种内部委员会：尽管在国际联盟之外还存在着许多政府间公共联盟，但国际劳工组织是唯一已成立的与之有联系的功能性国际组织，同时一些涉足环境问题的非政府实体，如动物学会（Zoological Society）和国际海洋勘探理事会（ICES, International Council for Exploration of the Sea），已经分别着手解决诸如候鸟与迁徙动物以及过度捕鲸问题。各种相关的国际会议陆续召开，并缔结了一些国际协定。②

《联合国宪章》的起草人抓住了 1945 年改变这一体系的机会，用比国联的目标更为宽泛的词汇表述《宪章》的目标，包括承诺"促成国际合作，以解决国家间属于经济、社会、文化、及人道主义性质之国际问题，增进并激励对于全体人类之人权及基本自由之尊重"。他们规定联合国"构成一协调各国行动之中心，以达成上述共同目的"。并且为之组建了各种机构——联合国大会、安理会、经济及社会理事

---

① *Our Common Future*, Report of the World Commission on Environment and Development (Oxford, 1987), pp. 2–4.

② 参见 Caldwell, *International Environmental Policy*, pp. 30–40, 举例部分。

会、托管理事会、秘书处以及国际法院。之后，依据《联合国宪章》
建立了国际法委员会，负责国际法的编撰与发展进步。

联合国设有五个地区经济委员会——非洲（ECAF，非洲经济委员
会）、拉丁美洲（ECLA，拉丁美洲经济委员会）、西亚（ECWA，西亚
经济委员会）、亚太（ESCAP，亚太经济委员会）和欧洲（ECE，欧
洲经济委员会）。尽管它们的明确目的是促进经济发展，但之后在
《联合国宪章》宽泛表述的目标下，它们也能提出环境行动的计划。
如非洲经济委员会现在就参与到对使用自然资源的环境评价与管理之
中，还包括由于 20 世纪 80 年代在非洲倾倒有毒废物被曝光以来，对
污染的控制与废物的处理。但欧洲经济委员会是最为活跃的，缔结并
管理关于远程跨国界大气污染（LRTAP）① 和关于环境影响评价的公
约②，还有到 2000 年及以后在其成员国制定《关于运程跨国界大气污
染公约》的议定书，以及长期环境保护和合理使用自然资源的地区战
略，这使它参与对区域内保护野生动物和其他资源的法律和协定的地
位的广泛评估。

随着时间的推移，联合国也在其结构内建立了大量的委员会、理
事会和自主实体。其主要决策机构的权力以更宽泛的词汇表述，它们
的决策程序也比国际联盟更为灵活——决议在未达到全体一致的情况
下仍有可能通过——促进了对环境实体、战略和行动规划的引入。但
是，考虑到联合国内北方（发达国家）与南方（发展中国家）的政治
分裂，这些一般都以宽泛的"目标设定"的词汇来表述，一些例子包
括联合国大会通过的《世界大自然宪章》（WCN，World Charter for

---

① 1979 Convention on Long-Range Transboundary Air Pollution, Geneva, *International Legal Materials*, 18 (1979), p. 1442.

② Convention on Environmental Impact Assessment in a Transboundary Context, Espoo, Finland, *International Legal Materials*, 30 (1991), pp. 802 – 19.

Nature）① 与《2000 年及以后的全球观察》 （Global Perspective to the Year 2000 and Beyond）②。

尤其重要的是联合国与各种专门机构的联系，这些机构根据政府间协定自主建立，正像建立它们的条约所界定的那样，它们在经济、社会、文化、教育、卫生和相关领域拥有广泛的国际责任。直接参与环境保护相关的问题的专门机构包括国际劳工组织（ILO）、联合国粮农组织（FAO）、国际海事组织（IMO）、联合国教科文组织（UNESCO）、世界卫生组织（WHO）、世界气象组织（WMO）、国际复兴开发银行（IBRD 或者世界银行）。国际原子能机构（IAEA）也与联合国有联系并参与到环境政策之中，虽然它不是一个专门机构。

由于经社理事会被授权同一些机构达成界定它们之间相互关系的协议，联合国与这些机构的关系就根据机构的不同而不同，经社理事会通过与这些机构商讨并向它们提出建议来协调它们的行动。③ 由于经社理事会能从事或发起对经济、社会、文化、教育、健康及相关问题的研究和报告，并随即不仅向联合国大会或联合国成员国提供建议，也向相关的专门机构提供建议④，它在整个联合国体系制定环境政策方面能够发挥重要作用。

多年来，根据《联合国宪章》的规定，经社理事会的职责在于经济与社会问题方面，这只会间接地促使它考虑环境问题。如在为第三次联合国海洋法会议开展的各种研究中，其作为功能委员会更多地专注于发展和人权问题而非环境问题。此外，它的角色更多地被联合国大会所替代，在大会的权威下运转，大会的政策起主导作用。但是，

---

① GA Res. 37/7 of 9 Nov. 1982, *International Legal Materials*, 22 (1983), p. 455.
② Text in *Environmental Policy and Law*, 18 (1988), pp. 37 – 8.
③ UN Charter, Art. 57.
④ UN Charter, Art. 63.

联合国目前的改革倡议①的目标是在经济、社会及其相关领域复兴与重组联合国。首要的意图是重新调整经社理事会的焦点，促进联合国计划的整合路径：联合国大会和经社理事会工作的互补性正在由前者评估，一个着眼点就是避免现存的重复，包括决策、评估和监督作用的重复。改革提供了机遇，使这些机构更加适合完成执行联合国环境与发展会议行动计划（也就是众所周知的《21 世纪议程》［Agenda 21]）所要求的任务。但考虑到联合国环境与发展会议②中明显存在的以及长期主导联合国大会与经社理事会争论的南北分化，能否抓住这一机遇仍有待观察。经社理事会发起了 1972 年的联合国人类环境会议，由它来促进《21 世纪议程》设定的可持续发展政策是尤其合适的，因为它拥有向专门机构提供建议的权力。

经社理事会选出联合国大会于 1992 年创立的可持续发展委员会（CSD，Commission on Sustainable Development）的成员，确保其参与联合国环境与发展会议之后的进程。联合国大会 1992 年批准建立由布特罗斯－加利（Boutros-Ghali）秘书长召集的高级别咨询委员会（High Level Advisory Board），在可持续发展的各方面给秘书长提供建议。秘书长致力于建立联合国内经济、社会与环境各部分的目标统一，并把其作为重组秘书处的一部分。③ 但仍然有必要在联合国总部与在日内

---

① 尤其可参见 UN doc. A/Res/45/264 of 30 May 1991: 'Restructuring and Revitalization of the United Nations in the Economic, Social and Related Fields'.

② 这在 'Environment and Development: Towards a Common Strategy of the South in the UNCED Negotiations and Beyond' (South Centre, Follow-Up Office of the South Commission, Geneva, 1991) 中被清晰地揭示，强调了南方国家追求重建全球经济秩序的必要性，这能使南方国家获得充分快速发展的资源，以满足其日益增长的人口的需求和渴望，南方国家拥有达到其目的的足够的"环境空间"。（参见 pp. ii－iii and 3－9。）

③ 比如，可参见 *Environmental Policy and Law*, 22 (1992), pp. 302 and 304－6。有一种深信不疑的认识，认为联合国总部的工作人员需要更多环境方面的专业技术知识和意识，以有效促进联合国体系中的环境和发展计划。1992 年至 1993 年建立了政策协调与可持续发展部（Department for Policy Coordination and Sustainable Development），由副秘书长德赛（Desai）领导。

瓦、内罗毕、维也纳的联合国中心之间，以及全球、地区与各领域结构之间更合理地分配职责。可持续发展委员会本身应该对经社理事会促进这些领域的一致和协调的努力给予支持。但是，一些非政府组织对可持续发展委员会与经社理事会之间的联系持批评态度，认为后者是一个垂死的机构。因此这在很大程度上依赖于秘书处改革的程度和是否成功，以及可持续发展委员会的活力与意愿。

4. 联合国环境计划的法律基础

《联合国宪章》或个别专门机构的组织文书中并没有为采纳环境计划或行动提供特定或明确的基础。但联合国及其相关机构的权力被以足够宽泛和综合的词汇表述，这样如果一个宽泛的解释被通过的话，就可以允许它们处理环境问题，因为这些问题涉及经济、社会和人道主义等各个方面。

国际法赞同"默示权力"（implied powers）原则，也就是说，一个组织的永久机构有解释基本文书的权力，包括必须由明示权力（expressed powers）或其目标和意图引申而来的行动权。如果法律上可能，一个"有效"的解释应该被采纳——解释使目标和目的生效，这一观点也被广泛接受。[1] 国际法院在赔偿案例中赞成这些原则[2]，联合国及其机构也逐渐在这一决议的基础上将环境议题引入其活动范围。

二、环境问题在国际层面的出现

在联合国建立后，大部分关于环境问题的合作行动仍然像以往一

---

[1] I. Brownlie, *Principles of Public International Law* (4th edn. , Oxford, 1990), pp. 689 – 91.

[2] *Reparation for Injuries Suffered in the Service of the United Nations*, *ICJ Reports*, 1949, p. 174.

样在联合国之外持续开展，主要是通过一些非政府组织召集会议。但是，1948 年发生了一个重要事件——在联合国体系外，不过是在由联合国教科文组织召集的一次会议上——国际自然与自然资源保护联盟（IUCN，International Union for the Conservation of Nature and Natural Resources）成立，现在称做世界保护联盟（World Conservation Union），不仅政府、政府的个别部门和机构，还有非政府组织都可以成为其成员。这种混合使它在方式上比排他的政府间机构更富远见和更具革新性：私人、公共和政府的关注可以汇聚在一起，形成更加一致的环境战略，然后可以通过一个感兴趣的政府提交给联合国从而作为决议被批准。《世界大自然宪章》就是由扎伊尔提出并以这种方式被批准。国际自然与自然资源保护联盟被证明是一个有效的游说者，能使环境议题引起国际层面政策制定者的注意。该联盟于 1980 年公布了自己的《世界保护战略》（于 1992 年更新）。

虽然在联合国人类环境会议之前，联合国也曾召集过一些关于环境问题的会议，但其范围有限。比如，1949 年联合国关于资源保护和利用的科学大会被经社理事会限定为交流资源利用与保护技术的经验，甚至 1968 年关于合理使用和保护生物圈资源的科学基础（生物圈会议）的世界教科文组织专家会议，虽然在认识国际层面上的人与自然的关系方面是一个标志，也仅仅应对与动植物的生命支撑体系有关的问题。但它标志着联合国第一次解决生态背景下的各种问题。这次会议的最后报告强调了综合环境管理政策的缺乏，以及公众日益增长的关注；人类自身现在有能力和责任去决定和影响环境的未来，这促使国家和国际社会开始纠正危险的发展。这就必然要求严肃而大胆地摆脱过去政策的影响。1970 年，联合国粮农组织的技术会议使人们关注海洋污染和海洋生物资源的过度开发可能造成的危害后果。这样，由感知到的环境退化引发的国家和地区层次的担忧最终在国际层面浮现，并在联合国中得到表达。①

三、1972 年的联合国人类环境会议

1. 促成联合国人类环境会议的各种关切

（1）发达国家的环境关切。到 1972 年，民众个体对环境问题的关注通过各种非政府环境组织表达出来，使一些国家——包括加拿大、日本、瑞典、英国，特别是美国——不仅将环境问题提上政治日程，还因此制定了一些有影响力的国家法律，如美国 1969 年的《濒危物种法案》（Engendered Species Act），1972 年的《海洋哺乳动物保护法案》（Marine Mammal Protection Act），加拿大 1970 年的《北极水域（污染防治）法案》（Arctic Waters ［Pollution Protection］ Act）。② 国家试图在国际基础上复制这些国家方式，它们被这一事实所激发：许多主要的非政府组织由于自身意识到环境问题只有通过国际层面行动才能解决，因而开始发展国际计划。老牌非政府组织，如美国的山峦俱乐部（Sierra Club）和 20 世纪 60 年代建立的新政府组织，如世界自然基金会（World Wildlife Fund）、地球之友（Friends of the Earth）、绿色和平（Greenpeace），都开始在挑选出的环境问题上游说政府和各个环境会议，如捕鲸、污染与核试验等。但是，并非所有的政府都赞同赋予特定环境问题优先地位，它们对分别赋予发展关切和新的环境问题

---

① 大量开创性的书籍和文章激发了公众意识，包括 R. Carson, *Silent Spring* (Harmondsworth, 1962); D. Meadows *et al.* , *The Limits to Growth* (a report of the Club of Rome, London, 1972); B. Commoner, *The Closing Circle* (New York, 1971); R. Falk, *This Endangered Planet* (Toronto, 1971)。

② 也可参见 1969 年的《美国国家环境政策法案》（US National Environmental Policy Act），1971 年英国的《清洁空气法案》（Clean Air Act）以及 1971 年英国的《防治油污染法案》（Prevention of Oil Pollution Act）。

关切多大的重要性意见不一。因此，正是一些发达国家在这个时候强烈要求对环境予以更多的重视。

（2）发展中国家的发展关切。新独立的前殖民国家迫切地希望发展，他们将环境运动视为对这一愿望的潜在威胁，甚至将此视为殖民主义阴谋：通过将这些额外成本与禁令强加于它们来阻碍它们的发展，而这是发达国家在 19 世纪和 20 世纪早期开展其产生污染和消耗资源的工业革命时所未遇到的。所谓的"社会主义"国家支持这些反对意见，将环境危机归咎于资本主义与殖民主义。

（3）对环境与发展关系的认识。一个对联合国人类环境会议的成功起促进作用的事件，是 1971 年在瑞士福尼克斯（Founex）召开的一次会议，主题探讨关于环境与发展的研究（由联合国人类环境会议筹备委员会策划）。研究小组汇集了国际发展机构与各政府的代表，包括经济学家、银行家、规划者、社会科学家和生态学家。其结论是"对于发展中国家来说很重要的各种环境问题是可以通过发展过程本身克服的"[1]，这打消了对支持会议显得犹豫不定的发展中国家的疑虑。确定了 25 条旨在保护它们利益的指导原则。因此，这种对环境与发展的共生关系的清晰表达从一开始就成为联合国在环境领域工作的中心。虽然从联合国人类环境会议召开 30 多年来这种关系以各种不同的方式被表述——从"资源的可持续利用"，像国际自然与自然资源保护联盟的《世界保护战略》提到的那样，到"可持续发展"，像世界环境与发展委员会所阐述的那样——在本质上这些问题都相同，即求得环境保护与发展的平衡与共生。

---

[1] Development and Environment: Report and Working Papers of a Panel of Experts Convened by the Secretary-General of the UN Conferences on the Human Environment; held at Founex, Switzerland, 4 - 12 June 1971; pub. UNEP.

2. 1972 年联合国人类环境会议的召开

这一起催化作用的事件于 1968 开始启动，经社理事会——在对生物圈会议提出的问题的争论之后，为了回应瑞典关于召开联合国人类环境会议的提议——批准了一项决议，要求联合国召开这样一个会议并将"人类环境问题"[①] 提上联合国大会的议程。联合国一致同意这一要求，并开始策划必要的准备工作。

联合国人类环境会议的职责范围是"在联合国内为人类环境问题提供综合考虑的框架，并确定只能或者最好通过国际协议解决的环境问题。"对当时环境问题以及发展中国家与发达国家面临的环境问题的研究已经启动并提交给经社理事会。根据这些报告，联合国大会建立了一个筹备委员会，为联合国人类环境会议奠定基础。瑞典被邀请为主办国。但会议的组织问题，委托给了一个由加拿大官员莫里斯·斯特朗（Maurice Strong）领导的小型专门秘书处。斯特朗在这个位置上的活力及其作为联合国人类环境会议秘书长的身份对会议的成功有很大贡献，并且让许多国际社会中的怀疑论者羞愧难堪，因为他们认为这些问题及国家利益太广泛、分歧太大、太有争议以至于环境保护不会有进展。

联合国人类环境会议的议程中有六个主题：为环境质量而规划和管理人类居住地；自然资源管理的环境问题；具有广泛国际意义的对污染物及其危害的辨别和控制；环境问题的教育、信息、社会和文化等方面问题；发展与环境；国际组织对行动建议的影响。会议的目的是通过一个关于人类环境的宣言。

召集这次会议、筹备议程以及以达成一个广泛性的声明为目标，这引发了世界范围内的科学和环境界的活动。大量的研讨会、会议和

---

① ECOSOC Res. 1346 (XLV) of 30 July 1968.

讨论召开；政府被要求制定关于它们环境计划和立场的背景报告，也不得不考虑其所有部门工作的环境方面。国际自然与自然资源保护联盟与国际科学联盟理事会（ICSU, International Council of Scientific U-nions）在努力影响联合国人类环境会议的议程方面尤其积极。

然而，虽然有了这种意识，但在联合国体系中环境问题仍然由各部门处理。这是因为到 1970 年，各种形式的对环境问题的关注已经出现在大量联合国专门机构（及联合国外一些机构）的议程中，在它们看来，这是其适当的关注领域的一部分，如大气污染已经包含在世界卫生组织、世界气象组织、国际民航组织（ICAO）、联合国粮农组织、联合国教科文组织及国际原子能机构的范围内。海洋环境问题由国际海事组织（那时被称为 IMCO）、联合国粮农组织、联合国教科文组织、世界卫生组织和国际原子能机构所涵盖。土地利用与自然资源的保护由联合国粮农组织、联合国教科文组织所涵盖。城市环境问题包含在世界卫生组织、联合国粮农组织和联合国教科文组织的范围中。被选定的污染物的管理和标准设定由国际海事组织、联合国教科文组织（它的国际海洋学委员会）、世界卫生组织及国际原子能机构负责。其他一些联合国机构，包括区域经济委员会（特别是欧洲经济委员会），像上面提到的那样，参与到这些问题的特定方面。然而，所有这些正在兴起的活动都缺乏协调，很明显这里需要一个有导向的环境聚焦点。联合国人类环境会议的目标之一就是为此目的而建立适当的机构，提供聚焦点。但联合国人类环境会议为促进环境问题解决所建立的机制，在联合国人类环境会议之后的十年内，加速了环境与发展之间的部门分化。联合国贸易与发展会议（UNCTAD, UN Conference on Trade and Development）、联合国工业发展组织（UNIDO, UN Indus-trial Development Organization）、联合国开发计划署（UNDP, UN Devel-opment Porgramme）及世界银行（WB, World Bank）解决发展关注，促进迈向 1974 年联合国大会宣称的国际经济新秩序（NIEO, New International Economic Order) 的进步；在联合国人类环境会议建议下，由联合国建立的联合国环境规划署（UNEP，UN Environment Programme）则着眼于环境问题和环境目标。由于联合国的专门机构与区域委员会（除世界银行和欧洲经济委员会之外）的大多数成员为发展中国家，发展问题是其主要关心的问题，而世界银行直到最近仍很少关注其发展贷款与附加条件的环境后果。

3. 新的机制框架：联合国环境规划署与《行动计划》

最终，113 个国家参加了联合国人类环境会议。① 苏联及其他东方集团的国家没有参加，因为西德（世界卫生组织的成员）被邀请参加会议，而东德（仍被排除在联合国之外）并未被邀请。但随着时间的推移，苏联也完全参加到联合国环境规划署及其计划之中。

这次会议所建立的联合国环境规划主要包括四项主要内容：（1）一个《行动计划》——政策导向性文件；（2）由各国自愿捐献建立的环境基金；（3）为管理与指导这一计划的新联合国机制（联合国环境规划署）；（4）"启迪和引导世界人民保护和改善人类环境"的关于人类环境的 26 项原则宣言，其中第 8－14 项原则涉及发展中国家在发展方面的权益。

（1）《行动计划》。它包括分成三个组成部分的 106 条建议。其中一个组成部分是建立一个全球评估计划，即地球观察，包括全球环境监测服务（GEMS，Global Environmental Monitoring Service）和国际查询服务（International Referral Service）［现在叫做国际环境信息资源查询系统（International Referral System for Sources of Environmental Information），更经常被叫做 INFOTERRA］。"全球环境监测服务"的目的

---

① 细节参见 Report of the UN Conference on the Human Environment, Stockholm, 5－16 June 1972 (United Nations, New York, 1973), UN doc. A/Conf. 48/14/Rev. 1。

是搜集信息、提供环境危机警报、鼓励科学研究、评价和回顾所有此类活动、并将各国所拥有的信息用计算机连接起来。后两个对于联合国环境规划署（正如被创建的那样）来说是过于宏大的目标，于是被降低到对信息源的连接，通过全球资源信息数据库（GRID, Global Resource Information Database）可以从信息源中获取信息。即使是这种方式，也尚未如预期的那样被广泛使用。这些资源以及潜在有毒化学品国际登记中心（IRPTC, International Register of Potentially Toxic Chemicals），将来自政府、政府间或非政府间组织以及公司的信息结合起来。建立一个全球数据储存库的计划从未实现。"行动计划"的第二个组成部分涉及的是自然资源管理——目标设定、计划编制、磋商讨论和缔结协议。第三个组成部分包括诸如培训、教育和提供信息等措施。

（2）联合国环境规划署。尤为重要的是新机制被引入到联合国体系中：秘书处（联合国环境规划署）、由 58 国组成的理事会（Governing Council）和环境协调委员会（Environmental Coordination Board）（后来被解散）。联合国环境规划署被精心设立为一个小型的秘书处（它已由 100 人左右增加到 200 人），执行和推进联合国环境计划（UN Environmental Programme）的目标，因为有许多专业机构已经参与到环境保护的各种层面。它是由安理会依照联合国人类环境会议的建议通过决议设立的①，不是作为一个专业机构或其他形式的联合国独立机构，而是作为一个联合国秘书处更宽泛框架内的一个自治单位。它没有独立权力，更不用说有什么超国家权威，因此它自身不能监控或强制实施环境法，虽然它可以在这些领域提出建议并且它的《世界环境状况》年度报告是监控行为的一种形式。在发展中国家的压力下，它没有像预想的那样设在日内瓦，邻靠许多它需要紧密共事的联合国机

---

① GA Res. 2997 (XXVII) of 15 Dec. 1972.

构，被预期能帮助协调这些机构的活动，而是被设在了内罗毕。它是
第一个设在发展中国家的联合国机构。这一姿态旨在通过缓和发展中
国家的疑虑来鼓励发展中国家的参与，它们怀疑环境行动计划是资本
主义国家抑制他们国家经济增长的阴谋；但是它的地理位置几乎不可
能为它的协调作用提供便利，这一作用很快便转移到联合国自己的行
政协调委员会（ACC, Administrative Committee on Coordination）身上。
在这个委员会内联合国环境规划署难以发挥主导作用。但是，联合国
环境规划署成立后的三位执行主任莫里斯·斯特朗（Maurice Strong）
（加拿大）、穆斯塔法·托尔巴（Mustafa Tolba）（埃及）和伊丽莎
白·道蒂斯维尔（Elizabeth Dowdeswell）（加拿大）全都选择了在环境
问题中扮演活跃的领导角色。

联合国环境规划署的活动范围不仅受制于其规模和地点，也受制
于其筹款方式的局限性、不确定的法律地位和模糊的权限，正像创建
它的安理会决议所设定的那样。这要求联合国环境规划署在联合国体
系内的环境行动和协调中担当"焦点"的角色，"推动环境领域的国
际合作并为此目的提供适当的政策建议，为联合国体系内的环境规划
的指导和协调提供总的政策指南"。这就表明联合国规划署不承担管
理或领导的作用，而是作为一种催化剂，在其他组织的规划中提出和
调整对环境问题的聚焦。莫里斯·斯特朗将它的作用诠释为"使复杂
化"，也就是，"提醒并帮助其他人顾及他们工作所包含的所有体系互
动和结果"。① 他注意到，正是由于缺乏这种跨部门、跨学科的视野才
导致许多环境问题的产生。

成为联合国环境规划署最初计划所指对象的优先领域是：人类定
居地和居留地；人的健康和环境；陆地生态系统及其管理和控制；环

---

① UNEP Governing Council, Introductory Statement by the Executive Director, UNEP/GC/
31, 11 Feb. 1975, p. 10; and the Proposed Environment Programme: Note by the Executive Direc-
tor, UNEP/GC/31, 11 Feb. 1975, p. 124.

境与发展；海洋；能源和自然灾难。这一清单多年来已经被修改和扩充：能源和自然灾难已不再出现在联合国环境规划署当前计划的广义编组中，其他最初五项主题现在也改为包括水、空气、陆地和沙漠化、环境和军备以及地区技术合作；① 计划从未专门将国际法的发展包括在内，尽管法律与所有这些主题都相关。虽然没有得到发展国际环境法的明确授权，联合国环境规划署却发现越来越有必要促进法律的发展。这些发展大部分是以标准、方针、法规和准则的形式出现，由于最初被表达的形式和文书的非约束性，现在它们常常被叫做"软法"②，虽然有一些采用了具有约束力的条约的形式。

联合国环境规划署的机制含有一个由 58 个国家（未必是联合国成员国）组成的理事会（GC），由安理会在公平的地域分配的基础上每三年选举一次产生。理事会对安理会负责并通过联合国经社理事会向其汇报。理事会通常每年开一次会，有着广泛的任务：促进环境合作和提供适当的政策建议；为联合国体系中的环境规划的指导和协调提供政策指南；评估世界环境形势；促使相关的科学和其他专业共同体为环境知识和信息的获取、评估和交流，以及联合国体系中环境规划的制定和执行的技术方面贡献力量。③

（3）控制资金的运转和联合国环境规划署的环境活动。理事会担当监控者的角色，以确保联合国环境规划署不超越联合国大会分配给它的职责，尤其是确保它集中精力支持其他组织的规划而不是提出自己的宏大计划。这始终是一个被关注的问题：在气候变化争论的后期，联合国大会自身转入领导角色，建立了自己的机制（关于气候变化的

---

① 参见 'Institutional Profiles: UNEP', *Int. Envt'l. Affairs*, 26. 221 (1989), pp. 65 - 7, at p. 66。

② T. Grouchalla - Wisierski, 'A Framework for Understanding "Soft Law"', *McGill Law Journal*, 30 (1984), p. 34；C. Chinkin, 'The Challenge of Soft Law: Development and Change in International Law', *International and Comparative Law Quarterly*, 38 (1989), p. 850.

③ GA Res. 2997 of 15 Dec. 1972, s. I, para. 2.

政府间协商委员会，Intergovernmental Negoiating Committee），以确保国际社会在环境和发展两方面的利益在任何综合性的举措中都得到平衡。

联合国环境规划署可利用的资金通常不充足，这进一步限制了它的作用。虽然作为联合国秘书处的一部分，它和理事会的许多管理费用都由联合国预算负担，但联合国人类环境会议《行动计划》的执行要依靠从联合国环境基金中拨出的经费，该基金建立在联合国成员的自愿捐助许诺的基础之上。这些资金对于应付联合国环境规划署所面临的艰巨任务来说一直是不够的，而且经常无法按时或全额兑现。发达国家作为主要的捐助者，急切希望确保联合国环境规划署不获得妨碍工业发展的角色和力量，侵蚀现存部门组织的作用，或者自身寻求成为一种专门机构。最初，许诺给予环境基金的资金为 2000 万美元，到 1975 年联合国环境规划署已经批准了花费 21897000 美元的项目。到了 20 世纪 80 年代，随着联合国实行严格的预算控制，基金的预算被急剧削减，一些正常的捐助者，比如英国，削减了他们的捐助。但是，近年来随着环境危机和担忧的增加，包括英国在内的一些国家增加了它们的支付数额。即便如此，1987 年至 1989 年联合国环境规划署两年预算也仅为 25846000 美元。[①] 由于北方国家的经济衰退和南方国家的债务危机，联合国环境规划署无法大幅度扩展自己的活动。但是，鉴于世界范围对诸如臭氧层、有害废弃物、可能发生的气候变化以及生物多样性的保护等问题的关注，在寻求解决这些问题的过程中联合国环境规划署扮演着领导角色。在联合国环境与发展大会召开前后，各国对联合国环境规划署的政策正在改变。有人提议将其预算增加至 1 亿美元。筹备委员会（Prepcom）考虑的选择之一是强化联合国环境规划署，或许甚至将其转变为一个专门机构，但联合国环境与发

① Proposed Budget for Programme and Programme Support Costs of the Environment Fund for the Biennium 1988 – 9, UNEP/GC/14/21, 2 Mar. 1987.

展大会拒绝了这个建议。

（4）联合国体系内的协调问题。联合国环境规划署机制的第三个组成部分是环境协调委员会（ECB, Environmental Coordination Board），其目的是解决联合国环境规划署主要任务之一——在整个联合国体系中协调环境活动，包括监控和评估众多专门机构和其他相关联合国机构的计划并鼓励它们之间进行合作——所涉及的问题。本来的计划是在联合国环境规划署执行主任的领导下，委员会定期会晤并每年向理事会汇报，但是环境协调委员会不久就中断了，它的职责被分派给由联合国经社理事会于 1946 年建立的联合国行政协调委员会（ACC）。行政协调委员会在联合国秘书长的领导下，每两年召集专门机构和相关机构（包括联合国环境规划署）的负责人开会。1992 年，行政协调委员会决定建立一个机构间可持续发展委员会（Intern-Agency Committee on Sustainable Development），包括联合国粮农组织、联合国教科文组织、世界卫生组织、世界银行、世界气象组织、联合国开发计划署、联合国环境规划署、国际海事组织和国际原子能机构。这个委员会对所有感兴趣的行政协调委员会的成员开放，旨在成为行政协调委员会在履行源于联合国环境与发展大会的可持续发展职责时的主要建议来源。但是，现在联合国环境规划署本身也为联合国两个主要的环境和发展问题协调委员会提供秘书处，也就是联合国行政协调委员会下属的"环境事务指定工作人员"（DOEM, Designated Officials for Environmental Matters）和"国际环境发展机构委员会"（CIDIE, Committee of International Development Institutions on the Environment），由联合国环境规划署、世界银行、联合国开发计划署和其他 11 个政府间金融机构的代表组成。① 世界银行不是"环境事务指定工作人员"的成员，虽然

---

① *The World Bank and the Environment*; *A Progress Report*, Fiscal 1991 (World Bank, Washington DC, 1991).

最近这些年它扩展了环境活动。①

　　虽然在安排共同计划以及机构间会议和磋商的过程中，联合国环境规划署额外采取了多样的倡议行动，比如，将与海洋污染有关的各个秘书处的负责人召集在一起，它自身也被包括在由其他组织发起的磋商会议之中。但在环境与发展大会筹备阶段，它发挥作为一个协调者的潜力的能力遭到广泛质疑。比如，由联合国环境规划署资助设定的"全系统中期环境方案"（SWMTEP）② 描述了与许多《21 世纪议程》所涵盖的主要问题领域相关的联合国体系内活动，但它并不打算成为一种将这些活动融合在全面而内在一致的环境方案之中的机制。人们意识到，缺乏有效的协调以及由此产生的许多不经济的活动重叠是目前联合国环境保护体系中的一个主要问题。已经有许多改革的建议被提出③：一些建议在联合国环境与发展大会筹备委员会和里约会议（Rio Conference）本身中被考虑。

　　尽管联合国环境规划署的组织和资金结构以及职权范围对它造成了限制，但前两位执行主任抓住了后者模糊不清所提供的机会，扩大了联合国环境规划署的作用。在创建联合国环境规划署的过程中，联合国大会决定，其执行主任除了其他职责外，还要在所有相关各方的要求下提供咨询服务以促进环境领域的国际合作，以及执行可能会委托给联合国环境规划署的其他这类任务。④

---

　　① *The World Bank and the Environment*; *A Progress Report*, Fiscal 1991 (World Bank, Washington DC, 1991).

　　② The United Nations System-Wide Medium – Term Environment Programme 1990 – 1995, UNEP, Nairobi, 1988.

　　③ 参见 L. A. Kimball, *Forging International Agreements*: *Strengthening Inter-Governmental Institutions for Environment and Development* (World Resources Institute, Washington DC, 1992).

　　④ GA Res. 2997 of 15 December 1972, at II (e) and (j) respectively.

4. 1972 年《斯德哥尔摩宣言》的意义①

《斯德哥尔摩宣言》（Stockholm Declaration）（这一表达形式只有在宣布特别重要的原则时才在联合国中使用）提出了解决发展和环境问题的 26 项完全不同的原则：两项声明权利，四项关于资源保护，两项关于污染，八项关于发展，九项关于一般性主题，一项要求国家接受环境损害负有的责任。序言中提到，有必要针对影响"共同领域"的问题采取国际行动，宣言第一条陈述了"共同的信念"，也即"人有基本的权利去追求自由、平等和能够生存在享有尊严和幸福的良好环境中的充足生活条件，人有为现在和未来的子孙后代保护和改善环境的神圣职责"（补充强调）。其他条款要求为未来子孙后代防止污染，保护自然资源以及保持其可再生性。宣言不仅为制定关于这些问题的法律提供了基础，也为新的理论路径提供了基础，这些路径日益受到后来的联合国和其他条约的赞同，至少在它们的序言里如此。这些后来的创新性概念包括代际权利（intergenerational rights）；② "第三代"环境人权，以及以"共同遗产"、"共同利益"或"共同关注"的路径在诸如深海底矿物、南极洲和气候等超越国家管辖范围或涉及共同利益的领域——通常被叫做"共同空间"（common spaces）或"全球公域"（global commons）——建立保护资源的制度。自那以后，为保护这些领域，缔结或扩展了一些条约——1982 年《联合国海洋法公约》（UN Law of the Sea Convention）、1991 年《关于环境保护的南极条约议定书》（Antarctic Treaty Environmental Protocol）③，以及 1992

---

① Report of the UNCHE, above n. 23, pp. 3 – 5；评价参见 L. Sohn, 'The Stockholm Declaration on the Human Environment', *Harvard International Law Journal* (1973), pp. 423 – 515.

② E. Brown – Weiss, *In Fairness to Future Generations: International Law, Common Patrimony and Intergenerational Equity in Environmental Law* (Dobbs Ferry, NY, 1989).

③ *International Legal Materials*, 30 (1991), p. 1461.

年在联合国环境与发展大会上达成的气候公约。① 但是，《斯德哥尔摩宣言》第 21 条所内含的将发展和环境利益相协调的需求（在 1992 年《里约宣言》中被重申）使进展放慢，该条款承认"依照《联合国宪章》和国际法原则，国家享有开发与它们本国环境政策相一致的本国资源的至高权利"。但这一权利被伴随而来的不对其他国家或国际区域造成环境危害的义务所限制。联合国将这一条款包含在与"海洋环境的保护和保全"相关的《联合国海洋法公约》第七部分之中：第一百九十三条规定"国家拥有开发与它们环境政策相一致的资源的至高权利"，但是附加了限制，他们这样做必须"与它们保护和保全海洋环境的责任相符合"。其后的大部分联合国环境进展都是基于类似的妥协，以此来不仅仅平衡环境和发展关注，同时也在确保环境保护的过程中平衡国家的至高权利与国际社会的利益。在后一种情形，联合国通过在条约序言或建议决议中引入"共同关注"或"共同利益"的新概念，能够针对各种原本在许多国家看来属于它们主权或至高权利领域的议题批准决议和形成条约：一个特定的例子就是 1988 年被批准的那项有争议的决议，它宣称可能存在的全球气候变化是"人类的共同关注"。虽然不具备有约束力的法律条款的地位，但这项决议使这类议题合法地进入联合国的议程和联合国大会的讨论。②

5. 联合国环境规划署在国际环境法发展中的作用

联合国环境规划署本身是在联合国人类环境会议之后立即开始运作的，针对各种广泛的环境问题，通过运用与政府、政府间国际组织

---

① *International Legal Materials*, 31（1992）, p. 851.

② GA Res. 43/53 of 6 Dec. 1988，获一致通过。F. L. Kirgis, 'Standing to Challenge Human Endeavors that Could Change the Climate', *American Journal of International Law*, 84（1990）, pp. 525 – 30，该文指出，虽然没有法律原则和规则的地位，但这些问题被接受为"共同关注"使它们合法地被列入联合国议程以供讨论和建议。

（IGOs）、非政府组织（NGOs）、联合国机构和各种市民社会组织协调行动和紧密合作的战略来履行其推广《斯德哥尔摩宣言》各项原则的使命。这包括开展为数众多的研究活动，提供技术援助，比如帮助发展中国家起草环境法规以及开始发展国际环境法。

它的早期计划与它的资源相比明显太过于雄心勃勃，因此在头十年只完成了一部分。参加于 1982 年 6 月在内罗毕举行的十周年纪念大会的国家表达了对其低成效的忧虑，号召不仅要采取有强度的努力，而且要灌输新的理解，尤其是对于跨越国界的问题。这些国家发表了一个宣言，强调发展中国家面临的问题、对更加公平的技术和经济资源分配的需求，以及利用合乎环境要求的技术的重要性，强调保护而不是修复损害的必要性。① 联合国环境规划署本身到此前为止一直对自己的成就持肯定的观点，尤其是在其 1981 年 "蒙得维的亚计划"（Montevideo Programme）指导下的发展国际环境法的领域。

理事会多年来一直要求联合国环境规划署筹备各种各样的会议和指导方针，并为此启用了专门的法律及相关专家小组。这些小组已经针对臭氧层和有毒废物的跨国转移制定了十套指导方针以及一些条约和协定。他们还连续制定了保护各种区域海洋的 11 项条约和协定，并使之发展成为联合国环境规划署 "区域海洋计划"（Regional Seas Programme）的一部分。② 该计划就条约的制定而言是高度成功的，但条约的执行却并非如此。

联合国环境规划署制定国际环境法常用的方法是：以召集科学家并形成科学立场为开端。这在解决冲突的观点方面尤为成功，比如关于氟氯化碳（CFCs）和其他气体对臭氧层的影响问题。之后，联合国

---

① Nairobi Declaration on the State of the World Environment, UNEP/GC/10/INF 5, 19 May 1982, *International Legal Materials*, 21（1982）, p. 676.

② 对这些公约和文本的批评，参见 P. Sand, *Marine Environment Law in the United Nations Environment Programme*（Landon and New York, 1988）。

环境规划署形成法律战略并在此过程中积聚政治支持。当问题充满科学上的不确定性或有严重的经济后果，抑或两者都有时，被赋予重要作用的是谈判达成具有"软法"性质的方针和原则等等，而不是条约。在积聚支持（support‐building）的过程中不得不达成许多妥协，尤其是在维护联合国环境与发展大会《21世纪议程》所详尽阐发的"可持续发展"政策的问题上。被采纳的法律文件经常使用隐晦的用词或建设性的模糊语言——以掩盖国家之间，尤其是南北国家之间的分歧——更有争议的问题一开始就被留由"软法"程序处理。这类文件的最终地位往往含糊晦涩。因此，虽然联合国环境规划署目前已批准了相当数量的指导方针并已获得联合国大会决议的核准，但在关于它们的地位问题上，联合国大会始终保持谨慎。大会仅仅要求国家**"使用**1978年联合国环境规划署关于共有自然资源的原则作为指导方针和制定条约的建议"（补充强调）；1980年气候修正条款（Weather Modifications Provisions）"在该领域相关计划和活动的形成和执行过程中应当被考虑"；1982年《近海采矿议定书》（Offshore Mining Conclusions）"在制定国家法律或为达成国际协议而进行谈判时"应当被考虑，从那以后便成为联合国环境规划署《科威特区域海洋公约》（Kuwait Regional Sea Convention）草案和与联合国环境规划署《巴塞罗那地中海公约》（Barcelona Convention on the Mediterranean）新草案相关的谈判的基础。1983年"关于地面污染的蒙特利尔准则"（Montreal Guidelines on Land‐based Pollution）在制定国家法律和适当的协议过程中应当"被考虑"，该准则涉及的是最具危害性也是最难控制的海洋污染形式，因为其源头在国家领土之内，因此完全隶属于国家管辖范围。人们希望这些准则可以成为公约的基础，因为还没有关于这一源头的全球公约，但是联合国环境与发展大会筹备期间的初步讨论表明在达成必要协议问题上还有着许多意见分歧。1987年"关于废弃物管理的开罗准则"（Cairo Guidelines on Waste Management）只是"以一种在制定**政策**的过程中协助它们的目的"（补充强调）提交给国家。但随着西方工业家向非洲和其他地区的某些发展中国家倾倒这些废物的丑行被公开，控制的必要性急剧上升，该准则的确为经由联合国环境规划署快速采用 1989 年《控制跨境有害废物转移的巴塞尔公约》（Basle Convention on the Control of Transboundary Movement of Hazardous Waste）奠定了基础。由于有必要劝诱工业化国家遵守该公约，所以《巴塞尔公约》控制但不禁止有害废物的跨境转移。许多非洲国家认为《巴塞尔公约》让人无法接受，十个非洲国家 1991 年签署了禁止性的《巴马科公约》（Bamako Convention）。1987 年"关于化学品贸易信息交流的伦敦准则"（London Guidelines on Information Exchange on Traded Chemicals）被提交给各国"以在所有国家提高化学安全的过程中给予它们帮助"。联合国环境规划署的准则中关于"环境影响评估"（EIA）的程序条款鼓励了更好和更广泛地采用该评估，并且被运用在了 1991 年《欧洲经济委员会关于环境影响评估的公约》（ECE Convention on Environmental Impact Assessment）之中。

虽然联合国环境规划署准则在某种程度上建立在"共有自然资源准则"（Principles on Shared Natural Resources）基础之上，但联合国《世界大自然宪章》与之不同，它从头至尾都使用的是命令式的语言。该宪章于 1982 年由扎伊尔提出，在筹备期间由国际自然与自然资源保护联盟和联合国环境规划署协助。该《宪章》声明：其所设置的原则——实际上是以非常概括性的用词表述的——"**应该**反映在每个国家和国际层次上的法律和实践之中"，"大自然**应该**被尊重，其基本过程**不应该**被破坏"（补充强调）。虽然这种语言风格的目的明显是要使《宪章》更加权威，但它作为一项联合国大会决议颁布，意味着其法律地位仅仅是建议性的而非强制性的。试图赋予《宪章》一种约束性承诺的象征导致在联合国大会中出现了争论，也导致美国投票反对该《宪章》。

最后，联合国环境规划署通过资助、配备人员和以其他方式帮助它参与达成的许多公约所授权的委员会、秘书处、有关各方会议、常设委员会等等，例如 1980 年《关于保护野生动物迁徙物种的波恩公约》（Bonn Convention on Conservation of Migratory Species of Wild Animals），1989 年《关于跨境有害废物转移的巴塞尔公约》，1985 年《保护臭氧层维也纳公约》以及《地区海洋公约》。

四、联合国人类环境会议原则和联合国环境 规划署对联合国体系的影响

1. 联合国的环境会议

虽然福尼克斯报告（Founex report）的结论和联合国人类环境会议已使人们重视按次序解决发展和环保问题的必要性，但联合国体系在联合国人类环境会议之后并没有通过整合这些方面的问题而作出响应。在涉及每个机构的不同计划和联合国人类环境会议召开后联合国举办的系列战略会议的问题上，联合国体系继续沿用着实用性的和部门性的路径。它组织的会议包括：1974 年在温哥华召开的关于栖息地的会议；同年在布加勒斯特召开的关于世界人口的会议；1974 年与联合国粮农组织联合在罗马召开的关于世界粮食的会议；1975 年在墨西哥城召开的国际妇女年会；1977 年在内罗毕召开的关于沙漠化的会议；1977 年在马德普拉塔召开的关于水资源的会议；1981 年在内罗毕召开的关于新生和可再生能源来源的会议以及从 1973 年至 1982 年跨度为九年的联合国海洋法会议（UNCLOS）。两个关于原材料开采和发展的联合国大会特别会议也在此期间召开，但明显独立于环境会议并与之无甚关联，在特别会议上，发展中国家寻求通过建立国际经济新秩序达成关于使用世界自然资源的新的社会正义条款。结果，虽然国

际发展的法律和政策与环境法律和政策开始并行发展，但路径是分离的，二者之间的紧张关系依旧存在。

这种临时召集专门的未经协调的关于环境和发展问题会议的战略，其成效很难衡量，因为会议经常在所关注的问题上分歧严重，无法达成实质性的协议——结果往往是非常概括性的带有政策导向和目标设定性质的宣言或决议，或者是仅仅陈述意图的公报。比如，原本希望1974年人口会议能制定人口规范，但遭到阿根廷、巴西、中国和梵蒂冈的强烈反对。取而代之的是，会议采纳了一项《行动计划》，承认人口增长问题的有效解决有赖于社会经济的变迁。有着"威胁国家目标"的出生率的国家被邀请考虑设定众多的目标，并争取到1985年实现这些目标。人们意识到这需要在"足够的"国际援助和"适当的"教育的支持下，国家采取"实质性的"努力。同样，非政府组织希望粮食大会能增加发展中国家的粮食产量，改善粮食配给，以及通过建立世界粮食银行以及缓冲粮食和肥料库存，提供一个更好的世界粮食安全体系。而大会却采纳了一个"关于世界粮食安全的国际约定"（International Undertaking on World Food Security），该约定号召建立一个国家持有储备的协调系统，承担有限义务，向最低限度为1000万吨谷物的三年储备粮食提供商品和资金。

毫无疑问，这些会议，像联合国环境规划署所做的那样，的确提高了环境问题的重要性，使公众广为关注，这主要是因为非政府组织的参与，以及各国为达成各种立场而做的准备活动。一些制度性发展也有了成果，包括1977年在内罗毕成立的栖息地秘书处（Habitat Secretariat）和在罗马成立的国际农业发展基金会（IFAD）。现存制度，如世界粮食理事会（World Food Council）（成立于1961年）和联合国人口委员会（UN Population Commission）（成立于1946年），当然也能够提出一些被这些会议采纳的建议。但是，除了1973年至1982年的联合国海洋法会议之外，该会议在范围以及所解决的关于海洋法的实际问题方面均属例外，召开的大量简短的关于具有高度争议性问题的会议都没有在短期内产生积极的效果。因此，并不令人感到奇怪的是，1992 年联合国环境与发展大会召开前，人们怀疑它能否达成关于摆在面前的众多各式各样与可持续发展有关的问题的协议。

2. 部门性专门机构的作用

正如本章导言所指出的那样，专门机构，除国际劳工组织外，是在联合国创立之后的十年间专门设立的，每个都由自己独立的公约建立，给自己规定了特殊的权力。甚至在联合国人类环境会议召开前，依照诸如促进世界健康（世界卫生组织）或者食品供应（联合国粮农组织）或者管理海运（国际海事组织）等目标，这些机构就开始以部门为基础参与到现在被看做是环境问题的事务之中。联合国人类环境会议之后，它们提高了在这些事务中的参与程度，并在类似的基础上发展了它们自己的环境计划。在努力协调和影响这些溯及既往的被良好设定的行动时，联合国环境规划署遇到了困难，如果不算是不可能的任务的话。联合国行政协调委员会也是如此。但是，要理解问题所在，有必要弄清楚所发生的活动的性质和范围，并且意识到这样的事实：最初的计划大部分都是从战后和后殖民发展的角度，由成员国很快就包括有紧迫发展需求的大部分发展中国家的机构所设计的。虽然大部分机构都已引入或强化环境目标，但根据联合国环境与发展大会的《21 世纪议程》，这些机构必须实现环境和发展视角的更好的平衡，采取更加跨部门的路径，劝说发达成员国尽更大努力通过提供金融激励和技术转让等方式帮助发展中国家。因此无法将这些机构的作用归类为主要是环境方面的抑或主要是发展方面的，因为每个组织都越来越同时承担这两个职责。但是，尽管如此，金融机构和安排（世界银行、国际货币基金组织、世界贸易组织）直至最近仍比其他组织有着更为纯粹的经济和发展方面的考虑。联合国开发计划署、联合国贸易与发展会议和联合国工业发展组织等联合国机构也同样如此，虽然联合国开发计划署作为技术援助资金的主要来源显然也发挥环境方面的作用。考虑到这些组织的数量以及 1972 年以来其环境计划的增加，这里仅简要提及。[①]

（1）国际海事组织有责任促进船只安全和防止污染。随着问题的增多，它全面介入到这类事务之中。它已批准了 30 多个公约，发布了许多宣言和指导方针，涵盖诸如以下问题：来源于船只的污染、石油污染损害的责任与赔偿、碰撞事故管理、偶发石油污染的干预、应对石油污染的准备工作，以及危险货物的航海运送。这些公约宣言的达成经常是对诸如托利坎荣（Torrey Canyon）、美国石油公司堪迪兹（Amoco Candiz）或埃克森瓦尔迪兹号（Exxon Valdez）搁浅等严重灾难的回应。由于经济方面的原因，求助方便旗的现象越来越多，多少削弱了国际海事组织对其标准的执行。最近它任命了一位"可持续发展官"（Sustainable Development Officer）。

（2）联合国粮农组织关注自然资源的保护，但直至最近仍受制于在最主要的发展中成员国促进农业和渔业发展的需求。但是，它已参与到水道流域的管理、植被和土壤保护协定以及各种渔业委员会的建立。它新近意识到将渔业与环境保护联系起来的必要性，使它也任命了一位负责可持续发展的官员。作为对联合国环境与发展大会对缔结新公约需求的回应，它从 1992 年开始召开了"关于公海捕捞的技术磋商会议"（Technical Consultation on High Seas Fishing）。

（3）世界卫生组织已经提出了许多研究、指南和标准等等，促进了卫生保护，使其关注海洋和空气污染以及有毒化学品；在它的支持下，1989 年批准通过了《环境卫生欧洲宪章》（European Charter on

---

① 对于相关组织的详细论述，参见 A. Kiss and D. Shelton, *International Environmental Law* (London, 1991), chap. III; P. Birnie and A. Boyle, *International Law and the Environment* (Oxford, 1992), pp. 53 ff。

Environmental Health）。

（4）世界气象组织在天气预报和监控中的作用将其引入到诸如关于人工影响天气、气候变化、臭氧层和长期跨国界大气污染的公约的谈判等环境领域。

（5）国际劳工组织也涉足标准制定，并且已经订立了许多关于工人安全与健康、土著民族的权利和海运劳工标准等问题的公约。它召开了重要的技术会议，包括比方说讨论危险废弃物处理的1988年"非洲区域会议"。

（6）联合国教科文组织拥有尤其广泛的权力，使之参与到材料与社会科学、公共教育、培训和技术转让等领域的研究与合作，这些在环境领域都可以进一步发展。联合国教科文组织还通过其1972年《保护世界文化和自然遗产公约》（Convention on the World Cultural and Natural Heritage）参与到大自然保护之中，该公约许可制定著名自然区域的名单。值得注意的是，虽然美国和英国在20世纪80年代退出了联合国教科文组织，它们仍继续支持它的国际海洋学委员会（IOC, International Oceanographic Commission）并参与其各种海洋污染计划。

（7）国际原子能机构虽然不是一个严格意义上的专门机构，但通过为核设施和材料的使用推荐国际安全标准来促进联合国环境活动。它的安全保障委员会（Safeguards Committee）提供指南以缔结1968年《不扩散核武器条约》（Non‒Proliferation Treaty）要求下的各种协议，以及关于核事故的通报和其后的技术援助提供的协议，切尔诺贝利事故之后在它的支持下缔结了协议。

所有这些机构在需要时针对特定问题相互合作，比如国际海事组织与国际劳工组织关于船员最低标准公约的合作；国际海事组织与联合国环境规划署关于石油外溢的预防准备工作的合作；世界气象组织与欧洲经济委员会和联合国气候规划署关于气候变化的合作。但是，由于前文所述的原因，这对于可持续发展的协调规划所需要的努力来说是远远不够的。

3. 金融专门机构的作用

提供资金援助是发展中国家可持续发展的一个重要方面，涉及这一问题的联合国机构也因此具有特殊的重要性。促进发展最初是诸如世界银行等机构的首要关注的问题，但后来环境意识在所有布雷顿森林体系下建立的机构中逐渐增强。

（1）世界银行：它拥有将近6000位职员，相比之下，联合国环境规划署有200位，国际海事组织有300位；1991年拥有可支配资金230亿美元。它可以通过项目的选择和资助附加条件在影响借贷国家环境保护方面发挥着重要作用。它致力于克服由于资助促进发展计划的诸如大型水电系统和采伐热带雨林等危害环境工程而带来的糟糕的环保声誉。例子包括：旨在鼓励在伦德尼亚（Rondonia）森林定居的巴西波洛诺罗耶斯特（Polonoroeste）项目、印度纳尔默达峡谷（Narmada Valley）大坝以及给予印度尼西亚移民项目的援助。非政府组织特别批评的是缺少与相关的当地人的协商和缺少对这些工程的人文和环境后果的认识。

见识广博的非政府组织的批评导致20世纪80年代世界银行的政策发生了重大变化。① 1987年，世界银行在它的四个地区机构中设立了核心环境部门和环境组织，更多的资金被划拨给纯粹的环境贷款——1991年为16亿美元，相比之下，以往所有年份加起来一共是4

---

① 正如被承认的那样，J. Warford and R. Ackerman, 'Environment and Development: Implementing the World Bank's New Policies' (Development Committee, Paper 17, IMF/World Bank, Washington DC, 1988)。也可参见 K. Piddington, 'The World Bank and the Environment', in A. Hurrell and B. Kingsbury (eds.), *The International Politics of the Environment* (Oxford, 1992)。

亿美元①——和环境研究，比如关于清理黑海（Black Sea）的研究。国别环境问题报告也被启动，以确保一种连贯有序的部门间路径。世界银行的范例正在被亚洲、非洲和泛美国家的开发银行所效法，虽然这会在资源、培训和组织改编方面造成巨大负担。欧洲复兴开发银行（European Bank for Reconstruction and Development）已经正在执行基于更多资源的新政策。

（2）全球环境基金：世界银行的环境部门负责管理依照"布伦特兰报告"（Brundtland Report）的一项建议而建立的全球环境基金（GEF，Global Environmental Facility）。② 这项被设立的革新性计划旨在帮助发展中国家为解决四个领域的全球环境问题作出贡献：通过支持高能效和新可再生能源方面的活动减少全球变暖；通过支持紧急事件方案、减少污染、提供回收设施以及清理和保存独特水体来保护国际水域；通过支持保护和防止现有生态系统进一步消耗的努力保护生物多样性；通过帮助发展中国家从使用和生产氟氯化碳转向替代物和替代方法保护臭氧层。向参加者建议的最初安排是在自愿参加的基础上形成 10 亿特别提款权（SDR）的便利。由联合国环境规划署和联合国开发计划署共同分担执行的责任。③ 资金来源多样，包括直接捐助、联合融资安排以及 21 国（其中 14 个是发达国家④）相当于总额为7.8366 亿特别提款权的赠予。考虑到其他可能的对"臭氧层公约蒙特利尔议定书临时基金"（Interim Fund of the Montreal Protocol to the O-

---

① H. F. French, *After the Earth Summit*：*The Future of Global Environmental Governance*（Worldwatch Paper 107，Washington DC，1992），p. 39；*The World Bank and the Environment*：*A Progress Report*，Fiscal 1991（World Bank，Washington DC，1991）.

② 相关文件参见 *International Legal Materials*，30（1991），pp. 1735－72。

③ Ibid.

④ 奥地利、巴西、中国、丹麦、埃及、芬兰、法国、德国、印度、印度尼西亚、意大利、日本、墨西哥、荷兰、挪威、巴基斯坦、西班牙、瑞典、瑞士、土耳其和英国。其他国家有望加入。

zone Convention）的捐助①，全球环境基金所管理的资金总额到 1993 年总共达到了预计的 10 亿特别提款权。

全球环境基金提供资金援助以支持发展中国家在所有可利用的论坛强烈要求的可持续发展，虽然至少作为一个开端它是受欢迎的，但它也因涉及的项目数量有限、自愿性以及与进行中的任务相关的资金过少遭到批评。作为一项规模指标，联合国环境与发展大会秘书处估计仅南方国家执行《21 世纪议程》就需要至少 6000 亿美元，其中外部援助部分为 1250 亿美元。

（3）国际货币基金组织：创建国际货币基金组织是为了提供短期国际收支的支持以稳定世界经济体系。近年来，国际货币基金组织要求受惠国引入由它规定的严格的"结构调整计划"以恢复它们的经济。这其中包括削减开支，这可能会抑制环境措施的实施和强化。这些要求已经备受第三世界国家和发展专家的批评，发展专家质疑其长期收益。此外，对提升出口的需求可能导致对自然资源的破坏和助长引起环境退化的工业，例如采矿或其他形式的欠考虑的工业化。②

（4）《关税与贸易总协定》：《关税与贸易总协定》（即世界贸易组织的前身——译者注）与国际货币基金组织和国际复兴开发银行一起，是布雷顿森林体系的三个主要组成部分之一。它不像其他两个是一个组织，而是一种旨在通过减少关税和壁垒实现贸易自由化的管理机制。作为这一体系基础的战后经济学理论忽视了环境后果。它假设自由市场有利于社会福利，并且导致社会能够接受的自然资源消耗水平，这已经明显被证明是错误的，但由于这一体系至少在短期内看起来将会持续，考虑到可选择的"社会主义"体系的经济失败，现在的问题就是怎样以最佳的结合同时运用市场力量和管理机制实现可持续

---

① *International Legal Materials*, 30（1991），pp. 1773 –7.
② French, *After the Earth Summit*, p. 41.

发展。① 1991 年关贸总协定争端解决小组的裁决提出，即使是为在全球公共领域中实现有利于环境的结果而动用贸易制裁——这方面的例子如美国依据相关的美国法律，禁止进口用捕杀海豚的围网捕获的墨西哥金枪鱼——也是有悖关贸总协定准则的；② 但是，该决定也突出强调了国际贸易和环境之间难解决的相互关系。它们之间的关系只是近来才开始被关贸总协定赋予重要性。因此，"布伦特兰报告"认识到要实现可持续发展，贸易实践必须与环境目标相协调，因此提议在此基础上改革关贸总协定。这一要求开始引起相关政府和非政府组织的兴趣③，但考虑到关贸总协定乌拉圭回合谈判经历的困难，关贸总协定似乎很难在短期内优先考虑这种改革。

五、联合国人类环境会议原则在联合国体系外的影响

1. 专门条约机制下的管理

继第一批关于捕猎海豹和捕鱼的委员会以及关于候鸟的安排之后的数年间，大量地区性和专门性机构成立。④ 这些机构大部分仍然存在，虽然根据经验进行了变更，或者为了包含联合国海洋法会议批准的沿海国家海洋管辖权的扩展而有所改变。范围日益拓展的全球和地区层次的条约，其中一些受到国际自然与自然资源保护联盟的鼓励，

---

① 市场导向的观点，参见 D. Pearce, A. Markandya, and E. Barbier, *Blueprint for a Green Economy* (Earthscan, London, 1989); and D. Pearce (ed.), *Blueprint 2: Greening the World Economy* (Earthscan, London, 1991), 当然其中表述的观点仍有争议。

② GATT Panel Report on US Restrictions on Imports of Tuna, *International Legal Materials*, 30 (1991), pp. 1598 – 1623.

③ R. Stein and B. Johnson, *Banking on the Biosphere? Environmental Procedures and Practices of Nine Multilateral Development Agencies* (Lexington, Mass., 1979).

④ 详情参见 S. Lyster, *International Wildlife Law* (Cambridge, 1985)。

使陆生和海洋物种在过去 20 年中得到了保护。最成功的是《濒危物种贸易公约》（Convention on Trade in Engendered Species），它建立了一个高效的秘书处（由联合国环境规划署扶持）以监督这些物种贸易的进出口许可系统的执行情况。其成功的关键是许可系统向非政府组织提供了监督实施和向各国政府和秘书处报告失败的机会。所有这些条约都由专门的秘书处或现存机构管理。很不成功的是《野生物种迁徙保护波恩公约》（Bonn Convention on Conservation of Migratory Species of Wild Animals）（另一个国际自然与自然资源保护联盟/联合国环境规划署条约），它未能吸引足够多的参与方为其小小的秘书处（最初由联合国环境规划署资助）提供资金以使之积极活动，未能为其积累必要的支持以达成对其成功至关重要的分布国（Range State）协定。①

自联合国人类环境会议以来，拥有整体或分散来源的地区性和专门性防止污染委员会激增。甚至在 1976 年联合国环境规划署地区海洋计划发起之前，1972 年处理北海和北大西洋海洋倾倒（Ocean Dumping）的奥斯陆委员会（Oslo Commission）就成立了，随后便是 1974 年涉及同一区域的防止陆源海洋污染巴黎委员会（Paris Commission on Land – Based Sources of Pollution），以及关于波罗的海各种污染源的赫尔辛基委员会（Helsinki Commission）。这些公约采用了渔业委员会的方法，开创了通过投票建立有权力的污染控制委员会的先河，以管理和修订污染物质附录，各参与国要按照相关清单禁止或者控制这些物质。随着科学知识的发展和意识的增强，这些灵活的技术安排还有待修正，这些手段为后来的那些诸如关于臭氧层和气候变化的联合国公约提供了范例。

这些安排的优势在于它们提供了平衡国家利益和公正性，以及评

---

① Birnie and Boyle, *International Law and the Environment*, chaps. 11 – 13，述及生物资源的可持续发展。

估与发展需求相对应的环境保护措施的论坛。缺点在于通常仅专注于有关国家所选择的有限数量的问题，而且在这些问题上的进展也受到国家政治考虑和对优先次序排列的限制。由于这些机构大部分都是专门设立的，因此它们缺少一些协调机制，虽然一些地区性的机构为总体观察提供了论坛。这些机构的成员和所覆盖的地域十分多样并经常重叠，但它们也留有缺口。比如，联合国海洋法会议所批准的专属经济区（EEZs）的采用正出现一些重要的问题。专属经济区从总体上看并没有实现预期的执行上的改进，因为当地船只的过度开发经常取代之前的外国船只的过度开发，外国船只则愈发集中地在公海地区捕鱼。横跨国界的鱼类种群尤其容易遭到过度开发，正如最近加拿大和欧洲经济共同体（EEC）之间的争端所突出表现的那样。

2. 其他机构下的环境计划的激增

由于大量现存的和新的地区性机构在联合国人类环境会议之后在环境方面发挥作用，比如欧洲理事会（Council of Europe）、经济合作与发展组织（OECD）、北约的现代社会挑战委员会（CCMS，Committee on the Challenges of Modern Society）、北欧理事会（Nordic Council）和欧洲共同体（EC），因此北海地区问题反映了联合国作为一个整体面临的环境组织问题。周围的国家自 1984 年以来已经举办了一系列部长级的"国际北海会议"（INSC，International North Sea Conferences）以制定目标和协调它们的政策。它们影响相关地区机构的计划，后者被要求执行国际北海会议最终宣言所规定的措施。这已经实现了突破，因为参与国现在承诺执行"预防性原则"（precautionary principle），它们将之理解为要求国家在其活动看起来**很可能**将导致有害后果的时候采取行动，而不是等到有证据表明这些后果实际上正在发生。当然，这仍然取决于这种可能性何时发生，关于这种决定的争论仍然会出现。宣言还特别为逐步停止焚烧海上和海洋倾倒物设定了目标期限。在

1990 年的第三次国际北海会议上，首次讨论了特定海洋生物资源的消耗问题并开始着手进行研究。预防性原则在地区范围内被接受，1992年修订的《波罗的海公约》（Convention on the Baltic Sea）也证明了这一点，可能会加速它在全球层次的缓慢进展。

自联合国人类环境会议以来，几乎所有地区都关注自身的一些（如果不是全部的话）环境问题，并且建立新的机构；[①] 现存地区组织都提出了环境计划。例如，欧洲理事会（CE）、经济合作与发展组织、欧共体、美洲国家组织、非洲统一组织和东南亚国家联盟建立了各种各样的机构，但除了南太平洋 1986 年的《努美阿公约》（Noumea Convention）之外，很少有地区采取生态学家和非政府组织建议的整体性方法。更受青睐的是渐进的方法，它基于针对每种污染源的专门公约，或者是框架公约，当科学知识和压力的增长使国家产生必要的意愿去解决这些问题时，关于特定污染源的议定书能够被添加到框架公约之中。

在这些地区机构的计划中，显著的进展包括欧洲理事会 1980 年的《欧洲野生动物和自然栖息地保护公约》（Convention on Conservation of European wildlife and Natural Habitats）；美洲国家组织 1940 年的《西半球自然保护和野生动植物保护公约》（Convention on Nature Protection and Wildlife Preservation in the Western Hemisphere），该组织正在修订该公约；非洲统一组织 1968 年富有远见的但暂停应用的《保护自然和自然资源非洲公约》（African Convention on the Conservation of Nature and Natural Resources），该组织目前正尽力加以修改并重新激活；东盟1985 年的《保护自然和自然资源公约》（Convention on Conservation of Nature and Natural Resources）。

---

① See Kiss and Shelton, *International Environmental Law*, pp. 73 – 93; Birnie and Boyle, *International Law and the Environment*, chap. 2.

经济合作与发展组织已经于 1970 年建立了一个环境委员会，该组织采纳了一些建议并形成了包括污染者付费原则（PPP, polluter pays principle）在内的新原则，这些原则基于并应用经济学理论以保护环境。基于类似的考虑，它还解决评估污染危害赔偿的问题。其观念很有影响。比如欧共体也采纳了 PPP 原则，这一举动被广泛效仿。尽管事实是它最终将污染损害的代价既强加给了消费者，也强加给了污染者。经济合作与发展组织还开创了诸如 "事先知情同意"（prior informed consent）、紧急情况通知和法律应用的非歧视性等这样的原则，并且为化学品以及有毒和危险废弃物设定了标准，后者包括放射性物质，对国际和其他地区性发展造成了重大影响。

六、联合国环境与发展大会：成功还是失败？

"布伦特兰报告" 要求联合国大会将其结论改为一项联合国可持续发展行动计划（UN Programme of Action on Sustainable Development），为了将要召开的审议关于此问题进展的会议，也为了建立后续安排以 "在人类需求和自然法的指导下设定标准和维持人类进步"。联合国大会决定在 1992 年召开联合国环境与发展大会，并建立了筹委会以为之做准备。联合国环境与发展大会之前，人们希望该会议能够达成关于气候变化和生物多样性的公约，考虑林业公约以及提出合理控制陆源污染的法律文件的可能性，以这些手段来提出一个设定环境保护和可持续发展行为原则的《地球宪章》（Earth Charter），以及为执行这些原则而采纳一项行动计划。人们希望这项计划，即众所周知的《21 世纪议程》，是为了设定可持续发展目标及实现它们的方式，因为它将注意力指向 20 世纪和 21 世纪的行动。人们意识到研究所谓的 "跨部门问题" 将会是至关重要的，包括技术转让、科技条件、贫困、人类居住地、妇女的作用、健康和教育。

联合国环境与发展大会的两个不同寻常的特点是：第一，它不仅由政府资助，也由主要的公司（比如英国卜内门化学工业有限公司）和基金资助（比如麦克阿瑟和洛克菲勒）；第二，与联合国人类环境会议不同，非政府组织被准许在筹委会中发挥主要作用。在这些委员会中的磋商气氛常常是充满敌意的，因为在基本问题上出现了严重分歧：相对于环境来说给予发展多大的重要性，这两者是否可以分离，以及可持续发展的内涵。正像在联合国和专门机构中的争论一样，发展中国家将环境危机描述为一个长期的发展危机，而发达国家将它看作是一个更为直接的技术问题。前者因此努力将讨论引向根本原因而非表征，并且施压推动将改革国际经济体系的理由作为有效环境行动的先决条件，正如 1974 年在关于国际经济新秩序的争论中那样。因此在与自然资源的主权、经济成本的分担、平等、资助、多边机构的作用、技术转让、气候变化、生物多样性和森林退化的问题上，南方—北方存在着严重分歧。北方国家的建议，尤其是关于最后两个问题，被看做是工业化国家延续的帝国主义——对主权的入侵。对气候变化采取全球行动的压力被南方国家看做是一种迫使发展中国家分摊几乎完全由工业化国家造成的问题的成本和负担的不公正企图。

有人建议只有国家间存在着一种新的团结意识，就像 1945 年联合国成立的那个时期所盛行的，才能带来联合国体系的改革，这对于制定有效的发展规划来说是必需的，不论可持续发展所牵涉的过程有多么复杂。[1] 许多人原本希望由环境危机造成的全球安全威胁将会激发这种意识。但是直到联合国环境与发展大会筹委会或里约会议本身的最后几天，都没有这方面的迹象。

---

① D. Williams, *The Specialized Agencies and the United Nations*: *The System in Crisis* (London, 1987), pp. 238 – 9.

考虑到这些困难，里约会议未被要求采纳《地球宪章》或关于陆源污染或森林退化的公约也就不足为怪了。但是，在强烈的压力和持续的谈判之后，筹委会秘书长（莫里斯·斯特朗）成功地提出了《21世纪议程》和环境与发展宣言以及气候变化公约与生物多样性公约的草稿。大会本身的主席［许通美（Tommy Koh）］则成功地劝说参加"地球峰会"的各代表团和103位政府首脑采纳这些草稿，虽然是一种力度较弱的形式。①

但是，许多政府和非政府组织表达了遗憾：气候条约被削弱了，许多关键的问题被从《21世纪议程》中移除或淡化了，美国起初为了保护美国医药产业的利益拒绝签署生物多样性条约，马来西亚阻拦考虑关于森林的条约，发达国家在提供资金资源和减免债务问题上只作出了模糊的承诺。尽管有这些缺陷，但一些团结精神（被称作"里约精神"）的确盛行，一些新的文书和未来行动的议程也从协商中产生。一个起作用的因素是在通往联合国环境与发展大会的谈判中前所未有的公众参与水平，以及数量巨大的非政府组织观察员在里约向政府代表团游说。里约会议采纳的文书如下：

（1）《关于环境与发展的里约宣言》。这是一套以非常概括性的语言表述的27项原则，很好地平衡了发达国家和发展中国家优先考虑的事务，管理与可持续发展相关的个体行为。

（2）《21世纪议程》。这是一项涵盖100多个领域的议程，从缓解贫困到加强国家和国际社会保护大气层、海洋和其他水域、山脉以及易受沙漠化侵袭地区的能力。比如，关于海洋问题的第十七章提出了管理海洋、地区海域和内海的综合战略，并且呼吁召开会议以解决横跨管辖地带边界的鱼类种群的过度捕捞问题。但是，诸如人口、资源

---

① Earth Summit Documents, *International Legal Materials*, 31 (1992), pp. 814 – 87. *Agenda 21* (New York: United Nations, 1992).

消耗形式、第三世界债务、有毒废弃物出口、森林和军事力量的作用等有争议的问题则从《21世纪议程》中舍掉了。因此这些问题仍然是未来商议和行动优先考虑的领域。该议程的确提供了一个行动的计划，第一次认识到了经济、环境、贫困和发展问题之间相互关联，而且认真地努力将环境与发展结合起来。

《21世纪议程》包括关于资金问题的一章，要求发达国家到2000年或者在其后尽快达到将国内生产总值的0.7%用于发展援助的目标，并提到进一步提供"地球增资"（Earth Increment）以提高国际开发协会〔（International Development Association），世界银行的软贷款分部〕的资金，同时促进全球环境基金的改革以拓展其基础并提高发展中国家对它的接受度。一些政府（比如德国、日本、加拿大、英国）和欧共体立即承诺了各种各样的数额，据估计每年总计可达60亿至70亿美元。但是，据联合国环境与发展大会估计，《21世纪议程》的花费单单为发展中国家提供的援助就需要1250亿美元，这将需要发达国家将它们现有的总共的援助水平翻倍。因此，在提供《21世纪议程》许多内容的实施所需资金援助方面，前景不容乐观。

（3）《气候变化框架公约》。公约的前言承认二氧化碳和其他气体对气候造成的危害，主张发达国家负有主要责任并因此需要立即采取行动减少这些气体的排放。它还认识到易受海平面上升威胁的国家的忧虑。气候应当被保护，排放应当被限制在不威胁气候并允许已受影响的系统自然恢复的水平上，但对减排没有设定目标。由于公约还呼吁可持续的经济增长和发展，要求所采取的措施不应"无理"地阻碍自由和开放的国际贸易，公约受到非政府组织和有关政府的批评。但这些妥协，尤其是未能设定减排目标，虽然削弱了公约，却反映了要想取得支持，特别是美国的支持，需要**现实政治**（realpolitik）。资金援助和技术转让被建议，但没有特定的条款。

该公约似乎不大可能在短期内导致引人注目的行动，虽然一些政府和欧共体的确各自承诺了各种各样的目标；而且，正像联合国环境规划署地区海洋计划和臭氧层公约的例子一样，框架公约很可能最终将被设定排放和其他目标的协议所补充。但是，153 个政府签署了公约，马来西亚是个明显的例外，其条款的模糊性意味着它很可能不久就会获得对其生效很必要的 50 个国家的批准。

（4）《生物多样性公约》。虽然公约的条款通篇都用诸如"尽可能和合适的"这样不精确的语句来描述，但它确实要求各方在许多关键领域采取行动，比如为生物多样性的可持续利用建立国家计划等等；制定生物多样性组成部分和对这些组成部分的威胁的目录；在保护区内外均建立和强化保护生物多样性的就地机制（*in situ* mechanisms），并建立补充的移地机制（*ex situ* mechanisms）；恢复退化的生态系统和濒危物种；管制转基因生物；保护本土和地方的管理体系；与地方社区平等地共享收益。但是，这样概括性的条款会确切地引导出什么样的行动尚不清楚。许多其他弱点仍令人担忧，比如关于知识产权的混乱条款，利用有争议的全球环境基金作为临时基金机制，以及未能解决诸如土地改革、地方社区的作用和债务因素等关键的深层次问题。必须将注意力放在对关于所有这些主要要点的行动的临时措施进行细化上，或许包括由联合国环境规划署建立一个关于该公约的政府间委员会。

（5）可持续发展委员会。在评价该委员会对其任务是否胜任时，将它与联合国环境与发展大会为新的制度上的回应而提出的其他建议进行比较是有用的。这些问题将与可持续发展委员会一起在下一部分被分析。

七、联合国环境与发展大会之后的联合国体系

1. 联合国体系能确保可持续发展吗?[①]

正如本章所试图表明的那样,联合国及其机构的历史背景和最初目标没有形成一个适于将环境与发展问题综合起来的体系,联合国环境与发展大会将这种综合看做是实现可持续发展的关键问题。联合国最初的安全导向的目标,其机构沿着东—西和南—北分野的政治化,专门机构顽固的部门主义,计划的泛滥和有着不同目标的自治单元,存在于联合国之外的大量相关的机构,这些使协调变得困难,尤其是当联合国机制在相关方面最软弱无力的时候——诸如"行政协调委员会"、"环境事务指定工作人员"和"环境发展机构委员会"等协调委员会迄今为止未被授予足够权力以对部门主义体系产生根本性影响。

(1) 联合国环境与发展大会引起的变化。正如联合国的"全系统中期环境方案"所指出的,尽管联合国体系所有要素的目标相容且互补,但它们是不同的。[②] 每个组织有它自己的权力、自己的成员国选

---

① 关于这一点,参见 French, *After the Earth Summit*; Kimball, *Forging International Agreements*; P. S. Thacher, *Global Security and Risk Management*: *Background to Institutional Options for Management of the Global Environment and Commons* (Geneva, World Federation of United Nations Associations, 1991); P. S. Thacher, 'The Role of the United Nations', in Hurrell and Kingsbury (eds), *The International Politics of the Environment* (Oxford, 1992); P. Sand, *Lessons Learned in Global Environmental Governance* (World Resources Institute, Washington DC, 1990); C. Tinker, *Making UNCED Work*: *Building the Legal and Institutional Framework for Sustainable Development at the Earth Summit and Beyond*, UNA – USA Occasional Paper No. 4, March, 1992; 另见 WCED Report, n. 5 above. 对联合国环境与发展大会机构安排的批评,参见 L. A. Kimball and W. C. Boyd, 'International Institutional Arrangements for Environment and Development: A Post – Rio Assessment' (unpublished paper, 1992), 本部分主要基于该文的结论。

② *United Nations System-Wide Medium Term Environment Programme1990 – 1995* (UNEP, Nairobi, 1988), p. 101.

区和自己的目标。这就使计划的设计和执行成为一个复杂的过程，但由于这会推动互动，因此它也会成为一种力量；筹划的程序需要有汇聚点，联合国环境与发展大会的《21世纪议程》设定了实现这一目标的方式。"全系统中期环境方案"提供了一个条理分明的环境计划的总体框架，但没有为行动做严格的规定。联合国环境与发展大会的《21世纪议程》采取相似的宽泛且灵活的词汇的形式，但通过鼓励将环境关切体现在发展机构和计划的活动中并指明必要的行动，使工作得以进一步深入。

联合国体系对活动效果和对规定措施的遵守情况的评估、检查和监督，效率都不高。有效的监督审查留给了非政府组织，它们在一些领域高效地完成了任务，但它们的活动必然是以问题为导向的：它们自己无法实施必要的改革以纠正体系中的所有弱点，尤其是协调的失败。政府必须通过立法以确保他们的国家计划符合联合国关于可持续发展的目标。在这方面非政府组织〔现在常被归于非政府行为体（NGAs，non-governmental actors）〕能够发挥必要的促进作用。

联合国环境与发展大会发起的机构改革是否足以引发必要的重新思考、重新定位和评估，以实现《21世纪议程》的目标？各国政府1972年达成的联合国人类环境会议《行动计划》关于机构问题的标准继续适用：建立机制以在必须的行动上达成一致；利用现有组织；发展有关联和"交换机制"（switchboard mechanisms）的组织网络而不是一个新的超国家机构；为在知识不完全情况下的弹性和进展做准备；通过协调和合理化避免重叠；确保任何为影响和协调行动而建立的政策中心不拥有与合作性组织竞争的操作性功能；增强地区能力；保持联合国作为国际合作的主要中心，但巩固和强化整个联合国体系，同时考虑各国环境状况的广泛变化。①

---

① Thacher, *Global Security and Risk Management.*

联合国环境与发展大会之前的讨论澄清了一点：对建立一个新的超国家的联合国环境和发展机构或者甚至赋予任何现有机构领导角色都不会获得政治支持。在联合国环境与发展大会的过程中被考虑的选择包括：将联合国环境规划署转变为一个专门机构；拓展联合国开发计划署的作用；建立一个政府间的"环境与发展常设委员会"（Standing Committee on Environment and Development）；创立一个"环境与发展专家小组"（Expert Panel on Environment and Development）；改变安理会的组成。① 联合国环境与发展大会之后，对这些问题的每一个都采取了一些行动。

（2）联合国环境规划署的作用。将联合国环境规划署转变为一个专门机构几乎没有吸引到什么支持。发达国家拒绝这种变化的额外支出和政治意义，对联合国更多的科层化也没有什么热情。非洲国家不欢迎将联合国环境规划署从内罗毕迁到更中心的联合国在日内瓦或纽约的所在地的建议。

但是，强化联合国环境规划署现有作用和所在地获得了支持。联合国环境与发展大会选择了这种方案，给予联合国环境规划署明确的授权以促进政策制定、监督和评估方面的合作，尤其是要求它发展国际环境法。联合国环境规划署还被要求提升诸如环境影响评估和环境审计的技巧，传播信息和提高环境意识，促进地区和次地区合作，等等。联合国环境规划署在调和数量日益增加的条约方面的作用也受到鼓励，与一些新的秘书处或政府间机构共用办公地点的可能性也被提出以供讨论。对联合国环境规划署扩展中的作用的资金支持问题还没有解决，它也没有被赋予更多的权力和权威。

（3）联合国开发计划署的作用。《21 世纪议程》指定联合国开发

---

① 这些建议在 Kimball, *Forging International Agreements* 和 French, *After the Earth Summit* 中被详细阐述。

计划署为地方、国家和地区层次可持续发展能力建设的领导组织，尤其是通过强化它在每个国家的常驻代表的作用来协调联合国在该领域的技术合作的努力。目标就是鼓励国家确认它们自己对技术援助的需要和优先次序，使联合国机构放手按需要提供研究、分析和技术意见。《21 世纪议程》要求每个国家在 1994 年之前评估其能力建设的需求并制定自己的《21 世纪议程》行动计划，联合国秘书长在 1997 年之前报告强化扶持中技术合作计划的方法。这种"自下而上"而不是"自上而下"的方式是联合国环境与发展大会的战略的另一个重要组成部分。通过强调国家有必要评估它们自身形势，以此作为技术援助的前提条件，以及通过鼓励非政府组织在创造意识和监督遵守方面发挥更加广泛的作用，《21 世纪议程》旨在克服由于许多发展中国家刻板地坚持被狭隘界定的国家主权观而造成的一些困难。

（4）政府间的环境与发展常设委员会。有建议提出由联合国大会和安理会建立这样一个委员会：由平衡北方国家和南方国家的成员组成，包括联合国环境规划署和联合国开发计划署理事会的成员国和相关机构的观察员。根据该建议的主张，整个委员会应该指导并监督专门机构在优先问题上的进展。它将努力影响联合国大会的议程并重新引导讨论以使关于可持续发展的严肃讨论能够出现，并促使影响环境安全的问题在安理会中被提出。它也与公共和私营部门资助机构相关，敦促它们实现目标。

这个委员会被设想能够由一个强化的行政协调委员会支撑，该委员会设立一个"环境与发展机构间理事会"（Inter – Agency Board on Environment and Development）——由联合国环境规划署和联合国开发计划署的负责人任副主席。围绕《21 世纪议程》的主题和根据联合国内建立的由秘书长领导的相应机构，行政协调委员会的附属政府间机构能够被重组。理事会的成员将包括联合国机构的代表，尤其是金融机构的代表，同时也与区域发展银行和组织有联系。其作用可体现在相关的政策研究，包括关于资助目标的研究。各种资助革新（臭氧层公约蒙特利尔议定书、湿地公约专门基金、世界遗产基金、全球环境基金）可以用来当做范例，欧共体的程序提供了一个地区范例。同时可以依靠非政府组织提供建议。

这在联合国环境与发展大会上被看做是最具吸引力和政治上最可行的想法，并以一种修正的形式被采纳。对联合国经社理事会负责的可持续发展委员会，由联合国大会在其 1992 年的第 47 次会议上建立。① 它与联合国经社理事会的密切关系遭到批评，因为经社理事会现在几乎有 200 个对它负责的机构及其附属机构：联合国秘书长建议裁减下层机构。可持续发展委员会由经社理事会选出的 53 个国家的代表组成，任期三年。非政府组织批评可持续发展委员会只有政府间成员，这种批评因一个高级别咨询委员会的建立而在有限程度上有所缓和，该委员会由关于环境和发展的杰出专家组成，向联合国秘书长，并通过他向可持续发展委员会、经社理事会和联合国大会提出建议。它包括范围广泛的专家，来自社会所有部门，尤其是非政府组织和工业界。可持续发展委员会每年召开为期两至三周的会议（第一次实质性会议是在 1993 年 6 月），由一个确定的秘书处支持，该秘书处还为一个新的可持续发展机构间委员会服务，该委员会协调不同联合国机构的工作。联合国大会决定该秘书处将"受到联合国预算的可能达到的最大程度的资助"：虽然瑞士提出向一个在日内瓦的秘书处提供充裕的支持，但纽约被选为首要地点。联合国大会决定可持续发展委员会的任务是监督《21 世纪议程》和联合国环境与发展大会采纳的其他文件的执行进展；检查资金和其他供应；加强联合国、非政府组织和其他外围机构之间的对话；审议各国政府提供的关于可持续发展的信息，政府被要求提交国家报告和其他消息。可持续发展委员会按照指

① 参见 GA Res. 47/191 of 22 Dec. 1992。

示采纳了一个工作上的"多年主题计划",确定讨论什么和什么时候讨论。问题包括:资金资源和技术转让;《21世纪议程》"以一种综合的方式"在所有层次上的执行;召开高层次会议,包括部长级的参与,以思考关于执行《21世纪议程》的综合的总体看法,考虑能源政策问题,以及尽力促成能够推广联合国环境与发展大会公约和宣言的必要政治动力。

联合国环境与发展大会之后,在短期内机构的革新似乎不大可能多于联合国缓慢运转的架构的诸多环节。可持续发展委员不会像一些人预想的那样与联合国大会和安理会有直接的关系,它也没有发挥《21世纪议程》更早的版本中所建议的协调联合国机构的作用。不过,其评估《21世纪议程》进展的作用仍然如同联合国人权委员会一样具有影响力,人权委员会与它很类似,利用非政府组织以及政府和组织提供的材料促进环境条约、标准和计划的执行。①

政府可以向可持续发展委员会提交关于执行《21世纪议程》中遇到的问题的信息,正如臭氧层、气候变化和生物多样等条约下遇到的问题一样,包括那些由于资金和技术短缺造成的问题。

联合国环境与发展大会还按照这样的建议行事:行政协调委员会应当被"振兴",受联合国秘书长的直接领导,成为负责计划的评估和协调以及负责与多边资金机构建立联系的机构间机制。它设想一个特别工作组可能会促进这项工作,但让联合国秘书长来决定"常设委员会"和"行政协调委员会"的支撑性安排。在进行机构重组以包容《21世纪议程》时遇到的问题是,像专门机构一样,联合国环境规划署、联合国开发计划署和联合国贸易与发展会议仍然是自治的单元。进一步改革秘书处以合并与可持续发展相关的计划,由一个联合国高级官员来负责看来还是很必要的。

---

① 关于人权委员会,参见费瑞尔和盖尔在本书中的章节。

（5）环境与发展专家小组。这一建议背后的想法是使联合国能得到来自外部的最好建议，因为联合国内部组织并不总能得到最好的信息。这一机构被设想能够评估政府的进展报告和调查任何违反已建立的法律和标准的行为。这一作用很可能会被许多国家抨击为对主权的侵犯，正像在人权委员会中经常发生的那样。但联合国环境与发展大会原则上接受了建立一个专家咨询机构的必要性，但由联合国秘书长进行推荐，并于1993年任命了由杰出人士组成的"高级别咨询委员会"。

（6）改变安理会的构成。人们兴致勃勃地提出安理会构成改革的建议。[①] 一些人主张，值得做的事情是通过为比如巴西、印度、日本、尼日利亚和欧共体提供席位而引入环境和发展利益的更广泛的代表性，以使安理会能够更好地解决威胁和平与安全的引发环境问题的冲突。像将濒临废弃的托管理事会（Trusteeship Council）的委任统治权转变为环境托管理事会的建议一样，安理会的改革几乎必然牵涉到对《联合国宪章》的重大修改，并且因此会取决于冗长而复杂的谈判，在谈判中显而易见的环境和发展问题可能会微不足道。

（7）其他建议。联合国环境与发展大会召开前其他广泛的建议包括：建立一个"联合国发展分析中心"；提升非政府组织的作用以促进监督遵守，建立一个环境法院和其他以环境为导向的争端解决机制以对国际法院做补充，因为国际法院本身很少吸引环境案件。在这些建议中，只有提升非政府组织的作用被联合国环境与发展大会采纳贯彻。

联合国环境与发展大会级别的会议由于被各种利益所割裂，一向不可能采取有力的措施或建立强力的新机制。联合国环境与发展大会提出的是在长期内实现这些目标一套工具。很多事情都要依靠国家有

---

① 主要参见本书的编者"导论"，以及彼得·威伦斯基撰写的章节。

效使用这些工具的意愿，并且一贯如此。《21 世纪议程》很可能会一直影响环境和发展合作与倡议，直至下个世纪。

这是联合国环境与发展大会最重要的成果。正如布伦特兰女士在评论联合国环境与发展大会成就时所说的："许多领域有进步，大部分领域进步太小，一些领域根本没进步……但是设定了我们前进的方向。"① 而且，由包括国际自然与自然资源保护联盟和国际科学联盟理事会在内的非政府组织在哥斯达黎加创建的一个平行的地球理事会（Earth Council），作为关于可持续发展的公共和私人进展的全球信息汇聚点，将会有助于确保可持续发展委员会一直发挥作用。

（8）未完成的工作。许多重要问题仍然没有解决。比如，联合国环境与发展大会没有试图缔结关于沙漠化和森林退化或者关于陆源污染的公约，也未能用哪怕是概括性的语言提出关于争端解决、国际执行机制或国家对危害的责任的建议。《21 世纪议程》最初的"交叉"问题清单所包括的许多环境问题的一些根本原因被联合国环境与发展大会所讨论，但仍然有待解决。看来可持续发展委员会和其他常设机构似乎不太可能在不久的未来聚集必要的推动力，以找到解决这些问题中的任何一个的有效办法。

八、现有机构体系的长处和弱点

毫无疑问，在不改变导致环境恶化的根本政治和经济因素的情况下，仍然有可能在相当大的程度上缓解环境问题：在一些情形中，"分散的、改革的和制度化的措施是有效的"②。虽然国际机构还没有被系统地整合，但它们在环境方面的努力的彼此互补比预想的要好；

---

① 正如此文所引述的那样，M. El – Ashry, 'Reflections on UNCED', *Rio Review* (Centre for Our Common Future, 1992), p. 11。

② Ibid.

它们的成就不是源于大规模的官僚行动或强制力量，而是源于它们在"提高政府关注，改善缔约环境和增强国家政治和行政能力"① 方面的催化作用。

但在评价联合国在环境保护方面的作用时，一些问题仍然不得不提出：联合国环境与发展大会改革所必须融合的制度结构有效吗？如果无效，为什么？如果它只是部分地有效，那么需要做哪些其他改进，有哪些选择？联合国环境与发展大会所采取的解决办法是否充分？

1. 制度障碍

虽然明显有进步，但不足以解决主要的问题。环境问题无法在与发展问题分离的情况下得到解决，这一点日益明显。联合国环境与发展大会的过程使这一问题作为或许是关键的实质性问题被突出强调。在制度层面，作为一个整体的联合国结构有重要的缺陷——联合国自身的机构、计划和委员会等等之间，专门机构之间以及它们与联合国之间缺少协调——还有联合国环境规划署和联合国开发计划署与专门机构相比之下的相对弱点。② 专门机构是作为自治机构而创立的，并且几乎可以随时从事开展不愿放弃的环境方面的行动，这一历史事实导致了重要的问题。虽然相关机构采取了积极的计划并作出了重要贡献，但它们缺少一致性。联合国人类环境会议之后，所有相关机构都希望确保将它们认为应该由它们采取的处理问题的行动留给自己，这就造成了许多重叠甚至重复。因此世界卫生组织、国际海事组织、联合国教科文组织、联合国环境规划署、联合国地区机构和联合国粮农组织，连同范围广泛的联合国之外的机构，现在都对污染控制感兴趣。联合国自身在设定目标和大战略时也必须取得一致意见，因此这些也

---

① 正如此文所引述的那样，M. El‒Ashry, 'Reflections on UNCED', *Rio Review* (Centre for Our Common Future, 1992), p. 11。

② 参见本书第350页的注①中所列举的作品。

都用概括性的语言来表达。联合国环境规划署以最低限度的形式建立，没有凌驾于更强有力的自治机构之上的权力，不得不寻找吸引它们合作的方式，也经常采取概括性的表述：这样"全系统中期环境方案"更多的是描述性的而非规定性的。发展责任在联合国秘书处的不同单元和计划以及专门机构之间也是分割的。联合国环境规划署像其创立的那样能够成功地在联合国体系内外协调环境计划的想法很早就被抛弃了；而且因没有什么实际的效用，环境协调委员会（Environmental Coordination Board）也被解散了。大致可以断定的是，考虑到问题的范围和复杂性，在不进行重大改革的情况下，联合国行政协调委员会不是一个合乎要求的替代者。

2. 展望未来

正如金伯尔（Kimball）所说的，"联合国环境规划署处于国际体系为实现可持续发展所采取的推动力的中心。"[1] 但是，环境领域的标准设定和执行所需要的不只是联合国组织的进一步协调、法律编纂或进一步的制度建设。所有可以利用的国际机制现在都需要被激活和加速，不要等待新的机制，因为现有机构已经过于复杂了。同时，还需要在联合国体系的内外对许多公约所规定的机制和体制进行持续的评估。[2]

为了吸引发展中国家参与到联合国环境计划中来，应该在联合国体系内外都以资金、技术和教育援助的形式提供更加积极的援助。在气候变化和生物多样谈判中遇到的问题以及森林退化公约谈判的失败，使这一需求的紧迫性显得尤为突出。虽然联合国环境与发展大会筹委会对联合国的环境和发展行动和世界范围的各种环境和发展协议和机

---

[1]　Kimball, *Forging International Agreements*, p. 7.

[2]　Sand, *Lessons in Global Environmental Governance*.

构进行了有史以来最广泛和最彻底的评估，但联合国环境与发展大会
却未能就任何一个改革联合国体系的根本解决办法达成一致。其评估
显示了可利用的机制范围广泛，几乎没有必要增加新的机制。它还表
明需要合理化和协调：体系可以变得能有效地工作，但现在还未能如
此。毫无疑问，发展中国家参与筹委会、联合国环境与发展大会和
《21 世纪议程》的准备工作本身就使专门机构和其他机构更加意识到
体系内的缺点和它们在其中的作用。但长远的进步所依靠的正是对
"交叉问题"的更好回应，这些问题包括金融、技术转让、科技条件、
人类居住地、妇女、贫困、健康和教育。

九、结论

一旦联合国环境与发展大会的改革和《21 世纪议程》开始启动，
就很难预测未来联合国在这一领域的发展会采取什么形式。一方面，
正如赫利尔（Hurrell）和金斯伯里（Kingsbury）指出的"认为普遍的
生态相互依存的言辞会很容易地转变为有效的国际行动……是错误
的"[①]，联合国环境与发展大会的过程强化了这一观点。另一方面，我
们也可以用某种乐观主义的心态看待斯德哥尔摩会议、《宣言》、《行
动计划》和机构对作为一个整体的国际体系的影响，既有联合国内部
的也有外部的，尽管当时对它们的弱点和联合国人类环境会议的"失
败"有批评。虽然"主权仍然是环境秩序的法律基石"[②]，政府因此强
调国家而非国际层次上的行动的必要，但很明显新的生命已被注入联

---

① A. Hurrell and B. Kingsbury, 'The International Politics of the Environment: An Introduction', in *The International Politics of Environment*, p. 47.

② M. A. Levy, P. M. Haas, and R. O. Keohane, 'Institutions for the Earth', *Environment*, 34, no. 4 (1992), pp. 12 - 17 and 27 - 36. See also P. M. Haas, M. A. Levy, and E. A. Parson, 'How Should We Judge UNCED's Success?', *Environment*, 34, no. 8 (1992), pp. 6 - 11 and 26 - 33.

合国环境与发展大会之后的联合国体系以及联合国环境与发展大会之后的改革行动。根本的问题依然存在：一个就是环发大会之后的进程能否足够地鼓舞人心以促成可持续发展——或者克服在必须完成的工作上的根本差异。另一个就是《里约宣言》所要求的环境与发展的平衡会不会在事实上导致环境目标屈从于发展目标。①

---

① 参见 M. Pallemaerts, 'International Law from Stockholm to Ria: Back to the Future?', *Review of European Community and International Environmental Law*, 1 (1992), pp. 254 – 65。

第十一章　联合国与国际法的发展

纳吉德拉·辛格

对联合国在国际法发展中的作用的这一概述将分析《联合国宪章》、各种联合国组织和专门机构的贡献。之后本文考察这些贡献所开创的新法律观念的实例。最后，在简短的结论中提出当代国际法中继续存在的缺口和模糊之处以及法律执行的重要问题。

国际法通常被界定为适用于主权国家之间和其他具有国际人格的其他实体的法律规则。国际法的主体，根据国际法院在伤害赔偿案例中的咨询意见，是"能拥有国际权利和义务，并且……有能力通过提出国际要求维护其权利"[1] 的实体。

国际法来源众多，包括《国际法院规约》（Statute of the International Court of Justice）第三十八条所列出的所有那些来源。[2] 这里并不

---

[1]　*ICJ Reports*, 1949, p. 179.

[2]　1945 年《国际法院规约》第三十八条第一款规定：

法院对于陈诉各项争端，应依国际法裁判之，裁判时应适用：

（子）不论普通或特别国际协约，确立诉讼当事国明白承认之规条者；

（丑）国际习惯，作为通例之证明而经接受为法律者；

（寅）一般法律原则为文明各国所承认者；

（卯）在第五十九条规定之下，司法判例及各国权威最高之公法学家学说，作为确定法律原则之补助资料者。

涉及所有的来源和发展。在本章我将集中探讨联合国的三方面贡献。

第一，除了建立推广新法和修订旧法的机制之外，《联合国宪章》本身阐述了国际法的新原则。从最开始就需要考察这一方面，因为这些新原则中的一些，比如非殖民化和民族自决原则，已经深刻地改变了国际社会。

第二，许多负有特定的发展国际法职责的联合国机构 50 多年来已经为国际法的发展进步作出了很大贡献。这些联合国机构包括联合国大会，它的许多决议都是前进的推动力；国际法委员会，它致力于国际法的编纂和发展进步；国际法院。

第三，大量的联合国专门机构积极地发展不同领域的国际法。这些专门机构包括国际民航组织（ICAO，International Civil Aviation Organization）、国际海事组织、国际电信联盟（ITU，International Telecommunication Union）和国际劳工组织。

下面将依次分别讨论这三个方面。

一、《联合国宪章》：国际法的新原则

1. 《国际联盟盟约》与《联合国宪章》的比较

1919 年的《国际联盟盟约》（The League of Nations Covenant）以这样的文字开篇：

> 缔约各国，
>
> 为增进国际间合作并保持其和平与安全起见，特允承受不从事战争之义务……

但是，并未假定不诉诸战争是一个确定的规则：它仅仅是可能的自愿承诺的目标。因此，法文版本只讲不诉诸战争的"某种"义务。

《盟约》包含了一些关于面对侵略的集体安全和关于裁军的条款。但是，在第十二条中有一句话具有重要意义。在涉及争端的仲裁或司法裁决问题上，它规定国联成员国"约定无论如何，非俟仲裁员之裁决或法律判决，或行政院报告三个月届满以前，不得从事战争"。如此弱的约束在今天任何一个国际协议中都是不可想象的。对比《联合国宪章》第二条的第四款：

> 各会员国在其国际关系中不得使用威胁或武力，或以与联合国宗旨不符之任何其他方法，侵害任何会员国或国家之领土完整或政治独立。

《盟约》接下来论及建立在正义和荣誉之上的国际关系，但我在《联合国宪章》中未发现任何涉及荣誉的地方。然而荣誉错在哪？它不是一个值得称赞的事情吗？但它从《宪章》中被排除出去实际上并非像可能看起来的那样是一个退步。因为在荣誉一词还保持其荣耀光环的时期，军国主义国家为了证明战争的正当性最经常借助的正是"荣誉"。

而且，《盟约》的前言规定"在有组织之民族间的事务中遵守根据条约所产生之一切义务"。这意味着什么？那么谁是缔约各方可与之达成不遵守也可以得到原谅的条约的**无组织**民族？毫无疑问，是一些受蒙蔽的无政府主义的种族群体。人们回想起 19 世纪的一部国际法法典的作者，他允许使用机构枪，但却谴责诸如在枪口蘸上毒药的不正当做法为"暴行"。① 也就是说，《盟约》依然包含了民族之间的等

---

① Johann C. Bluntschli, *Das moderne Völkerrecht der civilisierten Staaten* (Nördlingen, 1878), p. 314. 为公平起见，必须附加说明的是，这位作者猛烈抨击种族灭绝并强调对"未开化民族"的人道"教化"。

级体系的残余，随之而来的便是对低层民族法律资格的剥夺。

形成鲜明对比的是，《联合国宪章》包含许多致力于使受压迫民族从殖民主义中独立出来并拥有国际社会完全成员资格的条款。但在为委任统治系统做铺垫的《盟约》"神圣信托"条款中已经播下了这样的种子，联合国将其转变为托管体制。

《国际法院规约》中提到的"一般法律原则为文明各国所承认者"也被抨击为带有歧视性，它被并入进《联合国宪章》并成为《宪章》的一部分。这一版本实际上可以追溯到 20 世纪 20 年代早期，因为国际法院的规约与它的前身国际常设法院（Permanent Court of International Justice）的规约几乎相同。但我不太确信这种特殊的表达是不适当的。难道我们不应该更恰当地做一个反向推论，也就是说只有认可法律的一般原则的国家才能被看做是文明的？

最后，《国际联盟盟约》的前言提到"确立牢固的对国际法作为各国政府行为的实际规则的理解"。这里有个很奇怪且很含糊的单词："理解"。就好像各国不能真正承认规范的存在似的，更不用说国际法的规则了。但是法文版本使用了语气更强的单词："规定"。法文版本还意味着，正如英文版本所未能做到的，**所有的**国际法的规定现在或以后都被承认实际上管理着国家的行为。这两者有着重要的差异。它们表明《盟约》处于从小心地认可国际法到全心地接受国际法的转变的边缘。为什么英文版本在边缘的一侧而法文版本在另一侧是我必须留给**"准备工作资料"**专家们的问题了。但这些差异表明从那以后所完成的巨大的转变。它们显示了联合国对国际法的发展和强化国际法作为管理力量而非仅仅作为国家间理解暗示集合的观念的贡献。

1945 年伴随联合国的建立而发生的事情是已经持续大约 300 年的一个过程的积累，但在最近一百年，聚集了回应更加可怕的战争的冲力。这一过程，简言之，就是万民法转变为国际法的过程。人们几乎可以说它也是战争法转变为和平法的过程。

什么是万民法呢？这一术语本身只是拉丁文**万民法**（jus getium）的翻译，一个极其宽泛的表达，其可能的内涵的范围包括从"贵族假定的行为规则"到"民族的权利"。它未能表明的一个问题就是现代国家。实际上，二三百年前万民法并没有从仅仅构成管理君主关系的规则——简言之，即外交实践——前进多少。由于那些关系的主要标准是君主彼此之间是处于战争状态还是和平状态，万民法被设想为一个双连画———面显示战争规则的条目，另一面展现和平的规则。那些一般规则没有写入带有君主签章的文书里，但由诸如真提利（Gentili）、格劳秀斯（Grotius）和瓦特尔（Vattel）等学者阐明，他们通过以严肃而实际的方式将实践记录下来并系统化而赢得了尊重，并开始了实质是将习惯编纂成法律的现代工作。

同时国家总体上继续在武装的善意或者直接的敌意的关系中并存，国家的习惯法实际上被降低到对两种情形之一所要求的不同礼节的观察。它有种分裂的特征，结果许多知识分子的努力都用在定义交战状态和中立的条件和规则上，其实那时使战争非法化是唯一值得追求的目标。

但是，人们逐渐意识到，从对什么是正确的和正义的持久表达的意义上看，双连画只有一面值得发展成为法律。当然，如果需要战争，最好它不应该是完全非法的，因为放弃所有规则就是撤回对无助者的保护和对强加不必要的痛苦的宽恕。现在已过时的双连画的战争规则的一面因此以某种形式被保护，这最终在国际人道主义法中实现，不然就会被叫做战争法。作为国际法的一部分，它在人权和敌对期间的国家的行为之间搭建了重要桥梁。除了人道主义义务之外，成比例的自卫仍是构成被普遍接受为国际正当性组成部分的福利的唯一方面。国家解放运动在它们的斗争中合法使用武力的权利以及第三国援助它们的权利的问题，仍然是有争议的。

禁止战争更好——或者差不多是更好的。没有人，尤其是我本人，会质疑侵略战争的非法性。但对侵略者置之不理，我们也会冒无法控制他们的风险。这是一个现实的两难困境。只有不受阻碍的红十字会与红新月会（Red Cross and Red Crescent）的行动可以确保 1949 年《日内瓦公约》（Geneva Conventions）的执行和对相关协议的监督。幸运的是，那些杰出的组织被及时地创建，缓解了本世纪如此之多的战争苦难。但有令人不安的迹象，需要采取新的努力确保国际标准被执行，甚至在国际非法行为的情形下。

2. 《联合国宪章》中的新原则

《宪章》不仅通过明确仍在演进和涌现的规则，也通过阐述新的原则，掀开了国际法发展的新的一页，至少在理论上，这些《宪章》的新原则促进了国际和平，虽然它们可能缺少对于它们的执行或应有的遵守来说必要的约束力和效力。有时有人认为国际联盟比联合国更有效地培育了和平精神。这一评论看来似乎有些肤浅。第一次世界大战之后，促进和平和法律规则的热情高涨。这种精神的象征就是 1928 年的两个多边条约：《和平解决国际争端总议定书》（General Act for Pacific Settlement of International Disputes）和《关于废弃战争作为国家政策工具的一般条约》（General Treaty for the Renunciation of War，简称《非战公约》），也即《凯洛格—白里安公约》（Kellogg - Briand Pact）。各国倾向于尊重法律和避免对生命和财产都造成巨大破坏的冲突。第二次世界大战后，相同的情绪确实有所表现，但或许强度有所不同。无论如何，我的印象是两次世界大战的教训逐渐被遗忘，诉诸战争在国际关系中变得越来越频繁。这可能是联合国内的机构弱点或其功能缺陷的结果。但《宪章》本身所包含的对新原则的阐述是无可挑剔的。因此，任何对国际法发展的考察都必须给予这些《宪章》原则突出的地位，我相信这些原则会继续指引和平的道路。它们中的一些列举如下。

（1）在国际关系中不使用武力的原则，以及随之而来的征服权作为获得领土的方式的非法性，源于《宪章》第二条第三款和第二条第四款。这扭转了沿袭几个世纪的认可征服权作为获得领土的方式的旧观念。

（2）国家独立和主权平等原则以及非殖民化的观念，都是同等重要的。它们通过使国际社会的成员数量增加了一倍多，导致了国际社会的重组。

（3）民族的平等权和自决权在《宪章》的第一条第二款中被强调。第五十五条做了进一步的详细阐述，断言培育对"民族平等权和自决权"的尊重是联合国的一项职能。这一原则与确立以往殖民地和附属国的独立和主权权利的非殖民化原则是联系在一起的。

（4）不干涉国家的国内或内政事务的原则在《宪章》的第二条第七款予以清楚的说明，表述如下：

> 本宪章不得认为授权联合国干涉在本质上属于任何国家国内管辖之事件，且并不要求会员国将该项事件依本宪章提请解决。

（5）非歧视性原则被编纂入《宪章》的第一条第三款、第十三条（丑）项、第五十五条（寅）项。在所有这些条款中，《宪章》要求促进对人权和基本自由的普遍尊重，不分种族、性别、语言或宗教。

（6）相互依存和国际合作原则在第十三条（丑）项中被阐明。该条款要求联合国大会提出建议以"（子）促进政治上之国际合作，并提倡国际法之逐渐发展与编纂；（丑）促进经济、社会、文化、教育及卫生各部门之国际合作，且不分种族、性别、语言或宗教，助成全体人类之人权及基本自由之实现。"

（7）睦邻和友好关系原则在《宪章》的多个不同部分中被详述，包括第一条第二款、第五十五条和第七十四条。联合国大会在其1970

年的《关于各国依〈联合国宪章〉建立友好关系及合作的国际法原则宣言》（Declaration on Principles of International Law concerning Friendly Relations and Cooperation among States in accordance with the Charter of the United Nations）中进一步发展了这一原则和其他原则。

（8）《宪章》在各种条款中支持人权原则。第一条第三款指出联合国的宗旨包括"增进并激励对于全体人类之人权之尊重"，第十三条第一款提到"助成全体人类之人权之实现"。第五十五条（寅）项许诺联合国将促进"全体人类之人权之普遍尊重与遵守"，第六十二条第二款授权联合国经社理事会为此目标提出建议。在第七十六条（寅）项下，托管系统的目标是"提倡全体人类之人权之尊重"。

（9）强制的条约登记原则在第一百零二条第一款中被详述，该条款也规定秘书处要公布所有已登记的条约。未登记的条约不得向任何联合国机构援引。这一体制有助于列出和公布联合国成员必须尊重的条约。遗憾的是，《联合国条约集》（United Nations Treaty Series）的出版物目前已滞后多年，因为联合国预算机构未向它拨付足够的资金。希望这一重要的工作很快将被再次提上议事日程。

虽然这些原则中的许多先于《联合国宪章》出现，但通过被融入一个有着特殊地位的多边条约之中，它们现在拥有清晰的内容表述和明确的法律地位。这代表了国际法领域的重大发展，显然，联合国功不可没。

二、发展国际法的联合国机构

有明确的发展国际法职责的联合国机构包括：

1. 联合国大会及其委员会；

2. 联合国召开的会议；

3. 国际法委员会；

4. 国际法院。

下面将依次分析这些机构：

1. 联合国大会及其委员会

联合国大会以多种方式影响国际法的发展。第一，它表决通过一般的法律公约或专门召开全球性的国际会议，几乎相当于联合国大会的全体委员会（Committee of the Whole）的规模，以促成新的国际公约。第二，联合国大会专注于通过不需投票的一致同意的方式，或者通过多数投票的方式制定决议。第三，它评价诸如国际法委员会这样的机构的报告，还通过委员会工作，比如第六委员会（Sixth Committee）和外层空间委员会（Committee on Outer Space），以解决国家间关系的问题和发展国际法过程中的问题。现在我就来尝试总结联合国大会的一部分这类活动。

（1）种族灭绝公约。联合国介入国际法的发展的较早的例子就是在联合国大会第三次会议期间通过的 1948 年种族灭绝公约。① 纳粹的大屠杀所激起的憎恶和恐惧当然是这一文件产生的催化剂。考虑到只有联合国及其同类机构能够提供这种论坛，种族灭绝公约是国际法在现代环境下可以迅速地跨越式前进的最好例子。该公约被详细阐述和通过的背景是古巴、印度和巴拿马要求将种族灭绝问题包括进 1946 年联合国大会的第一次会议的日程之中。这次会议采纳了一项意见一致的决议，确定种族灭绝是国际法下的一种罪行。

在仅仅做了两年的准备工作之后，《防止及惩治种族灭绝罪公约》（Convention on the Prevention and Punishment of the Crime of Genocide）

---

① "种族灭绝"（genocide）一词还是个新词——或者至少只是在近期才开始普遍通行。实在不幸的是，这种现象本身远不是新事物。对种族灭绝的国际罪行的讨论促使联合国大会要求新的国际法委员会研究建立一个国际法院刑事庭的可能性——这个想法被证明在技术上过于难以实现。

于 1948 年 12 月 9 日获得通过。若没有联合国，如此迅速将是不可想象的。

该公约的最后版本明显不同于由联合国秘书处的法律部门所准备的最初草案。① 最初的草案提出了远比最终胜出的版本更为宽泛的种族灭绝的定义。大屠杀并不是它的唯一主题，因为它将一些行为归入"种族灭绝"之列，比如通过亵渎其圣地、没收其财产、禁用其语言、销毁其书籍来摧毁团体的特有特征；一句话，消灭他们的文化。在最终版本中，种族灭绝被限定为杀戮、致残、蓄意的饥饿、绝育以及强制驱散团体的儿童。

当然，"种族灭绝"一个单词无法支撑整个最初草案，可能是国际公务员最早满怀热情，超出了他们的职责并侵入到了法律发展的领域。公约文本（虽然是以修订的形式）1948 年被 50 个左右的独立国家采纳具有重要的意义，其中一些国家再也不能通过实行殖民政策而免于镇压种族团体的指责。在充满热情的秘书处的草案中，我们不仅可以看到欧洲解放与非洲和亚洲解放之间的明确的联系，那些留意草案后来的删节本的人一定会立刻反对这种关系，而且——令人吃惊地——也可以看到暗含的对保护人权、家庭价值观、宗教信仰，以及工作、艺术和文化遗产的权利的一套完整计划的需求。

种族灭绝公约处于有点类似于两面神杰纳斯（Janus – like）（杰纳斯是古罗马神话的天门神，有朝向相反方向的两张面孔，故亦称两面神——译者注）的位置。虽然被广泛地看做是国际法的发展进步，但它也含有编纂现有法律的元素。甚至在公约之前，可能除了公约所界定的思想扭曲的骇人行为的作恶者之外，没有人真的相信这些行为的合法性。在某种程度上，公约仅仅是表述了已被接受的法律原则，因此可以被看做是一种法律编纂，尤其是它被如此迅速地缔结以至于没

---

① 'Draft Convention on the Crime of Genocide', UN doc. E/447 (1947).

有人宣称法律真正地在其最初的建议与被采纳之间发展演进。

但是，公约是一个具有开创性的发展。许多种族或文化团体是种族灭绝的受害者，他们实际上已经成为犯罪国的公民。但针对一国本国公民的行动现在被宣布为违反**国际法**的行为！因此，联合国大会的这一早期倡议为不干涉内政原则加上了一个具有决定意义的注解，正如上文提到的，是一项关键的保护性条款，已经作为第二条第七款被写入《宪章》。

（2）其他人权公约。受种族灭绝公约的先例影响的后来的人权文件包括 1966 年《消除一切形式种族歧视国际公约》（International Convention on the Elimination of All Forms of Racial Discrimination）、1973 年《禁止并惩治种族隔离罪行国际公约》（International Convention on the Suppression and Punishment of the Crime of Apartheid）和 1979 年《消除对妇女一切形式歧视公约》（Convention on the Elimination of All Forms of Discrimination Against Women）。

我认为，这些以及类似的条约（包括 1966 年的两个国际人权协议）表明，在联合国法律委员会中聚集到一起的国家代表的努力并不全是自私地为了围绕国家的利维坦（leviathan）建造一个坚固的外壳，而是为穿透利维坦的坚韧表皮以抚慰和救济其魔口下的受害者作出了严肃的贡献。

这些公约，像数百个其他条约一样，包括一个如对公约的应用或解释出现争议则将裁判权授予国际法院的条款。① 国际法院最早的职责之一就是提出关于对种族灭绝公约所做的保留条款的效果的意见。②

---

① 拥有专门规定在条约下出现的争议将交由国际法院裁决的仲裁条款的条约数量从 1946 年的 5 个上升到 1980 的至少 242 个。现在可能多达 400 个。

② *Reservations to the Genocide Convention*, *ICJ Reports*, 1951, p. 15. 在这种情况下，国际法院合乎原则的裁决，使任何保留条款与条约目标和宗旨的相容性成为对保留条款效力的一种检验，最终反映在 1969 年《维也纳条约法公约》（Vienna Convention on the Law of Treaties）的第十九条至二十三条之中。

（3）联合国大会决议。联合国大会的许多决议都有力地促进了国际法的发展。当以法律原则为基础的联合国大会决议不是仅仅被多数通过而是全体一致通过时，它就不仅代表许多国家个体的"法律确信"（*opinio juris*），也代表"共同法律确信"（*opinio juris communis*）：国家关于法律的共同意见，与习惯和惯例结合在一起，成为任何国家在没有明确地证明其得到有保留的赞同时都不得违背的规则。

关于诸如联合国大会决议这类的一般性国际法的约束性一直有许多困惑和激烈的争论。经常有人认为联大同样可以面对其成员国以其权限进行立法。但它能否制定法律规范，或者其旨在确定法律形势的决议是否会受到成员国的挑战，这些问题都被激烈地争论。由于七十七国集团在联大中的优势地位以及该集团在安理会中的影响力持续受限，这个国家集团自然地强调联大决议的规范意义。这些国家中的许多认为联大决议具有国际立法的性质，但其他的国家集团未接受这一观点。①

为了缓解问题的尖锐性，人们经常说联大的一些决议是"规范的"（normative），以这种方式避免它们是在制定法律的表述。但重要的问题不是它们是否会经受住法律挑战，而是它们是否真正地被挑战了。如果它们没有被挑战，那么简单的——或看起来简单的——默许原则将最终至少形成一种可反驳的推定：那些决议所宣布的是成员国之间的法律。而且既然联合国的成员资格接近于普遍，既然没有非成员国看起来持有特别偏离国际法的观点，我们就可以适当地认为——但再次回想起国际法是国家的衍生物——联合国决议所宣称的一般行

①　关于这一问题，总体上可参见 J. Castaneda, *Legal Effects of United Nations Resolutions* (New York, 1969); R. P. Anand, 'Sovereign Equality of States in International Law', in the Hague Academy of the International Law's *Recueil des Cours*, 197 (1986), pp. 9 – 228; and B. Sloane, 'General Assembly Resolutions Revisited (Forty Years After)', *British Year Book of International Law*, 58 (1987), pp. 39 – 150。

为规范，如果被完全意见一致地通过或压倒多数地通过，确实成为一般国际法律的一部分和一类。但是，并不是所有的联合国大会决议都可以这样分等级。

联合国大会每年都通过各种各样的决议，既包括裁决也包括宣言。每年总数接近 300 个，但它们并不是法律制定。比如，联合国大会的决议采纳了《人民享有和平权利宣言》（Declaration on the Right of Peoples to Peace），它只不过是批准了一个附属于决议的文件，要求联合国秘书长"确保将《宣言》最广泛地宣传给各国、政府间和非政府组织"。① 这一宣言获得了联合国的批准并具有建议性效力，但不能说具有法律约束力。再则，联合国大会还通过一些涉及联合国成员国的关于特定的重大事件或偶发事件的决议。比如，联合国大会在 1984 年 11 月 15 日通过了一项关于"阿富汗局势及其对国际和平与安全的影响"的决议。② 这项决议承认阿富汗人民有权利决定它们本国政府的形式，呼吁外国部队立即从阿富汗撤出。它要求秘书长向国家通报决议执行的进展并决定将该项问题纳入下一次会议的议程。这些关于特定问题的决议在政治领域有其特有的影响。它们当然不是法律制定，但是它们确实将法律应用到了特定问题的事实上，并且得出了它们自己的结论。这确实是联合国大会在履行其维护国际和平的义务。这种决议本身并不是法律。

联合国大会的有些决议被国际法院特别宣布为法律制定。国际法院的这类文件声明是重要的，权威性地认定了这些决议具有法律约束力。这类决议包括：

---

① GA Res. 39/11 of 12 Nov. 1984, *GAOR*, 39th session, supplement no. 51 (UN doc. A/39/51).

② GA Res. 39/13 of 15 Nov. 1984, *GAOR*, 39th session, supplement no. 51 (UN doc. A/39/51). 自从 1979 年 12 月苏联部队进入阿富汗后，每年都通过类似的决议，一直到联合国主持下的为促使这些部队撤出的谈判顺利展开。

- 联合国大会第 1514（XV）号决议，《给予殖民地国家和人民独立宣言》，被国际法院在 1971 年关于**纳米比亚问题**的咨询意见中予以赞同性的引用。① 这一被观察到的事实代表了关于非自治领土（non - self - governing territories）的国际法发展的一个重要阶段。再有，在 1975 年关于**西撒哈拉问题**的咨询意见中，国际法院在宣布自决原则为各民族的权利时提到了该决议。②

- 联合国大会第 1541（XV）号决议，《指导各成员国决定是否有义务传达〈宪章〉第七十三条所要求的信息的原则》，也被关于**西撒哈拉问题**的咨询意见所引用。③

- 联合国大会第 2131（XX）号决议，名为《不容干涉各国内政以及保护其独立和主权的宣言》，被国家法院在尼加拉瓜诉美国（案情）中赞同性地引用。国际法院评述道：

> 该原则自那时起一直反映在被国际组织以及美国和尼加拉瓜参加的会议所采纳的众多宣言之中，比如联合国大会第 2131（XX）号决议，即《不容干涉各国内政以及保护其独立和主权的宣言》。虽然美国投票支持联合国大会第 2131（XX）号决议，但美国确实也在决议通过的同时在第一委员会（First Committee）宣称它将决议的宣言看做"仅仅是一个政治意图的声明而非法律的制定"（Official Records of the General Assembly, Twentieth Session, First Committee, A/C. 1/SR. 1423, p. 436）。但第 2131（XX）号决议的要点在第 2625（XXV）号决议通过的宣言中被重述，该宣言设立了被联合国大会宣布为国际法"基本原则"的一些原则，

---

① *ICJ Reports*, 1971, p. 31.
② *ICJ Reports*, 1975, pp. 31 - 2.
③ Ibid. , pp. 32 - 3.

美国代表未对该宣言的通过发表类似的声明。①

国际法院因此考虑各国对联合国大会决议的同意的问题。

● 联合国大会第 2625（XXV）号决议，《关于各国依〈联合国宪章〉建立友好关系及合作的国际法原则宣言》在关于**西撒哈拉问题**的咨询意见中被采纳。② 而且，在尼加拉瓜诉美国案件中，国际法院恰当地遵守了同一决议："国家通过这一文本表明它们对关于这一问题的国际习惯法的'法律确信'。"③

● 联合国大会第 3314（XXIX）号决议，"侵略的定义"，已经被国际法院接受为可以"用来反映国际习惯法"的决议。④

必须强调的是，这里提到的是揭示一般行为规范的决议，而不是具体应用的明确规则。因此，认为条约法的要求迫使对条约的一般性要谨慎应用直到其普遍性得到正式证明的观点与认为这些要求在检验决议的规范效果时可以软化的观点并不矛盾。承诺遵守决议的原则与受公约的规则的约束颇为不同，即在每种情形下都存在自愿同意的成分。

联合国大会决议中最重要的是那些批准关键的宣言和条约的决议，包括 1948 年的《世界人权宣言》、1966 年的《公民权利和政治权利国际公约》和《经济、社会及文化权利国际公约》、1974 年的《各国经济权利和义务宪章》以及 1970 年的《关于各国依〈联合国宪章〉建立友好关系及合作的国际法原则宣言》。

从设定国际抑或甚至国内行为的规范和标准的意义上讲，诸如此类的决议和宣言确实是规范性的。作为对自由采纳的原则的郑重宣布，

---

① *ICJ Reports*, 1986, p. 107.

② *ICJ Reports*, 1975, p. 33.

③ *ICJ Reports*, 1986, pp. 100 – 1.

④ Ibid., p. 103.

它们等同于国际法的首要主体，也就是说国际社会所缔结的约定。在我看来，它们形成了具有某种条约法性质的约定，虽然它们不具有条约的形式。但形式对于国际承诺的有效性来说是越来越不重要的要求，正如国际法院判例（后文将评述）在不止一种场合所说明的那样。

（4）联合国大会各委员会。联合国大会通过被赋予特定职责的各主要委员会（Main Committees）发挥作用。例如，第六委员会是法律委员会，由成员国的法律顾问组成。它审查国际法委员会的报告，并就国际社会关心的法律问题或趋势提出具体建议。联合国大会还建立了特别委员会以审查特定的法律问题。这是一个正常的程序性特征，有助于发展关于该问题的国际法。例如，有个特别委员会多年来致力于界定侵略的问题。其他特别委员会包括和平利用外层空间委员会（Committee on the Peaceful Use of Outer Space）、反对种族隔离特别委员会（Special Committee against Apartheid）和非殖民化特别委员会（Special Committee on Decolonization）。

一些人权公约建立了具有监督权或准司法权的委员会。这些委员会都对联合国大会负责。属于此列的有消除种族歧视委员会（Committee on the Elimination of Racial Discrimination），由 1965 年《消除一切形式种族歧视国际公约》（Convention on the Elimination of All Forms of Racial Discrimination）建立；还有人权委员会，由 1966 年《公民权利和政治权利国际公约》（International Covenant on Civil and Political Rights）建立。

2. 联合国召开的会议

（1）关于外交关系和关于条约的维也纳公约。1960 年的维也纳外交会议提供了另一个通过**特别**会议商讨重要的多边公约的例子，它为 1961 年《维也纳外交关系公约》（Vienna Convention on Diplomatic Relations）和 1963 年《维也纳领事关系公约》（Vienna Convention on

Consular Relations）奠定了基础。1969 年《维也纳条约法公约》（Vienna Convention on the Law of Treaties）也类似地在被联合国的要求下召开的**特别**会议通过。这些会议每一个都受益于在联合国大会要求下国际法委员会所起草的草案。

在条约法的例子中，人们意识到随着国际协议的激增，应当在对不同的条约解释原则之间进行权衡后作出某些选择，并且自此以后应得到遵守，这样对整个国际社会都是有益的。可以理解，由于国内契约理论的广泛变化，一方面会有一些国家赞同遵守条约的清晰含义，另一方面会有一些国家觉得可以容许透过文本背后看各方的意图，正像在准备工作所显示的那样。有些国家只允许平实地建构条约的条款，而其他国家希望条约的精神能够盛行。对于条约是否以及如何自然消亡，以及对于它们的目标和宗旨是否能随着环境的改变而改变有着不同的思想流派。在一个多种语言并存的世界，这些原则上的争论是导致紧张关系的危险根源，但通过强制推行国际社会自由达成的统一的解释原则，《维也纳公约》（1980 年生效）使它们大部分得以平息。最近被深深怀念的汉弗莱·沃多克（Humphrey Waldock）爵士在很大程度上负责这项重要工作，并且我猜想，也负责将工作重点转向对协议的常识——我以此表示普通法——的解释上。这是一个明智的也是一个令人惊讶的成就，因为面对杂乱的用几种官方语言写成的文本，很明显只有一种灵活但有条理的方式可以在条约解释方面产生一致的结果。

（2）海洋公约法。海洋法的编纂是联合国三次重要会议的目标。1958 年的第一次会议促成四项公约的通过，它们仍然有效。1960 年的第二次会议未能就一些有分歧的问题达成一致。这些问题中的许多都在具有重大意义的第三次联合国海洋法会议（Third United Nations Conference on the Law of the Sea）（1973—1982 年）上得到解决。这次会议通过了全面的 1982 年《联合国海洋法公约》（UN Convention on the

Law of the Sea）。《公约》直到 60 个国家批准或加入它之后方能生效。

3. 国际法委员会

《联合国宪章》第十三条规定："大会应发动研究，并作成建议……提倡国际法之逐渐发展与编纂。"为了响应这一要求，联合国大会 1947 年 11 月 21 日批准的一项决议建立了国际法委员会。

考虑到国际法是国家的衍生物，国家对于什么法律是"**法律确信**"的看法不仅对其具体化而且也对其被接受的程度至关重要。乍一看来，如果国际法委员会的成员都由政府任命也不是完全没道理的。但多数观点不支持这种意见。考虑到工作的学术性质和客观、公正和连续的要求，决定将其成员仅仅界定为"在国际法领域有公认的能力的人"。但候选人可以由政府提名，并且为了确保公正和平衡的代表性，不可以有两位拥有同一国籍的成员。国家的官方代表只在召开会议审议国际法委员会起草的法规或条约草案时发挥正式作用。

许多由国际法委员会起草的最初草案最终都通过联合国召开的特别会议而转变为多边公约，包括 1958 年的四个关于海洋法的公约、1961 年和 1963 年关于外交和领事关系的公约、1969 年编纂条约法的公约、1969 年关于特别使命的公约以及 1970 年关于国家的条约继承的公约。

国际法委员会致力于提出新的文件，其中主要包括（*inter alia*）关于国家的国际责任、外交信使和信袋的地位、国家与国际组织之间的关系、国家对跨国损害（包括污染）的责任以及国际河流法。它还起草关于人权和国家义务的宣言、关于破坏人类和平与安全的罪行的法律草案、仲裁程序的规则范例，以及关于最惠国条款的法规。

条约的基本性质是对各方有约束力——但也只是对各方。因此，一项公约似乎可以宣布它为国家在特定领域的行为设定了普遍规则，一直到怒不可遏，但它永远无法自我实现。只有当越来越多的国家接受其规定时，它才有机会实现它所主张的作为条约法的应用的普遍性。我强调作为条约法的应用，因为最近有许多例子：法院、法庭和各国政府的法律事务官员甚至查看条约草案，或尚未生效的公约，以求了解国际法的趋势——如果不是现况的话——的重大迹象。

为了履行联合国大会鼓励国际法**编纂**的《宪章》义务，在联合国法律部（Legal Department）内成立了一个编纂司（Codification Division）——该部门偶尔充当国际法委员会的出色的秘书处。但是没有成立任何部门响应与第十三条规定下的联合国大会的义务相关联的另一项要求，也就是鼓励国际法的**发展进步**。这不是意外疏忽。它表明了一个事实，即正像在任何国家系统内一样，虽然公务员协助记录和划分现有法律，比如编纂，是一项适当的职责，但法律的发展不是公务员的事——甚至也不是国际公务员的事。在国家系统，根据不同的传统，它在不同程度上是立法机构和法院裁决的事。自然地，学术界的个人可以始终自由地帮助推进这一过程，指出新道路、提出批评或给予鼓励，但不会是公务员。

在国际社会中，法律的发展是国家的事。它们可以通过其行为间接地产生影响，修正习惯和建立规范，或者通过资助或支持革新性的建议进行直接干预。除此之外，他们需要在论坛中活动，或者在国际组织或机构的常设组织内部，或者在为特定问题领域而建立的**特别**多边会议中。国际法委员会的重要价值在于充当私人学者和联合国大会第六（法律）委员会之间的桥梁或双向调节阀；学者通过参加国际法委员会的工作获得了作为国际顾问的提升了的权威和地位，在第六委员会中，那些理解该委员会工作的国家代表聚集在一起以审查委员会的建议，并采纳最值得赞同的建议，将其作为发展进步的基础。这就是《宪章》第十三条第一款（子）项是如何在实践中被执行的，它启发性地将这一工作融合到一个天衣无缝的语句中，促进"政治上之国际合作"。这一小段被证明是整个《联合国宪章》最大的成果之一。

4. 国际法院

所有联合国的成员国均可自由加入国际法院，其他国家（比如瑙鲁和瑞士）也是《国际法院规约》的缔约方。国际法院的权限依赖于相关国家的一致同意。这种同意可能采取将特定争端提交给国际法院的特别协议（special agreement）［或者偶尔叫做默示同意（implied consent）］的形式，或者通过条约的司法条款或接受国际法院强制管辖的声明成为一个更一般性的同意。到 1991 年 7 月为止，53 个国家发表了这种声明，大约 400 个包含国际法院司法条款的条约生效，11 个案件通过特殊协议被提交给国际法院。

国际法院还可以为联合国大会和 21 个其他有资格向它提出要求的联合国机构和国际机构提供关于法律问题的咨询意见。这些意见通常不具有约束力，但国际法院 1948 年至 1991 年提出的 20 条意见中的一些却具有重要的法律意义。

国际法院的判例法是联合国对国际法发展的贡献的一个重要方面。其数量有限的判决和咨询意见——这些在本书附录 F 中全部列出——无法暗示其判例法的重要性，因为它不仅通过其决议本身而且也通过其方法和推理的更广泛的影响渗透到国际法律界。这里将引用一些例子。

国际法院的声明可能是十分概括性的，并可能在法律顾问的头脑中孕育成熟。比如，自从国际法院的**巴塞罗那电车公司案**（Barcelona Traction）判决（1970 年）之后，在国际法庭主张置于国外的风险资本享有受外交保护的一般权利是不可能的了。同一判决区分了国家对特定利益负有的义务和它们对整个国际社会的义务。国际法院还评述到：

> 考虑到牵涉的权利的重要性，所有国家都被认为在其权利保护方面拥有法律上的利益，它们是对所有人的义务……在当代国

际法中，这些义务来源于，比方说，侵略和种族灭绝行为的非法性，也来源于关于个人基本权利的原则和规则，包括防止奴隶制和种族歧视。①

其含义就是世界社会的任何成员原则上都有权利要求各国对违反那些义务负责。

在**西撒哈拉问题**咨询意见（1975 年）中，国际法院对 1885 年柏林会议为争夺非洲做铺垫的一些打算给予最后一击，指出那种认为居住领土是**无主财产**（res nullius）——或者说不属于任何人的领土，因此可以被夺取——的观念在国际法中已不再有任何立足之地。② 非殖民化的较早贡献是国际法院 1971 年关于**纳米比亚问题**的咨询意见，该意见支持联合国大会终止南非对纳米比亚的委任统治权。③

1974 年，国际法院本来有机会解决十分棘手的跨国界放射性污染的责任问题，那时澳大利亚和新西兰提起了对法国**核试验问题的诉讼**。④ 在案件审理前，法国总统宣布法国将停止大气层核试验。国际法院发现这使案件没有了法律上的重要性，因此判决没有必要对此作出裁定。但是，其判决为国际法的发展进步做出了一个明显的贡献，因为它以前从来没有如此清楚地判定国家的最高代表可以通过公开的**对所有人**的口头声明而使之受约束。国际法院确实一贯超越形式，而关注国际关系环境下所做的声明的真正实质和效力。正像它在**核试验问题**案件中所评述的那样：

---

① *ICJ Reports*, 1970, p. 32. 国际法院之后在同一案件（p. 47）中评论到"特别是关于人权问题，应该注意这些还应包括防止拒绝司法"，这时国际法院更进了一步。

② *ICJ Reports*, 1975, p. 30.

③ *ICJ Reports*, 1971, p. 16.

④ *ICJ Reports*, 1974, p. 257.

法国当局的单方面声明是在国际法院之外做出的，是公开的和**对所有人**的，即使第一次声明被传达给澳大利亚政府。如上所述，这些声明没有必要为了具有法律效力而提交给特定的国家，也没有必要得到任何其他必要的国家的认可。这些声明的性质和特征对评估其法律影响具有决定性意义，国际法院接下来必须做的是对声明的解释。国际法院有权利从一开始就假定这些声明不是**脱离客观事实**而做出的，而是与构成当前诉讼目标的试验相关，虽然法国在案件中并未在诉讼中出现。①

1986 年**边界争端**案件中的布基纳法索与马里之间的边界争端的成功解决，表明了司法裁决作为一种解决领土争端的方式的效用。该案件依据双方于 1983 年达成的特殊协议提交给国际法院的一个法庭。1985 年 12 月，当书面呈文正在起草时，在争端地区爆发了敌对行动。双方达成停火后，法庭于 1986 年 1 月 10 日的一项命令指导了继续进行的监督停火、20 天内撤军，以及避免趋向加剧争端的行动或使最终决议带有偏向性。案件继续审理，在 1986 年 12 月 22 的判决中，法庭确定了整个边界线。布基纳法索和马里的总统公开欢迎这一判决并表示他们愿意遵守判决。②

国际法院的一些判决已经影响了海洋法的发展，并且反映在联合国为解决这一重大问题所召开的会议的工作之中。

国际法院在英国和挪威之间的**渔业案**（1951 年）中的裁决解决了一个引起海洋国家很大兴趣的旷日持久的争论。国际法院判定 1935 年

① *ICJ Reports*, 1974, p. 269.

② *Frontier Dispute*: Provisional Measures Order of 10 Jan. 1986, ICJ Reports, 1986, p. 3; judgment of 22 Dec. 1986, ibid., p. 554. 托马斯·桑卡拉（Thomas Sankara）上校和穆萨·特拉奥雷（Moussa Traoré）将军的声明见这一文件的附录：ICJ Press Communiqué No. 87/1 of 16 Jan. 1987。

挪威测定基线——从基线开始测量海洋领土——的法令所采取的方法不违反国际法。它确立了与此相关的三个标准：

- 基线不应可观察到的偏离海岸的大体走向；
- 这些基线内的海域应足够邻近陆地领土，以使之受内水制度的管辖；
- 应考虑争议地区特有的经济利益，该利益的现实和重要性被长期的使用所明显证明。[①]

国际法院拒绝了这种观点，即在国际法中，拥有宽度大于十英里的人口的海湾不能被看做内水，除非他们属于所谓的"历史上的"海湾。

在**北海大陆架**（North Sea Continental Shelf）案（1969 年）中，丹麦，荷兰和联邦德国要求国际法院决定什么国际法原则适用于该大陆架的划界。国际法院拒绝了这种主张，即应当根据 1958 年《日内瓦大陆架公约》（Geneva Convention on the Continental Shelf）所确定的等距离原则划定有争议的界线。国际法院考虑到了联邦德国尚未批准该条约的事实，判定等距离原则并非大陆架权利的基本概念所固有，这一原则不是国际习惯法的原则。国际法院颁布了当时适用于大陆架划界的国际习惯法原则，使各方能够在有争议的大陆架地区的划分上达成协议。[②] 这一协议对于使在这些地区能够继续进行石油和天然气钻探来说是必不可少的。

国际法院在**突尼斯/利比亚大陆架**（Tunisial/Libya）案（1982 年）和**利比亚/马耳他大陆架**（Libya/Malta）案（1985 年）中进一步详述了大陆架划界的法律。在**缅因湾**（Gulf of Maine）案（1984 年）中，国际法院的法庭在确定一个适用于加拿大和美国之间的大陆架及其上

---

① *ICJ Reports*, 1951, p. 116.
② *ICJ Reports*, 1969, p. 3.

覆水域的单一海洋边界时也考虑了类似的问题。这一系列海洋边界案大大丰富了一个日益重要的法律领域，而且为了那些寻求通过谈判或仲裁划定这类边界的国家提供了帮助。① 这三个案件中，国际法院考虑到了在第三次联合国海洋法会议（1973—1982 年）及因之产生的 1982 年《联合国海洋法公约》中出现的"新的被认可的趋势"。虽然该公约尚未生效，但国际法院将其某些条款看做是新的国际习惯法的体现。因此国际法院判定允许要求拥有达到 200 英里的专属经济区，并注意到有权自动获得的 200 英里大陆架的海洋边界划分的重要性。

在**渔业管辖权案**（Fisheries Jurisdiction）（英国诉冰岛，1974 年）中，国际法院促成了这一观念在法律中的确立：人类需要保护海洋生物资源并必须关注这些资源。国际法院评述到：

> 由于捕鱼的加剧而产生的国际海洋法的进步之一就是，以往在公海中**放任地**对待海洋生物资源，取代之的是，意识到了有义务充分考虑其他国家的权利和维护所有国家的收益的必要性。因此，双方有义务详查争端水域的渔业资源，并根据科学的和其他可利用的信息，共同研究保护和发展以及平等开发这些资源的必要措施，重视它们之间任何生效的国际协议，例如 1959 年 1 月 24 日的《东北大西洋渔业公约》（North - East Atlantic Fisheries Convention），还有在进一步谈判的过程中就这一问题上可能达成的其他协议。②

---

① *Continental Shelf* (*Tunisia/Libyan Arab Jamahiriya*), judgment, *ICJ Reports*, 1982, p. 18; *Continental Shelf* (*Libya Arab Jamahiriya/Malta*), judgment, *ICJ Reports*, 1985, p. 13; *Delimitation of the Maritime Boundary in the Gulf of Maine Area*, judgment, *ICJ Reports*, 1984, p. 246. 也可参见 *Maritime Delimitation in the Area between Greenland and Jan Mayen* (*Denmark v. Norway*), judgment, *ICJ Reports*, 1993。

② *ICJ Reports*, 1974, p. 31.

国际法院还判定渔业限制的优惠权概念不是固定不变的：

> 从沿海国家的优先权在多大程度上在某个确定时间被看做是
> 永远固定不变的意义上看，这不是说沿海国家在特殊情况下的优
> 先权是一个固定的概念。相反，优先权由这一沿海国家对邻近水
> 域渔业的显著依赖决定，因此可能随着依赖程度的变化而变化。①

通过了解沿海国家在邻近水域的渔业的优先权的概念，尤其是如
果那个国家处于特殊的情况，其人口依赖于那些渔业，国际法院在**渔
业管辖权**案中的判决促进了海洋法的发展。而且，国际法院进一步意
识到关于渔业的法律必须认可基于科学数据的保护条件的首要地位。
沿海国家优先权的运用，以及其他依赖某些渔场的国家的历史权利，
都必须从属于为所有有关各方的利益而恰当地保护渔业资源的压倒一
切的考虑。国际法院判定：

> 在即将进行的基于现有判决的新近谈判中，各方将受益于对
> 其各自权利的上述评价，以及界定其权利范围的某些指导原则。
> 它们面临的任务是要在这样的基础上开展谈判：每一方都必须真
> 诚地适当考虑另一方在冰岛周围的 12 英里界限之外的水域的合法
> 权益，因此提出基于特定情势事实的渔业资源的公平分配，考虑
> 在该地区已拥有渔业权利的其他国家的利益。这不是简单地找到
> 一个公平解决方案的问题，而是找到一个源于适用法（applicable
> law）的公平解决方案的问题。②

---

① *ICJ Reports*, 1974, p. 30.
② Ibid., p. 33.

三、联合国专门机构的作用

任何对联合国发展国际法的努力的评估都必须强调专门机构的突出贡献。联合国系统的一些机构在其自己的领域从根本上改变了国际法，甚至还以自身的影响力建立了完整的法律体制，以强化对特定领域产生的法律的遵守。这一观察尤其适用于国际海事组织、国际电信联盟、国际劳工组织、国际民航组织以及技术领域的其他组织。但联合国教科文组织、世界卫生组织、联合国难民事务高级专员公署和其他机构也通过了重要的法律文件。这种工作有一些值得在此给予特别关注。

1. 通过国家间的管理使国内标准具有普遍性

我们可以以国际劳工组织倡导的世界范围的管理为例。其公约和建议涵盖了诸如工作时间、人员配备、工厂工人和其他工人的工资等问题。每个国家都有管理工作时间或雇用劳动力的工资的法律，但国际劳工组织规定了为大多数国家所遵守的统一的最低标准。

2. 修正案的自动批准

有时现有条约所急需的修正案已经商定，但由于批准过程缓慢，修正案未对一些或所有国家生效，这时问题就出现了。在海洋领域，国际海事组织在克服这类问题方面取得了开创性的进展。由国际海事组织订立或管理的某些条约现在迫使各缔约国以有限的方式认可在一定时间过后自动接受修正案的原则。因此，比如 1972 年《防止倾倒废物或其他物质污染海洋的公约》第十五条第二款规定带有科学和专业技术性质的修正案，如果被出席依照条约条款而召开会议的投票者的三分之二多数通过，"就应该在通知国际海事组织其已被接受之时立即对每个缔约方生效，会议通过 100 天之后对所有各方生效，除了那些在 100 天结束之前声明它们那时还无法接受修正案的国家"。这一程式免去了修正案生效前规定批准数量的必要性，也抛开了持异议的少数坚持己见的负担，如果他们希望阻止修正案生效的话。

1974 年《海上人命安全公约》（SOLASC, Safety of Life at Sea Convention）也规定在获得缔约国三分之二接受的六个月之后自动通过某些类型的修正案。海事安全委员会（Maritime Safety Committee）通过的修正案在递送给缔约国两年之后生效，除非遭到三分之一的缔约国或占世界商船航运总吨位二分之一的国家的拒绝。

类似地，1973 年《防止船舶污染海洋国际公约》（MARPOL Convention）在其第十六条第二款第（卯）、（辰）、（巳）项采纳了这样的方法：通过确定"不少于 10 个月"的一段时间来认定一个附件的修正案，这段时间过后修正案生效，"除非在这一期间内不少于三分之一的缔约方向国际海事组织提出异议，这些缔约方的船只总数要达到不少于世界商船总吨位的 50%"。

这与传统的国际法中的国家主权观念形成鲜明对比，根据传统观念，三分之二多数依照权利是不能约束三分之一的少数的，因为每个国家的同意对创立有约束力的合约来说是必不可少的。

3. 在特定领域的有效执行

大部分主要的海洋公约，包括 1974 年《海上人命安全公约》和 1966 年《关于船舶载重线国际公约》（International Convention on Load Lines），由贸易和商业船只所造访的国家的港口当局执行。悬挂外国旗帜的船舶如因违反普林索尔载重线标志（Plimsoll mark）的超载而受到港口当局的罚款，不得拒绝支付。

更为重要的是，即使是"非公约"船只，也即悬挂尚未批准海洋公约的国家旗帜的船只，也不得不遵守公约的法律，因为大部分港口国都批准了这些公约。因此，非公约船只除了遵守公约之外别无选择，因为他们无法避免造访批准公约的国家的港口。这确保了对公约法律的几乎普遍的遵守。

四、联合国支持下的法制改革

本章前面的部分所概述的联合国的贡献，促进了一些新的国际法观念的提出和推广。这其中有许多来源于联合国的全球角色，这一角色倡导了解决问题的全球方式。比方说，由此而来的许多当代国际法的真正普遍性，使法律避免了更多的区域或地方性的发展路线，那样将会是一个灾难；还有因而产生的作为整个人类权利的人权观念，既有个人的也有集体的，不分国家界限，不分种族、宗教或性别。这里有两个带有强烈普世主义特征的概念值得深入思考："全球公域"（或者叫人类共同遗产）的概念以及建立"国际经济新秩序"的建议。

1. "全球公域"和环境保护

国家的领土管辖范围——不论是陆地、海洋还是空中——基本上都已稳固确立。但是技术正在开发出超越国家传统领土管辖范围的领域。这些通常被描述为"国际公域"或"领土外空间"的领域日益成为国际法律管辖的对象。**公海**作为商船途经的国际通道，最先被认定为在法律上超越任何国家的领土管辖权的公共空间。一个超越国家管辖权界限的海底法律体制在1982年《海洋法公约》中被提出。但是，《公约》尚未生效，这一体制也没有吸引普遍的支持。

还有其他领土外空间，比如外层空间或大气，直到现在的法律体系也既未完全也未有效地将其涵盖在内。环保主义者试图确保大气作为"人类共同遗产"得到保护、关注和维护，而**外层空间**由特定规则而非系统化的一般体制所管理。**南极洲**由数量有限的一组国家根据

1959 年《南极条约》管理：联合国大会在 20 世纪 80 年代初开始对南极感兴趣。

人类对另一公共资源——地球的**电磁环境**——的使用主要是在通讯领域。一个国际组织——国际电信联盟——已经建立起来以促进整个领域的国际合作。在一个如此依赖通讯的世界里，对于诸如分配无线电频率和设定共同技术标准等职责的履行有着不可抗拒的实际需求。许多功能性的法律合作由国际电信联盟和其他组织实现。

全球公域的概念本身表达了对共同收益和共同成本的共享。如果不能由单个国家独占是全球公域概念的一个重要特征的话，其结果便是不仅必须以全人类名义共享，而且也必须尊重未来几代人的需要。

2. "国际经济新秩序"

国际条约实践的经典原则和标准——比如国民待遇、优惠待遇、公平待遇、互惠和国际最低标准——继续发展并形成许多国际经济条约和组织的一部分。由于它们适用于拥有不同经济体系的国家，因此它们使对国际合作的需求与国家经济和法律体系的多样性调和起来。另一方面，各种层次的国家和国际经济的公法和私法被慢慢合并到综合的"国际经济法"，彼此相互作用，拥有互补性的结构和发展。比如在国家和国家经济法中都有一个明显趋势，即通过实质平等和团结的新原则补充自由和形式平等的经典原则。

为国际经济新秩序概念作出主要贡献的是 1974 年联合国大会关于《各国经济权利和义务宪章》的决议。① 它因得到 120 票赞成、6 票反对、10 票弃权而获通过。国家实践的进一步发展，部分是由于联合国及其机构的工作所驱动，帮助了国际经济新秩序许多方面的法律发展，

---

① GA Res. 3281（XXIX）of 12 Dec. 1974, *GAOR*, 29th session, supplement no. 31（UN doc. A/9631）. 关于国际经济新秩序也可参见肯尼思·达齐前面的章节。

虽然其他方面依靠政治领域的进一步谈判。

五、结论：当代国际法的问题

虽然国际法自 1945 年以来在联合国内部和外部的支持下，取得了显著的发展，但一些根本问题依然没有解决。这些问题主要涉及国际法原则之间的冲突、现有国际法机构内的缺口、经常遗憾地出现的原则和实践的脱节，以及执行和实施的问题。这里无法包罗万象地论述这些复杂的问题。下文将仅仅略微触及出现困难的领域，而且也不准备以正式的法律表述的方式，更谈不上提出什么解决方案。

1. 原则之间的冲突

国际法的内容深受国家的实践和利益的影响。国际法规则经常作为不同利益的折中而形成，不论是经济、军事、社会，还是其他的利益。一般性原则被达成和应用，但在困难或特殊的情况下，它们出现在争端之中也比较常见。在许多情况下，这种明显的冲突可以通过详细研究与正在审理的案件有法律上的密切关联的材料而解决。但在政治层面上，经常有应用何种原则的争端。例如，人权原则和不干涉原则之间，或者民族自决原则和国家领土完整原则之间，或者公海自由原则和人类共同遗产原则之间可能会出现紧张关系。

在国际法中的地区主义与普世主义之间，偶尔可以觉察到一种特殊的二分法。在很大程度上这种紧张关系是虚幻的。执行和实施法律的地区机制可以很成功，正像人权领域的例子所表明的那样。依照《欧洲人权公约》建立的欧洲人权法院和欧洲人权委员会就是很好的例子，其他地区逐渐开始出现类似的机制。地区机构还可以与用法律管理航海、货运、关税、渔业以及林林总总的其他问题的地方协议。这类机构不会影响一般国际法的普遍性，一般国际法在所有地区继续适用。普世性国际法分解为在不同地区适用的不同法律形态而未对原则或机构进行统一，将会成为一个灾难性的倒退；幸好几乎没有发生这种情况的迹象，而且趋势是一般国际法在进一步强化。

2. 国际法中的缺口与模糊之处

国际法的发展进步是一个持续的过程，还有许多领域仍然需要就更加细化的法律体制达成一致。在一些情形中，这是因为国际舆论只是刚刚变得对特定问题真正地感兴趣。环境污染的严格国际管制在许多领域都已启动，但比方说，可能存在的气候变化的问题只是刚刚开始被有效的法律措施所应对。类似地，国际法还没有一种明确的考虑未来几代人环境利益的方式。另一个国际行动日益增多的领域涉及的是土著民族权利的保护：作为对日益增长的这一问题重要性的认识的回应，联合国土著居民问题工作组（UN Working Group on Indigenous Populations）忙于制定适当的国际标准。第三个当前日趋紧迫的问题是大规模人口外迁的问题，不论是战争、自然灾难、暴政还是经济贫困所引发的。现有关于难民地位的国际法不是为解决大规模外迁问题而设计的，但也仍未证明在这一棘手而至关重要的领域采用全面的新法律体制是可能的。

其他被提出的国际法中的缺口与那些可能无法或尚未与国际法律法规相协调的问题有关。这样当代国际法就没有明确地解决所谓的"势力范围"的存在问题，以及与 1945 年《雅尔塔协定》相关（恰当地或不恰当地）的诸如此类的问题，虽然非殖民化、不干涉和主权平等这些反帝国主义原则在形式上都是反对势力范围的。类似地，一般国际法对国家移民政策相对来说影响很小，虽然移民问题由许多双边和其他条约处理。关于某种形式的军事行动的国际正当性问题，观点也不尽相同，包括各种军事干涉可能会或可能不会与国际法基本原则相协调的情形。

3. 原则和实践之间的矛盾

国家和国际机构的实践在绝大多数情况下都是遵守国际法的。但偶尔也会出现矛盾。在有些情况下这是因为国际条约标准设定了非常高的实现水平，无法立即实现完全而普遍的遵守。因此日益增加的人权条约没有立即消除所有侵犯人权的行为，正像刑法没有轻而易举地消除有组织犯罪一样。类似地，战争仍然是国际生活的一个特征，虽然诉诸侵略战争被根本禁止，而且《联合国宪章》中也包含和平解决争端的条款。

人类若想取得进步，就必须经常在共有的最低平均水平之上设定有抱负的标准——虽然高于这种水平的标准也未必无效。国际法律标准常常不便于特定政府实现短期目标。首要问题是国际法律规则应该被有效地执行和实施。

4. 执行和实施

法律的有效性部分地依赖于约束力的有效性和适于保护违法行为受害者的资源。如果没有约束力，没有资源，那么一个法律规定即使内容看起来可能很完美，也会有仅仅流于空谈的危险。约束力和资源在 1945 年以来的时期内取得了相当大的发展，正如本章的概述所表明的那样。但还要有进一步的发展，国际法委员会编纂国家责任原则的工作如果完成，将在这一领域作出重要贡献。

但比新的形式上的程序更为重要的是增强国家遵守法律的习惯的任务。这一任务不能完全留给国家自己去做，国际组织、非政府组织、新闻媒体、个人和国际公共舆论都有责任谴责那些违反国际法的国家，确保国际法得到更好的遵守。联合国在协调这些努力以及在促进国际法进一步发展方面具有重要作用。我相信未来几代人能胜任这项任务。

第十二章　联合国改革的历史演进

莫里斯·贝特朗

"联合国改革"这一概念有多种含义，对这一名词的使用依公众对该世界性组织态度的不同而有所变化。这些含义是：

（1）修正秘书处的结构，也即改变组织架构，裁汰冗余，削减职位数量，尤其是高级职位的数量。

（2）确定优先事务，也即废止过时的项目，以将资源集中用在最重要的项目上。可以将优化联合国系统协调的观念与这种做法结合起来。

（3）重组政府间机制，以使其更有效或更能代表国际社会。有必要区分以下两点：

（a）在不修改《宪章》的前提下进行重组，例如，通过调整其议程或其与联合国大会的关系，增加或减少各种委员会的成员数量，创建新的委员会或整合现有委员会，使整个政府间机制运行流畅，以此来"振兴联合国经济及社会理事会"。

（b）重组主要机构——也即安理会、经社理事会、联合国大会——这意味着《联合国宪章》的改革。联合国贸易与发展会议的改革（不意味着《宪章》的修改）可以归入此类，因为关于该组织的存在问题是禁忌的话题。

那些认为联合国的效率是一种管理问题的人把"联合国改革"定

义为第 1 点、第 2 点和第 3 点的（a）项。这是长期以来并且现在仍然是美国人和更广义的北方国家（包括东方和西方）对这个问题的理解。发展中国家的代表，虽然赞同北方国家的部分理解，但普遍坚持扩大各委员会的成员国数量，包括经社理事会和安理会。它们已经两次成功地修改了《宪章》：将安全理事会的成员数量从 11 个扩大到 15 个；将经社理事会成员数量从 18 个扩大到 27 个，之后又扩大到 54 个。① 一些人在建议对《宪章》进行部分或全部重构时采用第 3 点（b）项的含义，比如减少经社理事会的成员数量，合并经社理事会和贸发会议，创建"经济安全理事会"（Economic Security Council），改变联合国与其专门机构的关系，或者扩大安全理事会常任理事国的数量。德国和日本从 1992 年左右就开始积极倡导最后一点。

为了正确理解联合国改革的历史演进，一些初步的评论是必要的。联合国最重要的变化之一是 1956 年应雷斯特·皮尔森（Lester Pearson）和达格·哈马舍尔德的倡议在安全领域创立维和部队（蓝盔）所产生的结果。这是未触及宪章而对联合国进行的一项重大改革。但改革一词从未用在与此相关的问题上。

完全执行《宪章》条款也从未被看作是一种改革。比如，第四十三条规定了向安理会选派军队的"特别协定"；第四十七条赋予军事参谋团（Military Staff Committee）重要责任。正如布特罗斯－加利秘书长所提议的，任何对这些条款的执行都应代表联合国自 1945 年开始运作以来的一次重要改革。但是这种提议一直被描述为"振兴"而非"改革"。

我们正在见证联合国改革观念的缓慢但却根本的变化。自联合国创始以来（甚至自从国际联盟成立以来），对该世界性组织改革的理解就一直是（鲜有例外）第 1 点、第 2 点和第 3 点（a）项的混合。

---

① 第二十三条、第二十七条和第六十一条的修正案于 1963 年 12 月 17 日获通过。第六十一条的另一修正案于 1971 年 12 月 20 日获通过。参见本书附录 B。

自 1985 年以来，第 3 点（b）项的含义，也即联合国应进行一次更重要的重组以及应修改《宪章》的观点，逐渐获得共识。

一、联合国改革的传统观念

主要的世界组织自其建立伊始便定期地接受检查。研究、改革计划、重组行动是它们日程中的永久项目。

1. 国际联盟

在 1919 年成立的国际联盟中，持续调整该政治性国际组织结构的需要从一开始就得到认可。最后一次关于国联改革的研究很有名，或许是其结论公布的日期的原因。由澳大利亚人斯坦利·布鲁斯（Stanley Bruce）担任主席的专家组于 1939 年完成了报告。该报告建议创立一个关于经济和社会问题的中央委员会，其任务就是指导和控制原先由理事会和大会从事的"技术活动"。它设想非国联成员的国家能参与其中，并由多数进行决策。这个大胆的改革计划——六年后被证明是联合国宪章中经济及社会理事会构想的起源——是持续贯穿国联存在时期的各种反应的结果：1920 年 9 月至 10 月的布鲁塞尔会议（Brussels Conference），副秘书长让·莫内（Jean Monnet）为筹建经济与金融委员会（Economic and Financial Committee）所做的准备①，

---

① 让·莫内（1888—1979 年）是欧洲经济共同体（European Economic Community）的主要创始人之一。1923 年离开国联之后，直到 1938 年，他一直从事私人事务。1939 年他出任法国—英国经济协调委员会（Franco - British Economic Coordination Committee）的主席。之后不久，在阿尔及尔担任法国国家解放委员会（French Committee of National Liberation）的成员。从 1947 年到 1952 年他是第一个法国发展计划（French Development Plan）的委员。他发起了舒曼计划（Schuman Plan，1950 年），而且是欧洲煤钢共同体最高机构（High Authority of the European Coal and Steel Community）的首任主席。1956 年他成为欧洲合众国行动委员会（Action Committee for the United States of Europe）的主席，该委员会帮助筹备了 1957 年《罗马条约》（Treaty of Rome）。

1927 年的日内瓦经济会议（Geneva Economic Conference）以及 1936 年二十八国委员会（Committee of Twenty – Eight）的工作。

2. 联合国的最初 40 年

就联合国而言，若逐一列举所有政府间委员会和专家组的所做的工作就过于琐细了，这些工作包括审查工作方法、财政困难、人事政策、工资、预算、方案、经济和社会计划、分权化、协调、秘书处的结构、政府间机制的功能以及结果评估等问题。

此类改革联合国的倡议分为两个明显的阶段。第一阶段一直持续到 20 世纪 60 年代中期，对反思和变化的倡导主要来自秘书长，他提议联合国大会应该建立委员会以帮助他完成任务：比如，由特里格夫·赖伊于 1954 年任命的三人专家组、1957 年的工资调查委员会以及 1960 年联合国大会批准的帮助达格·哈马舍尔德确定秘书处结构的八人专家组。由纪尧姆·乔治·彼克特（Guillaume Georges Picot）任主席的八人专家组认真考虑并拒绝了赫鲁晓夫关于成立由三个秘书长组成的"三驾马车"的建议。①

第二个阶段始于哈马舍尔德去世几年之后。自此以后，由国家提出倡议，反思和改革成为一个持久的进程。从那时起，关于改革的委员会和调查的数量呈指数增长。1966 年，因苏联和法国拒绝支付其联合国刚果行动的费用份额而导致了一场财政危机，结果十四国委员会的一份报告提出了关于规划、设计、监控、评估、预算陈述、经济和社会计划等等问题的措施。② 1969 年，一项关于联合国发展系统的能

---

① ' Review of the Activities and Organization of the Secretariat: Report of the Committee of Experts Created by Resolution 1446 (XIV)', UN doc. A/4776 of 14 June 1961. 赫鲁晓夫在 1960 年的联合国大会上提出了"三驾马车"的建议。

② 'Second Report of the *Ad hoc* Committee of Experts to Examine the Finances of the United States and the Specialized Agencies' [Committee established by resolution 2049 (XX) of 13 Dec. 1965], UN doc. A/6343 of 19 July 1966.

力的报告完成，主要针对联合国开发计划署。① 1975 年，一个（25 人）专家组关于联合国系统结构的报告建议创设一个发展总干事的职位，扩大方案和协调委员会的作用。② 最后，贯穿整个这段时期，大量由各种特别委员会所做的其他研究涉及财政形势和其他行政问题。③

1968 年，联合调查组开始考虑如何改进联合国系统所有机构功能的永无止境的任务。④ 在其最初的 20 年，联合调查组发表了 200 多份报告，涉及这些组织的行政、财政和结构方面的活动。联合调查组确保了许多改革建议的执行，尤其是关于人员的补充、中期计划和方案预算的采纳，以及监控和评估方法的改进。

到 20 世纪 80 年代中期，从这段经历中吸取的教训是清晰明确的：关于改革的讨论主要是由联合国财政困难驱动的，联合国财政的周期性恶化是这个组织的一个持久特征。各种改革提议总是遭到秘书处的

---

① *A Study of the Capacity of the United Nations Development System*, vols. 1 and 2（UN, Geneva, 1969），sales no. E. 70. 1. 10. 该研究的主要作者是罗伯特·杰克逊（Robert Jackson）爵士。

② 'A New United Nations Structure for Global Economic Cooperation：Report of the Group of Experts on the Structure of the UN System', UN doc. E/AC. 62/9（New York, 1975）.

③ 尤其是：'Report of the Committee on the Reorganization of the Secretariat'（Committee of Seven），Nov. 1968；'Report of the Special Committee on the Financial Situation of the UN'（Committee of Fifteen），1972；'Report of the Working Group on the UN Programme and Budget Machinery', 1975；'Report of the Negotiating Committee on the Financial Emergency of the UN'（Committee of Fifty – Four），1976；'Report of the *Ad hoc* Committee on the Restructuring of the Economic and Social Sectors of the UN System'（Committee of the Whole），Dec. 1977；'Report of the Committee of Governmental Experts to Evaluate the Present Structure of the Secretariat in the Administrative, Finance and Personnel Areas'（Committee of Seventeen），Nov. 1982。这些报告的详细内容，参见 *Year Book of the United Nations* 的相关书目。

④ 联合调查组由联合国大会（GA）以下决议在试验的基础上建立：2150（XXI）of 4 Nov. 1966, 2360（XXII）of 19 Nov. 1967, 2735（XXV）of 17 Dec. 1970, and 2924 B（XXVII）of 24 Nov. 1972。从 1978 年 1 月 1 日起它建立在永久的基础上，由决议 GA Res. 31/192 of 22 Dec. 1976 决定，该决议附件包含了该调查组的《规约》。联合调查组由 11 个检察员组成，他们拥有联合国官员的身份，但不是雇员。检察员"在与公务部门的效率和资金的合理使用有关的所有问题上都拥有最广泛的调查权"；在联合国系统"各个组织的任何公务部门中……当他们自己要作决定时，当场进行询问和调查"；他们"可以提议改革或提出他们认为对各组织的强力机构来说很必要的建议"；他们"拟定由他们负责的报告，在报告中他们陈述其调查结果并提出他们所关注的问题的解决方法……并经过他们亲笔签名。在收到报告时，相关行政负责人应立即采取行动向他们各自组织的成员国分发经过或未经过他们评论的报告。"

强力抵制。一些旨在实现现代化的措施得到了尝试①：但是这些努力的任何有限的结果很快就被侵蚀掉了。从来没能真正地振兴这个组织，这个组织——受到连续的危机和改革努力的冲击——已经变得越来越被边缘化了。

二、20 世纪 80 年代的评析与建议

20 世纪 80 年代中期，联合国进入了一个危机深重的时期，这主要是美国国会中反联合国情绪的结果。这种情绪尤其导致了国会在 1985 年正式批准了卡塞鲍姆修正案（Kassebaum Amendment），这一修正案和其他美国同年通过的法律一起对联合国造成了严重的财政困难的威胁。② 在这段危

① 比如，发展了一套规划、计划、预算、评估的复杂系统，采纳了关于这一问题的明确法规和规则，以及设立了补充新专业人员的竞争性考试。在每一种情形下，虽然成员国一致通过，执行上却由于来自秘书处的抵制而遭到严重阻碍。关于计划参见 JIU report 79/5（UN doc. A/34/84）of 26 Mar. 1979, on 'Medium – term Planning in the United Nations'; and UN doc. A/36/171 'The Setting of Priorities and Identification of Obsolete Activities in the United Nations'. 关于人事问题，参见联合国大会 1974 年通过的联合调查组关于执行人事政策改革的第一、第二和第三份报告（UN doc. A/31/264; JIU report 78/4; and UN doc. A/35/318）；以及 JIU report on 'Competitive Examinations in the United Nations' (JIU report 84/11 of Aug. 1984)。

② 卡塞鲍姆修正案由美国参议院于 1985 年 8 月通过，意在迫使削减 20% 的美国联合国会费，除非引入一个财政决策的加权投票制。这将要求美国的联合国会费从 25% 降低到 20%。1985 年 10 月的桑奎斯特修正案（Sundquist Amendment）意在拒绝美国为苏联阵营的联合国雇员的工资付费，抗议他们将他们薪金支票的部分让与他们自己的政府。另外一项关于美国的联合国会费水平的法律是 1985 年 12 月的格兰姆—拉德曼法案（Gramm – Rudman Act，也即预算平衡与紧急赤字控制法案），规定在接下来的五年内要减少联邦赤字，目的是在 1991 年实现预算平衡。这一法案规定，从 1986 年的财政年度开始，如果赤字预计高于那些明确说明的数额，将会削减大部分联邦计划的开支，包括那些涉及到支付给联合国经常预算的费用和 43 个其他国际组织的费用。这些措施合起来一起导致 1986 年美国联合国会费削减了接近 50%。美国数年来大规模扣缴摊派费用加速了联合国财政危机的到来。1985 年底，就已经有 18 个会员国，包括五个安理会常任理事国中的四个，一共扣缴了大约 1.2 亿美元；总体算来，1985 年和早先年份未付的会费共计达 2.25 亿美元。当时联合国经常预算是每年接近 8 亿美元。唯一具有灵活性的是联合国的 1 亿美元周转资金，但这些钱很快就用光了。如果没有明确地得到联合国大会的授权，联合国无权借款。关于扣缴的会费，也可参见 Zoller, *American Journal of International Law*, 81 (1987), p. 610。自 1986 年以来，美国在原则上软化了政策，同意支付部分会费。

机时期，各种改革建议与以往提出的那些建议没有太大的区别。1986 年连联合国大会提出创建一个新的专家组——十八人小组都遇到困难，这是一个罕见的现象。同一年提交的报告包含许多建议，只是在重复以前关于政府间机构、人事政策、调查协调方法、规划、计划和评估的建议。①

但是，在十八人小组代表多数意见的报告中可以辨别出一个相对新的论调。报告第一次直视影响秘书处的一些舞弊行为和管理不善的问题，包括副秘书长和秘书长助理职位的恶性激增；全体工作人员尤其是那些居于高层职位的工作人员能力的不足；以及复杂的、分裂的、头重脚轻的秘书处。这个报告代表了扭转过去倾向的真诚的努力，它建议在三年的时间里减少25%的副秘书长和秘书长助理职位，承认对政府间机制的结构进行深入研究的必要性，这是一个直到现在还被掩盖而未受到批评性调查的问题。

一个真诚求变的重要迹象是十八人小组对提供预算决策的政府间机制的改革给予了特别关注，即使专家组未能就此问题达成一致。许多专家倡导创建一个方案和预算委员会（Committee of Programme and Budget），该委员会拥有有限数量的成员，能确保"主要摊款国"有合理代表性的地域分配，协商一致的决策，以及向联合国大会提出关于联合国计划内容和预算规模的建议的权力。尽管事实上这样的建议在过去经常被提出，并且也是 1974 年通过的中期规划和方案预算的合乎逻辑的结果，但甚至 1986 年的改革都没有将其完全付诸实施。②

① 'Report of the Group of High – Level Intergovernmental Experts to Review the Efficiency of the Administrative and Financial Functioning of the UN', UN doc. A/41/49 (1986).

② 联合国大会以其 1986 年 12 月 9 日的 41/213 号决议最终批准了十八人小组关于秘书处结构、削减雇员、人事政策、检查和协调等问题的建议，但有许多保留意见。关于预算过程，联合国大会决定要求秘书长提前一年提出方案预算的草案，并决定给予现有的方案和协调委员会审议这一草案的权力。方案和协调委员会"继续其现有的通过协商一致形成决策的做法"，并将其结论和建议传达给联合国大会。联合国大会会继续依照《宪章》第十七条和第十八条决定方案预算。作为回应，美国政府表示它将向国会建议它将积极地对联合国给予财政支持。总的来看，联大 41/213 号决议的通过并不代表朝着对联合国作用有着更好的共有理解的方向的真正进步，它并未缓解财政和政治危机。

十八人小组的报告，以及随之而来的联合国大会中的争论，反映了当时流行的对联合国危机的评析。这一评析有三个主要的组成部分：

（1）危机的首要原因被认为是普遍的"多边主义的危机"，换句话说，是成员国"政治意愿的缺乏"。

（2）缺少有效的管理，这一问题可以主要通过强化秘书长权力而得到纠正。

（3）联合国有一些结构缺陷，主要是秘书处和一些处理计划和预算的附属政府间机构，这一问题可以通过建立一个处理这些问题的专门委员会而得到明显改善。

这一评析自然地引出这样的结论：一些小变化和改进的管理可以解决联合国的危机，但是在实现联合国的真正振兴之前需要改变政治气氛。

三、20 世纪 80 年代末以来的新路径

自 20 世纪 80 年代中期的危机以来，联合国改革的观念开始发生变化。但这一演进还未完全实现，预测最终结果还为时过早。只有可能分析这一变化的原因和新路径的各种类型。

首先，当然是联合国的环境，也就是国际形势发生了变化。肇始于戈尔巴乔夫时代的各种变化将联合国置于一个完全不同的局势中，比如 1986 年欧洲安全与合作会议在斯德哥尔摩关于建立信任措施的谈判的成功，削减武器协定的缔结（1987 年《关于中程核力量条约》、1990 年《欧洲常规武装力量条约》，以及 1991 年和 1993 年《削减战略武器的条约》），柏林墙的倒塌，德国的重新统一，东欧政治制度的变化，苏联共产主义的瓦解，以及独立国家联合体（Commonwealth of Independent States）的出现。

对这一世界组织的主要直接后果就是苏联和当时的俄罗斯对联合

国态度的完全改变，美国和苏联之间达成结束许多地方和区域性冲突的协议，并决定要求联合国以各种方式实现这一目标。结果，组建了维和部队，特别是在南斯拉夫和柬埔寨，五个常任理事国发现它们能够在许多问题上达成一致。这尤其为安理会在 1991 年海湾战争中和 1992 年在索马里授权使用武力提供了可能性。

公众对联合国的态度也与这些趋势一致。联合国突然在西方国家变得受欢迎，安理会和联合国大会的声誉也大大提高。但是，这一新潮流没有促成发现财政危机的持久解决办法。① 改革的观点仍然有许多，并且能够分辨各种彼此矛盾的趋势。

管理方式仍然活跃。持续不断的压力来自美国，甚至来自大多数国家，至少北方的大多数国家，要求联合国继续简化秘书处并减少预算。布特罗斯－加利秘书长在就职的两个月内决定，在秘书处中减少大约 14 个秘书长助理和副秘书长的职位。这些措施只牵涉到经济和社会部门，不涉及行政部门，但还是受到各主要成员国的欢迎。这预示着将有进一步的措施。

比如，关于主要机构的改革建议意味着《宪章》的改革自 1985 年以来已经取得了很大的发展，有下面三种不同的趋势。

（1）**经济和社会改革**。第一种趋势反映了对联合国经济和社会部门的关注：主要是对经社理事会的关注，这一机构几十年来一直处于持续危机的状态。为了赋予经社理事会可信度和权威性，有建议提出或者减少其成员的数量，或者将其扩大到包括所有成员国；同时，废止联合国大会的第二和第三委员会（他们几乎履行相同的职能）；建

---

① 1991 年 12 月 31 日，未缴纳会费的成员国所欠的经常预算和维和行动预算共计达 9 亿美元：4.393 亿美元的经常预算和 4.635 亿美元的维和预算。美国是最大的负债国，欠款 4.073 亿美元，其中 2.664 亿美元是经常预算。到 1992 年 12 月 31 日，未缴纳的会费的数额增加到 12.65 亿美元：5 亿美元是经常预算（相当于 1992 年经常预算的 44%），7.65 亿是维和预算。美国所欠的经常预算已经下降到 2.4 亿美元，并正逐渐还清。另有 87 个国家拖欠联合国的预算。

立一个成员数量有限的"经济安全理事会"。这个经济安全理事会将包括最富裕和人口最多的成员国，其他国家在区域的基础上被代表。提出这种类型的建议的有 1985 年联合调查组的报告；[1] 1987 美国联合国协会（UNA – USA）的"22 人小组"（Panel of 22）题为《后继者的想象》[2] 的报告；以及 1992 年联合国开发计划署《第三次人类发展报告》，该报告包含了更多的措辞严厉的建议。[3]

（2）安理会成员的改革。这里的观点是使该机构更有代表性。有两种主要的观念。第一种（发展中国家的一个旧式的主张）就是终止常任理事国的否决特权，增加成员总数量；第二种是允许其他成员国进入常任理事国的名单。后一种观念由德国和日本支持，诸如印度、巴西和尼日利亚等国家也是可能的候选国。

（3）提高安理会的有效权力。结构改革的第三个路径还专注于安全问题，但方式不同。它任由安理会支配军队，振兴第七章所预见的机制。其主张的体系包括由安理会认定侵略者（第三十九条和第四十条），经济和军事制裁（第四十一条和第四十二条），由成员国根据特

---

[1] 'Some Reflections on Reform of the United Nations' by Maurice Bertrand, esp. paras. 65 – 70 on 'Nature of the Activities of the System and the Notion of a World Consensus' (JIU report 85/9), UN doc. A/40/988 of 6 Dec. 1985.

[2] UNA – USA, *A Successor Vision: The United Nations of Tomorrow* (New York, 1987).

[3] 这份联合国开发计划署的报告，在其题为"全球人类发展的新设想"的第十章中，列出了由下列机构提出的建议：（1）1989 年世界发展经济研究所（World Institute for Development Economic Research），联合国大学的一部分，建议成立世界经济理事会（World Economic Council）；（2）1991 年北欧联合国计划（Nordic UN Project）建议成立"高水平的国际发展理事会（high-level International Development Council）"；（3）1991 年十五国集团（Group of Fifteen）在加拉加斯峰会提出建议，该组织包括最大的发展中国家。报告认为（p. 82）："经济和社会问题应该由经社理事会协调。但实际上并非如此。经社理事会的 54 个成员的机构过于庞大和笨拙，而且大部分强大的工业化国家把它和其他联合国论坛看作是无法管理的和不专业的。有效的经济管理要求更小和组织更紧凑的论坛，即一个发展安全委员会（Development Security Council）。"该建议主张建立一个由 22 个成员国组成的理事会，11 个常任理事国和 11 个在轮流选举基础上产生的成员国。其他建议还有，建立一个全球中央银行，关于国际税收的累进所得税体系，一个国际贸易组织，以及改革国际货币组织、世界银行和关税与贸易总协定的过渡战略。

别协议（第四十三条）提供军事分遣队，由军事参谋团负有并行使职责（第四十七条）。

这一集体安全的一整套体系的执行，正像 1945 年所设想的那样，在很大程度上都是布特罗斯－加利秘书长在 1992 年的《和平议程》中建议的。这份报告坦率地补充道："第四十三条规定下的军队或许永远不够庞大或装备精良，以应对配有精密武器的大型军队的威胁。但他们在遇到任何由较小数量级的军事力量所造成的威胁时将会是有用的。"① 还有建议提出用"强制和平部队"来补充这些军事安排，这些部队比维和部队更加全副武装；当这些协议被违反时，可以强制恢复和维持停火。

因此布特罗斯－加利秘书长主张联合国应该全面自由支配各种类型的军队。其前提与 1919 年和 1945 年的一样：一种确定的一致存在于大国之间，能够使他们组建一个有能力将它们的国际秩序观念强加给整个世界的军事联盟。上面引用的关于安理会控制的国际力量不大可能对抗"大型军队"的那一段话，清楚地表明了哪种政治哲学激发了整个构想。目标是压制小的侵略者，没有设想到一个大国也可能与其他大国对抗。如果《宪章》第七章的全面执行的版本被接受，将意味着联合国性质的完全改变。

四、真正的联合国改革的前景

对通过根本的结构改革提高联合国效率的兴趣再次出现，看起来很鼓舞人心。触及《宪章》的禁忌明显正在消失，这是尤其具有积极意义的事实。但全面的联合国改革的观念在近期获得认可的前景仍然暗淡。

---

① Boutros Boutros – Ghali, *An Agenda for Peace*, June 1992, para. 43.

各种各样的现有建议是由对未来和对世界组织的作用的不同设想所激发的。专家、外交官、政府之间没有任何类型的共识，公共舆论则看起来对此不甚关心。缺少共识在经济/社会和在安全领域有不同的后果。

1. 经济和社会问题

在经济和社会问题上，仍然存在着南北分裂。发展中国家的外交官继续迫切要求扩大联合国的所有委员会，要求开发经济和社会计划。北方国家对联合国的大部分经济和社会活动不太感兴趣，而更愿意依靠国际货币基金组织和世界银行。所谓的南北对话已经停滞了。这一局面看起来有些自相矛盾，因为对相互依存的承认已经成为老生常谈。自从1973年第一次石油危机以来，政府和公共舆论便学会承认在经济和社会领域，绝对不可能建立独立的国家战略，或者忽视世界上其他国家所接受的战略、方法和原则。第三世界债务、国际移民、核事故、臭氧层减损、气候变化、国际恐怖主义的蔓延、毒品、汇率变化，以及跨国公司的活动都持久地表明国家不再受其边界的保护。

更重要的是，任何国家的好运不再排他地建立在别国的厄运的基础上，对经济团结的需求比竞争优势更加重要。美国的繁荣对于欧洲和日本的繁荣来说是必不可少的，反之亦然。没有任何主要债权国、国际银行，或大型企业会接受主要债务国的腐败。作为国际经济关系基础的那些原则正处于根本性的修改过程中。政府愿意与对共同规则——关于军备控制或关于外贸平衡——的建立和尊重相一致，这一优先考虑的问题现在常常要高于它赋予垄断自身资源以确保其安全或繁荣的优先地位。

这些新原则的直接后果就是对国际和全球层次上可靠的政治机构的需求。这种机构要规定执行共同经济政策的中期承诺，比方说在西方国家峰会的决议中所达成的那些。这种机构的集体决定趋向于比联合国大会的决议更加可靠。

换句话说，随着相互依存的现象得到越来越多的认可，目前更需要坚实的世界政治框架。这种框架现在还不存在。它正在建立过程中，不过是在联合国之外。政府间国际组织快速发展，其发展开始于 19 世纪中期，已经产生了许多联合国之外的机构。尽管它们理论上是联合国系统的成员，但世界金融组织——国际货币基金组织、世界银行以及关税与贸易总协定——实际上已作为独立的实体运作，在这些组织中，国家的财政、经济和贸易部门有代表参加，而与外交部没有真正的关联。对主要大国来说，对地区甚至洲际层次的经济合作和逐渐一体化的日益增长的重视，尤其是在西欧和北美，已经大大降低了对联合国作为一个讨论经济问题的论坛的兴趣。最后，尤其是自 1970 年以来，主要的西方大国——美国、加拿大、欧洲和日本——之间设立了定期的峰会，以处理它们货币和经济战略的协调问题。1981 年在坎昆（墨西哥）召开的试验性会议，14 个发展中国家和 8 个工业化国家出席，表明了这种协商的未来可能的模式。

在这些新的政治机构中可以辨别出的一些明显趋势包括最高层次的代表；① 以及成员被限制在大多数重要国家——这意味着排出了小国（尽管有转瞬即逝的坎昆会议的例外）和第三世界国家。

在这些情况下，联合国以现有结构似乎不大可能在经济和社会领域发挥重要作用，它也似乎不会很快地改革以在这些领域中更有效地作出贡献。

2. 国际安全

在安全领域，情况有所不同，因为自 1987 年以来一直存在着关于

---

① 可以区分的代表的主要层次包括：总理和政府首脑（西方和欧洲的峰会等等）；部长（欧洲共同体理事会）；大使（安理会）；大使级以下的外交官（联合国的大部分委员会、经社理事会、贸易与发展理事会以及联合国大会的主要委员会）。

共识的错觉。五个常任理事国在海湾战争授权问题上，在尽力结束地区冲突问题上，在支持更大规模地采用维和行动问题上达成的协议促成了这样的观念：冷战是缺少共识的唯一原因，真正的集体安全体系现在是可能的。

《和平议程》路径的深层哲学基于以下几个假设：

● 安理会常任理事国之间关于国际关系理念的现有共识将会长期存在，该共识似乎在1990—1991年海湾危机期间存在过；

● 这种共识足够强有力，能克服大国方面任何不愿派出武装部队参加战争以在世界任何地区强制推行和平的情况，即使它们的国家利益没有直接受到威胁；

● 绝大多数中小国家在所有情况下都支持大国确定的政策和它们的国际秩序观。

这种哲学似乎忘记了历史的教训，更多的是表面上的而非真实的。秘书长关于建立国际部队的建议在安理会中没有得到很多支持。谁都明白集体安全体系是为国家间冲突而设计的，不可能很好地处理国内冲突。国家间传统类型的争端如今已不频繁，也不会再频繁。当前的安全威胁是主要发生在单个国家或前国家内部的那些争端，正如太多的例子所表明的那样：阿富汗、安哥拉、阿塞拜疆、柬埔寨、萨尔瓦多、埃塞俄比亚、利比里亚、莫桑比克、尼加拉瓜、索马里和南斯拉夫；或者它们牵涉诸如恐怖分子和种族群体之类的非国家行为体。

"强制和平部队"是对这些问题试探性的回应，由于这种创举可能带来风险，这一观念还没有引起太大热情。这种哲学停留在口头上，没有关于执行的普遍承诺，它更可能被设计成允许大国或霸权国在有必要支持其国家利益或其国际秩序观的时候利用联合国。这符合在北方国家中正在形成的关于在南方国家所发生的纠纷的强制安全观，正如北约和一些大国建立各种远距离干涉部队所表明的那样。

在这种情况下，一种在安全领域的真正的联合国改革几乎不比经济和社会领域的改革好多少。在可能的安理会扩大问题上的争论将会促使人们更深刻地反思在第三个千年伊始所需要的世界组织的类型，但这需要时间。

第十三章　后冷战时期的联合国机构

彼得·威伦斯基

在冷战最为严峻的几年中，联合国在国际和平与安全问题上只发挥了很小的作用：最差的时候就是一个宣传论坛，最好的时候是当区域对抗停止时在提供维和部队方面发挥支持作用。联合国在这一时期确实取得了一些成就，例如对非殖民化和对国际人权法的发展以及其他问题的贡献，但是联合国并未发挥其创立者所预期的作用。随着冷战的结束，大量区域冲突的爆发，以及同时出现的安全领域以外的新国际问题议程，联合国的地位几乎在一夜之间发生了改变。它突然发现各国政府交给它的任务以及世界人民对它所寄予的厚望使自己负担过重。

本章开头将对目前联合国所应履行的主要职责作一个简要的概括。然后将考察联合国的机构，探讨它们是否能胜任新任务，分析已经提出的改善这些机构的一些建议，最后考察的是那些寻求即使是相对温和的联合国改革的人们所必须克服的困难。

一、联合国的主要功能

对联合国机构的分析，不能脱离联合国所应履行的职责。正如其管理箴言所述，"形式服从功能"。当然，联合国的功能是不断变化的，并且也是各成员国根本意见分歧所在。如果机构改革一直要拖延到各成员国对其功能取得最后和完全一致的意见，那么它永远不会发生。不过各成员国对于联合国目前必须重视的目标似乎正在达成一定的共识。为了实现本章的论述目标，这些优先功能将在五个标题下被简要地讨论，这样现有的机构或被提议的机构可以用预期的情形加以衡量。

1. 建立集体安全体系

尽管对安全的非军事威胁的重要性的认识在不断增强，联合国的主要目标仍然是通过防止侵略来保护国际和平。这就要求有一个可靠的**体系**来使那些潜在的侵略国相信如果他们一意孤行，他们将会遭到联合国的惩罚——从制裁到军事行动。理想的情形是，一个威慑体系也应该（并且开始）不仅仅针对侵略行为，也针对那些拒绝遵守国际行为标准的国家，比如那些国际恐怖主义的发起者。虽然 1990 年至 1991 年的海湾战争在很大程度上是个特例，并且对安理会使用制裁的连贯性的疑问继续存在，但联合国对伊拉克采取的行动从大体上看无疑增强了联合国威慑的可信度。因此，虽然存在着一些基本的要素，但若要使体系作为一个整体具有效力，就需要进一步的机构改革。这要求增强联合国防御外交和维和的能力，这样这个组织就能够在解决争端的同时制止侵略行为。这要求建立一种机制，**在极端情况下**，成员国可向联合国提供其军事力量以采取集体行动。这还要求有这样的机构，通过这些机构商讨削减军备，尤其是防止大规模杀伤性武器的扩散：如果侵略者装备精良，尤其是有大规模杀伤性武器时，他们几乎不会相信集体行动能对他们构成威胁。

2. 防止和解决地区冲突

如今的许多冲突并不能用集体安全理论来解释。它们并不是起源于20世纪30年代那种激发了《宪章》起草者们的典型的纯粹的侵略，而是起源于地区冲突的扩散，往往带有种族性质，具有长久的深层次根源并且没有任何一方能独断专行。这些地区冲突正是日益需要联合国予以防止和解决的。联合国要想有效地处理这些矛盾，就（再次）需要扩展其预防外交的能力，有力地改善其秘书处支持机构，建立一个更好的能够启动和保持维和行动的体系。日益重要的是，还需要一个有保障的财政基础以为这些行动付费。

3. 促进经济发展

在促进经济发展，减少贫困，消除导致冲突的深层次经济问题等方面，联合国并没有能像其在和平与安全领域那样重振其功能。但是，发展仍然是其大多数成员国最优先关注的方面。虽然未能解决好这些问题在很大程度上与政治意愿有关，但新的协商机构会促成解决这一问题的新路径。

4. 新的国际议程

除了在冷战后新的安全角色外，联合国正面临着一个新的重要的经济与社会问题的议程，在这些问题上国家之间如此相互依存，以至于没有任何一个国家能够独自解决这些问题。例如全球环境、艾滋病、毒品、大规模的人口迁移等等。这些问题大部分都在《联合国宪章》颁布数年后被提上议事日程。问题在于《宪章》中的机构能否足以解决这些问题，或者在多大程度上需要新的机构。

5. 人权、民主、法治的传播

对于成员国的人权保护，联合国正采取一种日益强硬的姿态——这既体现在越来越多地运用现有机构，也体现在把人权因素融入维和行动的授权中，例如，在萨尔瓦多和柬埔寨。保护人权的国际特权与国内主权权力之间颇具争议，其分界正在逐步侵蚀主权范围，联合国的机构正在慢慢适应这一扩展中的国际角色。

这些就是这一世界组织正在面临的空前的挑战。联合国的机构或许本可以胜任冷战期间更为有限的功能，然而对它的诸多新要求暴露了它的不足。问题可以归为以下几点：安理会的组成反映的是二战结束时而不是 20 世纪 90 年代的力量格局；维和行动是一项未能适应大量新要求的事业；联合国大会的决议乏味而重复，并且它已经失去了许多其作为人类道德和政治指南的有效性；联合国在经济领域的政府间机构的决议并未对经济现实产生影响；联合国秘书处，尽管在任命布特罗斯－加利之后有所改善，但它仍缺乏妥善管理和组织，无法胜任新的任务，并且在许多领域已经无法提供必要的独立自主的智力领导。

直到现在，联合国还在尽力去迎接这种挑战，但步履维艰。那些需要解决的新的政治和政策方面的问题（例如当停火协议无效时维和部队的作用以及有选择地使用武力）已经超出了本章的范围。接下来将考察主要的机构，用对它们的需求期望来衡量这些机构，并且考虑需要作出怎样的完善。

二、安理会

作为负责国际安全事务并且唯一的所做决议对成员国有约束作用的联合国机构，安理会——随着冷战的结束和先前敌对的主要大国之间的新协议的建立——最终像设想的那样在众多冲突中发挥着作用。它行使着相当大的权力，并且很明显是联合国最重要的机构。但是，安理会的复兴却使安理会和未能在安理会中取得代表席位的成员国之间的鸿沟更加突出（同时还有常任理事国与非常任理事国间的鸿沟），而且也导致了一些要求，即安理会机构不应该再由二战战胜国支配而应更准确地反映现代世界。但是，任何变化都不可能那么简单和迅速，因为根据《联合国宪章》，这必须得到现任的五个常任理事国（P5）的一致同意。

1. 改革安理会的组成

虽然安理会相对来说有效性不足，但除了1963年至1965年非常任理事国成功地从六个增加到现在十个之外，几乎没有任何严肃的努力来改变其构成。1979年，印度建议将非常任理事国从十个增加到十四个，这四个增加的国家包括：两个来自非洲集团（使非洲国家一共达到五个），其他两个分别来自亚洲和拉丁美洲（使每个洲都增至三个）。除中国以外的所有常任理事国都表示反对，并且这个问题从来没有彻底地在联合国大会上得到讨论。在几年内这个提议也失去了其动力，尽管这一问题一直保留在联合国大会的议事日程中。

关于安理会可能的改变的讨论集中在常任理事国和否决权这两个中心问题上。尽管几乎没有正式的提议，最经常地被提出讨论是否可以拥有安理会常任理事国身份的国家是：日本、德国、印度、印尼、巴西、墨西哥、尼日利亚和埃及。

日本是一个几乎出现在所有名单的候选国：其经济实力不容置疑，且是联合国会费的第二大贡献国。尽管日本的主张可能得到了最广泛的认可，但是简单的 P5 + 1 的情形不大可能出现，因为更广泛的联合国成员资格不可能支持那种置其他崛起中大国的愿望于不顾的扩充。

德国从1990年统一开始就主要关注国内问题。它长期谨慎小心地避免在国际和平与安全问题上表现得过于自负，意味着其领导人尽管表达了对常任理事国席位的兴趣，但对增加常任理事国问题保持低调。由于德国在欧洲日益自信，它很可能会更加努力地寻求重新定位其在多边体系中的角色。

当时的意大利外交部长提出了一个非正式的建议，即让日本和欧共体取代法国和英国（P5 减 2 加 2）。这个建议的优点是使安理会的规模保持不变，但在那时是不可实现的：欧共体在外交政策的协调上面临着巨大的困难，而法国和英国则是强烈地保护它们的五常地位，将其看做在国际事务中的地位的象征。这个建议也没有表达第三世界国家的愿望。因此，当改革最终出现时，它必须是广泛的。巴西提出了一种可能性，即增加一些没有否决权的常任理事国。①

或许增加安理会成员国的最大的实际风险在于它会使得决策更困难。各项决议文本的幕后协商可能会变得更为复杂和乏味。五个常任理事国的合作，尽管有时让其他成员国感到沮丧，但在解决地区冲突方面带来了不小的好处。人们强烈反对在安理会可以起作用时对其进行干预。它必须能够快速地回应对国际安全的威胁。决策上的拖延会造成风险，不仅反应会过迟，而且主要大国会不愿意花时间和精力来通过安理会行动，而是更愿意采取单边行动或组成意志联盟。

因此，这一挑战要求安理会的任何变革都既准确反映当今全球力量关系，而且也在实施方式上要尽量使决策过程的速度和效率不被降低。反对变革的力量使人确信这个挑战不会被热烈讨论，直到进入 20 世纪 90 年代才会被讨论，那时安理会的成员国可能与地缘政治和地缘经济的现实严重不符，以至于安理会决议的合法性受到削弱。

与此同时，只有极少数的程序上的改革（例如通知其他成员国召开安理会会议以及非正式协商的进展的例行程序）容易被接受。这些

---

① UN doc. A/44/PV. 4 of 25 Sept. 1989, p. 17.

改革可能会稍微缩小安理会和其他成员国之间的鸿沟。然而，更重要的鸿沟是政治上的而非程序上的。尽管在冷战结束后成员国都已经准备接受五个常任理事国，尤其是美国的普遍领导，但日益出现这样的担心，即缺少与非常任理事国，尤其是第三世界成员国的协商。即使在安理会内部，与非常任理事国的协商也往往具有形式主义和随意的特点。这就导致了具有讽刺意味的词汇"临时十国"（temporary ten）的使用，意在突出两类不同的成员国在地位和影响力上的差别。

安理会的效率依赖于成员国的承诺（如对运用国际制裁的承诺），因此若想保证其道德合法性，保持真正的联合决策是很重要的。《经济学家》杂志在1992年警告道："如果说联合国代表世界的声音，那么安理会就不应该被看做只是西方小集团。"① 这也正是联合国秘书长在《和平议程》中提到的问题，他认为"常任理事国的一致意见必须得到其他安理会成员国的广泛支持，如果要安理会的决策更有效和持久，就必须使成员更多更广泛"。② 因此，五个常任理事国，尤其是美国，在达成安理会决议时有义务与其他成员国保持灵活有效的磋商。

2. 第四十三条协议和军事参谋团

安理会并没有使用第四十二条规定的按照最初宗旨可动用的权力而采取军事行动，但却好几次批准了其成员国的军事干涉行为。这就使得安理会在监督这些干涉行为时显得作用非常有限，同时也导致出现许多建议，即《宪章》规定的实际上允许安理会采取军事行动的机构应当建立起来。在冷战时期这些建议明显没有什么实际意义，因为无法想象冲突的超强大国会以这样的方式合作。但秘书长再次呼吁开展第四十三条所预见的特别协议的谈判，根据该条款，成员国承诺安

---

① *The Economist* (London), 29 Aug. 1992, p. 10.

② Boutros Boutros-Ghali, *An Agenda for Peace*, June 1992, para. 78.

理会在执行第四十二条所规定的强制行动时可以长期地使用其武装力量、援助和设施。秘书长认为，尽管这些力量不足以应对来自大型军队的威胁，但是它们对威慑那些次等级的力量将会是有用的，"因为一个潜在的入侵者知道安理会有可以自由使用的回应方式"①。军事参谋团也因此第一次在建议安理会使用这种力量方面扮演有益的角色。

秘书长认为使用这种机制将增加联合国的有效性，毫无疑问这是正确的。但是大部分观察家认为成员国不可能接受这个建议。主权国家的政府，不仅仅是美国政府，都极其不愿意作出事先承诺，让它们的军事人员参与到很可能是由联合国而非它们自己选择的地区，这些地区不受它们的控制，而是受国际机构的控制。由于秘书长——以及成员国——反对在纯粹的维和行动（安理会直接将权力授予秘书长）中起用军事参谋团，因此与军事行动有关的联合国机构不可能在短期内建立或复兴，无论这种机构在能够较早回应日益增加的对联合国行动的呼吁方面是多么令人期待。因此全球集体安全体系看起来从根本上说仍然是临时的，取决于安理会的冗繁的政治过程，并且这使秘书长像教皇一样无法表达不同意见。

三、联合国大会

联合国大会是联合国的主要审议机构。它是一个几乎可以讨论任何问题的政治论坛。其决议对成员国并没有约束力，但是却有助于建立新的国际行为规范，能够建立各国以后遵守的条约，或者赋予宣言强大的道德力量。

---

① Boutros Boutros-Ghali, *An Agenda for Peace*, June 1992, para. 43.

1. 机构与运行问题

联合国大会有时也被称为世界议会，因为从这里可以听到世界人民的声音。但是，联合国大会毕竟是由政府代表而非人民组成，它是一个政府间组织，其前身是国际联盟，国际联盟之前是一系列的专门的政府间会议。

一些重构的提议是基于这样一种观点，即在一定程度上政府代表并非是建立在民主基础上的，大会作用的权威性被削弱并且"联合国人民"（《宪章》语）的呼声应该更好地被倾听。人们也倡导建立其他一些机构，人民可以更直接地派代表到这些机构，或者在这些机构中国会议员能够拥有更大发言权。尽管有可能建立那种类型的国际机构，但是没有任何建议能够避开这样的困难，即如果国家是非民主的，那么它们也不会同意国际机构进行真正的选举。对宪章进行此种改变在政治上也是不可行的。

此外，这些提议还误解了联合国大会的性质：确实需要像联合国大会这样的政府间机构，因为只有政府才有权履行承诺。在大会的投票类型上，具有相似国家利益的民主国家和非民主国家之间并没有太大的差别（可能一个重要的例外就是处理人权问题的特定决议）。因此这样看来联合国大会的构成基础是正确的，应该更多地关注在这个基础上取得更多成果。提高民主合法性的最理想方式是真正的民主机制在成员国中的拓展。

同时，尽管许多政府对这个问题感到不安，但仍然有必要在联合国中给予非政府组织更大的发言权，与其建立联系，或者当相关时，与其他组织如跨国公司建立联系。在环境问题上正在这样做，但这是一个需要更为系统化途径的重要问题。

联合国大会处处像一个政治论坛。无论哪个团体是少数派，都会谴责那些多数派通过的决议是不负责任的政治宣传和作秀工具。无论特定主张的真实情况是什么，可以确定的是在联合国大会这个论坛，政治上的差异总是被夸大而非缓解。

这并不是后冷战时期的占支配地位的氛围。目前通常也存在着真正的寻求一致的努力，并且联合国大会近来也功勋卓著。例子很多，这里列举几个。第 44 届联合国大会（1989—1990 年）通过了以下文件：儿童权利公约；关于公民和政治权利的第二个非强制议定书（关于废除死刑）；种族隔离宣言，该宣言第一次为废除该体制的国际协议提供了一个一致同意的基础；一个有效确保 1992 年之前停止大规模漂网捕鱼的决议。这些都建立起了新的国际规范，这些和其他类似的倡议表明联合国大会在规则建立中的作用被国际社会所接受。

联合国大会的议程确实过于繁多，很多问题都没有足够的时间讨论。这就给那些缺少足够的代表以跟踪整个议程的小国家带来特殊的问题。但同时，国家极力维护自身权利，使与之有关的问题进入大会的议程。

最近关于改善联合国大会工作方式的建议，虽然非常中肯，但仍然没有任何进展。一个关于重要机构变化的建议——将第四委员会（处理日益缩减的非殖民化问题议程）和特别政治委员会合并——遭到了强烈抵制。特别政治委员会的议程大部分是一些乏味的剩余议程，缺少中心议题。有些政府——尤其它们在纽约的代表——担心非殖民化作为联合国最值得骄傲的成就会被降格为这一类事务。

真正能够提高联合国大会效率的是更长期的议程规划，只有这样，每次大会才能够实质性地解决一到两个主要问题，并就此通过那些经过适当准备的宣言或公约。这些将会有助于强化联合国大会设立规范的作用，降低对特别委员会的需求，以及更多地关注年度审议等等。这同时也要求成立一个整体的规划委员会，成员国和秘书处（或许还有非政府组织）都能向该委员会提出大量建议。

2. 军备控制和裁军

联合国大会建立了两个对它负责的处理裁军问题的特别机构。裁军委员会是 1978 年成立的一个联合国大会的审议机构，它有着广泛的成员并且要以一致通过的方式作出建议；而第二个机构，关于裁军问题的三十九国会议则是从 1979 年的前身重建起来的，它是一个磋商机构。它也是以一致通过而采取行动，速度缓慢，并且在大部分情况下，几乎没有显现出代表的真实努力：主要是由于在 20 世纪 80 年代超级大国更喜欢秘密的双边商议。随着超级大国对峙的结束，多边问题，例如防止大规模杀伤性武器的扩散，逐渐成为中心问题，而且裁军会议在谈判达成《化学武器公约》的文本问题上取得了重要的成功，该公约于 1992 年获得联合国大会通过。程序依然冗繁，并且在紧急时刻显得不足。1992 年 1 月 31 日通过的安理会峰会宣言也第一次提出了裁军领域的主张。因此在重要领域制定条约的联合国机构越来越显得不足，但是很少有人想要替换它们。

四、秘书处

尽管联合国的政府间机构受到最广泛的关注，但正是在秘书处，机构改革的努力得到了最大的回报。这主要有两个原因。第一，秘书处的改革虽然很艰难，却能在不修改宪章和常常不需要联合国大会决议的情况下得以推进。许多改革在秘书长的特权范围内，可以不需要经过数月的政府间协商而进行，尤其是当它们不涉及到重大预算时。第二，许多需要改革并且能够对联合国行为产生迅速重大影响的关键领域恰好在秘书处的管辖范围之内。因此联合国迫切需要更完善的信息、分析和政策制定基础以支持政府间机构的审议；大幅增强防御外交和维和的能力，以及更加有效的维和行动的支持机构。所有这些责任在很大程度上都依赖于秘书处，下面将对此进行讨论。

虽然秘书处的效率和效力急需提高，并且对它的批评也常常是颇有道理的，但这些批评往往没有充分考虑到对秘书处的刚性需求，如果它可信而有效，并且涵盖联合国成员国不同文化和政治倾向的公民的话。随之而来的问题是，相对于在单一国家内运行国家机构而言，将不同的民族和管理文化融合成有效的合作需要更大的技巧和敏感性。因此对秘书处和国家机构两者进行简单比较是很困难的。无论如何，秘书处都不应该用那些民族国家本身都未实现的理想化标准来衡量。

此外，那种认为秘书处与其他联合国机构一样是冷战的牺牲品的评论也是不够充分的。首先，常任理事国并不愿意支持那些在他们看来太独立和强势的秘书长候选人。有时候，依然是那些果断的个人能够作出艰难的决定，例如哈马舍尔德和布特罗斯－加利；但是有些其他的秘书长引入或者是容忍那些产生严重的长期的恶劣影响的管理和授权行为。其次，成员国由于政治原因拒绝支付预计的会费也意味着联合国在大部分时间不得不在财政危机中进行管理。①第三，一些强大的成员国将一些人安排进高层次的秘书处职位，这些人往往不接受国际公务准则，而是更多的忠于本国，使秘书长无法建立一个他可以信赖的和能够设定优先次序并为整个组织提供领导的高级管理团队。基于相同的原因，秘书长发现很难真正进行授权。

此外，由于成员意见不一致，联合国在许多领域几乎无法有效工作，在这样的组织内，很难反对五个常任理事国之外的国家关于安排它们的国民进入高级职位的要求。因此高级职位泛滥，直至组织的轮廓整个变得杂乱无章。在 1991 年末，有 30 多名对秘书长直接负责的

---

① 比如 1992 年 6 月 30 日，正常预算下，美国应付的欠款是 256.4 万美元，1992 年的 298.6 万美元尚未缴纳。相比之下，俄罗斯的数字是 45.4 万美元与 92.6 万美元。参见 'Status of Contributions'，UN doc. ST/ADM/SER. B/384 of 6 July 1992, pp. 7 and 8。关于欠款，也可见上文。

官员。秘书处内的重复、无序、浪费性的竞争不可避免。与此同时，高层的授权和糟糕管理的先例也影响了低层。一个以功绩、职业发展、流动性、机会均等为基础的晋升系统从未建立，人员士气不高。在这样的环境下，大量的关键性工作都交由秘书长精选的有才华的一小部分人来完成，并且"第38层"（秘书长办公地点）和秘书处其他成员之间缺乏沟通经常遭到外界批评，也就不足为怪了。

1. 进行中的改革

秘书处无组织、无效率的状况在20世纪80年代导致了来自美国的财政压力，结果削减了14%的人员数量。①然而，到1990年联合国成员国在各方面的倾向都发生了变化，出现的压力不再是为了更多地减少人员而是要求秘书处进行切实的改革以更有效地完成其任务。1992年初新秘书长的产生被认为是进行改革的绝佳机会。那些主张改革的成员国组成了一个非正式团体，要求进行两个主要方面的改变。第一个是秘书处机构的合理化，即以功能为基础将秘书处的主要活动划分为少量的几个部门（四个为宜），由秘书长可以真正授权的副秘书长领导。这个改革在完善秘书长对组织的控制权方面被看做是十分重要的，让他能够更多地关注优先任务、组织运转和聚焦决策，减少重复性，改进同一部门的活动，促进对所要实现的结果的关注。

第二个方面是引进更为公平透明的高级官员选拔办法，以从各地任命最出色的官员。过去某些国家，尤其是五个常任理事国，几乎垄断了特定岗位的任命，在任职者退休时提名后继人选。职位空缺并不公开通报，往往是已经决定哪个人去任职才会公布某一职位。改革的主张者期待建立这样的体制，即在这种体制下职位空缺广为人知以便于让那些符合资格的人去申请。他们要求秘书长能够拥有从尽可能大

---

① 参见莫里斯·贝特朗前面撰写的章节。

的地理范围挑选最佳可能人选的自由，而应杜绝那种仅仅因为他或她由特定政府提名而以这样的基础被选中的做法。这些原则——以及其他一些例如提高妇女在秘书处高层梯队中的代表性和地位的原则——都包含在 1992 年通过的一个联合国大会的决议中。① 很明显，这些最高层次的变化需要通过在整个秘书处引入现代化管理和预算方式以及现代人事方法而得到巩固。

新秘书长刚上任两个月就对实施改革做了一个有目的性的开端。他将纽约秘书处的任务合理地划分为六个部分（政治事务、维和行动、经济和社会发展、人道主义事务、行政管理和法律事务），同时还大大地减少了高层人员的数量。但对改革者而言不幸的是，在最高层的十位（这个数量被认为过高）副秘书长中，秘书长没有任命任何女性，但却依然给五个常任理事国每个国家一个职位，由此增加了它们对高层职位的束缚与控制，大大地减弱了追求高层职位选拔过程中的透明度的动力。但是，秘书长采取了比以往更为大胆的行动来促进秘书处工作的统一和高效。不仅如此，他还表示这仅仅是改革的第一步。他的高级职位任命最初只有一年时间，在他上任的第一年的末期筹划对秘书处机构进行更为深入的改革。

2. 需要改革的领域

在更有利的框架下，秘书长能够在秘书处倡导进一步的机构改革。在秘书长的各种报告中已对此作了许多展望。前面我们已经注意到有三个领域需要进行深层次的改革，即提供智力领导、预防性外交的拓展和适当的维和行动。下面将分别进行简要讨论。

（1）智力领导。关于第一个问题，厄克特（Urguhart）和切尔德斯（Childers）认为："急需智力领导以及新想法的产生和实施……就

---

① GA Res. 46/467 of 20 Dec. 1991.

世界议程问题及联合国系统在其中的作用问题达成一致应该成为秘书长及其在联合国系统中的同事的中心任务。"①

尽管如此，秘书处的智力领导作用却从来没有得到充分发展。在许多国际组织中，政府间的讨论往往是在准备完备的工作文件的基础上进行的，这些文件概述事实、分析问题并提出一些可选方案。成员国也从来不允许秘书处充分发挥作用，或拥有这种程度的独立性和影响力。在冷战时期，两个超级大国都对秘书处的任何独立分析表示怀疑，它们的榜样作用导致其他游说的代表团也经常非常成功地抵制那些在它们看来不符合其自身利益的草案。秘书长本身谨慎并且不愿意冒犯主要大国，更加剧了这一趋势，因此在政策问题上，一种谨慎——甚至是胆怯——的基调渗透到秘书处。在筹划广泛的背景分析方面，秘书处的工作确实很出色，尤其是在经济和社会领域；在联合国系统的某些部分——如联合国贸易与发展会议——秘书处准备发挥更为积极的作用。但是在纽约总部，为大会而准备的文件却越来越乏味、夸张和冗长。

这种政策上的谨慎方式意味着安理会经常在没有任何文件的情况下讨论一些主要的世界问题。拥有庞大外交部门的国家的代表拥有其自己的简报（以本国的视角看待事实），而小国的代表有时没有什么办法，只能靠道听途说或是从媒体获得信息。只有大国才能设计解决方案（当然也是从本国立场出发）。秘书长常常应邀做报告，有些是有用的——但是经常只不过是对问题的乏味引述。

同样，联合国大会及其委员会内的协商往往是以各国对问题的立场为基础的。决议往往代表的是最低的共同标准。成员国理所当然是以其国家利益为导向，但是，源于高质量秘书处分析的更富创造性的

---

① Brian Urquhart and Erskine Childers, *A World in Need of Leadership*: *Tomorrow's United Nations*, issue of *Development Dialogue* (Uppsala), 1 – 2 (1990), p. 13.

几乎能让所有国家接受的决议，在目前的体系下既未被考虑也无法实现，因为它们并不会从协商过程中产生。

秘书处的被动性不应该被夸大。例如，在僵持时期，主席被要求准备草案时，它的确常常发挥重要影响；或者有时候将其自身建议通过那些赞同它的代表团引入讨论中；也不能期待它能对敏感的政治性问题进行分析，这种分析会招致成员国对秘书处的蓄意攻击。但除此之外，秘书处能在准备文件方面发挥更大更积极的作用，帮助成员国就其面临的问题达成有创造性的决议。这些似乎已经被秘书长认可，因为在介绍其关于重构秘书处的基调时，他提到秘书处不仅有必要特别关注"完整"、"公正"和"效率"，也应该同时关注"创新"。①

（2）防御性外交和缔造和平。秘书处机构变化的第二个关键领域是防御性外交能力的增强（定义为"防止各方发生争执，防止现有矛盾上升为冲突并且当冲突发生时抑制其蔓延"）和维和（定义为"促使敌对的各方达成一致，尤其是通过……和平的途径"）。②在冷战时期联合国很少被要求实施预防性外交，因为它被认为是无效率的，因此支持这种行动的机构仍然是初级的和临时的。在《和平议程》中秘书长布特罗斯－加利强调了大量的可以实现这些行动的有创造性和长远的方法，但要想取得成功就要求秘书处自身的机构支持。就目前而言，秘书处必须具有收集、接受、分析信息的能力，同时还应该具备为可能的行动提出建议的能力和对秘书长或安理会授权的行动给予支持的能力。

所有这些都是一个外交部门通常应该发挥的作用，但秘书处没有必要建立与那些外交部门平行的机构。它需要的是一个更为系统化的

---

① Boutros Boutros-Ghali, 'Review of the Efficiency of the Administrative and Financial Functioning of the United Nations: Restructuring of the Secretariat of the Organization—Note by Secretary-General', UN doc. A/46/882 of 21 Feb. 1992, p. 1.

② Boutros-Ghali, *Agenda for Peace*, para. 20.

收集信息的方法，不仅仅是关于事实的信息，也包括那些对于冲突各方的申诉、忧虑和兴趣相关的信息。"寻找事实"这项使命应该是例行的而不应是由危机引发的，这样使命就不会被认为是将争议国际化，同时联合国的代表也能够赢得各方及早的信任。最需要填补的空白是对信息的分析以及将信息提供给秘书长（或是通过他给安理会），通过这些能够衡量出采取行动的必要性并且考虑行动的形式。这些行为将需要在政治事务部内以地缘为基础建立一个由外交事务专家和政策分析家组成的规模较小的核心。调停争议的行动依然由秘书长执行，或是在他的敦促下由副秘书长或特别代表执行，但其基础是一个由具有特定领域专业知识、各方信任和解决冲突经验的官员组成的核心队伍。应该在秘书处内部成立一个评估机构来系统地收集、分析和保留这些行动的经验，这些经验在相似情形下也能被证明是有用的。换句话说，预防性外交不应该像以往经常出现的那样，被作为临时性的回应，由从执行其他例行任务的人中抽出来的人员来执行，而应该是在一种专业支持体制下进行。

3. 对维和的结构支持

正如秘书长所注意到的，维和行动的数量已大量增加（1945 年至1987 年之间 13 次，1987 年至 1992 年中期又有 13 次），这些行动变得越来越多样化，已经延伸到了选举监督甚至是国家管理方面。不仅如此，秘书长还期待在"缔造和平"的指导下，这些维和行动能够涵盖更多的要素。①明显地，目前的秘书处结构无法支持这种行动的扩展。

1992 年的一次研究简要地点明了维和组织现存的结构问题：

维和仍然像一种少见的紧急行动被管理和资助着，而不是有

---

① Boutros-Ghali, *Agenda for Peace*, paras. 55–9.

时处理紧急情况的正常行动。联合国规划和实施维和行动的高负荷的机构小而分散，不能长期持续满足全球性的需求。①

而最紧迫的问题在于前瞻规划能力的缺乏、开展维和行动的资金和管理的障碍、行动权力的分散以及成员国对应付会费的拖欠。

倘若秘书处涉及维和的所有组成部分（包括行政和管理事务部中现有的外勤业务司的某些部分）能够组成一个更大的专业化实体，由一位副秘书长领导，那么维和行动的计划和控制方面的问题就有望得到改善。军事顾问这一职位可以改为计划和行动事务的秘书长助理。特别是在采取新行动的初期和需求达到顶峰的其他时期，都需要增加人手——尽管这有可能需要从成员国的人员中借调到秘书处的核心部门任职。

使新的行动得以顺利开展的解决问题的办法，以保证避免出现在蓝盔部队到达之前协议破裂的危险——已经被广泛讨论且在《和平议程》中被多次列举：建立循环的维和储备资金或扩展运营基金，这样就不需要每次都等成员国的捐赠资金；同意一旦安理会决定采取维和行动，联合国大会就能筹集相应的 1/3 的款项；增加秘书长财政上的委托权力以保证购买行为迅速开始；提前准备基本的维和装备；与成员国签订支援协议以让其提供训练有素的人员。②更为激进的建议包括对维和资金的投入作年度例行评估（相对于对每次维和行动的评估而言），以使得维和行动被视为联合国正常的例行行动而不是特殊的行动。但是，直到现在大多数成员国都抵制甚至最为温和的建议，大多是由于财政上的原因。尽管如此，在 1991—1992 年联合国柬埔寨临时权力机构在柬埔寨成立期间筹资进程首次得以提速，同时维和行动数

---

① W. J. Durch and B. M. Blechman, Keeping the Peace: *The United Nations in the Emerging World Order* (Henry L. Stimson Centre, Washington DC, 1992), p. iii.

② *Agenda for Peace*, paras. 51 – 3 and 70 – 3.

量及声势的提升也促使成员国对维和行动进行重新评估。即使所有这些方面都得到改善，秘书处也不可能在需要联合国的所有不同情况下实施维和行动。秘书处的管理能力对可同时实施的行动数量造成了限制——这需要政策制定者更多的为联合国干涉（和撤出）冲突局势制定标准的责任。

4. 联合国的财政

讨论秘书处就不得不提到联合国的总体财政问题。这些问题源于20世纪70年代，是由成员国——尤其是美国——迟交会费以及不断增加的欠款造成的。而联合国机构本身迅速扩张的权力也使这个问题更为复杂。在秘书长布特罗斯-加利上任初期，他就采纳了许多由他的前任提出的建议，并连同他自己的建议一起来应对危机。但是事实却是，财政问题并不能通过机构改革（本章的关注点）得以解决。的确，在一定程度上像专门资金和借款等方法可能会帮助联合国渡过困难时期，但是他们却只是更加鼓励了那些顽固的国家更加推迟交纳会费。到最后他们只有两个现实的选择：要么交费，要么就大幅缩减成员国对联合国行动的期望。我们无法对这个问题的严重性轻描淡写——财政困难极有可能成为联合国发挥其扩展的作用，尤其是在维持和平和缔造和平方面作用的最大障碍。正如秘书长所注意到的："在委托给这一组织的任务和提供给它的资金之间已经形成了一道鸿沟。"①

五、经济与社会机构

联合国早就已经认识到促进经济发展、减少贫困和社会疾苦、加

---

① Ibid., para. 69. 另见 the Ford Foundation report, above p. 13 n。

强对人权的尊重的重要性。这是世界上大部分人和联合国大部分成员国都最为关注的问题。它们本身就是重要的目标，实现这些目标将会消除一些国际冲突的根源。因此，在很多方面，联合国的政治、经济和社会使命是不可分割的。虽然联合国政治机构的复兴备受瞩目，但经济和社会机构已经落后了。

1. 低效率的原因

联合国的经济和社会活动的效力在具体实施层面比其在纽约的政策制定中心更加明显。甚至那些行政效率不受称赞的联合国机构，如联合国粮农组织，也因为执行了适当的技术援助项目而获得良好的声誉。

但是，经济决策的中央机构却大部分效率低下。由这些机构通过的经济方面的决议大部分都无人翻阅和理睬。它们往往被经社理事会和联合国大会第二委员会的那些认真而尽力的中层外交官员排除在讨论范围之外——这些官员对他们国家的经济政策没有任何影响。至于以大写字母写成的文件被仔细审查，那是为了确保它们不包括任何与现存政策相抵触的新内容。无论是发展中国家还是工业化国家的经济部长们都没有阅读这些决议，他们本身有更多需要关注的实际问题。

这种情形部分的是联合国创立者们的错误，他们虽然认识到大量国际冲突的经济和社会根源，但他们并没有想清楚联合国的不同机构在国际经济事务中的作用。《宪章》在设定这些机构的各种责任时含糊不清。同样的，成员国也对此负有部分责任。工业化国家总是更喜欢在其他论坛上讨论那些关键的国际经济问题，尤其是在布雷顿森林体系内，在该体系中投票表决权反映的是经济实力。而发展中国家在很长一段时间内则是更多地关注由大多数成员国通过的决议的宣示性影响，而非关注联合国大会或者是联合国贸易和发展会议对哪些事务产生实际影响。这些在多种论坛上的乏味重复的讨论以及由此产生的冗长枯燥的决议，不符合任何人的利益。但是，只要主要发达国家根本不愿认真考虑实质性问题，那么大多数发展中国家对机构或程序上的改革几乎没兴趣（经常是阻止）也是不无道理的。

2. 改革建议

不同时期提出了复兴这些机构的各种建议，其中最有挑战性的是建立一个与安理会平行的新机构——经济理事会，它包括 G7 国家、主要的发展中国家以及在轮流参与基础上的其他国家。[①]但只要主要国家不希望联合国成为一个经济论坛，这种改革就不太可能实行。尽管如此，在 20 世纪 90 年代，有迹象表明经济和社会机构开始从最糟糕的那几年中摆脱出来。这个进程是以两个方面的发展为基础的：一个是智力上的，一个则是更为实际的。

智力上的发展是指，认识到在经济论坛上即便是由大部分国家通过的决议也未能在现实世界中产生任何影响，必须充分发挥这些机构的不同作用。在经济领域已经形成这样一种共识：

> 由于缺乏对事件和行为者的真正控制，联合国应该寻求达到一种智力上的影响力。联合国应该通过观念、远见和创新来进行领导。这不可能通过国家政府的决策者不曾阅读的那些决议来实现，但可以通过政策制定者参与的讨论、对话、交流和其他形式来实现。[②]

这个方法促使在经社理事会和联合国贸发会议的大量工作变动问

---

① 参见莫里斯·贝特朗在本书中所撰写的章节，以及 UNA – USA, *A Successor Vision: The United Nations of Tomorrow* (New York, 1987)。

② John P. Renninger, 'Improving the United Nations System', *Journal of Development Planning* (UNITAR, New York), 17 (1987), p. 101.

题上达成一致。在经济及社会理事会内部，1991 年讨论的最主要的变化就是减少会议、更有针对性的议程，以及所谓的高层部门的产生。在 1992 年举行的第一次这种高层讨论中，部长的参加确保了政府对讨论中的经济问题的更大关注。

同时，联合国贸发会议也决定于 1992 年 2 月在卡塔赫那对自身进行改革，在该机制中南北冲突已经制度化。[①] 现存的那些咨询机构和协商团体已经被在国际经济和发展议程中发挥作用的许多新团体所中止和取代。这样做的目标是在不造成"集团"观念的情况下促进发展中国家和发达国家之间的政策对话，同时也产生更多的能够影响国际金融组织和国家决策者的政策方式。

3. 环境和可持续发展

尽管这些改变代表了态度上的重大转变，并且使人们期待未来联合国机构在经济领域发挥更大作用，但并不能就此认为它们已经大大提高了这些机构的效率。更重要的影响来自于将环境和可持续发展的实际问题引入到这些机构之中。这就推动了对真正的讨论和协商的预期：在经济领域，发展中国家第一次拥有了实质性的讨价还价的筹码。工业化国家要求发展中国家遵循一条对世界环境（和工业化国家的环境）造成更少污染的增长路径——也就是不同于现在发达国家曾经采取的并且继续造成这种环境危害的增长路径。为了达到这个目标，发展中国家需要得到经济援助——这是在可持续发展、能源利用、技术转让许可等问题进行有效讨价还价的前提条件。

进行这个讨论的首要媒介就是可持续发展委员会，其成立是 1992 年联合国环境与发展会议的成果之一。该委员会是经社理事会的附属机构。其作用是保证会议有效而连贯，特别是"考察《21 世纪议程》

---

① 参见本书肯尼恩·达齐所撰写的章节。

在国家、地区和全球层面的实施进程"。①《21 世纪议程》是联合国环境与发展会议建立的一个行动计划；它几乎涉及所有由联合国系统处理的经济和社会事务。虽然其总体目标是环境和发展的融合，但其行动计划还是寻求环境和发展各自独立的目标。因此该委员会被视为联合国内部讨论经济与社会事务的主要中心机构。

联合国经济和社会组织被预期发挥的另一个作用是监督机构的运作行为，如联合国开发计划署和联合国儿童基金会，以及一些专门机构的协调，但是这些监督功能也没有发挥好。改革的建议也很多：一个被称为"北欧计划"的建议提出成立一个联合国国际发展理事会（UN International Development Council）以处理大政方针问题。②秘书长布特罗斯－加利也提出了许多可选方案，包括成立一个发展合作理事会。通过发挥行政协调委员会的作用，正在追求更为妥善的协调。

尽管这个问题很可能继续被讨论下去，但是改进机构协调仍然是个难以捉摸和难以界定的目标。对于协调在实践中而非在特定计划领域中究竟意味着什么还根本不清楚。同样很不清楚的是那些有着独立的预算、独立的组织机构和独立的管理委员会的机构如何能真正地协调。最后，各国政府在不同治理机构的不同代表存在意见分歧，它们不大可能在总部对这些机构的指示达成一致。

协调的重要性主要体现在实际操作层面上，庆幸的是现在正在朝着这个方向努力。政府不必与不同的联合国机构打交道。为了实施一项特定计划。每个机构都在追求自身的目标。秘书长已宣布他支持

① UN doc. A/CONF. 151/26（vol. iii），14 Aug. 1992, p. 90；and GA Res. 47/191 of 22 Dec. 1992, on post-UNCED institutional arrangements.

② Nord UN Project, *The United Nations in Development*: *Reform Issues in the Economic and Social Fields*: *A Nordic Perspective*: *Final Report*（Stockholm, 1991）.

"国家层面上的统一的联合国"。① 改进协调更有可能通过更好地实施项目而非创建新政策机构而实现。

的确，目前正在建立一些新的机构以确保技术和人道主义援助能够得到真正贯彻。一个例证就是1991年联合国大会之后成立了人道主义事务部，以协调和加快各种回应人道主义危机的联合国总部和专门机构的工作。另外一个就是1990年联合国大会后，三个原先存在的联合国药品机构合并成立了联合国禁毒署（UN Drug Control Programme）。

总之，联合国正在逐步使其经济和社会项目的实施体系合理化和现代化，以应对后冷战时期的危机和继续存在的问题。这是一个独立于经社理事会和其他机构的政策讨论的渐进过程。这些体系仍然对于现实世界的政策制定没有什么影响，但是新的机构、新的进展以及环境和发展之间的联系会逐渐使它们在20世纪90年代的经济讨论中重新具有更大政策重要性的地位。

4. 人权

人权领域的进展是联合国相对成功的领域之一，也是联合国通过渐进的变化、现存机构缓慢的调适和增长的方式，而非通过突然的机构创建或废除的方式实现其目标的例子。自从二战以来，各国政府都逐渐接受这样的认识，即他们在国际上对他们自身的人权记录负责。同时联合国大会也批准了许多重要的国际条约以保护特殊权利。与联合国活动相关的首要机构是人权委员会（经社理事会的附属机构，成立于1946年）及其辅助机构——防止歧视及保护少数小组委员会。每个主要的人权条约都有其自身的专家委员会。20世纪60年代，人权委员会采取了让国家的报告人报告其侵犯人权状况的机制，并且从20

---

① Boutros-Ghali, 'Enhancing International Cooperation for Development: The Role of the U-nited Nations System—Report of the Secretary-General', UN doc. E/1992/82/Add. 1 of 26 June 1992, p. 8.

世纪 80 年代开始这已经扩展为任命一些工作团体或个人作为主题报告人（例如，关于虐待、草率或武断的判决、宗教信仰的不宽容）。①

冷战结束后，前东方集团态度有所转变，联合国人权行动也随着保持国内主权与保护人权的国际特权之间适当平衡的观念而快速拓展。联合国在促使人们关注侵害人权行为方面的作用被广泛地认可，同时争论已经转移到国际社会是否可以实施干涉以提供人权援助——甚至可能是在未得到相关国家明确同意的条件下。用 1991 年哈维尔·佩雷斯·德奎利亚尔的话说："我们正在清楚地看到一种不可逆转的公众态度的变化，倾向于相信在道德名义下对被压迫者的保护应超越边界和法律文件。"②

虽然这代表了哲学理念上的一个大的转变，但看起来它似乎在很大程度上可以被现存机构所容纳，诸如维和行动的现有机制正在被调整，以包含新的目标。因此，协助结束了萨尔瓦多战争的联合国部队的授权（联合国萨尔瓦多观察团），也如同联合国柬埔寨临时权力机构的授权一样，特别将人权问题纳入其中。③人权委员会自身也建立了一种程序，以在出现人权紧急状况时及时召集会议。在纽约秘书处的高层中也设置了一个高级关键岗位来协调联合国对选举援助要求的回应。因此，无论是实践还是对这种实践的机构支持，这种变化都是渐进式的演变。看来在这一领域联合国可以在不用进行大幅度机构变化的情况适应下一个十年的形势。

---

① 参见本书汤姆·费瑞尔和菲莉斯·盖尔所撰写的章节，特别是第 251 页的图表。

② 'Secretary-General's Address at University of Bordeaux', UN Press Release SG/SM/4560, 24 Apr. 1991.

③ 关于 ONUSAL，参见 1990 年 7 月的 San José Agreement（UN doc. A/44/971S/21541 of 16 Aug. 1990），and SC Res. 693 of 20 May 1991。关于 UNTAC，参见 annexe 1, section E of the October 1991 Paris Agreement on a Comprehensive Political Settlement of the Cambodia Conflict, UN doc. A/46/608 – S/23177 of 30 Oct. 1991, p. 27；and see also SC Res. 718 of 31 Oct. 1991；SC Res. 745 of 28 Feb. 1992。

六、改革的前景

本章已经指出，为了实现其潜能，联合国机构需要慢慢地演变和进一步的变革。联合国的改革是非常艰难的。当然，任何机构要从自身内部进行改革都是非常困难的。那些在机构内部的工作人员往往看不到或者不愿承认机构的低效率，同时他们也担心改革会动摇其权力基础。他们总是更清楚地看到变化的危险，而不是现状的不足：他们反对在他们看来最符合理性的事物发生变化。在联合国中都是这样，无论是在委员会中任职的秘书处的官员还是各国政府代表。

国家政府组织的改革只有在各种因素特殊地结合起来时才可能发生：危机意识、外部改革者或是改革团体，而最重要的是来自于部长、总理或是总统等重要人物的强力政治支持。政治意愿对任何激进改革来说都是关键要素。

实现改革的这些条件很少能在国家政府中发生，但这一模式完全不适用于政府间机构的改革。没有任何单一的个人或国家有权力强加改革（20世纪80年代美国不交纳会费的威胁导致了人员和费用的削减却并没有导致什么真正的改革）。为了赢得必要的大多数的支持，政府间机构的改革往往需要形成一个政治利益联盟。但是，各国的利益不同——有些可能抵制在它们拥有强势地位的领域建立有效政府间机构的想法——因此，这样的联盟只能在很窄的范围内出现，且持续时间有限。许多政府对预期的结果没有进行任何投入，他们非常愿意坚持狭隘的立场，甚至以组织效率为代价。

此外，国家的政府不会长期对一个国际组织给予高层次的关注。在大部分问题上，他们更多的是依靠专家的引导，这些专家反过来对现状中有限的变化有很大的兴趣。

在联合国，还存在着一个更深层次的因素。任何要求修改《宪章》的改革不仅仅要得到 2/3 成员国的同意，也必须得到所有五个常任理事国的批准。即使不需要修改宪章，许多机构和协商团体也要在一致同意后才能正常工作。这是协商最低限度改革的程式，往往将改革的否决权授予对改革设置障碍最多的国家。

正是由于这些原因，联合国的激进改革难以推行，即使大多数成员国都赞成某一种类型的激进改革是值得追求的。不计其数的委员会和理事会（正式的和非正式的）在过去的 20 多年中已经看到他们提出的许多广泛建议都成为空谈。[①] 渐进的和逐次的改革作为前进的道路更有可能性。

尽管如此，改革的前景相对于以往任何一个时期来说都是最好的。安理会的五个常任理事国第一次就一系列问题达成了一致，南北对峙的气氛得到缓和。联合国的许多机构为了满足新目标，已经显示其必要的灵活性和适应性，并且认识到，在一系列的挑战面前，它们还需要更大的灵活性。秘书处需要重大改革，但秘书长似乎准备在他所实现的可观初步成果基础上进行改革。财政仍然是一个主要问题，但是要求各国政府资助联合国的压力在不断增强，而且美国政府似乎更愿意履行自己的义务。因此，在 20 世纪 90 年代，这条道路允许采取比联合国历史上任何时期都更大的步骤：20 世纪 90 年代的一系列渐进改革之后，到 2000 年将出现一个结构更为合理的组织，以适应其急剧扩展的作用。

---

① 尤其可参见：UN, 'Report of the *Ad hoc* Committee on the Restructuring of the Economic and Social Sectors of the United Nations System', UN doc. A/32/34 (13 Jan. 1978); UN, 'Report of the Group of High-Level Intergovernmental Experts to Review the Efficiency of the Administrative and Financial Functioning of the UN', UN doc. A/41/49 (15 Aug. 1986); UN, 'Report of the Special Commission of the Economic and Social Council on the In-Depth Study of the United Nations Intergovernmental Structure and Functions in the Economic and Social Fields', UN doc. E/CSN. 1/L (1 June 1988)。

附录 A：2005 年世界首脑会议成果

编者按：

2005 年 9 月 14 日至 16 日联合国大会在纽约联合国总部召开了"世界首脑会议"，有 170 多个国家和政府的领导人参加了这次会议。这次联合国大会第 60 届会议高级别全体会议是世界首脑有史以来的一次最大聚会。

在就如何改革联合国以及加强其在某些具体领域行动中的表现进行了多年的商议之后，此次峰会才得以召开。而在这一长期的协商过程中出现了许多有里程碑意义的文献，包括：2000 年 9 月 8 日由此前的联合国大会首脑峰会通过的《千年宣言》；威胁、挑战和改革问题高级别小组的报告：《一个更安全的世界——我们的责任》（纽约：联合国，2004 年 12 月）；联合国秘书长的报告：《大自由：实现人人共享的发展、安全和人权》（纽约：联合国，2005 年 3 月）。

2005 年世界首脑会议成果文件于 2005 年 9 月 16 日峰会结束之时得以通过。文件中的内容一直是数月以来的磋商主题。但它却没能够成功地就困扰联合国以及其成员国的所有议题提出明确的提案。尤其是它没能解决一些难题，诸如关于安理会常任理事国可能增加的数目；

如何解决核武器的扩散以及如何比现今更有效地克服贫穷等。然而，成果文件确实涵盖了针对若干具体领域的一些提案，包括设立一个建设和平委员会的计划，该委员会的目的在于协助稳定那些刚摆脱冲突的国家，还包括创立一个新的人权理事会的计划，以此希望能克服联合国安排在此领域中的问题。以下为成果文件全文。

亚当·罗伯茨 本尼迪克特·金斯伯里

2008 年 9 月 27 日

2005 年世界首脑会议成果

（2005 年 10 月 24 日）

大会通过下列 2005 年世界首脑会议成果：

一、价值和原则

1. 我们国家元首和政府首脑于 2005 年 9 月 14 日至 16 日在纽约联合国总部聚集一堂。

2. 我们重申对联合国的信心，对《联合国宪章》的宗旨和原则以及对国际法的承诺，它们都是一个更和平、更繁荣、更公正的世界不可或缺的基础，我们重申决心促使它们获得严格遵守。

3. 我们重申我们在 21 世纪之初通过的《联合国千年宣言》。我们认识到联合国经济、社会及有关领域各次主要会议和首脑会议，包括千年首脑会议，在地方、国家、区域和全球各级动员国际社会以及在指导联合国工作方面发挥了宝贵的作用。

4. 我们重申我们的共同基本价值，包括自由、平等、团结、包容、尊重所有人权、尊重自然和分担责任，对国际关系极为重要。

5. 我们决心按照《宪章》的宗旨和原则在全世界建立公正持久的和平。我们再度承诺将竭力支持一切努力，维护所有国家的主权平等并尊重其领土完整和政治独立，在国际关系中不以不符合联合国宗旨和原则的任何方式进行武力威胁或使用武力，坚持以和平手段并按照正义和国际法原则解决争端，尊重仍处于殖民统治和外国占领下的人民的自决权利，不干涉各国内政，尊重人权和各项基本自由，尊重所有人的平等权利，不分种族、性别、语言或宗教，开展国际合作以解决经济、社会、文化或人道主义的国际问题，以及诚意履行根据《宪章》承担的义务。

6. 为了使我们能够更好地应对世界面临的多层面和相互关联的挑战和威胁，为了在和平与安全、发展以及人权领域取得进展，我们重申按照国际法建立一个有效的多边体系极其重要，要强调联合国的中央作用，我们决意通过贯彻执行联合国的决定和决议来促进并加强联合国的效力。

7. 我们相信，今天我们生活的世界比历史上任何时候都更全球化，相互依存度更高。任何国家都无法完全孤立存在。我们承认，集体安全取决于按照国际法有效合作应付跨国威胁。

8. 我们认识到，当前的事态发展和局势环境要求我们紧急就主要的威胁和挑战达成共识。我们将致力于把这种共识转化为具体行动，包括下定决心，坚决消除产生这些威胁和挑战的根本原因。

9. 我们承认，和平与安全、发展和人权是联合国系统的支柱，也是集体安全和福祉的基石。我们认识到，发展、和平与安全、人权彼此关联、相互加强。

10. 我们重申发展本身就是一个中心目标，在经济、社会以及环境方面的可持续发展构成联合国活动主要框架的关键要素。

11. 我们认识到，国家和国际的良治和法治，对持续经济增长、可持续发展以及消除贫困与饥饿极为重要。

12. 我们重申，两性平等以及促进和保护所有人充分享有一切人权和基本自由，对促进发展及和平与安全极为重要。我们将致力于创建一个适合后代生存的世界，一个考虑到儿童最高利益的世界。

13. 我们重申所有人权的普遍性、不可分割性、互相依存性及相互关联性。

14. 认识到世界的多样性，我们承认各种文化和文明都为人类的丰富多彩作出贡献。我们认识到必须尊重和理解世界各地的宗教和文化多样性。为了促进国际和平与安全，我们将致力于增进世界各地的人类福祉、自由和进步，鼓励不同文化、文明和人民之间的包容、尊重、对话与合作。

15. 我们保证提高联合国的实际作用、效力、效率、问责度和公信力。这是我们共同的责任，也是我们共同的利益。

16. 因此，我们决心创建一个更和平、更繁荣、更民主的世界，并在下列四个领域采取具体措施，继续想方设法落实千年首脑会议以及联合国其他主要会议和首脑会议的成果，以便提出解决问题的多边办法：

- 发展
- 和平与集体安全
- 人权与法治
- 加强联合国

二、发展

17. 我们坚决重申，决心确保及时、全面地实现在联合国各次主要会议和首脑会议上商定的发展目标和目的，包括在千年首脑会议上商定的称为千年发展目标的那些目标和目的，它们有助于激励各方作出努力，消除贫困。

18. 我们强调，联合国经济、社会和有关领域的各次主要会议和首脑会议在决定主要的发展远景方向，明确共同商定的目标方面发挥了重大作用，有助于在世界各地改善人生。

19. 我们重申致力于消除贫困，促进持续经济增长和可持续发展，实现全人类全面繁荣。近来一些国家的减贫成绩让我们受到鼓舞，我们决心加强和扩大这一趋势，以造福世界人民。可是，对于某些区域在消除贫困和实现其他发展目标方面进展缓慢，进度不一，我们仍表关注。我们将致力于促进发展中国家生产性部门的发展，使它们能够更有效地参与并受益于全球化进程。我们强调，需要在所有方面紧急行动，包括推动获得更多国际支持的更宏大的国家发展战略和努力。

促进发展的全球伙伴关系

20. 我们重申在《千年宣言》、《蒙特雷共识》和《约翰内斯堡执行计划》作出的对建立促进发展的全球伙伴关系的承诺。

21. 我们还重申致力于健全政策，各级建立良政和法治，调动国内资源，吸引国际资本，促进国际贸易以推动发展，加强国际金融和技术合作以实现发展，可持续的债务资金筹措和外债减免，并加强国际货币、金融和贸易体制的协调一致。

22. 我们重申每个国家都必须为本国的发展承担首要责任，认为在实现可持续发展方面，国家政策和发展战略的作用怎么强调也不为过。我们还看到，国家的努力需要有旨在扩大发展中国家的发展机会的扶持性全球方案、措施和政策等予以补充，同时要考虑到各国国情，保证尊重国家所有权、战略和主权。为此，我们决心：

（a）到 2006 年通过并开始实施综合国家发展战略，以实现国际商定的发展目标和目的，包括实现各项千年发展目标；

（b）有效管理公共财政，以实现并保持宏观经济稳定和长期增长，有效、透明地使用公共资金，确保将发展援助用于建设国家能力；

（c）通过增加发展援助，促进国际贸易以推动发展、按照彼此商定的条件转让技术、增加投资、更加广泛深入地减免债务，支持发展中国家制订和落实国家发展政策和战略；大量增加质量够好、交付及时的援助，支持发展中国家，帮助它们实现国际商定的发展目标，包括千年发展目标；

（d）在全球化世界中，各国国民经济日益相互依存，国际经济关系出现了有章可循的制度，这意味着目前国家经济政策的空间，也就是国内政策的范围，特别是在贸易、投资和工业发展等领域，已往往被国际法则、承诺和全球市场因素定了框框。每个政府都要衡量接受国际规则和承诺的得失，评价失去政策空间所受到的约束。对发展中国家特别重要的是，铭记着各项发展目标和目的，所有国家都应考虑到需要在国家政策空间与国际法则和承诺之间保持适当平衡；

（e）加强非政府组织、民间社会、私营部门和其他利益有关者在国家发展努力及促进全球发展伙伴关系中的贡献；

（f）确保联合国各基金和方案以及各专门机构，通过共同国家评估和联合国发展援助框架进程，加大对能力建设支持的力度，支持发展中国家的各项努力；

（g）在支持发展的同时，保护我们的自然资源基础。

发展筹资

23. 我们重申《蒙特雷共识》，承认为促进发展调集财政资源以及发展中国家和经济转型期国家有效利用这些资源，对于促进全球发展伙伴关系至关重要，有助于实现国际商定的发展目标，包括千年发展目标。在这方面：

（a）我们为最近作出的大幅度增加官方发展援助的承诺而感到鼓舞，经济合作与发展组织估计，到 2010 年，向所有发展中国家提供的官方发展援助一年增加约 500 亿美元，同时我们看到，要实现国际商定的目标，包括实现千年发展目标，必须在这些目标的各自时间框架内大幅度增加官方发展援助；

（b）我们对可动用的资源将会增加表示欢迎，这是因为许多发达国家制订了时间表，到 2015 年实现官方发展援助占国民生产总值 0.7% 的目标，到 2010 年实现官方发展援助至少达到国民生产总值的 0.5%，并根据《布鲁塞尔 2001—2010 十年期支援最不发达国家行动纲领》，至迟于 2010 年将 0.15% 至 0.20% 用于最不发达国家；我们敦促尚未这样做的发达国家依照承诺，在这方面作出具体努力；

(c) 我们还欢迎最近旨在提高援助质量和扩大援助影响的各项努力和倡议，包括《关于援助实效的巴黎宣言》，决心采取具体、有效和及时的行动，落实各次商定的关于有效援助的承诺，制定明确的监测机制和时限，包括进一步使援助符合受援国的国家战略，建设机构能力，减少交易费用和消除烦琐的官式手续，在取消援助附带条件方面获得进展，提高受援国消化援助的能力，增强财政管理，将注意力进一步集中于发展成果；

(d) 我们认识到开创新的资金来源的价值，但这些来源不可为发展中国家增加不必要的负担。我们关心地注意到国际社会在这方面的努力、捐助和讨论，例如消除饥饿与贫穷行动，目的是在公私营部门以及国内外找到更多新的资金来促进发展，增进和补充传统的资金来源。一些国家将实施国际筹资机制。一些国家为免疫工作开设了国际筹资机制。一些国家不久将利用国家机制开展机票声援捐助行动，直接或通过国际筹资机制为发展项目筹资，特别是在卫生部门。其他国家正在考虑是否并在何种程度上参与这些活动；

(e) 我们承认私营部门在创造新投资、就业和发展筹资方面至关重要的作用；

(f) 我们决心在有关的多边和国际论坛作出努力，设法解决低收入发展中国家的发展需求，帮助这些国家满足财政、技能和技术等方面的需要；

(g) 我们决心在有关的多边和国际论坛以及双边安排内作出努力，制定措施，帮助中等收入发展中国家满足财政、技能和技术等方面的需要，以继续支持这些国家的发展努力；

(h) 我们决心启动大会设立的世界团结基金，并请有能力的国家向基金提供自愿捐款；

(i) 我们认识到使贫困者得到金融服务尤有必要，包括获得小额融资和小额信贷。

调集国内资源

24. 在我们寻求增长、消除贫穷和可持续发展的共同努力中，一项至关重要的挑战是为调集国内公共储蓄和私人储蓄创造必要的内部条件，维持生产性投资的足够水平，增强人的能力，减少资本外流，遏制非法资金转移，为建立有利的国内环境加强国际合作。我们承诺支持发展中国家努力为调集国内资源建立有利的国内环境。为此，我们决心：

（a）在所有各级促进良政，实施健全的宏观经济政策，支持发展中国家努力制订政策，作出投资，以推动持续经济增长，促进中小企业，创造就业机会和鼓励私营部门；

（b）重申良政对可持续发展极为重要；健全的经济政策、顺应人民需要的坚实的民主体制以及日趋完善的基础结构，是持续经济增长、消除贫困和创造就业的基础；同时，自由、和平与安全、国内稳定、尊重人权，包括发展权、法治、两性平等、面向市场的政策以及对建立公正民主社会的总承诺，也都极为重要，而且相互加强；

（c）将各级打击腐败行为放在优先位置，我们欢迎在国家和国际两级采取的所有反腐行动，包括制定突出问责制、透明的公共部门管理以及公司责任和问责制的政策，包括依照《联合国反腐败公约》交还通过腐败手段而转移的财产。我们敦促所有尚未这样做的国家考虑签署、批准并实施《联合国反腐败公约》；

（d）在公共、公共/私营和私营各个领域采取行动，引导私营能力和资源，用以激励发展中国家的私营部门，为伙伴关系和创新缔造有利环境，促进经济的加速发展，消除饥饿与贫困；

（e）支持为减少资本外流所作的努力，支持采取措施，遏制非法资金转移。

投资

25. 我们决心鼓励增加包括外国投资在内的对发展中国家和经济转型期国家的直接投资，支持这些国家的发展活动，使它们能够从这些投资得到更多好处。在这方面：

（a）我们继续支持发展中国家和经济转型期国家建设一个能够正确执行合同、尊重财产权和法治的透明、稳定而可预测的投资环境，实施鼓励创业的合适的政策和管制框架，通过这些途径努力创造有利于吸引投资的国内环境；

（b）我们将制订政策，确保保健、净水和环卫、住房及教育领域可持续的充足投资，提供公益服务和社会安全网以保护社会中的脆弱和处境不利的群体；

（c）我们请那些寻求发展基础项目并吸引外国直接投资的各国政府，在制定战略时让公私部门都能参与进来，并酌情请国际捐助者参与；

（d）我们吁请国际金融和银行机构考虑增强风险评定机制的透明度。私营部门所作的国家风险评估应尽量使用严格、客观而又透明的参数，高质量的数据和分析有助于这一工作；

（e）我们强调有必要保持足够的私有资金稳定流入发展中国家及经济转型期国家。至关重要的是要在来源国和目的国推动采取措施，增进有关流入发展中国家，特别是非洲国家、最不发达国家、小岛屿发展中国家和内陆发展中国家的资金的透明度，并提供更多的资料。那些可以减少短期资本流动的巨大易变性所带来的影响的措施至关重要，必须予以考虑。

债务

26. 我们强调，及时、有效、全面、持久地解决发展中国家的债务问题，具有十分重大的意义，因为债务资金筹措和债务减免可以是发展的一项重要资本来源。为此目的：

（a）我们欢迎 8 国集团最近提议，百分之百地勾销符合条件的重债穷国欠国际货币基金组织、国际开发协会和非洲开发基金的未偿还债务，并提供额外资源，确保国际金融机构的融资能力不受影响；

（b）我们强调债务的可持续承受性对于支撑增长来说至关重要，并强调债务的可持续承受性对于实现包括千年发展目标在内的国家发展目标至关重要，应当看到债务减免在将资源转用于实现消除贫困、经济持续增长和可持续发展的活动方面可以发挥关键作用；

（c）我们还强调必须考虑采取额外措施和倡议，目的是通过增加赠款方式的融资，确保长期的债务可持续承受能力；百分之百地取消重债穷国的多边和双边官方债务，酌情考虑在个案基础上，大幅度减免或重组其债务负担不可持续承受、而又不在重债穷国倡议涵盖之列的中、低收入发展中国家的债务，并探索全面处理这些国家的债务问题的各种机制，其中可包括酌情采用以债务换可持续发展或多债权人债务转换等安排。这些倡议可包括国际货币基金组织和世界银行为制订和实施低收入国家的债务可持续承受能力框架所作出的进一步努力。在执行这项工作时，不应减损官方发展援助，同时维持多边金融机构的财政健全。

贸易

27. 一个普遍的、有章可循的、开放的、非歧视的和公正的多边贸易体系以及有意义的贸易自由化，可以在全世界范围内极大地促进发展，使处于发展所有阶段的国家都从中受益。为此，我们重申致力于贸易自由化，确保贸易在促进经济增长、就业和普及发展方面充分发挥作用。

28. 我们承诺作出努力，确保发展中国家，特别是最不发达国家，充分参与世界贸易体系，以满足这些国家经济发展需要，并再次承诺为发展中国家的出口提供条件更优而且可以预测的市场准入。

29. 我们将根据《布鲁塞尔行动纲领》努力实现最不发达国家所有产品以零关税、免配额方式进入发达国家市场以及有条件这样做的发展中国家市场，并支持这些国家克服在供应方面的限制因素。

30. 我们承诺支持和推动增加援助，建设发展中国家的生产和贸易能力，并就此采取进一步措施，同时对已经提供的大量支持表示欢迎。

31. 我们认识到普遍融入有章可循的全球贸易体系的重要性，因此，将根据世界贸易组织的标准，努力协助和加速发展中国家和经济转型期国家加入该组织。

32. 我们将迅速作出努力，落实多哈工作方案中的各项发展任务。

商品

33. 我们强调必须解决商品价格疲软和起伏多变所造成的影响，支持那些依赖商品的国家改组其商品部门的努力，使之多样化，增强竞争力。

速效倡议

34. 有些国家当前的趋势使国际商定的发展目标难以实现，因此，有必要立即加快这些国家的进展速度。基于这一考虑，我们决心在国际社会充分支持下，采取紧急行动，提出并实施由国家主导、符合国家长期发展战略的倡议，可望在改善人民生活方面取得立杆见影而又持久的成果，并为实现各项发展目标重新燃起希望。在这方面，我们将采取各种行动，如分发防疟疾蚊帐，包括酌情免费分发，有效地防治疟疾，尽可能利用自家种的食品扩大学校供餐方案，以及取消初级教育费用，并酌情取消医疗保健费。

系统问题和全球经济决策

35. 我们重申致力于扩大并加强发展中国家和经济转型期国家在国际经济决策和规则制定方面的参与，为此强调继续改革国际金融体系的重要意义，还注意到加强发展中国家和经济转型期国家在布雷顿森林机构的发言权和参与，依然是我们不断关注的问题。

36. 我们重申致力于财政、金融和贸易系统的治理、公平和透明度。我们还将致力于建设一个开放、公平、有章可循、可预测和非歧视的多边贸易和金融体系。

37. 我们还强调致力于建立健全的国内金融部门，这对国家发展工作将产生极其重要的推动作用，而且将成为支持发展的国际金融机构的重要组成部分。

38. 我们还重申，联合国需要在推动国际发展合作及确保各项国际社会商定的发展目标和行动协调一致并得到落实等方面发挥重要作用，我们决心与所有其他多边金融贸易和发展机构密切合作，加强联合国系统内部协调，以支持经济持续增长、消除贫困以及可持续发展

39. 国际一级的良政对于实现可持续发展至关重要。为了确保有利的国际经济环境，使之富有生气，至关重要的是解决那些对发展中国家的发展前景产生影响的国际金融、贸易、技术和投资模式，以此

来推动全球经济管理。为此，国际社会应当采取一切必要适当措施，其中包括确保支持结构和宏观经济改革，全面解决外债问题，并增强发展中国家的市场准入。

南南合作

40. 我们确认南南合作的成就和巨大潜力，并鼓励促进南南合作。这种合作对发展作出了有效贡献，是对北南合作的补充，也是分享最佳做法和加强技术合作的一种工具。在此方面，我们注意到最近南方领导人在第二次南方首脑会议上通过并载于《多哈宣言》和《多哈行动计划》的决定，通过建立新亚非战略伙伴关系及其他区域合作机制，加大南南合作的力度，并鼓励国际社会，包括各国际金融机构，通过三方合作等方法支持发展中国家的各种努力。我们还赞赏地注意到开始了发展中国家之间的全球贸易优惠制度第三轮谈判，这是激励南南合作的一项重要工具。

41. 我们欢迎联合国南南合作高级别委员会开展的工作，并请各国考虑支持联合国开发计划署南南合作特别股，以便对发展中国家的发展需求作出有效回应。

42. 我们确认诸如由若干发展中国家发起的石油输出国组织基金等各项安排为发展中国家的发展活动作出了很大贡献，并确认南方发展和人道主义援助基金在这方面可能作出的贡献。

教育

43. 我们强调如《千年宣言》所述，正规教育和非正规教育，特别是基础教育和扫盲培训，在实现消除贫穷和其他发展目标方面起到重要作用，并极力主张扩大中等教育、高等教育、职业教育和技术培训，特别是对女孩和妇女的教育和培训，以期开发人力资源和基础设施能力，并提高穷人的知识和技能。在此方面，我们重申世界教育论坛于 2000 年通过的《达喀尔行动框架》，并确认联合国教育、科学及文化组织的消除贫困、尤其是消除赤贫战略，对支持普及教育方案具有重要意义，有助于到 2015 年实现普及初级教育这一千年发展目标。

44. 我们重申承诺支持发展中国家的努力，确保所有儿童都能完全免费接受高质量的初级义务教育；消除男女生之间的不平等和不均衡；加倍努力，改进女孩教育。我们还将继续致力于支持发展中国家落实普及教育方案，具体行动包括通过普及教育快行道倡议增加各种资源，支持国家主导的国家教育计划。

45. 我们承诺推动以教育促进和平和人的发展。

农村和农业发展

46. 我们重申必须结合国家发展和对应战略，刻不容缓地充分解决粮食安全及农村和农业发展问题，为此，我们将酌情推动土著社区和地方社区作出更大贡献。我们深信，消除贫困、饥饿和营养不良这些对儿童影响尤甚的现象，对于实现千年发展目标至关重要。农村和农业发展应是国家和国际发展政策的一个组成部分。我们认为必须提高对农村和农业发展的生产性投资，以实现粮食安全。我们承诺大力支持发展中国家的农业发展和农业部门的贸易能力建设。应当鼓励支持商品发展项目，特别是基于市场的项目，并根据商品共同基金第二账户，支持这些项目的筹备工作。

就业

47. 我们强烈支持公平的全球化，使包括妇女和年轻人在内的所有人，都能享有充分的生产性就业和体面工作。我们决心将这一目标，作为国家和国际政策以及包括减贫战略在内的国家发展战略的中心目标，以此作为我们实现千年发展目标工作的组成部分。这些措施还应包括消除国际劳工组织第 182 号公约界定的最恶劣形式的童工劳动，消除强迫劳动。我们还决心确保充分遵守工作中的基本原则和权利。

可持续发展：管理和保护我们共同的环境

48. 我们重申决心通过执行《21 世纪议程》和《约翰内斯堡执行计划》，实现可持续发展的目标。为此，我们还承诺在所有各级采取具体行动和措施，加强国际合作，同时考虑到里约原则。这些努力还将推动可持续发展的三个组成部分——经济发展、社会发展和环境保护——的融合，使之成为相互依存、相互加强的三个支柱。消除贫困，改变不可持续的生产和消费模式，保护和管理经济和社会发展的自然资源基础，这些是可持续发展的首要目标，也是可持续发展的根本要求。

49. 我们将根据《约翰内斯堡执行计划》，促进以发达国家为主导、使所有国家都能从中受益的可持续的消费和生产模式。为此，我们支持发展中国家推动循环经济。

50. 应对气候变化，推广清洁能源，满足能源方面的需求，实现可持续发展，在所有这些方面，我们都面临着多种严重的挑战，因此，我们将下定决心，刻不容缓地采取行动。

51. 我们认识到，气候变化是一项严重而持久的挑战，可能会影响到全球的每一个角落。我们强调必须履行在《联合国气候变化框架公约》和其他相关国际协定中的所有承诺和义务，包括我们许多国家在《京都议定书》中所作承诺和承担的义务。《公约》是未来在全球一级就气候变化采取行动的适当框架。

52. 我们重申对《公约》及其最终目标的承诺：即将大气层温室气体浓度稳定在气候系统不致遭受人类活动严重干扰的水平。

53. 我们认识到，气候变化具有全球性，需要依照《公约》各项原则，在采取有效和适当的国际应对方面，实现最广泛的合作和参与。我们承诺依照这些原则推动有关长期合作的全球讨论，解决气候变化问题。我们强调将于 2005 年 11 月在蒙特利尔举行的第十一届公约缔约国会议的重要性。

54. 我们承认那些为推动清洁能源和气候变化方面的行动而结成的各种伙伴关系，包括双边、区域和多边倡议。

55. 我们承诺通过切实开展国际合作采取进一步行动，以期：

（a）推动革新、清洁能源和能源效率，促进养护；改进政策、管理和筹资框架；加快采用清洁技术；

（b）根据《约翰内斯堡执行计划》的要求，并考虑到发展中国家自身的能源需求和优先次序，增强向发展中国家的私营投资和技术转让，增强这些国家的能力建设；

（c）帮助发展中国家增强其复原力，并将各项适应目标纳入这些国家的可持续发展战略，因为自然和人类因素带来了气候变化，而针对这些变化的影响作出调整是所有国家的高度优先，特别是《公约》

第 4.8 条提及的那些最易受到影响的国家；

（d）继续帮助发展中国家，特别是小岛屿发展中国家、最不发达国家和非洲国家，包括那些特别易受气候变化影响的国家进行调整，应对气候变化不利影响所带来的问题。

56. 在履行我们对实现可持续发展所作承诺时，我们还进一步决心：

（a）推动联合国教育促进可持续发展十年和生命之水国际行动十年；

（b）支持并加强实施联合国《在发生严重干旱和/或荒漠化的国家特别是在非洲防治荒漠化的公约》，解决荒漠化和土地退化的原因和由于土地退化造成的贫困，具体措施包括调动充足而可预测的资金、技术转让和各级能力建设；

（c）《生物多样性公约》及其《卡塔赫纳生物安全议定书》缔约国，应支持实施《公约》和《议定书》以及其他与生物多样性相关的协定和约翰内斯堡承诺，到 2010 年大幅减缓生物多样性丧失的速度。缔约国将继续考虑到《波恩准则》，在《公约》框架内谈判一项国际制度，推动并保证公平平等地分享利用遗传资源产生的利益。所有国家将履行承诺，到 2010 年大幅减缓生物多样性丧失的速度，并继续进行拟订和谈判工作，以建立一个遗传资源的获取和利益分享国际制度；

（d）认识到土著人民及其社区的可持续发展是我们与饥饿与贫困作斗争的关键所在；

（e）重申在遵循国家立法的前提下，致力于尊重、保护和维护土著及地方社区那些体现与保护和可持续利用生物多样性有关的传统生活方式的知识、创新和做法，并在这些知识、创新和做法的拥有者的同意和参与下，促进其广泛利用，并鼓励公平分享由此所带来的利益；

（f）在国家和区域现有能力的基础上，如新成立的印度洋海啸报警和减灾系统，加速建立适用于所有自然灾害、具有区域中心的全球预警系统；

（g）全面执行世界减灾会议通过的《兵库宣言》和《2005—2015年兵库行动框架》，特别是要兑现承诺，援助易遭受自然灾害的发展中国家和处于过渡阶段的受灾国家，帮助这些国家实现自然、社会和经济的持久恢复，在灾后恢复和重建过程中开展减低风险活动；

（h）帮助发展中国家拟定综合水资源管理和水效计划，作为其国家发展战略的一部分，并按照《千年宣言》和《约翰内斯堡执行计划》向所有人提供安全饮用水和基本环境卫生，包括到 2015 年，将那些无法得到或负担不起安全饮用水以及缺乏基本环境卫生的人在人口中所占比例减少一半；

（i）加速开发和推广负担得起的清洁能效和节能技术，并转让此类技术，特别是通过协商以有利条件，包括减让或优惠条件，向发展中国家转让，同时认识到获得能源有助于消除贫困；

（j）通过加强国际合作，为今世后代加强各类森林的养护、可持续管理和发展，充分考虑到森林部门和其他部门之间的联系，使树木和森林为实现国际商定的发展目标，包括《千年宣言》所载的各项目标作出全面贡献。我们期待在第六届联合国森林论坛上开展讨论；

（k）根据《21 世纪议程》和《约翰内斯堡执行计划》促进对化学品和有害废物在整个存在周期的妥善管理，采用透明和以科学为依据的风险评估和风险管理程序，在国际化品管理方面自愿采用并实施战略手段，并酌情提供技术和财政援助，支持发展中国家增强其妥善管理化学品和有害废物的能力，从而实现到 2020 年将化学品的使用和生产对人类健康和环境产生的不良影响降到最低程度；

（l）改善各级的合作与协调，以期综合治理各种海洋问题，并促进海洋的综合管理和可持续发展；

（m）到 2020 年时，至少使 1 亿贫民窟居民的生活获得明显改善，为此迫切需要增加资金投入，建造负担得起的住房和与住房有关的基础设施，将防止形成贫民窟和改造贫民窟列入优先事项，并鼓励向联合国生境和人类住区基金会及其贫民窟改造基金提供支持；

（n）承认全球环境基金在促进同发展中国家的合作方面可以发挥极为宝贵的作用，我们期待今年成功地为全球环境基金补充资金，同时圆满完成第三次资金补充所有尚未兑现的承诺；

（o）注意到停止经由小岛屿发展中国家区域运输放射性材料，是小岛屿发展中国家和一些其他国家渴望的最终目标，同时承认根据国际法行使航行自由权。各国应当保持对话和磋商，特别是在国际原子能机构和国际海事组织的主持下开展对话和磋商，以期在放射性材料安全海运方面改善相互了解，建立信任，增强交流。敦促那些参与运输此类材料的国家继续与小岛屿发展中国家和其他国家对话，以解决它们所关切的问题。这包括在主管机构范围内进一步发展和加强国际管制制度，增强此类运输的安全、披露、责任、安保和补偿。

艾滋病毒/艾滋病、疟疾、结核病和其他卫生问题

57. 我们认识到艾滋病毒/艾滋病、疟疾、结核病和其他传染病对全世界构成严重威胁，也是实现发展目标的严重挑战。我们确认国际社会作出的重大努力和财政贡献，同时认识到，对于这些疾病和其他新出现的卫生挑战，必须有持久的国际对策。为此，我们决心：

（a）增加投资，加强现有机制并建立伙伴关系，改善发展中国家和经济转型期国家的保健系统，以便提供数量充足的保健工作人员、基础设施、管理系统和用品，在 2015 年年底之前实现健康领域的各项千年发展目标；

（b）执行各种措施，提高成人和少男少女保护自己避免艾滋病毒感染危险的能力；

（c）加强领导，扩大综合应对措施以便在预防、照顾、治疗和支持方面实现广泛的多部门覆盖，并从国家、双边、多边和私营渠道筹集更多资源，为全球防治艾滋病、结核病和疟疾基金，以及为从事防治艾滋病毒/艾滋病工作的联合国系统各机构和方案的工作方案中同艾滋病毒/艾滋病有关的部分，提供充分资金，通过这些办法充分履行《关于艾滋病毒/艾滋病问题的承诺宣言》确定的各项承诺；

（d）制订并执行艾滋病毒预防、治疗和照顾一揽子计划，以便通过增加资源等措施，尽可能实现到 2010 年所有有需要者人人能得到治疗的目标，努力消除污名和歧视，改善可负担药品的供应，减少受艾滋病毒/艾滋病和其他健康问题影响的人、特别是孤儿和易受感染儿童及老人的脆弱性；

（e）确保全面履行 2005 年 5 月世界卫生大会第五十八届会议通过的《国际卫生条例》的义务，包括必须支持世界卫生组织全球疫情警报和反应网；

（f）积极努力在所有国家执行"三个一"原则，包括确保多种机构和国际伙伴，均在构成全体伙伴协调工作基础的一个艾滋病毒/艾滋病商定框架之下开展工作，要有一个具有广泛多部门授权的国家防治艾滋病协调当局，由一个商定的国家级监测和评价制度监管。我们欢迎并支持改进多边机构和国际捐助者防治艾滋病工作协调问题全球工作队的各项重要建议；

（g）到 2015 年时实现国际人口与发展会议提出的普遍获得生殖保健服务的目标，并把这项目标纳入各项战略，以实现国际商定发展目标，包括《千年宣言》所载旨在降低孕产妇死亡率、改善产妇保健、降低婴儿死亡率、促进两性平等、防治艾滋病毒/艾滋病和消除贫困的目标；

（h）促进提供长期资金，包括视情况建立公私伙伴关系，支持学术研究和工业研究，以及开发新的疫苗和杀微生物剂、诊断药包、药品和治疗方法，以防治大规模流行病、热带疾病、禽流感和严重急性呼吸系统综合症等其他疾病，并酌情通过预购承诺等机制，进一步加强市场奖励措施；

（i）强调必须紧急应对疟疾和结核病，尤其是在受影响最严重的国家，在这方面，欢迎加强双边和多边倡议。

两性平等和增强妇女权能

58. 我们依然深信，妇女的进步就是全人类的进步。我们重申，全面切实执行《北京宣言》和《行动纲要》中的各项目标和宗旨以及大会第二十三届特别会议的成果，对实现国际商定的发展目标，包括《千年宣言》所载目标，是一项重大贡献；我们决心采取以下措施，促进两性平等，消除普遍存在的性别歧视：

（a）尽早消除初级和中级教育中的两性不平等，到 2015 年时消除各级教育中的两性不平等；

（b）保证妇女享有拥有和继承财产的自由和平等权利，并确保妇女能保有财产和有安居权；

（c）确保平等获得生殖保健服务；

（d）促进妇女平等进入就业市场，持续就业并得到充分的劳工保护；

（e）确保妇女平等获取生产性资产和资源，包括土地、贷款和技术；

（f）消除针对妇女和女童的一切形式的歧视和暴力，包括终止有罪不罚现象，确保按照国际人道主义法和国际人权法规定的各国义务，在冲突中和冲突后保护平民，尤其是妇女和女童；

（g）促使更多妇女进入政府决策机构，包括确保妇女有平等的机会充分参与政治进程。

59. 我们认识到通过社会性别主流化实现两性平等的重要性。为此，我们保证积极促进在制定、执行、监测和评估政治、经济和社会所有领域的政策和方案时，将社会性别问题置于重要位置，我们还将致力于加强联合国系统在社会性别领域的能力。

科技促进发展

60. 我们认识到包括信息和通信技术在内的科技对于实现发展目标至关重要，国际支持可以帮助发展中国家从技术进步中受益，提高它们的生产能力。因此，我们承诺：

（a）加强和扩大现有机制，支持研发活动，包括通过公私营部门结成自愿伙伴关系等办法，设法满足发展中国家在保健、农业、自然资源的养护和可持续利用以及环境管理、能源、森林和气候变化影响等领域的特殊需要；

（b）酌情促进和便利发展中国家获得和开发各种技术，包括各种无害环境的技术和相应的专门技能，并向发展中国家转让和传播这些技术和技能；

（c）帮助发展中国家努力促进和制订人力资源和科学技术国家战略，因为人力资源和科技是建设国家发展能力的首要动力；

（d）促进并支持作出更大努力，发展太阳能、风能和地热能等可再生能源；

（e）在国家一级和国际一级执行各种吸引国内外公私营投资的政策，以期扩大知识，根据共同商定的条件转让技术，提高生产力；

（f）支持发展中国家单独或集体作出努力，利用新的农业技术，通过环境上可持续的方法提高农业生产力；

（g）建立一个以人为中心、包容性强的信息社会，为所有人民提供更多数字机会，以便有助于弥合数字鸿沟，挖掘信息和通信技术潜力，为发展服务，并落实信息社会世界首脑会议日内瓦阶段的成果，确保将于 2005 年 11 月在突尼斯举行的首脑会议第二阶段取得成功，以此迎接信息社会的新挑战；在这方面，我们欢迎设立数字团结基金，鼓励为该基金自愿捐款。

移徙和发展

61. 我们确认国际移徙和发展之间有着重要的关联，必须应对它给原籍国、目的地国和过境国带来的挑战和机遇。我们承认国际移徙为全球社会既带来好处，也带来挑战。我们期待将于 2006 年举行的大会关于国际移徙与发展的高级别对话，该对话将为人们提供机会，讨论国际移徙和发展所涉及的多层面问题，探讨适当的方法和方式，使移徙对发展带来最大的好处，将其消极影响降到最低。

62. 我们重申定将采取措施，确保尊重和保护移徙者、移徙工人及其家属的人权。

63. 我们重申必须制定政策并采取措施，降低移徙人员向发展中国家汇款的费用，并欢迎各国政府和利益有关者为此作出努力。

有特殊需要的国家

64. 我们再次承诺设法满足最不发达国家的特殊需要，并敦促所有国家和联合国系统一切有关组织，包括布雷顿森林机构，作出协调一致的努力，迅速采取措施，及时实现《布鲁塞尔 2001—2010 十年期支援最不发达国家行动纲领》的目标和指标。

65. 我们认识到，内陆发展中国家具有特殊需要并面临挑战，因此重申我们决心通过全面、及时和有效执行《阿拉木图行动纲领：在内陆和过境发展中国家过境运输合作全球新框架下解决内陆发展中国家的特别需要》和联合国贸易和发展会议第十一届大会通过的《圣保罗共识》，紧急应对这些需要和挑战。我们鼓励联合国各区域委员会和组织努力制订符合时间成本方法的指标，以衡量执行《阿拉木图行动纲领》的进展情况。我们还认识到内陆发展中国家在努力促使本国经济融入多边贸易体制时遇到的特殊困难和它们的关切。在这方面，应优先考虑充分及时执行《阿拉木图宣言》和《阿拉木图行动纲领》。

66. 我们认识到小岛屿发展中国家的特殊需要及其脆弱性，并重申我们承诺紧急采取具体行动，充分有效执行审查小岛屿发展中国家可持续发展行动纲领执行情况的国际会议通过的《毛里求斯战略》、《巴巴多斯行动纲领》和大会第二十二届特别会议的成果，以解决这些需要和脆弱性问题。我们进一步承诺促进更强有力的国际合作和伙伴关系，尤其通过调动本国和国际资源，促进作为发展引擎的国际贸易，增加国际金融和技术合作，以实施《毛里求斯战略》。

67. 我们强调，国际社会应持续、协调、有效地帮助刚摆脱冲突的国家和灾后恢复中的国家实现发展目标。

满足非洲的特殊需要

68. 我们欢迎非洲国家在履行承诺方面取得的实质性进展，强调必须贯彻执行非洲发展新伙伴关系，促进可持续增长和发展，深化民主，促进人权、良政和健全的经济管理及两性平等，鼓励非洲国家在民间社会和私营部门参与下，在这方面继续努力，发展并加强区域的施政和发展机构，并欢迎非洲的各伙伴，包括八国集团和欧洲联盟，最近作出支持非洲发展努力的决定，包括承诺到 2010 年，对非洲的官方发展援助会每年增加 250 亿美元。我们再次承诺设法满足非洲的特殊需要，使到 2015 年时唯一未准备就绪、无法实现任何《千年宣言》目标的该大陆融入世界经济主流，并决心：

（a）加强与非洲发展新伙伴关系框架的配合，协调一致地支持非洲领导人在该框架内制定的各项方案，包括调动内部和外部财政资源和促使多边金融机构核准这些方案；

（b）支持非洲的承诺，确保到 2015 年时使所有儿童都能接受完整、免费、优质的小学义务教育和得到基本保健服务；

（c）支持建立一个国际基础设施贷款团，由非洲联盟、世界银行和非洲开发银行参加，并以非洲发展新伙伴关系为主要框架，促进非洲公共和私人基础设施的投资；

（d）促成一项全面、持久解决非洲国家外债问题的办法，包括按照最近八国集团提出的帮助重债穷国的建议，取消全部多边债务，并在个案基础上，酌情大幅度减免债务，尤其是取消重债穷国倡议中未列入、但背负不可持续债务负担的重债非洲国家的债务，或重组这些国家的债务；

（e）努力帮助非洲国家完全融入国际贸易体制，包括为这些国家制定目标明确的贸易能力建设方案；

（f）支持对商品依赖度高的非洲国家努力调整商品结构，实现商品多样化，提高商品部门的竞争力，并决定努力制订以市场为基础的、有私营部门参与的商品价格风险管理安排；

（g）辅助非洲国家单独或集体作出的努力，按照非洲发展新伙伴关系的《非洲农业发展综合方案》，使这些国家在非洲"绿色革命"中，以可持续的方式提高农业生产力；

（h）鼓励并支持非洲联盟和次区域组织采取主动行动，在联合国协助下防止、调解和化解冲突，在此方面，欢迎八国集团国家提出的支持在非洲维持和平工作的建议；

（i）在非洲实现没有艾滋病、疟疾和结核病患者的一代，为此提供预防和照顾援助，以便尽可能实现到 2010 年在非洲国家普及艾滋病毒/艾滋病治疗的目标，鼓励制药公司向非洲提供人们买得起的药物，包括抗反转录病毒药物，并确保增加双边和多边援助，尽可能是赠款援助，通过加强保健系统，帮助非洲防治疟疾、结核病和其他传染病。

三、和平与集体安全

69. 我们认识到，面对一系列各种各样的威胁，我们需要有紧急的、集体的、更为坚定的反应。

70. 我们还认识到，根据《宪章》，为了应对此类威胁，联合国所有主要机构需要在其各自授权范围内开展合作。

71. 我们承认，我们生活在一个相互依存的全球世界中，当今的许多威胁超越国界，相互关联，因此必须根据《宪章》和国际法在全球、区域和国家各级加以解决。

72. 因此我们重申，我们承诺努力建立以下列认识为基础的安全共识：许多威胁相互关联，发展、和平、安全和人权互相加强，没有任何国家通过单独行事就能够使自己获得最佳保护，所有国家都需要一个符合《宪章》宗旨和原则的有实效和效率的集体安全体系。

和平解决争端

73. 我们强调各国有义务根据《宪章》第六章，以和平手段解决争端，包括适当时利用国际法院。所有国家均应按照《关于各国依〈联合国宪章〉建立友好关系和合作的国际法原则宣言》行事。

74. 我们着重指出，必须根据《宪章》的宗旨和原则预防武装冲突，我们庄重地再次承诺促进预防武装冲突文化，以此有效应对全世界各国人民所面对的相互关联的安全和发展挑战，同时加强联合国的预防武装冲突能力。

75. 我们进一步着重指出，必须以一致、综合的方式预防武装冲突，解决争端，而且安全理事会、大会、经济及社会理事会和秘书长需要协调彼此在《宪章》规定的各自任务范围内开展的活动。

76. 我们认识到秘书长斡旋工作的重要作用，包括调解争端的重要作用，我们支持秘书长努力增强这方面的能力。

根据《联合国宪章》使用武力

77. 我们重申所有会员国在国际关系中均有义务不以不符合《宪章》的任何方式进行武力威胁或使用武力。我们重申，指导联合国的宗旨和原则，除其他外，包括维护国际和平与安全，在尊重各国人民平等权利和自决原则的基础上发展国家之间的友好关系，采取其他适当措施加强世界和平，并为此目的决心采取有效集体办法，以防止且消除对于和平之威胁，制止侵略行为或其他和平之破坏，并以和平方法且依正义及国际法之原则，调整或解决足以破坏和平之国际争端或情势。

78. 我们重申，必须促进和加强多边进程，严格按照《宪章》和国际法原则处理各项国际挑战和问题。我们进一步强调对多边主义的承诺。

79. 我们重申，《宪章》的有关条款足以处理对国际和平与安全的所有各种威胁。我们进一步重申安全理事会为维护及恢复国际和平与安全而批准采取强制行动的权力。我们强调根据《宪章》的宗旨和原则采取行动的重要性。

80. 我们还重申，安全理事会承担着维护国际和平与安全的主要责任。我们还指出，根据《宪章》相关条款，大会具有维护国际和平与安全的作用。

恐怖主义

81. 我们强烈谴责所有形式和表现的恐怖主义，无论由何人所为、在何地发生、其目的为何，因为恐怖主义是对国际和平与安全的最严重威胁之一。

82. 我们欢迎秘书长确定了一项反恐战略的要点。大会应毫不拖延地发展这些要点，以便通过并执行一项战略，推动在国家、区域和国际级别采取全面、协调、连贯的反恐对策，这项战略还须考虑到助长恐怖主义蔓延的原因。在这方面，我们赞赏为促进各种文明之间的对话、包容和理解而提出的各项倡议。

83. 我们强调，必须全力以赴，在大会第六十届会议期间就国际恐怖主义问题达成一致意见，并缔结一项关于该问题的全面公约。

84. 我们确认，可以考虑在联合国主持下举行一次高级别会议，拟订一项抗击一切形式和表现的恐怖主义的国际对策这一问题。

85. 我们认识到，为打击恐怖主义而进行的国际合作必须遵守国际法，包括《宪章》和有关国际公约和议定书。各国必须确保，为打击恐怖主义而采取的任何措施，都必须符合其根据国际法，特别是人权法、难民法和国际人道主义法承担的义务。

86. 我们再次吁请各国不要组织、资助、鼓励恐怖活动，不为恐怖活动提供训练或其他支助，并采取适当措施确保本国领土不会被用来进行此类活动。

87. 我们确认联合国在反恐斗争中的重要作用，同时强调区域和双边合作的重大贡献，特别是实际的执法合作和技术交流。

88. 我们敦促国际社会，包括联合国，协助各国建立国家和区域反恐能力。我们邀请秘书长向大会和安全理事会提出建议，在各自任务范围内，加强联合国系统协助各国反恐的能力，并改进联合国这方面工作的协调。

89. 我们强调必须向恐怖主义受害者提供支助，帮助他们及其家属应付损失和哀痛。

90. 我们鼓励安全理事会审议如何加强其反恐方面的监测和强制执行作用，包括合并国家报告的规定，同时考虑到并尊重其反恐附属机构的任务规定。我们承诺在三个主管附属机构履行任务过程中与其充分合作，认识到许多国家在执行安全理事会有关决议方面继续需要援助。

91. 我们支持为《制止核恐怖主义行为国际公约》早日生效所作的努力，大力鼓励各国考虑迅速加入该公约，并不再拖延地加入其他十二项反恐国际公约和议定书，并加以执行。

维持和平

92. 我们确认联合国维持和平工作在帮助冲突各方结束敌对行动方面发挥关键的作用，赞扬联合国维持和平人员在这方面作出的贡献，注意到联合国维持和平工作最近几年有所改善，包括在复杂局势中部署综合特派团，并着重指出，启动维和行动需要具备足以应对敌对行动并有效执行任务的能力，为此敦促进一步拟订关于强化可迅速部署能力、以便在发生危机时增援维持和平行动的提案。我们赞同建立一支常备警察队伍的初始运作能力，为联合国维持和平特派团警务部分提供步调一致、卓有成效、有求必应的开办能力，并通过提供咨询意见和专门知识，协助现有的特派团。

93. 我们确认区域组织根据《宪章》第八章的规定对和平与安全作出重要的贡献，确认联合国与区域组织之间必须建立可预测的伙伴关系和安排，并特别指出，鉴于非洲的特殊需要，一个强大的非洲联盟是至关重要的，为此：

（a）我们支持欧洲联盟和其他区域实体，努力发展诸如快速部署、待命和桥接安排方面的能力；

（b）我们支持与非洲联盟共同制订并实施一项能力建设十年计划。

94. 我们支持实施 2001 年《从各个方面防止、打击和消除小武器和轻武器非法贸易的行动纲领》。

95. 我们敦促《禁止杀伤人员地雷公约》和《特定常规武器公约第二号修正议定书》缔约国全面履行各自的义务。我们吁请能够向雷患国家提供技术援助的国家，向这些国家提供更多的援助。

96. 我们强调关于联合国维持和平人员性剥削和性虐待问题的秘书长顾问所提建议的重要性，并敦促毫不拖延地全面实行大会根据上述建议通过的相关决议规定的各项措施。

建设和平

97. 我们强调，冲突后建设和平及和解需要采取协调一致的统筹对策，以期实现可持续和平，确认需要有专门的体制机制，负责应付刚摆脱冲突的国家在复原、重新融合和重建方面的特殊需要，协助它们奠定可持续发展的基础，并确认联合国在这方面发挥关键的作用，为此决定设立建设和平委员会，履行政府间咨询机构的职能。

98. 建设和平委员会的主要宗旨是，调动所有相关行为体协力筹集资源，就冲突后建设和平和复原工作提供咨询意见，并提出综合战略。委员会应重点关注冲突后复原所需的重建和体制建设工作，支持制订综合战略，为可持续发展奠定基础。此外，委员会应就如何改进联合国内外所有相关行为体之间的协调提供建议和信息，制订最佳做法，协助确保为早期复原活动筹措可预测的资金，使国际社会长期关注冲突后复原问题。委员会在所有事务上都应根据其成员的协商一致意见行事。

99. 建设和平委员会应将其讨论结果和建议作为联合国文件公布，提供给所有相关机构和行为体，包括国际金融机构。建设和平委员会应向大会提交年度报告。

100. 建设和平委员会应举行各种不同组合的会议。委员会针对具体国家的会议与会者，除下文第 101 段所述的组织委员会的成员以外，还应包括受组织委员会邀请的下述方面代表：

（a）审议中的国家；

（b）区域内参与冲突后进程的国家和参加救济工作和（或）政治对话的其他国家，以及相关的区域和次区域组织；

（c）参加复原工作的主要资金捐助者、部队派遣国和民警派遣国；

（d）联合国在实地的高级代表以及其他相关的联合国代表；

（e）相关的区域和国际金融机构。

101. 建设和平委员会应有一个常设组织委员会，负责制订程序及组织事项，组成如下：

（a）安全理事会成员，包括常任理事国；

（b）经济及社会理事会成员，从区域集团选出，要适当考虑经历过冲突后复原的国家；

（c）联合国预算分摊会费比额最高以及向联合国各基金、方案和机构，包括向建设和平常设基金自愿捐款最多、但不在上文（a）或（b）所选之列的国家；

（d）向联合国特派团提供军事人员和民警最多、但不在上文（a）、（b）或（c）所选之列的国家。

102. 除邀请秘书长一名代表外，应邀请世界银行、国际货币基金组织和其他捐助机构的代表，以符合其治理安排的方式参加建设和平委员会所有会议。

103. 我们请秘书长设立一个多年常设建设和平基金，用于冲突后建设和平，由自愿捐款供资，并适当考虑到现有的工具。建设和平基金的目标，将包括确保可以立即发放开展建设和平活动所需的资源，有适当的复原资金可以利用。

104. 我们又请秘书长利用现有资源在秘书处内设立一个小规模的建设和平支助办公室，雇用合格的专家，协助和支助建设和平委员会。支助办公室应利用现有的最佳专才。

105. 建设和平委员会应至迟在 2005 年 12 月 31 日开始运作。

制裁

106. 我们强调，为了努力维护国际和平与安全，在不诉诸武力的情况下，制裁仍然是《宪章》规定的一种重要手段。我们决心确保谨慎确定制裁对象，以实现明确的目标，遵守安全理事会实施的制裁，并确保制裁的实施方式，在实现预期结果的效力与可能对人民和第三国造成的不利后果，包括社会、经济和人道主义后果之间取得平衡。

107. 应根据明确的基准有效地实施和监测制裁，并应酌情定期对制裁进行审查。制裁时间不应多于实现制裁目标所必需的时间，这些目标一旦实现，制裁应立即终止。

108. 我们吁请安全理事会在秘书长支持下，改善对制裁实施情况及其效应的监测，确保以可问责的方式实施制裁，经常审查监测工作的结果，并建立一个机制，处理根据《宪章》实施制裁所产生的特殊经济问题。

109. 我们还吁请安全理事会在秘书长支持下，确保订立公正、透明的程序，用于将个人和实体列入制裁名单和从中删除，以及给予人道主义豁免。

110. 我们支持通过联合国加强国家实施制裁规定的能力。

跨国犯罪

111. 跨国犯罪，包括走私和贩运人口、全球麻醉药品问题及小武器和轻武器的非法贸易，对发展、和平与安全及人权造成了负面影响，而且各国日益易受到这类犯罪的冲击，我们对此表示严重关注。我们重申需要作出集体努力，打击跨国犯罪。

112. 我们认识到人口贩运继续对人类构成严重的挑战，需要采取协调一致的国际对策。为此，我们敦促所有国家制订、强制实施和加强有效的措施，打击并杜绝一切形式的人口贩运，遏止对被贩运者的需求，保护受害者。

113. 我们敦促尚未加入针对有组织犯罪和腐败问题的相关国际公约的所有国家，考虑成为这些公约的缔约国，并在公约生效后，切实履行公约，包括将这些公约的规定纳入本国立法，并加强刑事司法制度。

114. 我们重申，我们毫不动摇地下定决心，作出承诺，通过开展国际合作，实行杜绝非法药品的非法供应和需求的国家战略，解决全球麻醉药品问题。

115. 我们决心在联合国毒品和犯罪问题办事处现有任务授权的范围内，加强其应会员国的要求向它们提供援助的能力。

妇女在预防及化解冲突方面的作用

116. 我们着重指出妇女在预防和化解冲突及建设和平方面的重要作用。我们重申承诺全面、切实地执行安全理事会 2000 年 10 月 31 日关于妇女与和平与安全的第 1325（2000）号决议。我们还强调必须融入社会性别观点，妇女必须有机会平等参加和全面参与维护及促进和平与安全的各项工作，而且需要加强她们在各级决策中的作用。我们强烈谴责在武装冲突局势中侵犯妇女和女孩人权的一切行为，以及利用性剥削、性暴力和性虐待等行径。我们决心制订和执行各种战略，以报告、预防和惩处基于性别的暴力。

保护武装冲突局势中的儿童

117. 我们再次承诺促进并保护武装冲突中儿童的权利和福祉。我们欢迎最近几年所取得的重大进展和创新。我们特别欢迎安全理事会 2005 年 7 月 26 日通过第 1612（2005）号决议。我们吁请所有国家考虑批准《儿童权利公约》及其《关于儿童卷入武装冲突问题的任择议定书》。我们还吁请各国酌情采取有效措施，防止武装部队和武装团体违反国际法，在武装冲突中招募和使用儿童，并禁止这种做法，将之定为犯罪。

118. 我们因此吁请所有有关国家采取具体措施，确保追究严重虐待儿童者的责任，并确保其遵守有关规定。我们还再次承诺，确保武装冲突中的儿童及时获得切实的人道主义援助，包括教育，帮助他们恢复正常生活和重返社会。

四、人权与法治

119. 我们再度承诺积极保护和促进所有人权、法治和民主，认识到它们彼此关联、相互加强，属于联合国不可分割的普遍核心价值和原则。我们吁请联合国各单位根据其任务授权促进人权和基本自由。

120. 我们重申，我们各国庄严承诺履行义务，根据《宪章》、《世界人权宣言》和有关人权和国际法的其他文书，推动所有人的所有人权和基本自由都得到普遍尊重、遵守和保护。这些权利和自由的普遍性是无可置疑的。

人权

121. 我们重申，所有人权都是普遍、不可分割、相互关联、相互依存和相互加强的，必须以公正、公平的方式平等对待所有人权，并给予同样的重视。虽然必须考虑到国家和区域特点以及不同的历史、文化和宗教背景，但所有国家，不论其政治、经济和文化体系为何，均有义务促进和保护所有人权和基本自由。

122. 我们强调所有国家均有责任按照《宪章》尊重所有人的人权和基本自由，不作任何区别，不论种族、肤色、性别、语言、宗教、政治或其他观点、民族血统或社会渊源、财产、出生或其他地位。

123. 我们还决心加强联合国人权机制，以保证所有人均切实享有所有人权，以及公民、政治、经济、社会和文化权利，包括发展权。

124. 我们注意到联合国人权事务高级专员的行动计划，决心加强人权事务高级专员办事处，使它能够有效地履行任务，特别是在技术援助和能力建设领域，应对国际社会在人权方面所面临的各种各样挑战。为此将在今后五年将办事处的经常预算资源翻一番，使其在经常预算资源与自愿捐款资源之间逐步取得平衡，同时铭记发展中国家的其他优先方案，并在经常预算中编列经费，以便在广泛地域分配和性别均衡的基础上，招聘高度胜任的工作人员。我们支持办事处与包括大会、经济及社会理事会和安全理事会在内的所有相关联合国机构，进行更密切的合作。

125. 我们决心提高各人权条约机构的效力，包括更及时提出报告，改进和精简报告程序，并向各国提供技术援助，以加强其报告能力，并进一步加强各条约机构所提建议的贯彻实施。

126. 我们决心将促进和保护人权的工作纳入国家政策，支持进一步将人权置于整个联合国系统的主要位置，并支持联合国人权事务高级专员办事处同联合国所有相关机构进行更密切的合作。

127. 我们重申致力在地方、国家、区域和国际各级促进世界土著民族的人权，在这方面继续取得进展，包括与土著民族协商和合作，并尽快提出联合国土著民族权利宣言最后草案，以便通过。

128. 我们认识到需要特别注意妇女和儿童的人权，并承诺尽一切可能予以促进，包括将社会性别观点和儿童保护观点纳入人权议程。

129. 我们认识到需要确保残疾人能够不受歧视地全面享受他们的权利。我们还申明，需要最后拟订一项关于残疾人权利的全面公约草案。

130. 我们指出，促进和保护在民族或族裔、宗教和语言上属于少数群体的人的权利，有助于实现政治和社会的稳定与和平，使社会的文化多样性和文化遗产更丰富多采。

131. 我们支持促进各级人权教育和学习，包括酌情实施《人权教育世界方案》，并鼓励所有国家在这方面制订各种举措。

境内流离失所者

132. 我们确认《关于境内流离失所问题的指导原则》是保护境内流离失所者的重要国际框架，并决心采取有效措施，加强对境内流离失所者的保护。

保护和援助难民

133. 我们决意捍卫保护难民的原则，履行我们解决难民困苦的责任，包括通过支持为此作出的努力，设法消除难民流动的根源，使这些难民安全、可持续地回返，为长期处于困境的难民寻求持久的解决办法，防止难民流动成为国家间紧张关系的根源。我们重申团结和分担责任的原则，并决心支持帮助难民的国家和收容难民的社区。

法治

134. 我们认识到需要在国家和国际两级全面遵守和实行法治，为此：

（a）重申决意维护《宪章》的宗旨和原则以及国际法，并维护以法治和国际法为基础的国际秩序，这是国家间和平共处及合作所不可或缺的；

（b）支持每年一次的条约活动；

（c）鼓励尚未成为所有有关保护平民条约缔约国的国家考虑加入这些条约；

（d）吁请各国继续努力，消除歧视妇女的政策和做法，通过保护妇女权利和促进两性平等的法律，促进这方面的实践；

（e）支持待秘书长向大会提交有关报告后，根据现行相关程序，在秘书处内设立一个法治支助股的意见，以便加强联合国促进法治的活动，包括通过技术援助和能力建设促进法治；

（f）认识到国际法院作为联合国主要司法机构，在裁决国家间争端方面的重要作用，以及其工作的重大意义，吁请尚未接受法院管辖权的国家考虑根据《法院规约》接受法院管辖权，并审议如何加强法院工作，包括在这方面自愿支持秘书长协助各国通过国际法院解决争端信托基金。

民主

135. 我们重申，民主是一种普遍价值观，基于人民决定自己的政治、经济、社会和文化制度的自由表达意志，基于人民对其生活所有方面的全面参与。我们还重申，虽然民主政体具有共同特点，但不存在唯一的民主模式，民主并不专属于任何国家或区域，并重申必须适当尊重主权和自决权利。我们着重指出，民主、发展与尊重所有人权和基本自由是相互依存、相互加强的。

136. 我们重申决意支持民主，为此加强各国推行民主原则和实践的能力，并决心加强联合国应会员国要求提供协助的能力。我们欢迎在联合国设立民主基金。我们指出，将要设立的咨询委员会应反映不同地域分配。我们邀请秘书长提供帮助，确保民主基金的实际安排适当考虑到联合国目前在这领域开展的活动。

137. 我们邀请各会员国认真考虑向该基金捐款。

保护人民免遭灭绝种族、战争罪、族裔清洗和危害人类罪之害的责任

138. 每一个国家均有责任保护其人民免遭灭绝种族、战争罪、族裔清洗和危害人类罪之害。这一责任意味着通过适当、必要的手段，预防这类罪行的发生，包括预防煽动这类犯罪。我们接受这一责任，并将据此采取行动。国际社会应酌情鼓励并帮助各国履行这一责任，支持联合国建立预警能力。

139. 国际社会通过联合国也有责任根据《宪章》第六章和第八章，使用适当的外交、人道主义和其他和平手段，帮助保护人民免遭

种族灭绝、战争罪、族裔清洗和危害人类罪之害。在这方面，如果和平手段不足以解决问题，而且有关国家当局显然无法保护其人民免遭种族灭绝、战争罪、族裔清洗和危害人类罪之害，我们随时准备根据《宪章》，包括第七章，通过安全理事会逐案处理，并酌情与相关区域组织合作，及时、果断地采取集体行动。我们强调，大会需要继续审议保护人民免遭种族灭绝、战争罪、族裔清洗和危害人类罪之害的责任及所涉问题，要考虑到《宪章》和国际法的相关原则。我们还打算视需要酌情作出承诺，帮助各国建设保护人民免遭种族灭绝、战争罪、族裔清洗和危害人类罪之害的能力，并在危机和冲突爆发前协助处于紧张状态的国家。

140. 我们全力支持秘书长防止种族灭绝问题特别顾问的任务。

儿童权利

141. 日益众多的儿童被卷入武装冲突以及其他一切形式的暴力，包括家庭暴力、性虐待和性剥削及贩运，并受其影响，我们对此表示惊愕。我们支持采取合作政策，加强国家能力，以改善这些儿童的处境，协助他们恢复正常生活，重新融入社会。

142. 我们决意尊重和确保每个儿童的权利，不加任何歧视，无论儿童本人或其父母或法定监护人的种族、肤色、性别、语言、宗教、政治或其他观点、民族或族裔血统或社会渊源、财产、残疾、出生或其他地位。我们吁请各国作为优先事项考虑成为《儿童权利公约》缔约国。

人的安全

143. 我们强调人民享有在自由、尊严中生活的权利，免受贫困和绝望折磨。我们认识到每一个人，尤其是弱势人民，都应有权免于恐惧、免于匮乏，获得平等机会享受其权利，充分发挥其自身的潜力。为此，我们决意在大会讨论和界定"人的安全"理念。

和平文化以及不同文化、文明和宗教对话的倡议

144. 我们重申大会通过的《和平文化宣言》和《行动纲领》以及《不同文明对话全球议程》及其《行动纲领》，重申关于不同文化和文明对话、包括促进宗教间合作对话的各项倡议的价值。我们决意采取行动，促进地方、国家、区域和国际各级的和平文化与对话，并请秘书长探讨如何加强实施机制并跟进这些倡议。在这方面，我们还欢迎秘书长 2005 年 7 月 14 日宣布的不同文明联盟倡议。

145. 我们强调，体育可以促进和平与发展，有利于创造包容和谅解的气氛。我们鼓励在大会进行讨论，以拟订体育与发展行动计划的提案。

五、加强联合国

146. 我们重申致力于加强联合国，以增强其权威和效率，提高其根据《宪章》宗旨和原则有效应对当今各种挑战的能力。我们决心重振联合国的政府间机构，使其适应 21 世纪的需要。

147. 我们强调，联合国各机构为了有效执行《宪章》授予的任务，应当进行良好的合作与协调，共同努力建设一个效力更高的联合国。

148. 我们着重指出，必须及时给予联合国足够的资源，使之能够

执行各项授权任务。改革后的联合国必须顺应全体会员国的要求，忠于其创始原则，适合执行其授权任务。

大会

149. 我们重申大会作为主要议事、决策和代表机构的核心地位，以及大会在制定标准和编纂国际法过程中的作用。

150. 我们欢迎大会为加强其作用和权威、加强大会主席的作用和领导而通过的措施，为此我们吁请全面迅速落实这些措施。

151. 我们吁请加强大会与其他主要机构的关系，确保彼此根据各自的任务授权、在需要联合国采取协调行动的专题上更好地协调。

安全理事会

152. 我们重申，按照《宪章》的规定，会员国已将代表其维护国际和平与安全的首要责任授予安全理事会。

153. 改革安全理事会是我们全面改革联合国的一项基本内容。我们支持早日改革安理会，使之具有更广泛的代表性、更高的效率和透明度，从而进一步加强其效力与合法性，加大其决定的执行力度。我们承诺继续努力为此达成一项决定，并请大会在 2005 年年底前审议上述改革的进展情况。

154. 我们建议安全理事会继续调整工作方法，以酌情加强非安理会成员国对安理会工作的参与，更多地接受广大会员国的问责，并提高其工作的透明度。

经济及社会理事会

155. 我们重申《宪章》和大会赋予经济及社会理事会的作用，并认识到需要一个更有效力的经济及社会理事会，作为一个主要机构，就经济和社会发展问题进行协调、政策审查、政策对话并提出建议，落实联合国各次主要会议和首脑会议商定的国际发展目标，包括千年发展目标。为实现这些目标，经社理事会应：

（a）推动就经济、社会、环境和人道主义领域的全球政策和趋势开展全球对话，建立伙伴关系。为此，经社理事会应充当会员国之间以及会员国与国际金融机构、私营部门和民间社会就全球新趋势、政策和行动进行高级别接触的优质平台，并提高自身能力，更好、更快地应对国际经济、环境和社会领域的新情况；

（b）举办两年一次的高级别发展合作论坛，审议国际发展合作的趋势，包括战略、政策和融资问题，推动不同的发展伙伴彼此进一步协调发展活动，并加强联合国规范性工作与业务工作的联系；

（c）确保联合国各次主要会议和首脑会议的成果，包括国际商定的发展目标得到贯彻落实，并每年举行一次部长级实质性审议会，评估进展情况，在这方面将根据各职司委员会和区域委员会及其他国际机构各自的任务授权，借助这些机构的专长；

（d）支助和补充国际上为应对国际人道主义紧急情况、包括自然灾害所作的努力，推动联合国更好地采取协调一致的应对行动；

（e）对整体协调各基金、方案和机构发挥重大作用，确保它们彼此协调一致，避免任务和活动的重叠。

156. 我们强调，为了充分行使上述职能，经济及社会理事会的工作安排、议程和现行工作方法应加以调整。

人权理事会

157. 我们决心进一步加强联合国人权机制，决意创建人权理事会。

158. 人权理事会将负责促进普遍尊重对所有人的所有人权和基本自由的保护，不作任何区别，一律公正平等。

159. 人权理事会应处理各种侵犯人权的情况，包括粗暴、蓄意侵犯人权的事件，并提出有关建议。人权理事会还应促进联合国系统内部的有效协调，推动将人权纳入主流。

160. 我们请大会主席举行公开、透明和包容各方的谈判，并在第六十届会议期间尽快完成谈判，以确定人权理事会的任务授权、模式、职能、规模、组成、成员、工作方法和程序。

秘书处和管理改革

161. 我们认识到，为了有效遵行《宪章》的各项原则和目标，我们需要一个高效得力、接受问责的秘书处。秘书处工作人员应根据《宪章》第一百条，在讲求问责、透明和诚信的组织文化中开展工作。因此，我们：

（a）确认当前秘书长为加强问责制和监督、提高管理业绩和透明度、强化道德操守而采取的改革措施，并邀请他向大会报告执行工作取得的进展；

（b）强调秘书处必须建立高效率、高效力的负责和问责机制；

（c）敦促秘书长根据《宪章》第一百零一条，确保最高标准的效率、胜任能力和诚信是雇用工作人员的首要考虑，同时适当顾及公平

地域分配原则;

(d) 欢迎秘书长努力确保道德操守,更多地披露联合国官员的财务资料,加强对联合国内部不法行为揭发人的保护。我们敦促秘书长严格实施现行的行为准则,并制定适用于联合国所有人员的全系统道德操守准则。在这方面,秘书长打算设立享有独立地位的道德操守办公室。我们请秘书长向大会第六十届会议提出有关细节;

(e) 承诺按时向联合国提供足够的资源,使联合国能执行授权任务,实现各项目标,要尊重大会商定的优先事项,而且必须遵守预算纪律。我们强调,所有会员国都应履行负担联合国经费的义务;

(f) 强烈敦促秘书长为了全体会员国的利益,按照大会商定的明确规则和程序,最佳和最有效地利用资源,采用最佳管理做法,包括有效利用信息和通信技术,以提高效率和组织能力,集中力量执行体现联合国商定优先事项的任务。

162. 我们根据《宪章》第九十七条重申秘书长作为联合国行政首长的作用。我们请秘书长就他有效履行管理职责所必需的条件和措施提出建议,供大会审议。

163. 我们赞扬秘书长过去和当前为强化联合国的有效管理所作的努力,并赞扬他对更新联合国的决心。我们铭记作为会员国的责任,强调需要就进一步改革作出决定,使联合国能更有效率地利用现有财政资源和人力资源,更好地遵照其各项原则,实现目标,完成任务。我们要求秘书长向大会提出实行管理改革的提案,包括下列内容,供大会在 2006 年第一季度审议并作出决定:

(a) 我们将确保联合国预算、财务和人力资源政策、条例和细则适应联合国当前的需要,使联合国能高效和有效地开展工作,并请秘书长提出一份评估报告和建议,供大会在 2006 年第一季度作出决定。秘书长的评估和建议,应考虑到为改革人力资源管理和预算过程已开始采取的措施；

（b）我们决心加强和更新联合国的工作方案，使它适应会员国当前的要求。为此，大会和其他相关机构，将审查源自大会和其他机构决议、历时五年以上的所有任务授权，这项审查将补充目前对各项活动的定期审查。大会和其他机构应在2006年期间完成这项审查，并根据审查结果作出必要决定。为便利审查，我们请秘书长就可以考虑提交大会早日审议的方案调改的可能性等问题，提出分析和建议；

（c）为改善人员结构和提高人员素质，就工作人员一次性有偿离职框架的详细提案，同时说明所涉费用和确保达成预期目标的机制。

164. 我们认识到迫切需要大力改进联合国的监督和管理工作。我们着重指出，必须确保内部监督事务厅工作的独立性。因此：

（a）将大力加强内部监督事务厅的审计和调查专才、力量和资源，这是一项紧急工作；

（b）我们请秘书长就联合国以及专门机构的审计和监督系统，包括管理层的作用和责任提出一份独立外部评价报告，要适当顾及所涉审计和监督机构的性质。这项评价将在治理安排的全面审查范畴内进行。我们请大会第六十届会议在审议评价报告所载建议和秘书长所提建议后，尽早通过措施；

（c）我们认识到需要采取新的措施，加强监督机构的独立性。因此，我们请秘书长就设立独立的监督事务咨询委员会，包括其任务授权、组成、甄选程序和专家资格提出详细建议，供大会第六十届会议早日审议；

（d）我们授权内部监督事务厅研究向提出请求的联合国机构提供内部监督服务的可行性，但须确保不妨碍向秘书处提供内部监督服务。

165. 我们坚持，联合国全体人员的行为都必须符合最高标准。目前正大力落实秘书长关于对总部和外地联合国人员性剥削和性凌虐行为实行零容忍的政策，我们对此表示支持。我们鼓励秘书长向大会提出有关建议，以便在 2005 年 12 月 31 日前确定援助受害者的综合办法。

166. 我们鼓励秘书长和所有决策机构采取进一步措施，将社会性别观点置于联合国政策和决定的主要位置。

167. 我们强烈谴责针对联合国活动参与人员安全和安保的一切攻击。我们吁请各国考虑成为《联合国人员和有关人员安全公约》的缔约国，并着重指出有必要在大会第六十届会议期间完成扩大法律保护范围议定书的谈判。

全系统协调一致

168. 我们认识到，联合国汇集了一大批熟悉各种全球问题的难得专才和资源。我们赞赏联合国系统内与发展有关的组织、机构、基金和方案，在各不相同但彼此互补的活动领域具备丰富经验和专才，并赞赏它们对实现千年发展目标和联合国各次主要会议确定的其他发展目标作出的重要贡献。

169. 我们支持通过下列措施加强全系统的协调一致：

政策

加强联合国系统规范性工作与业务活动的联系

协调我们派驻发展和人道主义机构理事会的代表，确保他们在全系统范围内指派任务和分配资源时，奉行协调一致的政策

确保整个联合国在作出决策时考虑到横贯各领域的主要政策主题，如可持续发展、人权和社会性别问题

业务活动

完成当前的改革，目的是联合国在有关国家派驻更加高效得力、更加协调一致、业绩更佳的力量，加强驻地高级官员的作用，无论是特别代表、驻地协调员或人道主义协调员，包括赋予适当的权力、资源和问责力，建立统一的管理、方案拟订和监测框架

邀请秘书长着手开展工作，进一步加强联合国业务活动的管理和协调，使其对实现国际商定的发展目标，包括千年发展目标作出更加有效的贡献，包括就更严格地管理发展、人道主义援助和环境领域的实体提出建议，供会员国审议

人道主义援助

维护和尊重博爱、中立、公正和独立的人道主义原则，依照国际法和国家法的相关规定，确保人道主义行为体可以安全无阻地援助处于困境的民众

支持各国，尤其是发展中国家提高各级能力，以防备和迅速应对自然灾害，并减轻灾害的影响

加强联合国人道主义应急行动的效力，特别是提高人道主义资金及时到位和可预测的程度，包括改进中央应急循环基金

视需要在联合国主持下进一步发展和改进利用应急待命能力的机制，及时应对人道主义紧急情况

环境活动

我们认识到联合国系统必须提高环境活动的效率，加强协调，改进政策咨询和指导，增强科学知识、评估与合作，改善条约遵行情况，同时尊重各条约在法律上的独立性，并通过能力建设等办法，更好地在实际作业一级将环境活动纳入可持续发展大框架，因此同意探讨可

否借助现有体制、国际商定文书以及条约机构和专门机构，建立更为协调一致的体制框架，包括建立更为统一的环境体制

区域组织

170. 我们支持按照《宪章》第八章加强联合国同区域及次区域组织的关系，因此决意：

（a）扩大联合国与区域及次区域组织的磋商与合作，为此请各秘书处彼此达成正式协定，并酌情让各区域组织参与安全理事会的工作；

（b）确保具备预防武装冲突或维持和平能力的区域组织，考虑可否将这种能力纳入联合国待命安排制度的框架；

（c）加强经济、社会和文化领域的合作。

联合国与议会的合作

171. 我们吁请特别是通过各国议会联盟，加强联合国与国家和区域议会的关系，以期在联合国工作的所有领域推动《千年宣言》的各方面工作，并确保有效实施联合国改革。

地方当局、私营部门和民间社会，包括非政府组织的参与

172. 我们欢迎私营部门和民间社会，包括非政府组织对促进和执行发展和人权方案作出的积极贡献，并强调它们在这些关键领域同各国政府、联合国及其他国际组织继续保持接触的重要性。

173. 我们欢迎这些组织与会员国对话，如大会同非政府组织、民间社会和私营部门代表举行的首次非正式交互听询会。

174. 我们强调地方当局对实现国际商定的发展目标、包括千年发展目标的重要作用。

175. 我们鼓励采行负责任的经营方式，如全球契约所提倡的经营方式。

《联合国宪章》

176. 我们考虑到托管理事会已不再开会，各项职能都已履行完毕，因此应删除《宪章》第十三章，以及第十二章提及理事会之处。

177. 我们考虑到大会 1995 年 12 月 11 日 第 50/52 号决议，回顾大会进行的有关讨论，铭记创立联合国的渊源，展望共同的未来，决意删除《宪章》第五十三条、第七十七条和第一百零七条中的"敌国"提法。

178. 我们请安全理事会审议军事参谋团的组成、任务授权和工作方法。

2005 年 9 月 16 日

第八次全体会议

附录 B：《联合国宪章》

　　《联合国宪章》是 1945 年 6 月 26 日联合国国际组织会议结束时由 50 个国家的代表在旧金山签字的，于 1945 年 10 月 24 日生效。

　　《宪章》中有四条曾经作过修正，分别是：第二十三、二十七、六十一和一百零九条。每次修正都涉及联合国成员的增加。所有的修正在下文中都以斜体的方式体现。脚注为本书编者所加，将呈现修正前的原始版本，并指明每条修正案何时得以生效。

　　《国际法院规约》与《宪章》同时通过。但本附录中不包括这部分内容。

《联合国宪章》*

　　我联合国人民同兹决心

　　欲免后世再遭今代人类两度身历惨不堪言之战祸，

　　重申基本人权，人格尊严与价值，以及男女与大小各国平等权利之信念，

---

　　* 本附录来源：*Yearbook of the United Nations1991*（Dordrecht, 1992）。宪章自从这一版本发行后还没有作过进一步的修正。

创造适当环境，俾克维持正义，尊重由条约与国际法其他渊源而起之义务，久而弗懈，

促成大自由中之社会进步及较善之民生，

并为达此目的

力行容恕，彼此以善邻之道，和睦相处，

集中力量，以维持国际和平及安全，

接受原则，确立方法，以保证非为公共利益，不得使用武力，

运用国际机构，以促成全球人民经济及社会之进展，

用是发愤立志，务当同心协力，以竟厥功。

爰由我各本国政府，经齐集旧金山市之代表各将所奉全权证书，互相校阅，均属妥善，议定本《联合国宪章》，并设立国际组织，定名联合国。

第一章　宗旨及原则

第一条　联合国之宗旨为：

一、维持国际和平及安全；并为此目的：采取有效集体办法，以防止且消除对于和平之威胁，制止侵略行为或其他和平之破坏；并以和平方法且依正义及国际法之原则，调整或解决足以破坏和平之国际争端或情势。

二、发展国际间以尊重人民平等权利及自决原则为根据之友好关系，并采取其他适当办法，以增强普遍和平。

三、促成国际合作，以解决国际间属于经济、社会、文化及人类福利性质之国际问题，且不分种族、性别、语言或宗教，增进并激励对于全体人类之人权及基本自由之尊重。

四、构成一协调各国行动之中心，以达成上述共同目的。

第二条　为求实现第一条所述各宗旨起见，本组织及其会员国应遵行下列原则：

一、本组织系基于各会员国主权平等之原则。

二、各会员国应一秉善意，履行其依本宪章所担负之义务，以保证全体会员国由加入本组织而发生之权益。

三、各会员国应以和平方法解决其国际争端，俾免危及国际和平、安全及正义。

四、各会员国在其国际关系上不得使用威胁或武力，或以与联合国宗旨不符之任何其他方法，侵害任何会员国或国家之领土完整或政治独立。

五、各会员国对于联合国依本宪章规定而采取之行动，应尽力予以协助，联合国对于任何国家正在采取防止或执行行动时，各会员国对该国不得给予协助。

六、本组织在维持国际和平及安全之必要范围内，应保证非联合国会员国遵行上述原则。

七、本宪章不得认为授权联合国干涉在本质上属于任何国家国内管辖之事件，且并不要求会员国将该项事件依本宪章提请解决；但此项原则不妨碍第七章内执行办法之适用。

第二章 会员

第三条

凡曾经参加旧金山联合国国际组织会议或前此曾签字于一九四二年一月一日联合国宣言之国家，签订本宪章，且依宪章第一百一十条规定而予以批准者，均为联合国之创始会员国。

第四条

一、凡其他爱好和平之国家，接受本宪章所载之义务，经本组织认为确能并愿意履行该项义务者，得为联合国会员国。

二、准许上述国家为联合国会员国，将由大会经安全理事会之推荐以决议行之。

第五条

联合国会员国，业经安全理事会对其采取防止或执行行动者，大会经安全理事会之建议，得停止其会员权利及特权之行使。此项权利及特权之行使，得由安全理事会恢复之。

第六条

联合国之会员国中，有屡次违犯本宪章所载之原则者，大会经安全理事会之建议，得将其由本组织除名。

第三章　机构

第七条

一、兹设联合国之主要机构如下：大会、安全理事会、经济及社会理事会、托管理事会、国际法院、及秘书处。

二、联合国得依本宪章设立认为必需之辅助机构。

第八条

联合国对于男女均得在其主要及辅助机构在平等条件之下，充任任何职务，不得加以限制。

第四章　大会

组织

第九条

一、大会由联合国所有会员国组织之。

二、每一会员国在大会之代表，不得超过五人。

职权

第十条

大会得讨论本宪章范围内之任何问题或事项，或关于本宪章所规定任何机构之职权；并除第十二条所规定外，得向联合国会员国或安全理事会或兼向两者，提出对各该问题或事项之建议。

第十一条

一、大会得考虑关于维持国际和平及安全之合作之普通原则，包括军缩及军备管制之原则；并得向会员国或安全理事会或兼向两者提出对于该项原则之建议。

二、大会得讨论联合国任何会员国或安全理事会或非联合国会员国依第三十五条第二款之规定向大会所提关于维持国际和平及安全之任何问题；除第十二条所规定外，并得向会员国或安全理事会或兼向两者提出对于各该项问题之建议。凡对于需要行动之各该项问题，应由大会于讨论前或讨论后提交安全理事会。

三、大会对于足以危及国际和平与安全之情势，得提请安全理事会注意。

四、本条所载之大会权力并不限制第十条之概括范围。

第十二条

一、当安全理事会对于任何争端或情势，正在执行本宪章所授予该会之职务时，大会非经安全理事会请求，对于该项争端或情势，不得提出任何建议。

二、秘书长经安全理事会之同意，应于大会每次会议时，将安全理事会正在处理中关于维持国际和平及安全之任何事件，通知大会；于安全理事会停止处理该项事件时，亦应立即通知大会，或在大会闭会期内通知联合国会员国。

第十三条

一、大会应发动研究，并作成建议：

（子）以促进政治上之国际合作，并提倡国际法之逐渐发展与编纂。

（丑）以促进经济、社会、文化、教育及卫生各部门之国际合作，且不分种族、性别、语言或宗教，助成全体人类之人权及基本自由之实现。

二、大会关于本条第一项（丑）款所列事项之其他责任及职权，于第九章及第十章中规定之。

第十四条

大会对于其所认为足以妨害国际间公共福利或友好关系之任何情势，不论其起因如何，包括由违反本宪章所载联合国之宗旨及原则而起之情势，得建议和平调整办法，但以不违背第十二条之规定为限。

第十五条

一、大会应收受并审查安全理事会所送之常年及特别报告；该项报告应载有安全理事会对于维持国际和平及安全所已决定或施行之办法之陈述。

二、大会应收受并审查联合国其他机构所送之报告。

第十六条

大会应执行第十二章及第十三章所授予关于国际托管制度之职务，包括关于非战略防区托管协定之核准。

第十七条

一、大会应审核本组织之预算。

二、本组织之经费应由各会员国依照大会分配限额担负之。

三、大会应审核经与第五十七条所指各种专门机构订定之任何财政及预算办法，并应审查该项专门机构之行政预算，以便向关系机构提出建议。

投票

第十八条

一、大会之每一会员国，应有一个投票权。

二、大会对于重要问题之决议应以到会及投票之会员国三分之二多数决定之。此项问题应包括：关于维持国际和平及安全之建议，安全理事会非常任理事国之选举，经济及社会理事会理事国之选举，依第八十六条第一项（寅）款所规定托管理事会理事国之选举，对于新会员国加入联合国之准许，会员国权利及特权之停止，会员国之除名，关于施行托管制度之问题，以及预算问题。

三、关于其他问题之决议，包括另有何种事项应以三分之二多数决定之问题，应以到会及投票之会员国过半数决定之。

第十九条

凡拖欠本组织财政款项之会员国，其拖欠数目如等于或超过前两年所应缴纳之数目时，即丧失其在大会投票权。大会如认拖欠原因，确由于该会员国无法控制之情形者，得准许该会员国投票。

程序

第二十条

大会每年应举行常会，并于必要时，举行特别会议。特别会议应由秘书长经安全理事会或联合国会员国过半数之请求召集之。

第二十一条

大会应自行制定其议事规则。大会应选举每次会议之主席。

第二十二条

大会得设立其认为于行使职务所必需之辅助机构。

第五章　安全理事会

组织

第二十三条①

一、安全理事会以联合国十五会员国组织之。中华民国②、法兰

---

① 第二十三条第一款原来规定安理会由十一个成员国组成，其中的六个由大会选举。第二十三条第二款，第二句话，原来这样写的：在第一次选举非常任理事国时，又三国的任期应为一年。目前的版本于 1965 年 8 月 31 日生效。

② 根据 1971 年 10 月有 25 日的联合国大会第 2578（XXVI）号决议，联合国大会决定：恢复中华人民共和国的一切权利，承认它的政府的代表为中国在联合国组织的唯一合法代表并立即把蒋介石的代表从它在联合国组织及其所属一切机构中所非法占据的席位上驱逐出去。

西、苏维埃社会主义共和国联盟、大不列颠及北爱尔兰联合王国及美利坚合众国应为安全理事会常任理事国。大会应选举联合国其他十会员国为安全理事会非常任理事国，选举时首宜充分斟酌联合国各会员国于维持国际和平与安全及本组织其余各宗旨上之贡献，并宜充分斟酌地域上之公匀分配。

二、安全理事会非常任理事国任期定为二年。**安全理事会理事国自十一国增至十五国后第一次选举非常任理事国时，所增四国中两国之任期应为一年。**任满之理事国不得即行连选。

三、安全理事会每一理事国应有代表一人。

职权

第二十四条

一、为保证联合国行动迅速有效起见，各会员国将维持国际和平及安全之主要责任，授予安全理事会，并同意安全理事会于履行此项责任下之职务时，即系代表各会员国。

二、安全理事会于履行此项职务时，应遵照联合国之宗旨及原则。为履行此项职务而授予安全理事会之特定权力，于本宪章第六章、第七章、第八章及第十二章内规定之。

三、安全理事会应将常年报告、并于必要时将特别报告，提送大会审查。

第二十五条

联合国会员国同意依宪章之规定接受并履行安全理事会之决议。

第二十六条

为促进国际和平及安全之建立及维持，以尽量减少世界人力及经济资源之消耗于军备起见，安全理事会借第四十七条所指之军事参谋团之协助，应负责拟具方案，提交联合国会员国，以建立军备管制制度。

投票

第二十七条①

一、安全理事会每一理事国应有一个投票权。

二、安全理事会关于程序事项之决议,应以**九**理事国之可决票表决之。

三、安全理事会对于其他一切事项之决议,应以**九**理事国之可决票包括全体常任理事国之同意票表决之;但对于第六章及第五十二条第三款内各事项之决议,争端当事国不得投票。

程序

第二十八条

一、安全理事会之组织,应以使其能继续不断行使职务为要件。为此目的,安全理事会之各理事国应有常驻本组织会所之代表。

二、安全理事会应举行定期会议,每一理事国认为合宜时得派政府大员或其他特别指定之代表出席。

三、在本组织会所以外,安全理事会得在认为最能便利其工作之其他地点举行会议。

第二十九条

安全理事会得设立其认为于行使职务所必需之辅助机构。

第三十条

安全理事会应自行制定其议事规则,包括其推选主席之方法。

第三十一条

在安全理事会提出之任何问题,经其认为对于非安全理事会理事国之联合国任何会员国之利益有特别关系时,该会员国得参加讨论,

---

① 第二十七条第二和第三款原来规定的是**七个**理事国的可决票。目前的版本于 1965 年 8 月 31 日生效。

但无投票权。

第三十二条

联合国会员国而非为安全理事会之理事国，或非联合国会员国之国家，如于安全理事会考虑中之争端为当事国者，应被邀参加关于该项争端之讨论，但无投票权。安全理事会应规定其所认为公平之条件，以便非联合国会员国之国家参加。

第六章　争端之和平解决

第三十三条

一、任何争端之当事国，于争端之继续存在足以危及国际和平与安全之维持时，应尽先以谈判、调查、调停、和解、公断、司法解决、区域机构或区域办法之利用，或各该国自行选择之其他和平方法，求得解决。

二、安全理事会认为必要时，应促请各当事国以此项方法，解决其争端。

第三十四条

安全理事会得调查任何争端或可能引起国际摩擦或惹起争端之任何情势，以断定该项争端或情势之继续存在是否足以危及国际和平与安全之维持。

第三十五条

一、联合国任何会员国得将属于第三十四条所指之性质之任何争端或情势，提请安全理事会或大会注意。

二、非联合国会员国之国家如为任何争端之当事国时，经预先声明就该争端而言接受本宪章所规定和平解决之义务后，得将该项争端，提请大会或安全理事会注意。

三、大会关于按照本条所提请注意事项之进行步骤，应遵守第十一条及第十二条之规定。

第三十六条

一、属于第三十三条所指之性质之争端或相似之情势，安全理事会在任何阶段，得建议适当程序或调整方法。

二、安全理事会对于当事国为解决争端业经采取之任何程序，理应予以考虑。

三、安全理事会按照本条作成建议时，同时理应注意凡具有法律性质之争端，在原则上，理应由当事国依《国际法院规约》之规定提交国际法院。

第三十七条

一、属于第三十三条所指之性质之争端，当事国如未能依该条所示方法解决时，应将该项争端提交安全理事会。

二、安全理事会如认为该项争端之继续存在，在事实上足以危及国际和平与安全之维持时，应决定是否当依第三十六条采取行动或建议其所认为适当之解决条件。

第三十八条

安全理事会如经所有争端当事国之请求，得向各当事国作成建议，以求争端之和平解决，但以不妨碍第三十三条至第三十七条之规定为限。

第七章　对于和平之威胁、和平之破坏及侵略行为之应付办法

第三十九条

安全理事会应断定任何和平之威胁、和平之破坏或侵略行为之是否存在，并应作成建议或抉择依第四十一条及第四十二条规定之办法，以维持或恢复国际和平及安全。

第四十条

为防止情势之恶化，安全理事会在依第三十九条规定作成建议或决定办法以前，得促请关系当事国遵行安全理事会所认为必要或合宜

之临时办法。此项临时办法并不妨碍关系当事国之权利、要求或立场。安全理事会对于不遵行此项临时办法之情形，应予适当注意。

第四十一条

安全理事会得决定所应采武力以外之办法，以实施其决议，并得促请联合国会员国执行此项办法。此项办法得包括经济关系、铁路、海运、航空、邮、电、无线电及其他交通工具之局部或全部停止，以及外交关系之断绝。

第四十二条

安全理事会如认第四十一条所规定之办法为不足或已经证明为不足时，得采取必要之空海陆军行动，以维持或恢复国际和平及安全。此项行动得包括联合国会员国之空海陆军示威、封锁及其他军事举动。

第四十三条

一、联合国各会员国为求对于维持国际和平及安全有所贡献起见，担任于安全理事会发令时，并依特别协定，供给为维持国际和平及安全所必需之军队、协助及便利，包括过境权。

二、此项特别协定应规定军队之数目及种类，其准备程度及一般驻扎地点，以及所供便利及协助之性质。

三、此项特别协定应以安全理事会之主动，尽速议订。此项协定应由安全理事会与会员国或由安全理事会与若干会员国之集团缔结之，并由签字国各依其宪法程序批准之。

第四十四条

安全理事会决定使用武力时，于要求非安全理事会会员国依第四十三条供给军队以履行其义务之前，如经该会员国请求，应请其遣派代表，参加安全理事会关于使用其军事部队之决议。

第四十五条

为使联合国能采取紧急军事办法起见，会员国应将其本国空军部队为国际共同执行行动随时供给调遣。此项部队之实力与准备之程度，及其共同行动之计划,应由安全理事会以军事参谋团之协助,在第四十三条所指之特别协定范围内决定之。

第四十六条

武力使用之计划应由安全理事会以军事参谋团之协助决定之。

第四十七条

一、兹设立军事参谋团,以便对于安全理事会维持国际和平及安全之军事需要问题,对于受该会所支配军队之使用及统率问题,对于军备之管制及可能之军缩问题,向该会贡献意见并予以协助。

二、军事参谋团应由安全理事会各常任理事国之参谋总长或其代表组织之。联合国任何会员国在该团未有常任代表者,如于该团责任之履行在效率上必需该国参加其工作时,应由该团邀请参加。

三、军事参谋团在安全理事会权力之下,对于受该会所支配之任何军队,负战略上之指挥责任;关于该项军队之统率问题,应待以后处理。

四、军事参谋团,经安全理事会之授权,并与区域内有关机构商议后、得设立区域分团。

第四十八条

一、执行安全理事会为维持国际和平及安全之决议所必要之行动,应由联合国全体会员国或由若干会员国担任之,一依安全理事会之决定。

二、此项决议应由联合国会员国以其直接行动及经其加入为会员之有关国际机构之行动履行之。

第四十九条

联合国会员国应通力合作,彼此协助,以执行安全理事会所决定之办法。

第五十条

安全理事会对于任何国家采取防止或执行办法时,其他国家,不论其是否为联合国会员国，遇有因此项办法之执行而引起之特殊经济问题者，应有权与安全理事会会商解决此项问题。

第五十一条

联合国任何会员国受武力攻击时，在安全理事会采取必要办法，以维持国际和平及安全以前，本宪章不得认为禁止行使单独或集体自卫之自然权利。会员国因行使此项自卫权而采取之办法，应立向安全理事会报告，此项办法于任何方面不得影响该会按照本宪章随时采取其所认为必要行动之权责，以维持或恢复国际和平及安全。

第八章 区域办法

第五十二条

一、本宪章不得认为排除区域办法或区域机构、用以应付关于维持国际和平及安全而宜于区域行动之事件者；但以此项办法或机构及其工作与联合国之宗旨及原则符合者为限。

二、缔结此项办法或设立此项机构之联合国会员国，将地方争端提交安全理事会以前，应依该项区域办法，或由该项区域机构，力求和平解决。

三、安全理事会对于依区域办法或由区域机构而求地方争端之和平解决，不论其系由关系国主动，或由安全理事会提交者，应鼓励其发展。

四、本条绝不妨碍第三十四条及第三十五条之适用。

第五十三条

一、安全理事会对于职权内之执行行动，在适当情形下，应利用此项区域办法或区域机构。如无安全理事会之授权，不得依区域办法或由区域机构采取任何执行行动；但关于依第一百零七条之规定对付本条第二款所指之任何敌国之步骤，或在区域办法内所取防备此等国家再施其侵略政策之步骤，截至本组织经各关系政府之请求，对于此等国家之再次侵略，能担负防止责任时为止，不在此限。

二、本条第一款所称敌国系指第二次世界大战中为本宪章任何签字国之敌国而言。

第五十四条

关于为维持国际和平及安全起见，依区域办法或由区域机构所已采取或正在考虑之行动，不论何时应向安全理事会充分报告之。

第九章　国际经济及社会合作

第五十五条

为造成国际间以尊重人民平等权利及自决原则为根据之和平友好关系所必要之安定及福利条件起见，联合国应促进：

（子）较高之生活程度，全民就业，及经济与社会进展。

（丑）国际间经济、社会、卫生及有关问题之解决；国际间文化及教育合作。

（寅）全体人类之人权及基本自由之普遍尊重与遵守，不分种族、性别、语言或宗教。

第五十六条

各会员国担允采取共同及个别行动与本组织合作，以达成第五十五条所载之宗旨。

第五十七条

一、由各国政府间协定所成立之各种专门机构，依其组织约章之规定，于经济、社会、文化、教育、卫生及其他有关部门负有广大国际责任者，应依第六十三条之规定使与联合国发生关系。

二、上述与联合国发生关系之各专门机构，以下简称专门机构。

第五十八条

本组织应作成建议，以调整各专门机构之政策及工作。

第五十九条

本组织应于适当情形下，发动各关系国间之谈判，以创设为达成第五十五条规定宗旨所必要之新专门机构。

第六十条

履行本章所载本组织职务之责任，属于大会及大会权力下之经济及社会理事会。为此目的，该理事会应有第十章所载之权力。

第十章　经济及社会理事会

组织

第六十一条①

一、经济及社会理事会由大会选举联合国**五十四**会员国组织之。

二、除第三款所规定外，经济及社会理事会每年选举理事**十八国**，任期三年。任满之理事国得即行连选。

三、经济及社会理事会理事国自二十七国增至五十四国后第一次选举时，除选举理事九国接替任期在该年年终届满之理事国外，应另增选理事二十七国。增选之理事二十七国中，九国任期一年，另九国任期二年，一依大会所定办法。

四、经济及社会理事会之每一理事国应有代表一人。

---

① 第六十一条曾经过两次修改。在原来的版本中，第六十一条第一款规定，经济及社会理事会由十八个会员国组成；第六十一条第二款规定，每年选举理事六国；第六十一条第三款是这样规定的：经济及社会理事会的十八个理事国在第一次选举时选出，其中的理事六国任期一年，另理事六国任期二年，一依大会所定办法。1965 年 8 月 31 日一项修正案生效。其中第六十一条第一款规定，经济及社会理事由二十七个理事国组成；第六十一条第二款规定，每年选举理事九国；第六十一条第三款规定，经济及社会理事会理事国自十八国增至二十七国后第一次选举时，除选举理事六国接替任期在该年年终届满之理事国外，应另增选理事九国。增选之理事九国中，三国任期一年，另三国任期二年，一依大会所定办法。目前的版本于 1973 年 9 月 24 日生效。

职权

第六十二条

一、经济及社会理事会得作成或发动关于国际经济、社会、文化、教育、卫生及其他有关事项之研究及报告；并得向大会、联合国会员国及关系专门机构提出关于此种事项之建议案。

二、本理事会为增进全体人类之人权及基本自由之尊重及维护起见，得作成建议案。

三、本理事会得拟具关于其职权范围内事项之协约草案，提交大会。

四、本理事会得依联合国所定之规则召集本理事会职务范围以内事项之国际会议。

第六十三条

一、经济及社会理事会得与第五十七条所指之任何专门机构订立协定，订明关系专门机构与联合国发生关系之条件。该项协定须经大会之核准。

二、本理事会，为调整各种专门机构之工作，得与此种机构会商并得向其提出建议，并得向大会及联合国会员国建议。

第六十四条

一、经济及社会理事会得取适当步骤，以取得专门机构之经常报告。本理事会得与联合国会员国及专门机构商定办法，俾就实施本理事会之建议及大会对于本理事会职权范围内事项之建议所采之步骤，取得报告。

二、本理事会得将对于此项报告之意见提送大会。

第六十五条

经济及社会理事会得向安全理事会供给情报，并因安全理事会之邀请，予以协助。

第六十六条

一、经济及社会理事会应履行其职权范围内关于执行大会建议之职务。

二、经大会之许可，本理事会得应联合国会员国或专门机构之请求，供其服务。

三、本理事会应履行本宪章他章所特定之其他职务，以及大会所授予之职务。

投票

第六十七条

一、经济及社会理事会每一理事国应有一个投票权。

二、本理事会之决议，应以到会及投票之理事国过半数表决之。

程序

第六十八条

经济及社会理事会应设立经济与社会部门及以提倡人权为目的之各种委员会，并得设立于行使职务所必需之其他委员会。

第六十九条

经济及社会理事会应请联合国会员国参加讨论本理事会对于该国有特别关系之任何事件，但无投票权。

第七十条

经济及社会理事会得商定办法使专门机构之代表无投票权而参加本理事会及本理事会所设各委员会之讨论，或使本理事会之代表参加此项专门机构之讨论。

第七十一条

经济及社会理事会得采取适当办法，俾与各种非政府组织会商关于本理事会职权范围内之事件。此项办法得与国际组织商定之，关于适当情形下，经与关系联合国会员国会商后，得与该国国内组织商定之。

第七十二条

一、经济及社会理事会应自行制定其议事规则，包括其推选主席之方法。

二、经济及社会理事会应依其规则举行必要之会议。此项规则应包括因理事国过半数之请求而召集会议之条款。

第十一章　关于非自治领土之宣言

第七十三条

联合国各会员国，于其所负有或担承管理责任之领土，其人民尚未臻自治之充分程度者，承认以领土居民之福利为至上之原则，并接受在本宪章所建立之国际和平及安全制度下，以充分增进领土居民福利之义务为神圣之信托，且为此目的：

（子）于充分尊重关系人民之文化下，保证其政治、经济、社会及教育之进展，予以公平待遇，且保障其不受虐待。

（丑）按各领土及其人民特殊之环境、及其进化之阶段，发展自治；对各该人民之政治愿望，予以适当之注意；并助其自由政治制度之逐渐发展。

（寅）促进国际和平及安全。

（卯）提倡建设计划，以求进步；奖励研究；各国彼此合作，并于适当之时间及场合与专门国际团体合作，以求本条所载社会、经济及科学目的之实现。

（辰）在不违背安全及宪法之限制下，按时将关于各会员国分别负责管理领土内之经济、社会及教育情形之统计及具有专门性质之情报，递送秘书长，以供参考。本宪章第十二章及第十三章所规定之领土，不在此限。

第七十四条

联合国各会员国共同承诺对于本章规定之领土，一如对于本国区域，其政策必须以善邻之道奉为圭臬；并于社会、经济及商业上，对世界各国之利益及幸福，予以充分之注意。

第十二章　国际托管制度

第七十五条

联合国在其权力下，应设立国际托管制度，以管理并监督凭此后个别协定而置于该制度下之领土。此项领土以下简称托管领土。

第七十六条

按据本宪章第一条所载联合国之宗旨，托管制度之基本目的应为：

（子）促进国际和平及安全。

（丑）增进托管领土居民之政治、经济、社会及教育之进展；并以适合各领土及其人民之特殊情形及关系人民自由表示之愿望为原则，且按照各托管协定之条款，增进其趋向自治或独立之逐渐发展。

（寅）不分种族、性别、语言或宗教，提倡全体人类之人权及基本自由之尊重，并激发世界人民互相维系之意识。

（卯）于社会、经济及商业事件上，保证联合国全体会员国及其国民之平等待遇，及各该国民于司法裁判上之平等待遇，但以不妨碍上述目的之达成，且不违背第八十条之规定为限。

第七十七条

一、托管制度适用于依托管协定所置于该制度下之下列各种类之领土：

（子）现在委任统治下之领土。

（丑）因第二次世界大战结果或将自敌国割离之领土。

（寅）负管理责任之国家自愿置于该制度下之领土。

二、关于上列种类中之何种领土将置于托管制度之下，及其条件，为此后协定所当规定之事项。

第七十八条

凡领土已成为联合国之会员国者，不适用托管制度；联合国会员国间之关系，应基于尊重主权平等之原则。

第七十九条

置于托管制度下之每一领土之托管条款，及其更改或修正，应由直接关系各国、包括联合国之会员国而为委任统治地之受托国者，予以议定，其核准应依第八十三条及第八十五条之规定。

第八十条

一、除依第七十七条、第七十九条及第八十一条所订置各领土于托管制度下之个别托管协定另有议定外，并在该项协定未经缔结以前，本章任何规定绝对不得解释为以任何方式变更任何国家或人民之权利、或联合国会员国个别签订之现有国际约章之条款。

二、本条第一款不得解释为对于依第七十七条之规定而订置委任统治地或其他领土于托管制度下之协定，授以延展商订之理由。

第八十一条

凡托管协定均应载有管理领土之条款，并指定管理托管领土之当局。该项当局，以下简称管理当局，得为一个或数个国家，或为联合国本身。

第八十二条

于任何托管协定内，得指定一个或数个战略防区，包括该项协定下之托管领土之一部或全部，但该项协定并不妨碍依第四十三条而订立之任何特别协定。

第八十三条

一、联合国关于战略防区之各项职务，包括此项托管协定条款之核准、及其更改或修正，应由安全理事会行使之。

二、第七十六条所规定之基本目的，适用于每一战略防区之人民。

三、安全理事会以不违背托管协定之规定且不妨碍安全之考虑为限，应利用托管理事会之协助，以履行联合国托管制度下关于战略防区内之政治、经济、社会及教育事件之职务。

第八十四条

管理当局有保证托管领土对于维持国际和平及安全尽其本分之义务。该当局为此目的得利用托管领土之志愿军、便利及协助，以履行该当局对于安全理事会所负关于此点之义务，并以实行地方自卫，且在托管领土内维持法律与秩序。

第八十五条

一、联合国关于一切非战略防区托管协定之职务，包括此项托管协定条款之核准及其更改或修正，应由大会行使之。

二、托管理事会于大会权力下，应协助大会履行上述之职务。

第十三章　托管理事会

第八十六条

一、托管理事会应由下列联合国会员国组织之：

（子）管理托管领土之会员国。

（丑）第二十三条所列名之国家而现非管理托管领土者。

（寅）大会选举必要数额之其他会员国，任期三年，俾使托管理事会理事国之总数，于联合国会员国中之管理托管领土者及不管理者之间，得以平均分配。

二、托管理事会之每一理事国应指定一特别合格之人员，以代表之。

职权

第八十七条

大会及在其权力下之托管理事会于履行职务时得：

（子）审查管理当局所送之报告。

（丑）会同管理当局接受并审查请愿书。

（寅）与管理当局商定时间，按期视察各托管领土。

（卯）依托管协定之条款，采取上述其他行动。

第八十八条

托管理事会应拟定关于各托管领土居民之政治、经济、社会及教育进展之问题单；就大会职权范围内，各托管领土之管理当局应根据该项问题单向大会提出常年报告。

投票

第八十九条

一、托管理事会之每一理事国应有一个投票权。

二、托管理事会之决议应以到会及投票之理事国过半数表决之。

程序

第九十条

一、托管理事会应自行制定其议事规则，包括其推选主席之方法。

二、托管理事会应依其所定规则，举行必要之会议。此项规则应包括关于经该会理事国过半数之请求而召集会议之规定。

第九十一条

托管理事会于适当时，应利用经济及社会理事会之协助，并对于各关系事项，利用专门机构之协助。

第十四章　国际法院

第九十二条

国际法院为联合国之主要司法机构，应依所附规约执行其职务。该项规约系以国际常设法院之规约为根据并为本宪章之构成部分。

第九十三条

一、联合国各会员国为《国际法院规约》之当然当事国。

二、非联合国会员国之国家得为《国际法院规约》当事国之条件，应由大会经安全理事会之建议就个别情形决定之。

第九十四条

一、联合国每一会员国为任何案件之当事国者，承诺遵行国际法院之判决。

二、遇有一造不履行依法院判决应负之义务时，他造得向安全理事会申诉。安全理事会如认为必要时，得作成建议或决定应采办法，以执行判决。

第九十五条

本宪章不得认为禁止联合国会员国依据现有或以后缔结之协定，将其争端托付其他法院解决。

第九十六条

一、大会或安全理事会对于任何法律问题得请国际法院发表咨询意见。

二、联合国其他机构及各种专门机构，对于其工作范围内之任何法律问题，得随时以大会之授权，请求国际法院发表咨询意见。

第十五章　秘书处

第九十七条

秘书处置秘书长一人及本组织所需之办事人员若干人。秘书长应由大会经安全理事会之推荐委派之。秘书长为本组织之行政首长。

第九十八条

秘书长在大会、安全理事会、经济及社会理事会、及托管理事会之一切会议，应以秘书长资格行使职务，并应执行各该机构所托付之其他职务。秘书长应向大会提送关于本组织工作之常年报告。

第九十九条

秘书长得将其所认为可能威胁国际和平及安全之任何事件，提请安全理事会注意。

第一百条

一、秘书长及办事人员于执行职务时，不得请求或接受本组织以外任何政府或其他当局之训示，并应避免足以妨碍其国际官员地位之行动。秘书长及办事人员专对本组织负责。

二、联合国各会员国承诺尊重秘书长及办事人员责任之专属国际性，决不设法影响其责任之履行。

第一百零一条

一、办事人员由秘书长依大会所定章程委派之。

二、适当之办事人员应长期分配于经济及社会理事会、托管理事会，并于必要时，分配于联合国其他之机构。此项办事人员构成秘书处之一部。

三、办事人员之雇用及其服务条件之决定，应以求达效率、才干及忠诚之最高标准为首要考虑。征聘办事人员时，于可能范围内，应充分注意地域上之普及。

第十六章　杂项条款

第一百零二条

一、本宪章发生效力后，联合国任何会员国所缔结之一切条约及国际协定应尽速在秘书处登记，并由秘书处公布之。

二、当事国对于未经依本条第一项规定登记之条约或国际协定，不得向联合国任何机构援引之。

第一百零三条

联合国会员国在本宪章下之义务与其依任何其他国际协定所负之义务有冲突时，其在本宪章下之义务应居优先。

第一百零四条

本组织于每一会员国之领土内，应享受于执行其职务及达成其宗旨所必需之法律行为能力。

第一百零五条

一、本组织于每一会员国之领土内，应享受于达成其宗旨所必需之特权及豁免。

二、联合国会员国之代表及本组织之职员，亦应同样享受于其独立行使关于本组织之职务所必需之特权及豁免。

三、为明定本条第一款及第二款之施行细则起见，大会得作成建议，或为此目的向联合国会员国提议协约。

第十七章　过渡安全办法

第一百零六条

在第四十三条所称之特别协定尚未生效，因而安全理事会认为尚不得开始履行第四十二条所规定之责任前，一九四三年十月三十日在莫斯科签订《四国宣言》之当事国及法兰西应依该宣言第五款之规定，互相洽商，并于必要时，与联合国其他会员国洽商，以代表本组织采取为维持国际和平及安全宗旨所必要之联合行动。

第一百零七条

本宪章并不取消或禁止负行动责任之政府对于在第二次世界大战中本宪章任何签字国之敌国因该次战争而采取或受权执行之行动。

第十八章　修正

第一百零八条

本宪章之修正案经大会会员国三分之二表决并由联合国会员国三分之二、包括安全理事会全体常任理事国，各依其宪法程序批准后，对于联合国所有会员国发生效力。

第一百零九条①

一、联合国会员国，为检讨本宪章，得以大会会员国三分之二表决，经安全理事会任何**九理事国**之表决，确定日期及地点举行全体会议。联合国每一会员国在全体会议中应有一个投票权。

二、全体会议以三分之二表决所建议对于宪章之任何更改，应经联合国会员国三分之二、包括安全理事会全体常任理事国，各依其宪法程序批准后，发生效力。

三、如于本宪章生效后大会第十届年会前，此项全体会议尚未举行时，应将召集全体会议之提议列入大会该届年会之议事日程；如得大会会员国过半数及安全理事会任何七理事国之表决，此项会议应即举行。

第十九章　批准及签字

第一百一十条

一、本宪章应由签字国各依其宪法程序批准之。

二、批准书应交存美利坚合众国政府。该国政府应于每一批准书交存时通知各签字国，如本组织秘书长业经委派时，并应通知秘书长。

三、一俟美利坚合众国政府通知已有中华民国、法兰西、苏维埃社会主义共和国联盟、大不列颠及北爱尔兰联合王国、与美利坚合众国，以及其他签字国之过半数将批准书交存时，本宪章即发生效力。美利坚合众国政府应拟就此项交存批准之议定书并将副本分送所有签字国。

四、本宪章签字国于宪章发生效力后批准者，应自其各将批准书交存之日起为联合国之创始会员国。

---

① 第一百零九条第一款原来规定的事经安全理事会任何**七国**之表决。现在的版本于1968 年 6 月 12 日生效。

第一百一十一条

本宪章应留存美利坚合众国政府之档库，其中、法、俄、英、及西文各本同一作准。该国政府应将正式副本分送其他签字国政府。

为此联合国各会员国政府之代表谨签字于本宪章，以昭信守。

公历一千九百四十五年六月二十六日签订于旧金山市。

附录 C: 联合国会员国

本附录列出联合国 192 个会员国的名单和它们成为会员的具体日期，以及根据联合国大会 2006 年 12 月 22 日的 GA Res. 61/237 号决议各会员国的联合国经常预算分摊比额。（附录中的 " * " 指《宪章》第一百一十条所列的联合国创始成员国。）

成员国	加入日期	百分比
阿富汗	1946 年 11 月 19 日	0.001
阿尔巴尼亚	1955 年 12 月 14 日	0.006
阿尔及利亚	1962 年 10 月 8 日	0.085
安道尔	1993 年 7 月 28 日	0.008
安哥拉	1976 年 12 月 1 日	0.003
安提瓜和巴布达	1981 年 11 月 11 日	0.002
*阿根廷	1945 年 10 月 24 日	0.325
亚美尼亚	1992 年 3 月 2 日	0.002
*澳大利亚	1945 年 11 月 1 日	1.787
奥地利	1955 年 12 月 14 日	0.887
阿塞拜疆	1992 年 3 月 2 日	0.005

巴哈马	1973 年 9 月 18 日	0.016
巴林	1971 年 9 月 21 日	0.033
孟加拉国	1974 年 9 月 17 日	0.010
巴巴多斯	1966 年 12 月 9 日	0.009
＊白俄罗斯①	1945 年 10 月 24 日	0.020
＊比利时	1945 年 12 月 27 日	1.102
伯利兹	1981 年 9 月 25 日	0.001
贝宁②	1960 年 9 月 20 日	0.001
不丹	1971 年 9 月 21 日	0.001
＊玻利维亚	1945 年 11 月 14 日	0.006
波斯尼亚和黑塞哥维那③	1992 年 5 月 22 日	0.006
博茨瓦纳	1966 年 10 月 17 日	0.014
＊巴西	1945 年 10 月 24 日	0.876
文莱达鲁萨兰国	1984 年 9 月 21 日	0.026
保加利亚	1955 年 12 月 14 日	0.020
布基纳法索④	1960 年 9 月 20 日	0.002
布隆迪	1962 年 9 月 18 日	0.001
柬埔寨⑤	1955 年 12 月 14 日	0.001
喀麦隆	1960 年 9 月 20 日	0.009
＊加拿大	1945 年 11 月 9 日	2.977
佛得角	1975 年 9 月 16 日	0.001
中非共和国	1960 年 9 月 20 日	0.001

① 1991 年 9 月 19 日，白俄罗斯通知联合国其国名的英文由"Byelorussia"改成"Belarus"。

② 旧称达荷美。

③ 波斯尼亚和黑塞哥维那是南斯拉夫社会主义 联邦共和国的继承国之一。南斯拉夫社会主义联邦共和国是联合国的创始会员国。

④ 旧称上沃尔特。

⑤ 20 世纪 70 年代晚期和 80 年代的民主柬埔寨。

乍得	1960 年 9 月 20 日	0.001
*智利	1945 年 10 月 24 日	0.161
*中国①	1945 年 10 月 24 日	2.667
*哥伦比亚	1945 年 11 月 5 日	0.105
科摩罗	1975 年 11 月 12 日	0.001
刚果②	1960 年 9 月 20 日	0.001
*哥斯达黎加	1945 年 11 月 2 日	0.032
科特迪瓦	1960 年 9 月 20 日	0.009
克罗地亚③	1992 年 5 月 22 日	0.050
*古巴	1945 年 10 月 24 日	0.054
塞浦路斯	1960 年 9 月 20 日	0.044
捷克共和国④	1993 年 1 月 19 日	0.281
朝鲜民主主义人民共和国	1991 年 9 月 17 日	0.007
刚果民主共和国⑤	1960 年 9 月 20 日	0.003
*丹麦	1945 年 10 月 24 日	0.739
吉布提	1977 年 9 月 20 日	0.001
多米尼克	1978 年 12 月 18 日	0.001
*多米尼加共和国	1945 年 10 月 24 日	0.024

---

① 根据 1971 年 10 月 25 日的联合国大会第 2758（XXVI）号决议，联合国大会决定：恢复中华人民共和国的一切权利，承认它的政府的代表为中国在联合国组织的唯一合法代表并立即把蒋介石的代表从它在联合国组织及其所属一切机构中所非法占据的席位上驱逐出去。

② 刚果（布拉柴维尔），前法国殖民地，1960 年加入联合国。从 1970 至 1991 年 期间的国名为刚果人民共和国。1991 年其国名改为刚果共和国。

③ 克罗地亚是南斯拉夫社会主义联邦共和国的继承国之一。南斯拉夫社会主义联邦共和国是联合国的创始会员国。

④ 捷克斯洛伐克是联合国的创始成员。在捷克斯洛伐克于 1993 年 1 月 1 日分裂之后，捷克共和国和斯洛伐克共和国作为新的成员各自获得了联合国会员资格。

⑤ 刚果（利奥波德维尔），前比利时殖民地，1960 年加入联合国。从 1970 年至 1991 年期间的国名为扎伊尔。1991 年其国名改为刚果民主共和国。

*厄瓜多尔	1945 年 12 月 21 日	0.021
*埃及①	1945 年 10 月 24 日	0.088
*萨尔瓦多	1945 年 10 月 24 日	0.020
赤道几内亚	1968 年 11 月 12 日	0.002
厄立特里亚	1993 年 5 月 28 日	0.001
爱沙尼亚	1991 年 9 月 17 日	0.016
*埃塞俄比亚	1945 年 11 月 13 日	0.003
斐济	1970 年 10 月 13 日	0.003
芬兰	1955 年 12 月 14 日	0.564
*法国	1945 年 10 月 24 日	6.301
加蓬	1960 年 9 月 20 日	0.008
冈比亚	1965 年 9 月 21 日	0.001
格鲁吉亚	1992 年 7 月 31 日	0.003
德国②	1973 年 9 月 18 日	8.577
加纳	1957 年 3 月 8 日	0.004
*希腊	1945 年 10 月 25 日	0.596
格林纳达	1974 年 9 月 17 日	0.001
*危地马拉	1945 年 11 月 21 日	0.032
几内亚	1958 年 12 月 12 日	0.001
几内亚比绍	1974 年 9 月 17 日	0.001
圭亚那	1966 年 9 月 20 日	0.001
*海地	1945 年 10 月 24 日	0.002

---

① 埃及和叙利亚都是联合国的创始成员。1958 年 2 月 21 日公民投票后，埃及和叙利亚合并成立阿拉伯联合共和国，成为一个会员国。1961 年 10 月 13 日，叙利亚恢复了独立国家的地位，同时恢复了它自己的联合国会员资格。1971 年 9 月 2 日，阿拉伯联合共和国将国名改为阿拉伯埃及共和国。

② 德意志联邦共和国、德意志民主共和国两国于 1973 年 9 月 18 日被接纳为联合国会员国。在德意志民主共和国于 1990 年 10 月 3 日加入德意志联邦共和国之后，两个德国即合并成为一个主权国家。

＊洪都拉斯	1945 年 12 月 17 日	0.005
匈牙利	1955 年 12 月 14 日	0.244
冰岛	1946 年 11 月 19 日	0.037
＊印度	1945 年 10 月 30 日	0.450
印度尼西亚①	1950 年 9 月 28 日	0.161
＊伊朗伊斯兰共和国	1945 年 10 月 24 日	0.180
＊伊拉克	1945 年 12 月 21 日	0.015
爱尔兰	1955 年 12 月 14 日	0.445
以色列	1949 年 5 月 11 日	0.419
意大利	1955 年 12 月 14 日	5.079
牙买加	1962 年 9 月 18 日	0.010
日本	1956 年 12 月 18 日	16.624
约旦	1955 年 12 月 14 日	0.012
哈萨克斯坦	1992 年 3 月 2 日	0.029
肯尼亚	1963 年 12 月 16 日	0.010
基里巴斯	1999 年 9 月 14 日	0.001
科威特	1963 年 5 月 14 日	0.182
吉尔吉斯斯坦	1992 年 3 月 2 日	0.001
老挝人民民主共和国	1955 年 12 月 14 日	0.001
拉脱维亚	1991 年 9 月 17 日	0.018
＊黎巴嫩	1945 年 10 月 24 日	0.034
莱索托	1966 年 10 月 17 日	0.001
＊利比里亚	1945 年 11 月 2 日	0.001
阿拉伯利比亚民众国	1955 年 12 月 14 日	0.062

---

① 1965 年 1 月 20 日，印度尼西亚来信宣布，"在现阶段和当前情况下"决定退出联合国。1966 年 9 月 19 日，它发来电报宣布，决定"恢复同联合国全面合作，并重新参加它的活动"。1966 年 9 月 28 日，联合国大会表示注意到这一决定，并由联大主席邀请印度尼西亚代表返回其在联大的席位。

列支敦士登	1990 年 9 月 18 日	0.010
立陶宛	1991 年 9 月 17 日	0.031
*卢森堡	1945 年 10 月 24 日	0.085
马达加斯加	1960 年 9 月 20 日	0.002
马拉维	1964 年 12 月 1 日	0.001
马来西亚①	1957 年 9 月 17 日	0.190
马尔代夫	1965 年 9 月 21 日	0.001
马里	1960 年 9 月 28 日	0.001
马耳他	1964 年 12 月 1 日	0.017
马绍尔群岛	1991 年 9 月 17 日	0.001
毛里塔尼亚	1961 年 10 月 27 日	0.001
毛里求斯	1968 年 4 月 24 日	0.011
*墨西哥	1945 年 11 月 7 日	2.257
密克罗尼西亚联邦	1991 年 9 月 17 日	0.001
摩尔瓦多	1992 年 3 月 2 日	0.001
摩纳哥	1993 年 5 月 28 日	0.003
蒙古	1961 年 10 月 27 日	0.001
黑山②	2006 年 6 月 28 日	0.001
摩洛哥	1956 年 11 月 12 日	0.042
莫桑比克	1975 年 9 月 16 日	0.001
缅甸③	1948 年 4 月 19 日	0.005
纳米比亚	1990 年 4 月 23 日	0.006

---

① 马来亚联合邦于 1957 年 9 月 17 日加入联合国。1963 年 9 月 16 日，在接纳新加坡、沙巴（北婆罗洲）和沙捞越加入之后，新的联合邦将国名改为马来西亚。新加坡于 1965 年 8 月 9 日成为独立国家，并于 1965 年 9 月 21 日成为联合国会员国。

② 黑山是南斯拉夫社会主义联邦共和国的继承国之一。南斯拉夫社会主义联邦共和国是联合国的创始会员国。

③ 至 1989 年，其英文国名为" Burma"。

瑙鲁	1999 年 9 月 14 日	0.001
尼泊尔	1955 年 12 月 14 日	0.003
*荷兰	1945 年 12 月 10 日	1.873
*新西兰	1945 年 10 月 24 日	0.256
*尼加拉瓜	1945 年 10 月 24 日	0.002
尼日尔	1960 年 9 月 20 日	0.001
尼日利亚	1960 年 10 月 7 日	0.048
*挪威	1945 年 11 月 27 日	0.782
阿曼	1971 年 10 月 7 日	0.073
巴基斯坦	1947 年 9 月 30 日	0.059
帕劳	1994 年 12 月 15 日	0.001
*巴拿马	1945 年 11 月 13 日	0.023
巴布亚新几内亚	1975 年 10 月 10 日	0.002
*巴拉圭	1945 年 10 月 24 日	0.005
*秘鲁	1945 年 10 月 31 日	0.078
*菲律宾	1945 年 10 月 24 日	0.078
*波兰	1945 年 10 月 24 日	0.501
葡萄牙	1955 年 12 月 14 日	0.527
卡塔尔	1971 年 9 月 21 日	0.085
大韩民国	1991 年 9 月 17 日	2.173
罗马尼亚	1955 年 12 月 14 日	0.070
*俄罗斯联邦①	1945 年 10 月 24 日	1.200
卢旺达	1962 年 9 月 18 日	0.001

① 苏维埃社会主义共和国联盟是联合国的创始成员,从 1945 年 10 月 24 日起就是会员国。俄罗斯联邦总统鲍里斯·叶利钦在 1991 年 12 月 24 日的信中通知秘书长,俄罗斯联邦在独立国家联合体 11 个成员国的支持下,承续苏联在安全理事会和联合国所有其他机构的成员资格。苏联由 15 个加盟共和国组成:俄罗斯;白俄罗斯和乌克兰 (他们也是联合国的创始会员);还有 12 个其他加盟共和国,它们在 1991 年或 1992 年都被联合国接纳成为成员国。

圣基茨和尼维斯	1983 年 9 月 23 日	0.001
圣卢西亚	1979 年 9 月 18 日	0.001
圣文森特和格林纳丁斯	1980 年 9 月 16 日	0.001
萨摩亚	1976 年 12 月 15 日	0.001
圣马力诺	1992 年 3 月 2 日	0.003
圣多美和普林西比	1975 年 9 月 16 日	0.001
＊沙特阿拉伯	1945 年 10 月 24 日	0.748
塞内加尔	1960 年 9 月 28 日	0.004
塞尔维亚①	2000 年 11 月 1 日	0.021
塞舌尔	1976 年 9 月 21 日	0.002
塞拉里昂	1961 年 9 月 27 日	0.001
新加坡	1965 年 9 月 21 日	0.347
斯洛伐克②	1993 年 1 月 19 日	0.063
斯洛文尼亚③	1992 年 5 月 22 日	0.096
所罗门群岛	1978 年 9 月 19 日	0.001
索马里	1960 年 9 月 20 日	0.001
＊南非	1945 年 11 月 7 日	0.290

---

① 塞尔维亚是南斯拉夫社会主义联邦共和国的继承国之一。南斯拉夫社会主义联邦共和国是联合国的创始会员国。在南斯拉夫社会主义联邦共和国于 1991—1992 年解体后，前南斯拉夫的两个加盟共和国塞尔维亚、黑山两国组成"南斯拉夫联邦共和国（塞尔维亚和黑山）"。联合国安理会（在 1992 年 9 月 19 日的 S/ Res/777 号决议中）和大会（在 1992 年 9 月 22 日的 A/Res/47/1 号决议中）决定"南斯拉夫联邦共和国（塞尔维亚和黑山）不能够自动继承前南斯拉夫社会主义联邦共和国的会籍"，因此建议它应申请在联合国的会籍。南斯拉夫联盟共和国由大会 2000 年 11 月 1 日接纳为联合国会员国。2003 年 2 月 4 日，南斯拉夫联盟共和国正式改国名为"塞尔维亚和黑山"。塞尔维亚共和国总统在 2006 年 6 月 3 日的信中通知秘书长，由于黑山宣布独立，"塞尔维亚和黑山"在联合国的会员资格将由塞尔维亚共和国继承。（黑山共和国于 2006 年 6 月 28 日被接纳为联合国会员）。

② 捷克斯洛伐克是联合国的创始成员。在捷克斯洛伐克于 1993 年 1 月 1 日分裂之后，捷克共和国和斯洛伐克共和国作为新的成员各自获得了联合国会员资格。

③ 斯洛文尼亚是南斯拉夫社会主义联邦共和国的继承国之一。南斯拉夫社会主义联邦共和国是联合国的创始会员国。

西班牙	1955 年 12 月 14 日	2.968
斯里兰卡	1955 年 12 月 14 日	0.016
苏丹	1956 年 11 月 12 日	0.010
苏里南	1975 年 12 月 4 日	0.001
斯威士兰	1968 年 9 月 24 日	0.002
瑞典	1946 年 11 月 19 日	1.071
瑞士	2002 年 9 月 10 日	1.216
＊阿拉伯叙利亚共和国①	1945 年 10 月 24 日	0.016
塔吉克斯坦	1992 年 3 月 2 日	0.001
泰国	1946 年 12 月 16 日	0.186
前南斯拉夫的马其顿共和国②	1993 年 4 月 8 日	0.005
东帝汶	2002 年 9 月 27 日	0.001
多哥	1960 年 9 月 20 日	0.001
汤加	1999 年 9 月 14 日	0.001
特立尼达和多巴哥	1962 年 9 月 18 日	0.027
突尼斯	1956 年 11 月 12 日	0.031
＊土耳其	1945 年 10 月 24 日	0.381
土库曼斯坦	1992 年 3 月 2 日	0.006
图瓦卢	2000 年 9 月 5 日	0.001
乌干达	1962 年 10 月 25 日	0.003
＊乌克兰	1945 年 10 月 24 日	0.045
阿拉伯联合酋长国	1971 年 12 月 9 日	0.302
＊大不列颠及北爱尔兰联合王国	1945 年 10 月 24 日	6.642

---

① 关于 1958—1961 年间叙利亚与埃及的联合，见本书第 518 页注①。

② 这是该国在联合国内的暂时国名。详见安理会 1993 年 4 月 7 日的 SC/ Res/817 号决议和 大会 1993 年 4 月 8 日 A/RES/47/225 号决议。它是南斯拉夫社会主义联邦共和国的继承国之一。南斯拉夫社会主义联邦共和国是联合国的创始会员国。

坦桑尼亚联合共和国①	1961 年 12 月 14 日	0.006
*美利坚合众国	1945 年 10 月 24 日	22.000
*乌拉圭	1945 年 12 月 18 日	0.027
乌兹别克斯坦	1992 年 3 月 2 日	0.008
瓦努阿图	1981 年 9 月 15 日	0.001
*委内瑞拉玻利瓦尔共和国	1945 年 11 月 15 日	0.200
越南	1977 年 9 月 20 日	0.024
也门②	1947 年 9 月 30 日	0.007
赞比亚	1964 年 12 月 1 日	0.001
津巴布韦	1980 年 8 月 25 日	0.008

---

① 坦噶尼喀从 1961 年 12 月 14 日起就是联合国会员国，桑给巴尔从 1963 年 12 月 16 日起成为会员国。在 1964 年 4 月 26 日坦噶尼喀与桑给巴尔联合协定批准之后，坦噶尼喀和桑给巴尔联合共和国成为一个会员国，1964 年 11 月 1 日改名为坦桑尼亚联合共和国。

② 也门于 1947 年 9 月 30 日加入联合国，民主也门（也就是南也门）于 1967 年 12 月 14 日加入联合国。1990 年 5 月 22 日两国合并成为一个会员国，称为"也门"。

附录 D：联合国秘书长

1946 年 2 月 1 日—1953 年 4 月 10 日　特里格夫·赖伊，生于 1896 年，逝世于 1968 年［挪威籍］（于 1952 年 11 月 10 日提出辞职。）

1953 年 4 月 10 日—1961 年 9 月 17 日　达格·哈马舍尔德，生于 1905 年，于 1961 年 9 月 17 日逝世于北罗得西亚［瑞典籍］

1961 年 11 月 3 日—1971 年 12 月 31 日　吴丹，生于 1909 年，逝世于 1974 年［缅甸籍］（任代理秘书长至 1962 年 1 月 1 日。）

1972 年 1 月 1 日—1981 年 12 月 31 日　库尔特·瓦尔德海姆，生于 1918 年，逝世于 2007 年［奥地利籍］

1982 年 1 月 1 日—1991 年 12 月 31 日　哈维尔·佩雷斯·德奎利亚尔，生于 1920 年［秘鲁籍］

1992 年 1 月 1 日—1996 年 12 月 31 日　布特罗斯·布特罗斯－加利，生于 1922 年［埃及籍］

1997 年 1 月 1 日—2006 年 12 月 31 日　科菲·安南，生于 1938 年［加纳籍］

2007 年 1 月 1 日—　潘基文，生于 1944 年［韩国籍］

附录 E: 联合国维持和平行动和其他类型的联合国外勤特派团列表

　　此附录列出的是由联合国建立和控制并与联合国的和平与安全任务紧密相连的机构。①附录的主要部分，即第一部分，是所有联合国维持和平部队的完整目录。第二部分确定了 12 种其他类型的联合国外勤特派团、机构和部队，它们由联合国授权并在其控制之下，但不属于联合国维和行动，同时该部分还为每种不同类型提供了精选实例。（关于由联合国授权但经其直接控制的部队和行动，请详见附录 F）

1. 联合国维持和平行动

　　这部分是所有联合国维和行动的编年表。符合以下三项标准的行动将列入这份编年表：（1）这些行动是由联合国安理会或联合国大会

---

① 此附录的两部分全面修订和补充了以下这本书的附录 1 和 2：Vaughan Lowe，Adam Roberts，Jennifer Welsh and Dominik Zaum（eds.），*The United Nations Security Council and War*：*The Evolution of Thought and Practice since 1945*（Oxford，2008），pp. 643 – 71。它们建立在广泛的资料来源之上，包括联合国秘书长对各项行动的报告，驻纽约联合国公共信息部发表的信息资料以及联合国网站。

（这种情况只有三个案例）发起建立的。（2）所有这些行动都受联合国的指挥和控制，并且具有与实际或潜在冲突相关的维持和平、观察以及/或者冲突后重建的职能；（3）所有的行动已在联合国秘书处的出版物中列为维和行动。

维和行动的定义和职能并非是一成不变的。维和行动的一个重要的特征是它们的存在需要征得冲突各方的同意。但在某些情况下，即使冲突一方已经收回了同意的承诺也会有一些协议条款要求它们继续存在。第二个主要特点是强调最低限度地使用武力，但是在某些情况下维和部队的任务中会有一些强制性因素，同时这些行动中的一些授权决议会含蓄或明确地涉及《联合国宪章》第七章——该章规定了在联合国主持下使用武力。同样，维和行动的组成也是多种多样的。其中的一些不仅包括军事特遣队，还包括由成员国提供人员的警察部队，某些情况下还包括文职人员。

除了某些个案中有些不同外，本附录中维和行动的信息将以下形式呈现：**维和行动的名称（简称），主要的活动区域，行动开始和结束的日期。一项或更多的授权决议。基本事实的简要说明，例如（在适用之处）一次行动与另一次行动紧密相关，或者是前次行动的延续。部队的最大实际兵力。**其中一些描述最大兵力的数字是近似值，而且（根据联合国资料出处）描述部队兵力的术语和类别也并不是完全一致的。如果某一行动目前仍在进行，而其兵力在十多年前已达到最大，本附录将提供目前最大兵力的数字。

（＊表示截至 2008 年 8 月 28 日行动仍在进行之中）

1. ＊联合国停战监督组织（UNTSO），驻留在中东多个区域，1948 年 6 月—。安理会 1948 年 5 月 29 日第 50（1948）号决议，安理会 1948 年 7 月 15 日第 54（1948）号决议。监督以色列和其邻国之间的各种停战和停火协定，还包括与该区域随后成立的联合国维护部队之间的合作。最大编制：572 人（1948 年）。2008 年 5 月的编制：153 名军事观察员；由 103 名国际文职人员和 130 名当地文职人员支助。

2. *联合国驻印度和巴基斯坦军事观察组（印巴观察组）（UN-MOGIP），查谟和克什米尔，1949 年 1 月—。安理会 1948 年 4 月 21 日第 47（1948）号决议。最大编制：102 人（1965 年 10 月）。2008 年 5 月的编制：45 名军事观察员，由 23 名国际文职人员和 748 名当地文职人员支助。

3. 联合国第一支紧急部队（UNEFI），苏伊士运河，西奈，加沙，1956 年 11 月—1967 年 6 月。联合国大会 1956 年 11 月 5 日第 1000（ES-I）号决议，联合国大会 1956 年 11 月 7 日第 1001（ES-I）号决议。最大编制：6073 名军事人员，由国际和当地征聘文职人员提供支助（1957 年 2 月）。

4. 联合国黎巴嫩观察组（UNOGIL），黎巴嫩，1958 年 6 月—12 月。安理会 1958 年 6 月 11 日第 128（1958）号决议。最大编制：591 名军事观察员，由国际和当地征聘文职人员提供支助（1958 年 11 月）。

5. 联合国刚果行动（ONUC, Opération des Nations Unies pour le Congo），刚果共和国，1960 年 7 月—1964 年 6 月。安理会 1960 年 7 月 14 日第 143（1960）号决议，安理会 1961 年 2 月 21 日第 161（1961）号决议，安理会 1961 年 11 月 24 日第 169（1961）号决议。最大编制：19828 名军事人员，由国际和当地征聘文职人员提供支助（1961 年 7 月）。

6. 联合国驻西新几内亚安全部队（UNSF），西新几内亚（西伊里安），1962 年 10 月—1963 年 4 月。联合国大会 1962 年 9 月 21 日第 1752（XVII）（1962）号决议。该行动的目的在于协助联合国临时执行局（UNTEA）促进去殖民化的进程。最大编制：1576 名军事人员，由国际和当地征聘文职人员提供支助（1963 年 4 月）。

7. 联合国也门观察团（UNYOM），也门，1963 年 7 月—1964 年 9 月。安理会 1963 年 6 月 11 日第 179（1963）号决议。最大编制：189 名军事人员，由国际和当地征聘文职人员提供支助。

8. *联合国驻塞浦路斯维持和平部队（UNFICYP），塞浦路斯，1964 年 3 月—。安理会 1964 年 3 月 4 日第 186（1964）号决议。最大兵力：6411 人（1964 年 6 月）。由国际和当地征聘文职人员提供支助。2008 年 5 月的兵力：925 名军警人员，其中包括 856 名官兵和 69 名联合国警察；另由 39 名国际文职人员和 109 名当地文职工作人员支助。

9. 秘书长代表驻多米尼加共和国特派团（DOMREP），多米尼加共和国，1965 年 5 月—1966 年 10 月。安理会 1965 年 5 月 14 日第 203（1965）号决议。兵力：2 名军事观察员。

10. 联合国印度—巴基斯坦观察团（UNIPOM），印度—巴基斯坦边界，1965 年 9 月—1966 年 3 月。安理会 1965 年 9 月 20 日第 211（1965）号决议。最大兵力：96 名军事观察员，并由国际和当地征聘的文职人员提供支助。（1965 年 10 月）。

11. 联合国第二支紧急部队（UNEF II），苏伊士运河，西奈，1973 年 10 月—1979 年 7 月。安理会 1973 年 10 月 25 日第 340（1973）

号决议。最大兵力：6973 名军事人员，由国际和当地征聘文职人员提供支助（1974 年 2 月）。

12. *联合国脱离接触观察员部队（UNDOF），戈兰高地，1974 年 6 月—。安理会 1974 年 5 月 31 日第 350（1974）号决议。最大兵力：约 1250 人（1974 年）。2008 年 5 月的兵力：1046 名官兵，由停战监督组织戈兰观察员小组约 57 名军事观察员协助；并由 38 名国际文职人员和 103 名当地文职工作人员支助。

13. *联合国驻黎巴嫩临时部队（UNIFIL），黎巴嫩南部，1978 年 3 月—。安理会 1978 年 3 月 19 日第 425（1978）和 426（1978）号决议，安理会 2006 年 8 月 11 日第 1701（2006）号决议。最大兵力：13264 名军事人员，298 名国际文职人员和 571 名地方文职工作人员的支助。（2007 年 9 月）。

> 注：在整个 1979—1987 年的几年中，没有新的联合国维和行动得以建立；但是有五个之前成立的维和行动在这一期间仍在运作，它们是：联合国停战监督组织，联合国驻印度和巴基斯坦军事观察组，联合国驻塞浦路斯维持和平部队，联合国脱离接触观察员部队和联合国驻黎巴嫩临时部队。截止到 2008 年 8 月，这五个维和行动仍在执行中。

14. 联合国驻阿富汗和巴基斯坦斡旋特派团（UNGOMAP），阿富汗和巴基斯坦，1988 年 4 月—1990 年 3 月。安理会 1988 年 10 月 31 日第 622（1988）号决议。最大兵力：50 名军事观察员，并由国际和当地征聘的文职人员提供支助（1988 年 5 月）。

15. 联合国伊朗—伊拉克军事观察团（UNIIMOG），伊朗和伊拉克，1988 年 8 月—1991 年 2 月。安理会 1987 年 7 月 20 日第 598（1987）号决议，安理会 1988 年 8 月 9 日第 619（1988）号决议。最大编制：399 名军事人员，由国际和当地征聘文职人员提供支助（1990 年 6 月）。

16. 联合国安哥拉第一支核查团（UNAVEM I），安哥拉，1989 年 1 月—1991 年 6 月。安理会 1988 年 12 月 20 日第 626（1988）号决议。最大兵力：70 名军事观察员，由国际和当地征聘的文职工作人员提供支助（1989 年 4 月—12 月）。

17. 联合国过渡时期援助团（UNTAG），纳米比亚和安哥拉，1989 年 4 月—1990 年 3 月。安理会 1978 年 9 月 29 日第 435（1978）号决议，安理会 1989 年 2 月 16 日第 632（1989）号决议。最大兵力：4493 名军事人员，1500 名民事警察（1989 年 11 月）。

18. 联合国中美洲观察团（ONUCA），哥斯达黎加、萨尔瓦多、危地马拉、洪都拉斯和尼加拉瓜。1989 年 12 月—1992 年 1 月。安理会 1989 年 11 月 7 日第 644（1989）号决议。最大兵力：1098 名军事人员，包括 260 名军事观察员，由国际和当地征聘的文职工作人员提供支助（1990 年 5 月）。

19. 联合国伊拉克—科威特军事观察团（UNIKOM），科威特—伊拉克非军事区，1991 年 4 月—2003 年 10 月。安理会 1991 年 4 月 9 日第 689（1991）号决议，安理会 1993 年 2 月 5 日第 806（1993）号决议。最大兵力：1187 名军事人员，包括 254 名军事观察员，由大约 70 名国际和 140 名当地征聘的文职工作人员提供支助（1995 年 2 月）。

20. 联合国安哥拉第二支核查团（UNAVEM II），安哥拉，1991 年 6 月—1995 年 2 月。安理会 1991 年 5 月 30 日第 696（1991）号决议。接替联合国安哥拉第一支核查团（UNAVEM I）（见上列第 16 项）。最大兵力：350 名军事观察员、126 名警察监测员；80 名国际文职工作人员，155 名当地工作人员及 400 名选举观察员（1992 年 9 月）。

21. 联合国驻萨尔瓦多观察团（ONUSAL），萨尔瓦多，1991 年 7 月—1995 年 4 月。安理会 1991 年 5 月 20 日第 693（1991）号决议，安理会 1992 年 1 月 14 日第 729（1992）号决议，安理会 1993 年 5 月 27 日第 832（1993）号决议。最大编制：368 名军事观察员（1992 年 2 月），315 名民事警察（1992 年 5 月）。

22. *联合国驻西撒哈拉全民投票特派团（MINURSO），西撒哈拉，1991 年 9 月—。安理会 1991 年 4 月 29 日第 690（1991）号决议。最大编制：与 2008 年 5 月的兵力类似。2008 年 5 月的编制：共计 230 名军警人员，包括 20 名士兵、6 名警察、204 名军事观察员；由 101 名国际文职人员和 148 名当地工作人员和 19 名联合国志愿者支助。

23. 联合国柬埔寨先遣团（UNAMIC），柬埔寨，1991 年 10 月—1992 年 3 月。安理会 1991 年 10 月 16 日第 717（1991）号决议。最大兵力：1090 名军事人员，由国际和当地征聘的文职工作人员提供支助（1992 年 3 月）。后并入柬埔寨过渡时期联合国权力机构。

24. 联合国保护部队（UNPROFOR），前南斯拉夫，1992 年 3 月—1995 年 12 月。最初在 1992 年 3 月设立于克罗地亚；1992 年 6 月扩展到波斯尼亚和黑塞哥维那，1992 年 12 月联保部队扩展到前南斯拉夫的马其顿共和国部署。安理会 1992 年 2 月 21 日第 743（1992）号决议，安理会 1992 年 6 月 29 日第 761（1992）号决议，安理会 1992 年 9 月 14 日第 776（1992）号决议，安理会 1992 年 12 月 11 日第 795（1992）号决议，安理会 1993 年 6 月 4 日第 836（1993）号决议，安理会 1995 年 3 月 31 日第 982（1995）号决议。最大编制：38599 名军事人员，其中包括 684 名联合国军事观察员；这支部队还包括 803 名民事警察、2017 名其他国际文职工作人员和 2615 名当地工作人员（1995 年 3 月）。

自 1995 年 4 月起，联合国保护部队分为三个独立的行动，联保部队只在波斯尼亚和黑塞哥维那继续执行任务。克罗地亚和马其顿境内的部队分别被命名为联合国克罗地亚恢复信任行动（UNCRO）和联合国预防性部署部队（UNPREDEP）（见下列第 37 和第 38 项）。这三个部队的联合战地总部仍旧位于在萨格勒布的联合国和平部队—总部（UNPF－HQ）。1996 年 1 月底，随着联保部队及后来的联恢行动的任务结束，以及在波斯尼亚/黑塞哥维那和克罗地亚的两个新的联合国特派团的建立，联合国和平部队—总部逐渐停止使用。

1995 年 12 月根据代顿协议并主要在美国和北约主持下成立的多国军事执行部队（IFOR）（它并不是一支联合国部队），吸收了剩余的联保部队在波斯尼亚和黑塞哥维那的军事人员。（详见附录 F 中的"联合国授权的军事行动"）

25. 联合国柬埔寨临时权力机构（UNTAC），柬埔寨，1992 年 3 月—1993 年 9 月。安理会 1992 年 2 月 28 日第 745（1992）号决议。替代并合并了联合国柬埔寨先遣团（UNAMIC）。最大编制：15991 名军事人员，3359 名文职人员和警察（1993 年 6 月）。选举期间，有超过 50000 名柬埔寨人担任选举工作人员，有 900 名国际投票站干事是从各国政府借调来的。

26. 第一期联合国索马里行动（UNOSOM I），索马里，1992 年 4 月—1993 年 3 月。安理会 1992 年 4 月 24 日第 751（1992）号决议，安理会 1992 年 8 月 28 日第 775（1992）号决议。最大兵力：893 名官兵和 54 名军事观察员，由国际和当地文职工作人员提供支助（1993 年 3 月）。后并入第二期联合国索马里行动。

27. 联合国莫桑比克行动（ONUMOZ），莫桑比克，1992 年 12 月—1994 年 12 月。安理会 1992 年 12 月 16 日第 797（1992）号决议。最大兵力：6576 名军事人员，1087 名民事警察（1993 年 11 月）。

28. 第二期联合国索马里行动（UNOSOM II），索马里，1993 年 3 月—1995 年 3 月。安理会 1993 年 3 月 26 日第 814（1993）号决议。最大兵力：14968 名军事人员，由国际和当地征聘的文职工作人员提供支助（1994 年 12 月）。

29. 联合国乌干达—卢旺达观察团（UNOMUR），乌干达—卢旺达边界的乌干达一方，1993 年 6 月—1994 年 9 月。安理会 1993 年 6 月 22 日第 846（1993）号决议。最大兵力：81 名军事观察员，由国际和当地征聘的文职工作人员提供支助（1993 年 10 月）。

30. *联合国格鲁吉亚观察团（UNOMIG），格鲁吉亚西北部地区，1993 年 8 月—。安理会 1993 年 8 月 24 日第 858（1993）号决议，安理会 1994 年 7 月 27 日第 937（1994）号决议。主要任务是核查 1993 年 7 月 27 日和 1994 年 5 月 14 日格鲁吉亚政府和格鲁吉亚阿布哈兹部队之间就军事冲突问题达成的停火协议的遵守情况，并观察独立国家联合体（独联体）驻格鲁吉亚维和部队执行涉及阿布哈兹冲突维和行动的情况。最大兵力：149 名官兵，包括 134 名军事观察员和 15 名联合国警察，由 97 名国际文职人员，183 名当地文职人员和 1 名联合国志愿者支助（2008 年 5 月）。

31. 联合国利比里亚观察团（UNOMIL），利比里亚，1993 年 9 月—1997 年 9 月。安理会 1993 年 9 月 22 日第 866（1993）号决议，安理会 1995 年 11 月 10 日第 1020（1995）号决议。最大兵力：303 名军事观察员，65 名其他军事人员（1993 年 9 月）。

32. 联合国海地特派团（UNMIH），海地，1993 年 9 月—1996 年 6 月。安理会 1993 年 9 月 23 日第 867（1993）号决议，安理会 1995 年 1 月 30 日第 975（1995）号决议。最大兵力：6065 名军事人员，847 名民事警察（1995 年 6 月）。

33. 联合国—卢旺达援助团（UNAMIR），卢旺达，1993 年 10 月—1996 年 3 月。安理会 1993 年 10 月 5 日第 872（1993）号决议，安理会 1994 年 4 月 21 日第 912（1994）号决议。最大兵力：5522 人（1995 年 1 月）。

34. 联合国奥祖地带观察组（UNASOG），乍得—利比亚边境，1994 年 5 月—6 月。安理会 1994 年 5 月 4 日第 915（1994）号决议。根据国际法院的决定监督利比亚从奥祖地带撤军。最大兵力：9 名军事观察员和 6 名国际文职工作人员（1994 年 5 月—6 月）。

35. 联合国塔吉克斯坦观察团（UNMOT），塔吉克斯坦，1994 年 12 月—2000 年 5 月。安理会 1994 年 12 月 16 日第 968（1994）号决议。最大兵力：81 名军事观察员（1998 年 6 月）。

36. 联合国安哥拉第三支核查团（UNAVEM III），安哥拉，1995年2月—1997年6月。安理会1995年2月8日第976（1995）号决议。接替联合国安哥拉第二支核查团（UNAVEM II）。最大兵力：7138名军事人员和观察员（1996年12月）。

37. 联合国克罗地亚恢复信任行动（UNCRO），克罗地亚，1995年3月—1996年1月。安理会1995年3月31日第981（1995）号决议。该行动是克罗地亚境内联保部队（UNPROFOR）（见上24）的作用的延续，只是在名称和任务上有些许变化。最大兵力：6581名官兵，194名军事观察员和296名民事警察（1995年11月）。斯洛文尼亚东部地区的剩余任务于1996年1月移交给一个新的联合国机构：（见下列第40项）联合国东斯拉沃尼亚、巴拉尼亚和西锡尔米乌姆过渡行政当局（UNTAES）。

38. 联合国预防性部署部队（UNPREDEP），前南斯拉夫的马其顿共和国，1995年3月—1999年2月。安理会1995年3月31日第983（1995）号决议。接替前南斯拉夫的马其顿共和国境内的联保部队（UNPROFOR）。最大兵力：1087人（1996年11月）。

39. 联合国波斯尼亚/黑塞哥维那特派团（UNMIBH），波斯尼亚和黑塞哥维那，1995年12月—2002年12月。安理会1995年12月21日第1035（1995）号决议。合并国际警察工作队（IPTF）及联合国文职办事处。最大兵力：2047名民事警察和军事联络官（1997年11月）（2002年12月31日它的职责移交给欧盟警察特派团）。

40. 联合国东斯拉沃尼亚、巴拉尼亚和西锡尔米乌姆过渡行政当局（UNTAES），克罗地亚，1996年1月—1998年1月。安理会1996

年 1 月 15 日第 1037（1996）号决议。最大兵力：5009 军事人员，95
名军事观察员，457 名民事警察（1996 年 10 月）。

41. 联合国普雷维拉卡观察团（UNMOP），普雷维拉卡半岛，位
于克罗地亚和南斯拉夫联盟共和国的南部边界地带，1996 年 2 月—
2002 年 12 月。安理会 1996 年 1 月 15 日第 1038（1996）号决议。是
根据安理会 1992 年 10 月 6 日第 779（1992）号决议在普雷维拉卡半
岛部署联合国军事观察员的后续行动。最初，观察员隶属于联合国保
护部队 UNPROFOR（见上列第 24 项），自 1995 年 3 月起隶属于联
合国克罗地亚恢复信任行动（UNCRO）（见上列第 37 项）直至该行动于
1996 年 1 月结束。最大兵力：27 名军事观察员，3 名国际文职人员
（2000 年 6 月）。

42. 联合国海地支助团（UNSMIH），海地，1996 年 7 月 1 日—
1997 年 7 月。安理会 1996 年 6 月 28 日第 1063（1996）号决议。接替
联合国海地特派团（UNMIH）（见上列第 32 项）。最大兵力：1297 名
军事人员，291 名民事警察（1996 年 11 月）。

43. 联合国危地马拉核查团（MINUGUA），危地马拉，1997 年 1
月—5 月。联合国大会 1994 年 9 月 19 日第 48/267 号决议，1997 年 2
月 20 日第 51/198（1997）号决议。安理会 1997 年 1 月 20 日第 1094
（1997）号决议。联合国危地马拉核查团在其维和任务于 1997 年 5 月
结束之后继续在危地马拉行动，但不再列为维和行动。最大兵力：132
名军事观察员和 13 名医疗人员（1997 年 3 月）。

44. 联合国安哥拉观察团（MONUA），安哥拉，1997 年 6 月—
1999 年 2 月。安理会 1997 年 6 月 30 日第 1118（1997）号决议。继续

联合国安哥拉第三支核查团（UNAVEM III）的任务（见上列第 36 项）。最大兵力：3026 名军事人员，253 名军事观察员，289 名民事警察观察员（1997 年 7 月）。

45. 联合国海地过渡时期特派团（UNTMIH），海地，1997 年 8 月—11 月。安理会 1997 年 7 月 30 日第 1123（1997）号决议。接替联合国海地支助团（UNSMIH）（见上列第 42 项）。最大兵力：1175 名军事人员，242 名民事警察（1997 年 10 月）。

46. 联合国海地民警特派团（MIPONUH），海地，1997 年 12 月—2000 年 3 月。安理会 1997 年 11 月 28 日第 1141（1997）号决议。接替联合国海地过渡时期特派团（UNTMIH）（见上列第 45 项）。最大兵力：285 人（1998 年 2 月至 11 月）

47. 联合国警察支助小组（UNPSG），克罗地亚，1998 年 1 月—10 月。安理会 1997 年 12 月 19 日第 1145（1997）号决议。接替联合国东斯拉沃尼亚、巴拉尼亚和西锡尔米乌姆过渡行政当局（UNTAES）（见上列第 40 项）。最大兵力：114 名民事警察监测员。

48. 联合国中非共和国特派团（MINURCA），中非共和国，1998 年 4 月—2000 年 2 月。安理会 1998 年 3 月 27 日第 1159（1998）号决议。最大兵力：1342 名军事人员，22 名民事警察。

49. 联合国塞拉利昂观察团（UNOMSIL），塞拉利昂，1998 年 7 月—1999 年 10 月。安理会 1998 年 7 月 13 日第 1181（1998）号决议。最大兵力：192 名军事人员，17 名其他军事人员（1999 年 10 月）。

50. ＊联合国科索沃临时行政当局特派团（UNMIK），科索沃，1999 年 6 月—。安理会 1999 年 6 月 10 日第 1244（1999）号决议，安理会 2000 年 2 月 7 日第 1289（2000）号决议。与联合国授权担由北约领导的科索沃部队（KFOR）一起行动。最大兵力：4426 名民事警察，1259 名国际文职人员，4367 名当地文职人员，38 名军事人员（2001 年 6 月）。

51. 联合国塞拉利昂特派团（UNAMSIL），塞拉利昂，1999 年 10 月—2005 年 12 月。安理会 1999 年 10 月 22 日第 1270（1999）号决议，安理会 2000 年 2 月 7 日第 1289（2000）号决议。是联合国塞拉利昂观察团（UNOMSIL）（见上列第 49 项）的扩充。最大兵力：17368 名军事人员，87 名民事警察，322 名国际文职人员（2002 年 3 月）。

52. 联合国东帝汶过渡行政当局（UNTAET），东帝汶，1999 年 10 月—2002 年 5 月。安理会 1999 年 10 月 25 日第 1272（1999）号决议。最大兵力：8561 名军事人员，1213 名民事警察，716 名国际文职人员（2000 年 6 月）。

53. ＊联合国刚果民主共和国特派团（MONUC），刚果民主共和国，1999 年 11 月—。安理会 1999 年 8 月 6 日第 1258（1999）号决议，安理会 1999 年 11 月 30 日第 1279（1999）号决议，安理会 2000 年 2 月 24 日第 1291（2000）号决议。最大兵力：16666 名军事人员，699 名军事观察员，1063 名警察；939 名国际文职人员，2110 名当地文职人员以及 590 名联合国志愿者（2008 年 5 月）。

54. 联合国埃塞俄比亚/厄立特里亚特派团（UNMEE），埃塞俄比亚和厄立特里亚，2000 年 7 月—2008 年 7 月。安理会 2000 年 9 月 15

日第 1320（2000）号决议，安理会 2002 年 8 月 14 日第 1430（2002）号决议。最大兵力：4209 名军事人员，233 名国际文职人员，218 名当地文职人员（2001 年 12 月）。

55. 联合国东帝汶支助团（UNMISET），东帝汶，2002 年 5 月—2005 年 5 月。安理会 2002 年 5 月 17 日第 1410（2002）号决议。支助团成立于 2002 年 5 月 20 日，东帝汶独立的当天，它是联合国东帝汶过渡行政当局（UNTAET）（见上列第 52 项）的后续，但功能有所不同。最大兵力：4776 名军事人员，771 名联合国警察，465 名国际文职人员，856 名当地文职人员（2002 年 8 月）。

56. *联合国利比里亚特派团（UNMIL），利比里亚，2003 年 10 月—。安理会 2003 年 9 月 19 日第 1509（2003）号决议。从西非国家经济共同体（ECOWAS）利比里亚特派团（ECOMIL）的多国部队手中接管了维持和平的职责。最大兵力：15071 名军事人员，包括 204 名军事观察员以及 1016 名民事警察（2006 年 3 月）。

57. *联合国科特迪瓦行动（UNOCI），科特迪瓦，2004 年 4 月—。安理会 2004 年 2 月 27 日第 1528（2004）号决议。取代安理会于 2003 年 5 月建立的政治特派团——联合国科特迪瓦特派团（MINU-CI）。最大兵力：9174 名军警人员，包括 7833 名官兵，189 名军事观察员，1152 名联合国警察；由 406 名国际文职人员，577 名当地文职人员和 295 名联合国志愿人员支助（2008 年 5 月）。

58 *联合国海地稳定特派团（MINUSTAH），海地，2004 年 6 月—。安理会 2004 年 4 月 30 日第 1542（2004）号决议。取代由安理会于 2004 年 2 月授权的以美国为首的多国临时部队（MIF）。最大兵力：

6662 名军事人员，1742 名民事警察（2006 年 12 月）。

59. 联合国布隆迪行动（ONUB），布隆迪，2004 年 6 月—2006 年 12 月 31 日。安理会 2004 年 5 月 21 日第 1545（2004）号决议。最大编制：5665 名军警人员，包括 5400 名官兵，168 名军事观察员和 97 名联合国警察；由 316 名国际文职人员，383 名当地文职人员和 156 名联合国志愿人员支助（2005 年 9 月）。由联合国布隆迪综合办事处（BINUB）接替（见下一部分第 12 类结尾处）。

60. ＊联合国苏丹特派团（UNMIS），苏丹，2005 年 3 月—。安理会 2005 年 3 月 24 日第 1590（2005）号决议，安理会 2006 年 8 月 31 日第 1706（2006）号决议。帮助执行由苏丹政府和苏丹人民解放运动/解放军在 2005 年 1 月 9 日签署的《全面和平协定》。最大编制：8914 名军事人员，705 名军事观察员，665 名联合国警察（2006 年 11 月）。

61. ＊联合国东帝汶综合特派团（UNMIT），东帝汶，2007 年 8 月—。安理会 2006 年 8 月 25 日第 1704（2006）号决议。自从 1999 年以来已经有许多其他的联合国维和行动和特派团在此执行过任务，联合国东帝汶综合特派团的任务是向东帝汶当局和有关机构提供支助以恢复稳定并增强其自治能力。最大兵力：1566 名军警人员，包括 1533 名联合国警察和 33 名军事联络官；由 333 名国际文职人员和 837 名的当地文职人员和 116 名联合国志愿者支助（2008 年 7 月）。

62. ＊非洲联盟—联合国达尔富尔混合行动（UNAMID），苏丹，2007 年 12 月—。安理会 2007 年 7 月 31 日第 1769（2007）号决议。2004 年安理会赞同建立的区域性维和部队——非洲联盟驻苏丹特派团（AMIS）——并入其内。最大兵力：共计 9995 名军警人员，包括 7967

名士兵，158 名军事观察员和 1870 名联合国警察；由 367 名国际文职人员，984 名当地工作人员和 186 名联合国志愿人员支助。(2008 年 7 月)。

63. *联合国中非共和国和乍得特派团（MINURCAT），乍得和中非共和国，2007 年 9 月—。安理会 2007 年 9 月 25 日第 1778 (2007) 号决议。是乍得和中非共和国境内一个多层面存在中的一部分，目的在于帮助创造有助于难民和流离失所者自愿回归的安全条件，与联合国授权的欧盟部队—欧盟驻乍得／中非共和国部队（EUFOR Tchad/RCA）共同行动。最大兵力：233 名军警人员，包括 33 名军事观察员和 200 名联合国警察，由 159 名国际文职人员，91 名当地文职人员和 57 名联合国志愿者支助（2008 年 7 月）。

2. 其他类型的联合国外勤特派团、机构和部队

除了维持和平部队之外，许多其他类型的联合国特派团、机构和部队也在实地运作以解决国际和平与安全问题。这些机构由三个联合国主要机构授权组建：安理会、联合国大会和秘书长。虽然它们中没有一个是联合国维和部队，但它们中多个组织却在配合维和部队行动，为它们铺平道路，与其并肩战斗，或者在维和部队撤离后还在继续执行特定任务。

这里列出的许多机构（连同维和行动一起）都可包括在被官方称之为"联合国维持和平行动"的更广泛的类别里。这种行动"需要三种主要活动：预防冲突和建立和平；维持和平；以及建设和平"①。

---

① "联合国和平行动问题小组的报告"（卜拉希米报告），UN doc. S/2000/809 of 21 August 2000, para. 10。

以下列表是我们的一种尝试，旨在对于那些在"其他联合国特派团、机构和部队"的大类中已经建立起来的不同类型的组织进行一个分类。目录分为 12 部分，12 种不同种类的组织机构依照它们形成的类型顺序排列。每种类型的标题下会列举该种组织的几个实例。我们无意提供一份囊括"其他联合国特派团、机构和部队"大类中所有组织的完整目录。因为很多类别中实例不胜枚举，而联合国本身也没有就此类组织机构发布过完整全面的目录。

除了下列 12 种之外，也可以增加其他类型的组织。其中可能包括咨询小组、小规模特派团，以及帮助安理会成员国熟悉情况的安理会特派团。此外，未来可能出现更多类型的联合国特派团：例如，如果能出现一支由联合国牢牢控制但不属于维和行动的联合国强制行动组织，那么它就应该构成上述大类别中的一种单独类型。

（＊表示截至 2008 年 8 月 28 日行动仍在进行之中）

1. 承担调解任务的调查小组

联合国巴尔干特别委员会（UNSCOB），1947—1951 年，由联合国大会建立，旨在调查南斯拉夫、阿尔巴尼亚和保加利亚对希腊共产党游击队所谓的支持，并且要协助这些国家恢复彼此之间正常的外交关系。

联合国印度巴基斯坦委员会（UNCIP），1948—1951 年，由安理会建立，旨在调查和调解印度和巴基斯坦关于克什米尔问题的争端。

2. 寻找事实真相任务团

匈牙利观察委员会及其后的匈牙利问题特别委员会，1956—1957 年，它们均由联合国大会授权成立的，旨在就苏联于 1956 年 10 月和 11 月对匈牙利政治干预的情况提供相关信息。特别委员会的报告于

1957 年 7 月在纽约发布。

调查两伊冲突中关于使用化学武器的指控的特派团，1984—1988 年，由秘书长设立，旨在调查两伊战争中化学武器的使用（因为这在武装冲突法中是被禁止的）。特派团在 1984 年 3 月至 1988 年 8 月间发布了七份报告。

萨尔瓦多真相委员会，根据 1992 年 1 月 16 日查普尔特佩克和平协定设立的，受秘书长 1992 年 7 月 13 日的委派调查自 1980 年起在萨尔瓦多内战中发生的严重暴力案件。委员会报告于 1993 年 4 月 1 日发布。

遵照安理会 1992 年第 780（1992）号决议建立的专家委员会，1992—1993 年，由秘书长根据安理会 1992 年 10 月 6 日第 780（1992）号决议建立的，旨在调查前南斯拉夫境内发生的严重违反《日内瓦四公约》和其他违反国际人道主义法行为的证据。它的中期报告于 1993 年 2 月 10 日发布，促成了安理会建立前南斯拉夫问题国际刑事法庭的决定。

调查联合国在 1994 年卢旺达发生种族灭绝事件期间所采取的行动的独立调查委员会，1999 年，由秘书长在安理会的支持下建立。结果报告由联合国于 1999 年 12 月发布。

联合国国际独立调查委员会（UNIIIC），根据安理会 2005 年 4 月 7 日第 1595（2005）号决议建立，旨在协助黎巴嫩当局全面调查 2005 年 2 月 14 日在贝鲁特发生的导致黎巴嫩前总理拉菲克·哈里里及其他 22 人死亡的炸弹爆炸事件，包括协助查明实施者、支持者、组织者和同谋。该委员会自 2005 年 10 月起发布数项报告。这些报告促进了黎巴嫩问题特别法庭的建立（见下列第 8 类）。

3. 关于领土临时行政管理的特派团

联合国临时执行局，西伊里安（印度尼西亚），1962—1963 年，由联合国大会建立，行使过渡时期职权直至荷兰将其领土控制权移交给印度尼西亚。

4. 主要涉及选举监督与管理的特派团

联合国核查尼加拉瓜选举观察团（ONUVEN），1989—1990 年，在尼加拉瓜政府同意的情况下，由秘书长部署以核查尼加拉瓜的选举情况，并得到了安理会的赞同。

联合国东帝汶援助团（UNAMET），1999 年 6 月—10 月，由安理会授权，在继印度尼西亚和葡萄牙于 1999 年 5 月 5 日达成的协议之后，组织有关东帝汶独立问题的"全民协商"。

*联合国驻塞拉利昂综合办公室（UNIOSIL），2006 年 1 月—，根据安理会 2005 年 8 月 31 日第 1620（2005）号决议建立，旨在协助政府组织 2007 年的选举，促进和保护人权，并加强管理。

5. 监测裁军任务团

联合国伊拉克问题特别委员会（UNSCOM），1991—1998 年，1991 年伊拉克战争后由安理会建立，旨在监督伊拉克彻底清除大规模杀伤性武器和弹道导弹。

联合国监测、核查和视察委员会（UNMOVIC），伊拉克，1999—

2007 年，由安理会建立，旨在核查伊拉克大规模杀伤性武器和弹道导弹的销毁情况。

6. 有关武装冲突或占领后赔偿问题的委员会

＊联合国赔偿委员会（UNCC），日内瓦，1991 年—。由安理会建立，作用是受理对伊拉克 1990 年至 1991 年间入侵和占领科威特造成的直接损失提出的索赔并支付赔偿。

7. 部署联合国卫队

联合国驻伊拉克警卫队（UNGCI），1991—2003 年，在秘书长和伊拉克政府协商后于 1991 年 5 月建立，主要目的在于保护与实施联合国在伊拉克北部的人道主义计划相关的联合国人员、资产以及行动的安全。

8. 国际和特别刑事法庭

＊前南斯拉夫问题国际刑事法庭（ICTY），海牙，荷兰，1993 年—，根据安理会 1993 年 5 月 25 日第 827（1993）号决议建立，旨在起诉在前南斯拉夫战争中卷入战争罪和反人类罪的人。

＊卢旺达问题国际刑事法庭（ICTR），阿鲁沙，坦桑尼亚，1994 年—，根据安理会 1994 年 11 月 8 日第 955（1994）号决议，旨在起诉应对 1994 年卢旺达境内种族灭绝和其他严重违反国际人道主义法行为负责的人。

＊塞拉利昂问题特别法庭，弗里敦，塞拉利昂，2002 年—，根据安理会 2000 年 8 月 14 日第 1315（2000）号决议和联合国秘书长与塞拉利昂政府之间的协议建立，旨在起诉应对自 1996 年 11 月以来塞拉

利昂境内严重违反国际人道主义法的行为负责的人。

　　*黎巴嫩问题特别法庭，莱德斯亨丹，荷兰，2007 年 6 月——，根据联合国和黎巴嫩之间的协议建立，该协议没有被黎巴嫩议会批准，但于安理会 2007 年 5 月 30 日第 1757（2007）号决议之后生效。法庭应适用黎巴嫩刑法典中有关起诉和惩罚恐怖主义行为、侵犯生命和人身安全罪等方面的条款。这些发展部分源于联合国国际独立调查委员会 UNIIIC（见上列第 2 类）的调查结果。

9. 有关人权及其相关问题的特派团

　　驻海地国际文职人员特派团（MICIVIH），1993—2000 年，美洲国家组织——联合国联合特派团，联合国大会应流亡的阿里斯蒂德政府的要求设立，以监测在海地的侵犯人权的行为。

　　联合国危地马拉核查团（MINUGUA），1997—2004 年，核查团于 1997 年 5 月结束其维持和平职能。其后，核查团的存在由联合国大会维持。在遣返了所有军事观察员之后，核查团在支持危地马拉和平进程的过程中继续其核查和机构建设活动。它的授权由联合国大会定期延长。

10. 促进国家内部民族和解的特派团

　　联合国阿富汗特派团（UNSMA），1993—2002 年，根据联合国大会 1993 年 12 月 21 日第 48/208 号决议建立，旨在征求关于联合国如何能够最好地协助阿富汗促进民族和解及重建的意见。

　　联合国布隆迪办事处（UNOB），1993—2004 年，应联合国安理会的要求建立，旨在促进布隆迪和解及和平进程。2004 年由联合国维和部队——联合国布隆迪行动（ONUB）接替。

*联合国索马里政治事务处（UNPOS），内罗毕，肯尼亚，1995
年4月—，由秘书长在安理会的支持下建立，旨在通过与索马里领导
人、民间团体和有关国家和组织的接触来推动和平与和解。

11. 统筹一个区域内联合国工作并负责与区域机构联络的特派团

*联合国中东问题特别协调员办事处（UNSCO），1994年6月—，
在1993年奥斯陆协议签署后由联合国大会建立，旨在协调联合国存在
并动员对巴勒斯坦人的经济援助。

*负责大湖区问题的秘书长特别代表办事处，内罗毕，肯尼亚，
1997年—，由秘书长任命，目的是监测该区域的发展并支助区域内的
建立和平和建设和平的活动。

*负责西非问题的秘书长特别代表办事处（UNOWA），塞内加
尔，2001年—，由秘书长在和安理会的合作下任命，目的是协调联合
国在该区域的建设和平的努力，并与西非国家经济共同体就区域安全
问题展开合作。

12. 致力于冲突后重建和人道主义援助的特派团

联合国利比亚建设和平支助办事处（UNOL），1997—2003年，
在安理会批准下建立，旨在支助和平巩固，促进民族和解以及加强民
主机制。随着该地区安全局势的恶化，联合国利比亚建设和平支助
办事处2003年由联合国利比亚特派团（UNMIL）取代。

联合国布干维尔政治事务处（UNPOB），布干维尔，巴布亚新几

内亚，1998—2005 年，由秘书长在安理会批准下建立，旨在支助布干维尔自治省和巴布亚新几内亚之间的和平进程。

*联合国几内亚比绍建设和平支助办事处（UNOGBIS），1999 年—，由秘书长在安理会的批准下建立，旨在支助内战后的建设和平进程。

联合国安哥拉办事处（UNOA），1999—2002 年，根据安理会 1999 年 10 月 15 日第 1268（1999）号决议建立，旨在能力建设、人道主义援助、促进人权等领域协助安哥拉。

*联合国驻中非共和国建设和平支助办事处（BONUCA），2000 年—，由秘书长在安理会的批准下建立，目的是支持该国致力于实现和平、和解、民主建设和经济重建的各项努力。

联合国塔吉克斯坦建设和平办事处（UNTOP），2000—2007 年，由秘书长在安理会的批准下建立，旨在支助冲突后建设和平和巩固和平。

联合国安哥拉特派团（UNMA），2002—2003 年，由安理会建立，旨在推动为安哥拉提供经济支援和人道主义援助，以及复员安置和促进人权等方面的帮助。

*联合国阿富汗援助团（UNAMA），2002 年—，根据安理会 2002 年 3 月 28 日第 1401（2002）号决议建立，旨在支持 2001 年《波恩协定》的实施以及支助建设和平。

联合国科特迪瓦特派团（MINUCI），2003—2004 年，由安理会建立，目的是配合西非国家经济共同体和法国维持和平部队的行动，促进和平协定的执行。

*联合国伊拉克援助团（UNAMI），2003 年—，根据安理会2003年8月14日第1500（2003）号决议建立，目的是支助建设和平。2003年8月19日联合国驻巴格达总部爆炸事件使其活动有所减少，但是从2004年起开始恢复行动并扩大了一些任务。

联合国东帝汶办事处（UNOTIL），帝汶岛（东帝汶），2005—2006 年，由安理会建立，目的是继续联合国东帝汶支助团维和部队的建设和平行动，并支助核心政府机构的能力发展。

*联合国布隆迪综合办事处（BINUB），2007年1月1日—，根据安理会2006年10月25日第1719（2006）号决议建立，目的是遵照2006年9月7日《达累斯萨拉姆全面停火协议》支助布隆迪巩固和平。继承了于2006年12月31日到期的维和部队联合国布隆迪行动的任务。

附录 F：联合国授权但未经联合国
直接控制的行动列表

该附录所列行动得到了联合国有关和平和安全决议的授权或支持，但并不由联合国指挥和控制。[①] 该附录的主体为第一部分，包括联合国安理会明确授权的军事强制以及非联合国维和行动。第二部分列出了联合国安理会以各种形式提供重要支持但并未明确授权的其他一些行动。

该附录所列所有行动由个别国家、区域集团或联盟指挥和控制。这些行动或涉及军事强制和作战，或涉及传统的维和行动，或者是这类行动的结合。

一、联合国授权的军事行动

该部分是联合国授权的军事行动的编年表。参与这些行动的部队

通常不被称为"联合国部队",更准确地指称是"联合国授权的部队"。包含在这份列表中的行动符合以下三项标准:(1)全部属于军事行动,不论是武装胁迫、作战还是维和;(2)每项行动的目的得到了一份联合国安理会决议的明确授权;(3)尽管有一些(正如前面提到的)紧随联合国维和行动之后,或与之同时进行,或为其铺路,这些行动没有被联合国列为"联合国维和行动"。

这些行动(和某些经授权可在自卫目的之外使用武力的联合国维和行动一起)有时也被归入"宪章第七章行动"。尽管在所有这些案例中,授权决议援引了《联合国宪章》第七章,但是联合国安理会没有义务每一次都明确援引第七章作为其权力基础。

我们很难制作一份联合国授权的军事行动的最终明细表,因为该类别并没有精确地划定范围。联合国自身并没有发布授权军事行动的清单。这份列表也不能保证完全详尽。在有些情况下,所涉及的行动可能已经在其他一些基础上(比如某个国家或区域组织的授权)展开之后才获得联合国授权。

联合国授权的军事行动的信息按照如下形式列出:**行动或部队名称(缩写),行动的主要地区,行动开始和结束时间;一份或多份主要的授权决议;基本情况的简要说明,比如与此前、同时或此后进行的联合国行动的关系(如适用)。**

* 表示截至 2008 年 8 月 28 日行动仍在进行之中

1. 美国领导的针对朝鲜的军事联盟,1950—1953 年。1950 年 6 月 27 日安理会第 83(1950)号决议,1950 年 7 月 7 日安理会第 84(1950)号决议。

2. 英国海军行动,与针对罗得西亚的经济制裁有关,1966—1975 年。1966 年 4 月 9 日安理会第 221(1966)号决议。

3. 美国领导的海军行动，在伊拉克入侵科威特之后禁止来往伊拉克和科威特的航运，1990—2003 年。1990 年 8 月 6 日安理会第 661（1990）号决议，1990 年 8 月 25 日安理会第 665（1990）号决议。

4. 美国领导的军事联盟，在海湾地区执行终止伊拉克对科威特的占领、恢复该地区的国际和平与安全的任务，1990—1991 年。1990 年 11 月 29 日安理会第 678（1990）号决议。与联合国索马里维和行动第一期同时进行。

5. 北约海军在亚得里亚海的严密监视行动，1992—1996 年，监督针对前南斯拉夫各继承国的武器禁运和经济制裁。1992 年 11 月 16 日安理会第 787（1992）号决议。

6. 美国领导的索马里联合特遣部队（UNITAF），1992 年 12 月 9 日—1993 年 5 月 4 日。1992 年 12 月 3 日安理会第 794（1992）号决议。（紧随联合国索马里行动第一期，并与之同时进行，以保证对人道主义援助的提供。后来部分并入联合国索马里行动第二期。）

7. 北约禁飞行动，执行在波斯尼亚和黑塞哥维那的"禁飞区"，1993 年 4 月 12 日—1995 年 12 月 20 日。1993 年 3 月 31 日安理会第 816（1993）号决议。与联合国保护部队（UNPROFOR）及其后续维和行动在前南斯拉夫地区同时执行。

8. 美国领导的"支持民主行动"，由六国海军舰艇针对海地的联合海上封锁组成，1993 年 10 月—1994 年 9 月。1993 年 10 月 16 日安理会第 875（1993）号决议，1994 年 5 月 6 日安理会第 917（1994）号决议。

9. 法国领导的绿松石行动（*Opération Turquoise*），在卢旺达西部的军事干预部队为难民和平民提供安全，1994 年 6 月 22 日—9 月 30 日。1994 年 6 月 22 日第 929（1994）号决议。在联合国—卢旺达援助团（UNAMIR）维和行动之后并与之同时展开。

10. 美国领导的海地多国部队，1994 年 9 月 19 日—1995 年 3 月 31 日。1994 年 7 月 31 日安理会第 940（1994）号决议。授权为海地回归民选政府创造条件。与联合国海地特派团（UNMIH）先遣队同时展开行动，并于 1995 年移交联合国海地特派团。

11. 北约领导的波斯尼亚和黑塞哥维那执行部队，1995—1996 年。1995 年 12 月 15 日安理会第 1031（1995）号决议。授权为代顿和平协议的执行提供支持。在联合国保护部队的维和行动之后展开。

12. 北约领导的驻波斯尼亚和黑塞哥维那稳定部队，1996—2004 年。1996 年 12 月 12 日安理会第 1088（1996）号决议。授权继续承担多国维和部队保障代顿和平协议执行的任务。2004 年，其任务由欧盟部队接替。

13. 意大利领导的驻阿尔巴尼亚多国保护部队，1997 年 4 月—8 月。1997 年 3 月 28 日安理会第 1101（1997）号决议。授权稳定阿尔巴尼亚局势，为举行选举铺路。

14. 班吉协定执行情况非洲监测团（MISAB），中非共和国，1997—1998 年。1997 年 8 月 6 日安理会第 1125（1997）号决议。应中非共和国在军方叛乱之后的邀请，监测团已于 1997 年 2 月 8 日部署到班吉。监测团包括了来自布基纳法索、乍得、加蓬、马里、塞内加尔、多哥的部队。

15. *北约领导的科索沃部队，1999 年 6 月—，在科索沃建立安全和稳定的环境。1999 年 6 月 10 日安理会第 1244（1999）号决议。与联合国科索沃临时行政当局特派团（UNMIK）维和行动协作进行。

16. 澳大利亚领导的东帝汶国际部队，1999 年 9 月—2000 年 2 月。1999 年 9 月 15 日安理会第 1264（1999）号决议。授权恢复秩序、防止亲印度尼西亚军队的谋杀。与在此之前建立的联合国东帝汶过渡行政当局（UNTAET）同时行动，后并入其中。

17. *北约领导的阿富汗国际安全援助部队，2002 年 1 月—。2001 年 12 月 20 日安理会第 1386（2001）号决议。与联合国阿富汗特派团（UNSMA）和联合国阿富汗支助团（UNAMA）同时展开行动。

18. *法国军队在科特迪瓦的独角兽行动（Operation Licorne），2003 年 2 月—。2003 年 2 月 4 日安理会第 1464（2003）号决议，2004 年 2 月 27 日安理会第 1528（2004）号决议。第 1464 号决议授权"西非国家经济共同体部队"（见本表下一条）"和向它们提供支助的法国部队采取必要步骤保证其人员的安全和行动自由，并在不损害民族和解政府职责的情况下使用他们拥有的手段，保护其行动区内受到人身暴力直接威胁的平民"。自 2004 年 4 月起，独角兽行动部队采取行动支持联合国科特迪瓦行动（UNOCI）。

19. 西非国家经济共同体科特迪瓦特派团（MICECI），2003—2004 年。2003 年 2 月 4 日安理会第 1464（2003）号决议。西非国家经济共同体的这一特派团的任务旨在为其行动区内的平民提供保护。

西非国家经济共同体军队于2004年换盔成为联合国科特迪瓦行动的一部分。

20. 法国领导的欧盟国家部队在刚果民主共和国伊图里区执行的狩猎行动（Opération Artemis），2003年6月15日—9月1日。2003年5月30日安理会第1484（2003）号决议。该行动旨在解决伊图里地区的暴力和不稳定形势，支持联合国刚果民主共和国特派团（MONUC）的维和行动。欧盟部队撤出之前协助联合国刚果民主共和国特派团部署的维和部队进行过渡。

21. 西非国家经济共同体驻利比里亚多国部队（ECOMIL），2003年8月4日—10月1日。2003年8月1日安理会第1497（2003）号决议。由美海军陆战队在利比里亚海岸提供支援的这支部队被授权支持利比里亚停火协议的执行，该协议于2003年6月17日在阿克拉签订。其行动为联合国利比里亚特派团（UNMIL）的维和行动铺平了道路。

22. *美国领导的驻伊拉克多国部队（MNF-I），2003年—。2003年10月16日安理会第1511（2003）号决议。安理会授权"一支统一指挥的多国部队采取一切必要措施，协助维持伊拉克的安全与稳定"。从那以后，MNF-I成为美国领导的驻伊拉克部队的联合国官方称谓。

23. 美国领导的驻海地多国临时部队（MIF），2004年3月—6月。2004年2月29日安理会第1529（2004）号决议。该部队为联合国海地稳定特派团（MINUSTAH）维和行动铺平了道路，于2004年6月1日向其移交权力。多国临时部队的一部分在海地继续执行任务，直到2004年6月30日撤出。

24. 非洲联盟驻苏丹特派团（AMIS），苏丹达尔富尔，2004 年 10 月 20 日—2007 年 12 月 31 日。2004 年 7 月 30 日安理会第 1556（2004）号决议。该决议"赞同在非洲联盟的领导下向苏丹达尔富尔地区部署国际监测员，包括非洲联盟设想的保护部队"。

25. *欧洲联盟部队在波斯尼亚和黑塞哥维那的木槿花行动（*Operation Althea*），2004 年 12 月 2 日—。2004 年 11 月 22 日安理会第 1575（2004）号决议。根据该决议，欧洲联盟部队接替了由北约领导和联合国授权的多国稳定部队。决议规定北约在波斯尼亚和黑塞哥维那继续存在。

26. 驻刚果民主共和国的欧洲联盟部队，2006 年 4 月—11 月。2006 年 4 月 25 日安理会第 1671（2006）号决议。该部队的部署旨在支持联合国刚果民主共和国特派团在刚果民主共和国 2006 年 7 月和 8 月的首次民主选举期间进行维和行动。

27. *非洲联盟驻索马里特派团（AMISOM），2007 年—。2006 年 12 月 6 日安理会第 1725（2006）号决议，2007 年 2 月 21 日安理会第 1744（2007）号决议。这支部队旨在稳定 2006 年埃塞俄比亚军事干预之后的索马里形势，取代驻留索马里的埃塞俄比亚部队。它原计划由联合国维和部队取代。但非洲联盟驻索马里特派团未能获得足够的部队，这意味着它在索马里的作用非常有限。埃塞俄比亚部队目前继续驻留在索马里。

28. *驻乍得和中非共和国欧洲联盟部队，2008 年—。2007 年 9 月 25 日安理会第 1778（2007）号决议。建立这支部队是为了保护平民和实施人道主义援助，支持联合国中非共和国和乍得特派团（MIN-

URCAT）在乍得东部和中非共和国的维和行动。

29. *敦促各国打击索马里沿海的海盗和武装抢劫行为，该授权最初期限为 6 个月，2008 年 6 月—。2008 年 6 月 2 日安理会第 1816（2008）号决议。

二、联合国支持但未经明确授权的特别行动

下表按照时间顺序列举部分得到联合国安理会一定支持的其他军事行动。与此附录第一部分所列的行动不同的是，下列行动未经安理会明确授权。在某些情况下，与这些行动相关的安理会决议并没有提及《联合国宪章》第七章。联合国安理会决议和声明中就这些行动使用的语言表明，联合国在这些行动中作用有限：它们得到了"赞同"、"欢迎"或"关注"，或者它们的目的被认为是必要的，或者敦促不得阻挠这些行动。在另一些情况下（未包含在此），安理会决议和声明指出或暗示特定冲突中涉及自卫权——在这种情况下，出于防御目的采取军事行动不必获得安理会明确授权。

*表示截至 2008 年 8 月 28 日，行动仍在进行之中

1. 西非国家经济共同体停火监测小组（ECOMOG）对利比里亚的干预，1990—1998 年。安理会轮值主席在一份备忘录（1991 年 1 月 22 日 S/22133）中对此表示支持。在此之前，该行动已由西非国家经济共同体授权展开。

2. *独联体驻格鲁吉亚维和部队，1993 年—。在格鲁吉亚阿布哈兹地区两项冲突协议达成之后建立（1993 年 7 月 27 日格鲁吉亚政府与阿布哈兹地方武装达成停火协议，1994 年 5 月 14 日达成停火和部队脱离接触协议）。这些发展得到了 1993 年 8 月 24 日安理会第 858

（1993）号决议的欢迎，1994 年 6 月 30 日安理会第 934（1994）号决议对此表示"满意"。也可参见 1994 年 7 月安理会第 937（1994）号决议。

3. 欧洲安全与合作组织驻科索沃核查团，1998—1999 年。1998 年 3 月 31 日安理会第 1160（1998）号决议、1998 年 9 月 23 日安理会第 1199（1998）号决议和 1998 年 10 月 24 日安理会第 1203（1998）号决议都对其职能表示支持，尽管安理会没有明确授权。

4. 法国领导的北约撤出人员部队，1998—1999 年。部署在马其顿协助联合保证行动撤出欧洲安全与合作组织驻科索沃核查团观察员。1998 年 10 月 24 日安理会第 1203（1998）号决议确认"如遇紧急情况，可能需要采取行动"。

5. 北约领导的狐狸特遣队，马其顿，2001 年 9 月—2002 年 12 月。2001 年 9 月 26 日安理会第 1371（2001）号决议并没有援引第七章，只是指出安理会"大力支持应前南斯拉夫的马其顿共和国政府的请求，在该国境内设立多国安全存在，以保障观察员的安全。"狐狸特遣队为欧盟和欧安组织驻马其顿非武装观察员提供支持，协助执行《奥赫里德湖协定》（Lake Ohrid Agreement）。该协议由该国主要政党于 2001 年 8 月 13 日签订。

6. *澳大利亚领导的机敏行动（Operation Astute），这是一支在东帝汶社会治安崩溃后部署的军队和警察，2006 年 5 月 25 日—。这一部署受到了联合国安理会轮值主席 2006 年 5 月 25 日发表的一份声明的欢迎，并且得到了 2006 年 6 月 20 日安理会第 1690（2006）号决议的事后赞同。

附录 G：精选书目

1. 参考书目

José E. Alvarez, *International Organizations as Law-makers*, Oxford University Press, Oxford, 2005.

Chittharanjan F. Amerasinghe, *Principles of the Institutional Law of International Organizations*, Cambridge University Press, Cambridge, 2005.

Clive Archer, *International Organizations*, 3rd edition, Routledge, London, 2001.

David Armstrong, Lorna Lloyd and John Redmond, *International Organisation in World Politics*, 3rd edition, Palgrave Macmillan, Basingstoke, 2004.

Antonio Cassese, Paola Gaeta and John R. W. D. Jones (eds.), *The Rome Statute of the International Criminal Court: A Commentary*, Oxford University Press, Oxford, 2002.

Simon Chesterman, Thomas M. Franck, and David M. Malone (eds.), *Law and Practice of the United Nations: Documents and Commentary*, Oxford University Press, Oxford, 2008.

James Crawford, *The Creation of States in International Law*, 2nd edition, Oxford University Press, Oxford, 2006.

Sam Daws and Tom Weiss (eds.), *The Oxford Handbook on the United Nations*, Oxford University Press, Oxford, 2007.

Rosemary Foot, John Gaddis, and Andrew Hurrell (eds.), *Order and Justice in International Relations*, Oxford University Press, Oxford, Oxford, 2003.

Christine Gray, *International Law and the Use of Force*, 3rd edition, Oxford University Press, Oxford, 2008.

David Hannay, *New World Disorder: The UN After the Cold War – An Insider's View*, I. B. Tauris, London, 2008.

High-level Panel, *A More Secure World: Our Shared Responsibility – Report of the High-level Panel on Threats, Challenges and Change.* New York: United Nations, 2004. Also available on the UN website, www. un. org/english.

Ian Hurd, *After Anarchy: Legitimacy and Power in the United Nations Security Council*, Princeton University Press, Princeton, 2007.

Paul Kennedy, *The Parliament of Man: The United Nations and the Quest for World Government*, Allen Lane, London, 2006.

Jan Klabbers, *An Introduction to International Institutional Law*, Cambridge University Press, Cambridge, 2002.

Vaughan Lowe, Adam Roberts, Jennifer Welsh and Dominik Zaum (eds.), *The United Nations Security Council and War: The Evolution of Thought and Practice since 1945*, Oxford University Press, Oxford, 2008.

Ronald St. John MacDonald and Douglas M. Johnston (eds.), *Towards World Constitutionalism: Issues in the Legal Ordering of the World Community*, Martinus Nijhoff Publishers, Leiden, 2005.

David M. Malone (ed.), *The UN Security Council: From the Cold War to the 21st Century*, Lynne Rienner Publishers, Boulder, 2004.

David M. Malone, *The International Struggle over Iraq: Politics in the UN Security Council 1980 – 2005*, Oxford University Press, Oxford, 2006.

Jeffrey Meyer and Mark Califano, with an introduction by Paul A. Volcker, *Good Intentions Corrupted: The Oil-for-Food Scandal and the Threat to the UN*, Public

Affairs Publishers, New York, 2006.

Adam Roberts and Dominik Zaum, *Selective Security: War and the United Nations Security Council since 1945* (Adelphi Paper no. 395 of International Institute for Strategic Studies, London), Routledge, Abingdon, July 2008.

Bruno Simma et al. (eds.), *The Charter of the United Nations: A Commentary*, 2nd edition, 2 volumes, Oxford University Press, Oxford, 2002.

Yearbook of the United Nations, published annually by the United Nations, New York.

2. 参考网站

联合国网站拥有关于联合国体系的丰富信息资源，均以联合国六种官方语言呈现：www. un. org。

关于否决权的使用及联合国预算问题，请参见一个非政府组织——全球政策论坛的网站：www. globalpolicy. org。

关于联合国安理会一系列活动的相关讨论及信息，请参见：www. securitycouncilreport. org。

译者后记

自 1945 年创立伊始,联合国就成为国际关系中最为重要的国际行为体之一,迄今已走过了 60 多年的历程。作为国际社会中的一项核心制度,联合国的地位与作用也一直是学术讨论的焦点,相信许多国际关系研究者都会认可,联合国研究本身已经成为国际关系学科的一个重要分支领域。

我们在此译介的《全球治理——分裂世界中的联合国》一书是联合国研究领域一本广为阅读和引用的经典著作。此书英文版初版于 1988 年,并于 1993 年再版。时隔十多年以后,这本文集仍然是联合国研究中一部重要的参考书。之所以能够产生如此持久和重要的影响,是因为这本书在当时变动中的国际环境下敏锐地捕捉到了国际体系变革对联合国这一全球性国际组织的影响,在此基础上评估了联合国已经发挥的作用,并对其未来将扮演的新角色做出了具有前瞻性的思考,而这些分析至今仍然契合冷战后联合国研究的核心议题,由此显现出该书的编者与著者的真知灼见和富有洞察力的思考。

本书两位主编亚当·罗伯茨教授和本尼迪克特·金斯伯里教授都

是联合国和国际法领域的资深学者。罗伯茨爵士现任英国牛津大学政治与国际关系学系高级研究员，同时也是牛津大学贝利奥尔学院（Balliol College）名誉研究员。从1986年直至2007年荣休，罗伯茨教授一直在牛津大学担任蒙塔古·伯顿（Montague Burton）国际关系教授。2008年，罗伯茨教授当选为英国社会科学院院长一职。他的研究兴趣主要集中在国际安全、国际组织和国际法（包括战争法），其著作有《恐怖主义与国际秩序》（1986年）、《联合国安理会与战争》（2008年）等。金斯伯里教授现任纽约大学法学院法学教授，国际法和国际正义研究所所长。此前，他曾分别执教于牛津大学和杜克大学。他的研究专长涉及国际法和全球治理等，尤其在研究国际法对土著民族的保护领域，金斯伯里教授堪称首屈一指的权威。他的代表性著作包括《格劳秀斯与国际关系》（1990年）、《环境的国际政治》（1992年）、《亚洲的土著民族》（1995年）等。

众所周知，联合国本身是国际体系变革的产物。1945年，在第二次世界大战结束前后，主要大国为了解决战后秩序问题，实现国际和平，共同创立了联合国这一成员广泛的全球性国际组织。因此，联合国是战后国际秩序的集中体现。然而，在美苏两极对峙的冷战氛围中，联合国的作用在很大程度上为两个超级大国的斗争所左右，甚至成为权力斗争的工具，并没有充分发挥一个全球性国际组织的积极作用，在政治和安全领域尤为如此。

《全球治理——分裂世界中的联合国》一书初版与再版之际，正是冷战结束前后国际政治发生深刻变革之时。在东西方对抗明显缓和并最终不复存在的情况下，联合国在国际社会中将发挥怎样的作用？这个问题就成为本书各篇文章探讨的焦点。尽管在当时的背景下，人们对联合国的作用普遍心存疑虑，但是本书的作者们冷静地认识到，对联合国未来前景的预测在很大程度上依赖于对其既有成就和缺失的客观评估，对全新而又复杂的环境的准确判断，以及对国际社会的需要与联合国的功能之间关系的理性分析。基于这种认识，本书指出，传统上对联合国的看法和评价过于简单，通常以《联合国宪章》中确立的那些高尚标准或者人们对这一组织的理想预期作为参照，而忽视了联合国在不同领域和具体问题上扮演的许多不同角色。为此，本书试图从一种更加客观和适当的角度来切入对联合国的评价问题。

除了两主编合著的导论部分外，本书十二章分别涉及三个方面的内容：（1）联合国的历史、职能与发展。在这个问题上，文集中有四章分别考察了联合国的建立与民族国家体系的关系，联合国秘书长的工作性质与任务，联合国机构的设置、职能以及改革问题。（2）联合国在不同问题领域的作用，其中包括国际安全、维和问题、环境问题、人权问题、经济发展问题、国际法等六个领域的成败得失进行评价的专章论述。（3）对联合国在冷战后时代发展前景的展望。

联合国的地位与作用是本书关注的核心问题，归纳而言，本书的作者从四个方面肯定了联合国发挥的不可替代的作用。

第一，联合国保持了国家使用武力的限制，同时又促进了世界的非殖民化进程。《联合国宪章》禁止非法使用武力的规定，明确了侵略不论是以战争的形式还是不存在战争状态的武装冲突形式，都是破坏国际法的罪行；而反抗殖民主义和种族主义的民族解放战争，则属会员国的自卫权利。在联合国的推动下，战后非殖民化进程迅猛发展，大批殖民地获得独立，并先后加入联合国。联合国成立之初，只有51个会员国，世界上有大约三分之一的人口处于殖民统治之下。联合国会员国今天已增加到192个，这与联合国的积极推动是分不开的。联合国在宪章宗旨的指导下和具体的实践过程中，建立和逐步完善了包括基本原则、规则、规范和决策程序等在内的一整套非殖民化机制。通过将宪章中的民族自决原则转变成人权而为殖民地人民的解放斗争提供了法律依据和强制措施。从目前来看，联合国关于在21世纪不再有殖民制度的目标已经基本实现，这是人类历史上划时代的巨大进步，也是联合国最伟大的成就之一。

第二，联合国建立了以安理会为核心的集体安全机制，促进了维和与监督行动的迅速扩展。尽管联合国成立后经历了近半个世纪的冷战阶段和东西方对峙，也发生过多次规模不等的地区性冲突，但世界上并没有发生两次世界大战那样的全球性冲突。联合国安理会根据国家主权不容侵犯、和平解决国际冲突等国际公认准则，协调有关国家立场，体现多数国家意愿，对国际冲突进行调处。联合国迄今实施了63次国际维和行动，虽然有索马里、卢旺达等失败的例子，但绝大多数成功阻止了地区冲突的蔓延和扩大。多年来，为了应对各种不同的冲突和不断变化的政治格局，联合国维和也经历了变革。在联合国维持和平诞生之初，维持和平的目标主要局限于在实地维持停火和稳定局势，以便能够在政治层面作出努力，以和平手段解决冲突。随着冷战的结束，联合国维持和平的战略背景发生了巨大变化，促使联合国维和行动拓展了更多的实地行动，向复杂的多层面行动转变，以确保执行全面和平协定，协助奠定可持续和平的基础。

第三，联合国为促进世界经济、社会、文化发展和交流方面发挥了积极作用。在联合国成立以后，尤其是随着上世纪70、80年代大批新独立的发展中国家加入联合国，消除贫困与促进经济社会发展的巨大挑战迅速成为联合国的主要议事日程。在相当长时间以来，在南北问题上的深刻分歧导致联合国大会和经济及社会理事会一直在这些问题上进行着两极分化、缺乏成效的辩论。但是，在这些分歧和争论之外，联合国仍然在消除贫困、解决难民问题、保护环境和资源、保护妇女儿童权利、消除种族歧视、推动全球合作、打击毒品走私等方面作出了重要贡献。自20世纪90年代以来，联合国的一系列国际会议，为拟订和倡导重大发展目标提供了舞台。目前，焦点在于如何通过综合协调的方式，实现在这些会议上的许诺。

第四，联合国对国际准则和规范的倡导。《联合国宪章》确立的各项原则是当代国际关系准则的集中表现，包括主权平等、国家的领土完整和政治独立、各民族的平等权利和自决、不干涉内政、和平解决争端、禁止威胁或使用武力、善意履行国际义务、国际合作、尊重和倡导人权及基本自由等。在确立基本原则的基础上，联合国还在编纂国际法方面取得了长足发展。在联合国及其他国际机构主持下，已经制订了几百个国际条约，涉及海床洋底、外层空间、国际安全、军备控制、经济发展、环境保护、保护人权、司法合作等各个领域。联合国对这些国际规范的倡导和国际条约的制定使国际社会有章可循，为建立一个民主化、法制化的世界奠定了基础。

从历史和客观的角度看，过去 60 多年来，联合国在维护国际和平与安全、推动军控与裁军、促进世界各国的经济和社会发展、开展人道主义活动和发展国际法等方面发挥了许多积极作用。特别是冷战以后，世界形势发生了变化，联合国在维护国际和平、解决地区冲突、促进经济发展、开展文化交流、达成裁军协议、防止武器扩散等方面仍然取得了有目共睹的成就。

进入新世纪以来，国际形势更加复杂多变。一方面，传统挑战依然严峻。局部地区动荡不安，武装冲突时有发生，贫富差距加大。另一方面，各种非传统挑战日渐突出。恐怖主义活动上升、全球气候变化的影响加剧、严重传染性疾病蔓延、海盗活动猖獗，这些都是人类共同面临的问题，其影响是全球性的。无论是应付传统挑战还是非传统挑战，非一个国家独力所能为之，必须有国际社会的协调努力，尤其需要发挥联合国的作用。

我们还应该注意到，近年来盛行的单边主义对国际社会的合作形成了严重的阻碍，联合国多边机制受到了巨大冲击。联合国是国际多边机制的核心，也是实践多边主义的最佳场所。然而，冷战后国际格局的特殊性也使得以联合国为代表的多边机制面临挑战。作为后冷战时代唯一的超级大国，美国试图建立单极主导的世界秩序，利用其超强的实力取得对国际事务的控制权。在大多数时候，美国奉行的是"有选择的多边主义"，把联合国变成实现自己手中的工具，凭借自己强大的军事和经济实力要挟联合国以达到其政治目的。在极端的情况下，美国还把联合国抛在一边，严重损害了联合国机构的威望。毋庸讳言，单边主义和强权政治的阴影始终笼罩、牵扯着联合国前进的脚步。作为国际上最普遍、最具权威性的政府间组织，联合国的地位和作用没有任何其他国家或者国际组织可以替代，加强联合国的权威符合各国的利益。如何维护以联合国为代表的多边机制的权威，遵守公认的国际法和国际关系准则，坚持多边主义，是联合国和整个国际社会面临的重大课题。

联合国自身还要通过改革来应对这些需求和挑战。经过60多年的发展，联合国所关心和涉及的领域已经大大超出成立之初设想的范围，它所要承担的许多任务是其创始者们没有规划和无法预料的。与此同时，联合国的确存在着机构重叠、冗员沉重、管理不善、效率低下等问题，要求联合国改革的呼声也日益强烈。因此，联合国需要通过改革适应新形势的要求。联合国的改革一方面是为了提高这一组织的效率，更好地发挥其作用；另一方面也是世界力量重新组合和利益再分配的必然要求。

正如《全球治理——分裂世界中的联合国》一书中反复强调的，联合国至今仍是一项复杂的政治试验，与联合国设计师以及许多普通人的期待相比较，可能还存在较大的距离。在本书各个章节中，一些问题在冷战后的近20年里一直位于联合国议事日程的核心，比如联合国如何更好地维护地区和世界和平、实现落后地区的经济社会发展等，也有一些近年来成为人们关注的焦点和亟待解决的问题，比如联合国的改革问题。不过，本书也提醒我们，现在没有、过去也从未有过任何与联合国类似的机构，因此，不存在联合国可与之相比的现成完美标准。作为国际关系发展不可或缺的一部分，联合国仍将在一个分裂为不同国家的国际社会中为维护国际和平、促进国际合作、协调国际发展而发挥积极而重要的作用。这既是联合国组织自身所肩负的神圣使命，也是世界各国人民共同的期待。

需要特别说明的是，为了配合本书中文版的出版，反映冷战后联合国事务的最新发展，罗伯茨教授和金斯伯里教授专门对本书的导论和附录部分做了全面修订，补充了许多新的事实与材料，并以此为基础提出了一些新的思考和展望。虽然这本书英文版出版已有十多年，但文集中的主要观点依然没有过时，这些前瞻性分析为理解冷战后联合国的作用提供了富有价值的视角，现在读来让人有历久弥新的感受。我们相信这本书的出版能够为国内对联合国事务感兴趣的专业人士和普通读者提供有益的参考。

本书的翻译是集体合作的结晶，前后历经近三年时间，吴志成、张蒂、刘丰、刘兴华、龚苗子、王霞等参加了翻译工作，张蒂为本书的翻译承担了大量具体的联络沟通事务。在整个翻译过程中，罗伯茨教授和金斯伯里教授一直给予认真、持续的指导，杨筱博士和张勇进教授对译稿提出了许多有益的修改意见，特别是北京大学王辑思教授应罗伯茨教授邀请为本书中文版作序，更为本书翻译增色添彩。翻译初稿完成后，吴志成负责通校全书。在此，谨向支持、关心和参与本书翻译的各位同仁致以诚挚的谢意。

北京市版权局著作权合同登记章

图字:01—2006—3240

United Nations, Divided World: The UN's Roles in International Relations

© Adam Roberts, Benedict Kingsbury, and the several contributors 1993

United Nations, Divided World 2/e was originally published in English in 1993. This translation is published by arrangement with Oxford University Press and is for sale in the mainland (part) of The People's Republic of China only.

图书在版编目(CIP)数据

全球治理:分裂世界中的联合国/(英)罗伯茨,(新西兰)金斯伯里主编;吴志成等译. —北京:中央编译出版社,2010.3
ISBN 978 – 7 – 5117 – 0220 – 3

Ⅰ.①全…

Ⅱ.①罗…②金…③吴…

Ⅲ.①联合国 – 作用 – 研究

Ⅳ.①D813.2

中国版本图书馆 CIP 数据核字(2010)第 049255 号

全球治理:分裂世界中的联合国

出 版 人	和 龑	
责任编辑	贾宇琰 侯天保	
责任印制	尹 珺	
出版发行	中央编译出版社	
地 址	北京西单西斜街 36 号(100032)	
电 话	(010)66509360(总编室)	(010)66509350(编辑室)
	(010)66161011(团购部)	(010)66130345(网络销售)
	(010)66509364(发行部)	(010)66509618(读者服务部)
网 址	www.cctpbook.com	
经 销	全国新华书店	
印 刷	河北下花园光华印刷有限责任公司	
开 本	787 毫米×960 毫米 1/16	
字 数	475 千字	
印 张	37.25	
版 次	2010 年 4 月第 1 版第 1 次印刷	
定 价	75.00 元	

本社常年法律顾问:北京大成律师事务所首席顾问律师 鲁哈达
凡有印装质量问题,本社负责调换。电话:(010)66509618